本书是北京市社会科学重大课题“世界主义理论及其当代价值”（项目号：15ZDA28）的研究成果

世界主义

理论及其当代价值

Cosmopolitanism

Theories and Contemporary Meanings

蔡拓　杨昊 等著

天津出版传媒集团
天津人民出版社

图书在版编目（CIP）数据

世界主义理论及其当代价值 / 蔡拓等著. -- 天津 : 天津人民出版社, 2023.6

ISBN 978-7-201-19442-4

Ⅰ. ①世… Ⅱ. ①蔡… Ⅲ. ①世界主义－研究 Ⅳ. ①D51

中国国家版本馆 CIP 数据核字(2023)第 085485 号

世界主义理论及其当代价值

SHIJIEZHUYI LILUN JIQI DANGDAI JIAZHI

出　　版　天津人民出版社
出 版 人　刘　庆
地　　址　天津市和平区西康路 35 号康岳大厦
邮政编码　300051
邮购电话　(022)23332469
电子信箱　reader@tjrmcbs. com

策划编辑　王　康
责任编辑　武建臣　郭雨莹
特约编辑　安　洁
装帧设计　明轩文化・李晶晶

印　　刷　天津海顺印业包装有限公司
经　　销　新华书店
开　　本　710 毫米 ×1000 毫米　1/16
印　　张　28. 75
插　　页　2
字　　数　450 千字
版次印次　2023 年 6 月第 1 版　2023 年 6 月第 1 次印刷
定　　价　98. 00 元

前言

迄今为止，相较于哲学史、政治法律思想史、政治学说史而言，有着几千年古老渊源的世界主义却少有系统性的思想史研究著作。之所以如此，一是人类生活的现实还是国家的政治和国家主义观念居于绝对主导地位，世界主义的主张与观念尚得不到更多的理解与认同，从而影响和制约了对世界主义的重视与研究；二是对世界主义本身的定位有偏差，它长期被视为理想主义、乌托邦的一种表现，难以成为独立的流派与理论，从而作为一种附属性主张，处于一种附属性地位较少被研究。世界主义与国际关系有更多的关联，然而在国际关系研究领域，我们更多见到的是对现实主义、新现实主义、新自由主义、建构主义的研究，很少见到对世界主义的研究，更不要说与上述主导性思潮并列，视世界主义为独立流派与理论加以研究的成果，这显然是一种学术缺憾，也是当下理论研究的空白点。因此努力改变这一状况，就是本书研究的学术旨趣。

当然，世界主义的研究还有其时代的依据。20世纪70年代，特别是90年代以来，全球化进程日益打破民族、国家、区域的界限，客观上要求具有宏观的视野与理念，思考和制定超越国家、民族的制度与公共政策，来应对全球化与全球治理提出的挑战。全球化时代凸显了人类的整体性，使类主体的意识、需求和制度构建逐步提上日程。这一切都为世界主义思想在当代的复兴创造了条件，提供了可能。所以世界主义的研究是时代的呼唤，时代的需要。特别要指出的是，世界主义与人类命运共同体密切相关，它们都关注人类的整体性利益与发展，拥有共同的价值与理念。世界主义倡导的全球意识、全球关切与情感，以及人类的共同性，对于构建人类命运共同体无疑有重要意义。这正是本书研究的现实考量。

本书是北京市哲学社会科学重大课题的研究成果。在课题研究和书稿撰写过程中,得到学术界同人与朋友的大力支持。天津人民出版社一如既往地给予支持,为该书的出版付出了努力。在此一并表示感谢。

本书是世界主义思想演进史的一部简史,勾勒了世界主义思想在几个主要文明板块,以及马克思主义与社会主义中的体现与发展。由于世界主义理论与思想的研究在我国尚处于起步阶段,本书的观点、文献都难免有局限与不足,敬请学术界同人和广大读者不吝赐教。

本书的写作框架由我拟定,全书的统稿和定稿由我和杨昊共同完成。撰写人分工如下:导论(蔡拓),第一至二章(刘彬、吕晓莉),第三章(李林),第四章(王宏岳、程冰),第五章(王金良、夏林、迟永),第六章(杨天宇),第七章(王云芳),第八章(汪家锐),第九章(杨昊),结语(刘贞晔)。

蔡　拓

2023 年 3 月 10 日

目录

contents

导论

世界主义有着古老的渊源，无论在东方还是在西方，世俗还是宗教，世界主义的思想与火花都不难在人类历史长河中寻觅。但是在当代人类的记忆与感知中，世界主义的浪潮只有两次：一次是第一次世界大战前后的威尔逊主义（理想主义），另一次是冷战结束前后的全球化、全球治理、全球主义的冲击波。也就是说，在整个20世纪人类恰恰在世纪之初与世纪之末两次经历世界主义之洗礼，并且这两次洗礼都深刻影响了人类的生活。从宏观的历史角度来看，一百年不过是一瞬间，似乎无足轻重，但对于生活其中的当代人类而言，这一百年不仅波澜壮阔、翻天覆地，其在人类文明史上的地位也是意义非凡。值得注意的是，这个非同寻常的20世纪，正是以两次世界主义浪潮为标志的。威尔逊主义开启了国际关系理论的理想主义，并在国际关系实践上创建了保护和平的国际组织与制度——国联，而全球化和全球治理则把人类带入全球时代，开始凸显相互依存的世界和倡导人类整体性与共同利益的全球主义。威尔逊主义尽管回应了人们对和平的渴望，推进了国际机制的建设，但毕竟生不逢时，于是被国家主义、现实主义所替代。但伴随着全球化、全球治理进程的推进，国家主义、现实主义明显滞后，无法解释和应对日益增多的超越国家的事务与现象。于是，全球主义受到青睐。从一定意义来讲，全球主义是世界主义在当下的新形式、新形态。因此，我们完全可以说，世界主义在经历一百年的曲折后再度复兴。重要的是，这次世界主义的复兴不能简单地理解为对威尔逊主义的复兴，更是对几千年来世界主义的全面复兴，其深度、广度、影响力都前所未有。因此，理性地审视世界主义、从学术思想史上对世界主义进行辨析和学理分析，就显得十分必要,也有独特的学术价值和实践意义。

第一节　世界主义的概念与要义

一、世界主义的概念

世界主义一词源于希腊语,包括世界(kósmos)和公民(politēs),原意是指世界公民,后扩展为(引申为)一种哲学理念,以及政治与社会学说,代表一个内涵极为丰富的概念。在英语世界,世界主义有时又以 cosmopolitan 表示,主要是为了强调“世界公民”的原意,表示来自世界各地。《不列颠百科全书》(国际中文版)把世界主义(cosmopolitanism)定义为:一切人都共享一个共同的理性,并服从于一种理念。这是斯多葛学派在其哲学中,为抵制希腊人和野蛮人之间的传统上的区分所采取的一种主张。[①] 晚近的英文百科全书,更体现了当代对世界主义的理解:世界主义是一种哲学观点,认为人类对待他人拥有同等的道德和政治义务,这种义务仅仅建立在他们的人性基础上,而非国籍、民族认同、宗教信仰、种族或他们的出生地等方面。[②] 美国斯坦福哲学百科中指出 cosmopolitan 一词源于 kosmopolitēs(世界公民),用来概括在道德和社会政治哲学中一系列广泛的重要概念。世界主义者共同的核心关注是全人类,不考虑其政治归属(political affiliation),他们都应是属于同一共同体的公民。[③]

在国际学术界,美国学者博格(Thomas Pogge)和费因(Robert Fine)对世界主义的解释比较到位,影响广泛。博格在 1992 年发表的《世界主义与主权》一文中指出,世界主义有三个元素:一是个体主义(individualism),指所有世界主义理论的终极关怀单位是个人,而非家庭、部落、族群、文化或宗教共同体、国家等;二是普世性(universality),指作为终极关怀单位的每个人的地位都是平等的;三是普遍性(generality),指个人作为终极关怀单位的这种

---

① 《不列颠百科全书》(国际中文版),中国大百科全书出版社,2007 年,第 531 页。

② Iain Mclean and Alistair McMillan, eds., *The Concise Oxford Dictionary of Politics*, Oxford University Press, 2009, pp. 123 – 124.

③ *Stanford Encyclopedia of Philosophy*, https://plato.stanford.edu/entries/cosmopolitanism/#2.

地位是普遍的，有着全球范围的效力。① 费因则认为，各种世界主义类型都拥有三重承诺：一是对盛行于社会科学各个学科中的方法论国家主义有着共同的批评；二是将当前时代视为一个在某种意义上已与过去存有实质不同的世界主义时代；三是对世界公民的首要性有一种规范哲学上的承诺，认为世界公民身份的属性超越民族、宗教、文化、人种及其他地方性属性。②

在当代中国，由于国家主义、爱国主义居主导地位，以及出于对西方社会文化思潮的警惕，世界主义大都被赋予负面意义。如《中国百科大辞典》中，世界主义被界定为：宣扬漠视民族传统，民族文化，以至于放弃民族主权的政治思想。在阶级社会的不同历史阶段上被不同的剥削阶级利用为其进行侵略扩张的思想工具，③直到2009出版的《政治学辞典》中，世界主义仍被解释为：一种鼓吹否定民族传统、民族文化特点，甚至放弃民族主权的西方社会思潮，宣扬民族文化传统和民族国家已经过时，鼓吹消灭民族边界，取消民族国家，建立世界政府，反对民族独立和爱国主义的民族虚无主义。④显然，这些认识已远远落后于时代，基本上还停留于阶级斗争的思维和片面的国家主义理念。令人欣慰的是，改革开放以来，已有一些学者开始致力于世界主义的研究，并推出了一批世界主义研究的论文与著作，而他们对世界主义的分析与当代国际学术界的认知显然有更多的关联与共识。

综合和借鉴上述观点，本书认为，世界主义是一种哲学理念、伦理诉求和社会理想。它认为人类都属于同一个精神共同体、道德共同体或普遍共同体，所有人都是其中的平等成员，都享有平等的政治、社会与文化权利，以及同等的价值和道德地位，都是道德关怀的终极单位和最根本的价值目标，是普遍意义上的世界公民。

二、世界主义的要义

世界主义是一个内涵丰富，向度多维，内容广泛的复杂概念。因此，会

---

① Thomas Pogge, "Cosmopolitanism and Sovereignty", *Ethics*, Vol. 103, No. 1, 1992, pp. 48 – 49.

② Robert Fine, " Cosmopolitanism: A Social Science Research Agenda", in Gerard Delanty, ed., *Handbook of Contemporary European Social Theory*, Routledge Press, 2006, p. 242.

③ 《中国百科大辞典》，中国大百科全书出版社，1999 年，第 4896 页。

④ 王邦佐等主编：《政治学辞典》，上海辞书出版社，2009 年，第 273 页。

因人而异,出现多种观点与解读,很难形成一致的概念界定。尽管如此,在最基本点上,还是具有某种共识。所谓概念的要义,就是理解概念的共识。主要有以下五点:

其一,世界主义是一种世界观、价值观、伦理观,体现和表达了一种政治哲学、伦理学说和方法论。在这个意义上,它具有总体性、宏观性特征,能够在规范、引领人类社会生活方面始终发挥不可或缺的作用。

其二,世界主义的理论基点与核心是:个人和个人组成的人类是道德关怀的终极单元,最根本的价值目标。其中个人的权利、身份、价值追求和道德地位更具有优先性,而人类则在展示共同性、普遍性、普世性上起着特殊作用。对于个人与人类之间的各种主体,世界主义一方面表示了限定性的肯定与认同;另一方面,又大都持审慎和反思的立场。

其三,世界主义的理论基础与根源是个体主义和普遍主义。两者共同的批评与反思对象是社群主义、特殊主义,特别是被奉为神圣的民族与国家(民族主义与国家主义)。作为一种规范理论、伦理学说,世界主义的价值目标和道德关怀终极单元既然锁定个人以及人类,那么它必然青睐个体主义与普遍主义,从而构成了世界主义与社群主义、普遍主义与特殊主义之争。这个争论将伴随人类文明的进程,具有不可回避,无可置疑的意义。

其四,从与实践的关联性上讲,世界主义从政治、法律、经济、制度、正义、生活方式、文化偏好等诸多方面涉及社会理想、交往规范与活动,因此产生了基于现实关怀的多种类型的世界主义。如政治世界主义、道德世界主义、制度世界主义、法律世界主义、正义世界主义、文化世界主义等,共同构成了世界主义思想体系。

其五,从国际关系理论来看,世界主义是一种规范理论,关注的是国际关系、国际政治中价值目标的确定、伦理立场的选择,研究"当然""应当"的问题。其理论属于规范理论,其方法属于规范方法,从而与注重国际关系的现象与现实,与从某一角度研究问题的实证研究与实证方法区别开来。规范理论也有久远的历史与传统,并在20世纪初以理想主义的面目独领风骚,但在随后现实主义大行其道的几十年里一度式微。直到20世纪末,世界主义再度复兴,同时意味着规范理论的再度复兴。因此,认知世界主义必然同认知规范理论结合在一起,两者不可分。

第二节　世界主义的类别

世界主义的类别是指基于不同的基点、视角、标准,对世界主义做出的分类与概括。其目的是对世界主义做更深入、精致的研究,以便更全面、更准确地理解和阐释世界主义。在世界主义的思想史中,哲学意义的道德世界主义始终居于主导地位,也是最初的世界主义类别。随后,才陆续出现政治世界主义、法律世界主义、文化世界主义等领域的分类。而从强度、关系、反思角度提出的诸多世界主义新形式、新类别,则更是20世纪末世界主义再度复兴的产物。正是由于世界主义的再度复兴,所以当代世界主义类别研究进入了一个全新阶段。本书尝试从以下四个角度展开对世界主义类别的分析:

一、领域视角

领域视角是人文社会科学进行类别研究最常用,相应来讲也是最便利、最习惯的视角,即从人类社会生活的主要领域来划分和审视特定问题。这一点同样适用于世界主义。迄今为止,以领域视角统计世界主义的类别,至少有十几种。

(一)道德世界主义(moral cosmopolitanism)

道德世界主义是世界主义的主导形态,也是最经典的一般意义上的世界主义,因为它体现了世界主义的最基本理念和最核心的价值指向。前文提到的博格与费因对世界主义的分析,在很大程度上就是对道德世界主义的解读。如果说1992年博格提出的世界主义的三元素说,成为世界主义者的共识,那么15年后(即2007年),他又以四项承诺说,进一步诠释了道德世界主义的思想内涵。这四项承诺分别是规范个体主义(normative individualism)、公正性(impartiality)、完全性(all - inclusiveness)、和普遍性(generality)。①

---

① Thomas Pogge,"Cosmopolitanism", in Robert E. Goodin et al., eds., *A Companion to Contemporary Political Philosophy*, Blackwell Press, 2007, pp. 312 - 331.

规范个体主义强调道德关怀的终极单元是个人;公正性强调公平地、无偏见地关怀个体;完全性强调道德关怀的对象是所有个人,一无例外;而普遍性则意味着每个个体的道德身份具有全球效力,换言之,道德世界主义适用于全球。因此可见,“道德世界主义也是一种道德个体主义,并采取道德普遍主义的立场,坚持在道德意义上不存在例外的自由、平等与尊严,在道德推理上赋予个体利益而不是群体利益的优先性,并且赋予个体平等的道德价值,否定任何基本层次的道德考量存在着等级或偏好”①。总之,道德主体的个人或作为整体的人类的定位,以及对个体价值优先性和伦理关系普世性的认同与推崇,可以说是道德世界主义的思想核心,也是通常所说的一般世界主义的思想内核。

与道德世界主义相近,有时甚至难以区分的是伦理世界主义(ethical cosmopolitanism)。对伦理世界主义的认同与诠释,胡夫特(Stan Van Hooft)最有代表性。他认为世界主义就是一种广义上的伦理世界主义,至少具有21项思想特征,②并将21项思想特征进一步概括为五类核心观点,即关于爱国主义和民族主义的观点;关于人权、平等和尊严的观点;关于全球正义的观点;关于永久和平的观点;关于全球共同体的观点。胡夫特强调世界主义的伦理意义和哲学解读,认为世界主义是“全球伦理的哲学”,所以将其定位为伦理世界主义。除此以外,博格也多次谈及伦理世界主义。他指出:“如果一种伦理概念的评价与规定建立在对所有个体利益的平等考虑之基础上,这种伦理概念则为世界主义的。世界主义伦理概念是第一种形态的世界主义立场:伦理世界主义。”③显然,在这里,博格所界定的伦理世界主义是强式(或严格式)世界主义。而实际上他更倾向于弱式世界主义,即在个体与他者,普遍道德关系与特殊道德关系之间采取更融通的立场。也正是基于此,他更多使用道德世界主义的概念。相比博格,贝茨(Charles Beitz)走得更远,他认为伦理世界主义与道德世界主义是可以相互替代的概念。总体

① 张永义:《当代世界主义思想形态析论》,《教学与研究》,2014年第11期。

② Stan van Hooft, *Cosmopolitanism: A Philosophy for Global Ethics*, Routledge Press, 2009.

③ Thomas Pogge, "Cosmopolitanism", in Robert E. Goodin et al., eds., *A Companion to Contemporary Political Philosophy*, Blackwell Press, 2007, pp. 312 – 331.

上讲,在国际学术界,伦理世界主义概念使用有限,而道德世界主义概念则成为共识,使用更为普遍。因此在世界主义类别研究中,我们不将伦理世界主义视为一个独立的类型。

(二)政治世界主义(political cosmopolitanism)

政治世界主义是以世界主义的理念审视和分析政治现象与问题的专有概念,其理念基础是道德世界主义。政治世界主义关注的核心是具有超国家权威的政治模式的设计与构建,这种政治模式确立了能够保障个体在全球享有平等道德地位和权利义务的全球秩序。那么超国家权威的政治模式与政治框架有哪些,它们又如何体现并坚守世界主义的道德基点与价值目标呢? 概而言之,政治世界主义提出的政治模式与政治框架主要有以下三类。

第一,世界共和国。世界共和国的思想早期表现为芝诺的"世界城邦"和但丁的"世界帝国"。芝诺认为,人的本性平等,有理性的人应当生活在包括现有国家和城邦的世界城邦之中。[①] 但丁指出,整个世界应由一个君主行使治理权。人类需要统一与和平,应当建立一个一统天下的世界帝国。而"所谓一统天下的尘世政体或囊括四海的帝国,指的是一个一统的政体。这个政体统治着生存在有恒之中的一切人,亦即统治着或寓形一切可用时间加以衡量的事物中"[②]。而在当代,认同世界国家,世界共和国的学者也不乏其人。如英国历史学家汤因比就认为,"必须剥夺地方国家的主权。一切都要服从于全球的世界政府的主权"[③]。显然,世界共和国,世界国家的思想容易使人想到一个高度专权的世界政府,而这就违背了世界主义个体平等与普遍伦理的内核。如果说近现代之前的政治世界主义主要关注的是如何超越既有的城邦、国家,构想新的政治权威,并未涉及超国家的新政治权威权力集中可能导致的种种弊端,那么近现代以来,特别是当代的政治世界主义则都对"世界共和国""世界国家"的专权抱有警惕。正如米勒(David Mill-

① 赵敦华:《西方哲学简史》,北京大学出版社,2001 年,第 104 页。

② [意大利]阿利盖利·但丁:《论世界帝国》,朱虹译,商务印书馆,1985 年,第 2 页。

③ [英]A. J. 汤因比、[日]池田大作:《展望二十一世纪》,荀春生等译,国际文化出版公司,1985 年,第 217 页。

er)所指出的“事实上,一个获得了如同当今主权国家的政府所特有的权力,并在全球层面上拥有制定和实施法律和政策之权力的世界政府,并非绝大多数政治世界主义支持者的主张,因为他们主张某种温和的形式,例如以制裁为保障的国际法体系,或者权力被分享以致中央机构仅获得有限权威的世界联邦”①。

第二,由独立的全球治理体系、区域性治理体系、国内治理体系和地方治理体系共同组成的分散性政治权力格局。这种政治模式和政治框架一方面强调要突破和改变传统的权力与治理模式,建立起协调全球政治的新政治权威,另一方面又承认国家的现实作用,并肯定了多元治理主体的作用,倡导一种“从地方到全球的多层面中公共权威与私人机构之间一种逐渐演进的(正式与非正式)政治合作体系”②。戴维·赫尔德的世界主义民主主张是这一政治模式的代表。他认为,在全球化背景下民主只有在地区的、国家的、区域的与全球的维度上进行重新配置,民主的合法性才能实现。他指出“一个公正的、有限的权力体系必然是世界主义权威体系或世界主义民主法框架”③。此外,在当前的全球治理研究中,这种模式也颇有市场。

第三,自愿国家组成的和平联盟。这种主张源自康德,他认为“国与国之间无法建立世界共和国,从而需要各国建立契约形成和平联盟。和平联盟并非世界国家,因此要以世界公民权利为补充以实现永久和平”④,哈贝马斯的“世界联盟国家”显然继承了康德的和平联盟思想,主张“国家联合体是一个最高的法律主体,个体在这个国际共同体当中直接享有法律地位”⑤。赫尔德也表达了类似的观点,他认为:“在民主的自主性框架中,世界主义共

---

① David Miller, *National Responsibility and Global Justice*, Oxford University Press, 2012.

② [英]托尼·麦克格鲁:《走向真正的全球治理》,载于俞可平主编:《全球化:全球治理》,社会科学出版社,2003 年,第 151 页。

③ [英]戴维·赫尔德:《民主与全球秩序——从现代国家到世界主义治理》,胡伟等译,上海人民出版社,2003 年,第 247 ~ 248 页。

④ Immanuel Kant, *Perpetual Peace*, The Bobbs - Merrill Educational Publishing, 1957, pp. 11 - 23.

⑤ 彭霄:《全球化、民族国家与世界公民社会——哈贝马斯国际政治思想述评》,《欧洲研究》,2004 年第 1 期。

同体的思想可以定位在联邦制和邦联制之间。”[①]由此可见,政治世界主义的第二、第三种政治模式与政治框架,都是为了克服第一种“世界共和国”和“世界国家”可能产生的误解与隐患,坚守世界主义的道德诉求与理念,力图在超越国家的新政治权威中体现民主、平等、自由与法治。

(三)法律世界主义(legal cosmopolitanism)

法律世界主义立足法律的视角研究世界主义,强调法律制度的重要性和优先性,认为全球性的超国家权威依赖于全球性法律体系和秩序的建立。同时,个人平等权利和道德地位的保障,也需要以世界主义法律为依托。法律世界主义的代表人物是康德。他认为人和国家无论就其“内在自由”还是“外在自由”而言,只有在一种法律状态中才可能实现。没有法律就没有国家,当然也就没有整个世界的永久和平。“因此,作为以下所有条款的基础的标准是:所有能相互影响的人必须隶属于某一公民宪章。但是一切法律上的宪章,就其所统辖的人而言,计有(1)以在一个民族中的人的国民权为根据的宪章;(2)以在相互关系中的国家的国际法为根据的宪章;(3)以世界公民权为根据的宪章——就处于相互影响的外在关系中的人和国家可被视为一个普遍的人类国家的公民而言。”[②]正是通过国内法、国际法、世界法(世界公民法)这三个法律,人类政治才能从“自然状态”走向“文明状态”,从“自然王国”走向永久和平的“自由王国”。而在这三个法律中,世界公民法显然是法律世界主义的先声,它不仅要求各国之间结束“战争状态”,更是每个人能够享有世界公民之身份与权利的保障。需要指出的是,尽管康德如此重视法律,但他心目中的法律状态又服务于理想中的道德本性与道德责任。正如他所言,“法律状态是指人们彼此的关系具有这样的条件:每个人只有在这种状态下方能获及他所应得的权利。按照普遍立法意志的观念来看,能够让人真正分享到这种权利的可能性的有效原则,就是公共正义”[③]。

---

① [英]戴维·赫尔德:《民主与全球秩序——从现代国家到世界主义治理》,胡伟等译,上海人民出版社,2003年,第244页。

② [德]伊曼努尔·康德:《康德历史哲学论文集》,李明辉译,联经出版事业公司,2002年,第178页。

③ [德]伊曼努尔·康德:《法的形而上学原理——权利的科学》,沈叔平译,商务印书馆,1991年,第146页。

可见，康德之所以提出世界公民法，实现永久和平，最终是为了确保每个人的权利，实现普遍的社会正义。

赫尔德借鉴了康德的思想，他立足民主的理论，提出了“世界主义民主法”的法律世界主义主张。“世界主义民主法最好被理解为：它是在种类上不同于国内法和国际法（一国与另一国之间）的法律。”[①]由此可见，赫尔德也主张人类的政治生活与政治秩序应该由国内法、国际法和世界主义民主法三种法律结构所塑造和规范，其中，世界主义民主法是一种适用于全球的法律。[②] 在这个法律框架中，不仅仅是国家，区域网络、全球网络、次国家实体或跨国共同体、组织机构都是其成员，都享有自主性，[③]拥有自治权，这样“一种从城市、国家到区域、全球网络的民主社团的政治秩序将会出现”[④]。从康德和赫尔德的论述中，我们可以看到法律世界主义对法律的推崇，同时也感受到他们对法律框架与体系背后的道德诉求的坚守。正如凯尔森（Hans Kelsen）所表明的：“一个普遍性的法律体系会使合法性与道德结合起来，并由此终结国家之间的冲突。这样，人们的合法权利就会与整体的人类组织相融，权利也因此具备了最高道德理念。”[⑤]

（四）制度世界主义（institutional cosmopolitanism）

在政治世界主义、法律世界主义、制度世界主义三个概念中，制度世界主义的边界和内涵最模糊。这是因为，政治世界主义所关注的全球性的政治模式与政治框架，法律世界主义所青睐的全球性法律体系，都离不开全球性制度的构建。换言之，超越国内法与国际法的世界法，是全球性的政治模

---

① ［英］戴维·赫尔德：《民主与全球秩序——从现代国家到世界主义治理》，胡伟等译，上海人民出版社，2003 年，第 241 页。

② ［英］戴维·赫尔德：《民主与全球秩序——从现代国家到世界主义治理》，胡伟等译，上海人民出版社，2003 年，第 247 ~ 248 页。

③ 赫尔德重视自主权，相对弱化了主权概念，并赋予主权新的含义，他认为“民主的自主权介于国家主权与人民主权之间”。［英］戴维·赫尔德：《民主与全球秩序——从现代国家到世界主义治理》，胡伟等译，上海人民出版社，2003 年，第 236 页。

④ ［英］戴维·赫尔德：《民主与全球秩序——从现代国家到世界主义治理》，胡伟等译，上海人民出版社，2003 年，第 248 页。

⑤ Costas Douzinas, *Human Rights and Empire: The Political Philosophy of Cosmopolitanism*, Routledge Press, 2007.

式、政治框架、法律体系的载体。世界国家(世界政府)、国家自由联盟、全球治理模式、世界公民法、世界主义民主法,最终都要体现为全球性的政治制度和法律制度。正因为如此,政治世界主义、法律世界主义、制度世界主义的清晰区分并不明显,有时甚至相互指代。这三者的共同点是寻求构建实体性超国家权威。只是“对于如何形成实体性超国家权威,法律世界主义侧重于国际法律体系进路的建构,制度世界主义侧重于国际制度体系进路的建构,政治世界主义侧重于国际政治体系进路的建构”①。这三者的不同点只在于关注的视角与强调的重点有所侧重,而且这种侧重还与论述问题的语境与逻辑相关,所以制度世界主义是否适宜(或有必要)作为一个独立的概念提出,是大可商榷的。但在现有的研究文献中,制度世界主义时常出现,所以我们还是将其作为一个类型予以阐述。

简言之,制度世界主义就是基于制度的视角及其偏爱所研究的世界主义,它强调全球性制度的重要性。博格认为,制度世界主义提倡一种世界性的制度秩序。社会制度应该被设计成包括所有平等的全人类在内,以此种要求为中心的道德概念,展现的是一种包括所有人类在内或至少对所有人类开放的普遍性政治社会。② 这表明,制度世界主义的基础与价值目标依旧是道德世界主义。

(五)正义世界主义(cosmopolitanism about justice)

公平、正义始终是政治哲学的主题。正义世界主义一方面源于这种政治哲学的研究传统,另一方面则是基于全球化背景下公平、正义面临的新困境。其中最突出的是公平、正义问题已不再局限于一国之内,需要在全球范围内探索解决之道。

正义世界主义是秉承正义理念探究正义的概念,它关注的是为什么以及如何在全球范围内实现分配正义和社会正义。因此,正义世界主义又有分配正义世界主义和社会正义世界主义之分。分配正义世界主义强调每个

---

① 张永义:《当代世界主义思想形态析论》,《教学与研究》,2014 年第 11 期。

② Thomas Pogge, "Cosmopolitanism", in Robert E. Goodin et al., eds., *A Companion to Contemporary Political Philosophy*, Blackwell Press, 2007, pp. 312 – 331.

公民应在物质、财富、资源的分配上受到正义和公平的对待;社会正义世界主义强调每个公民在机会、地位、公共物品享有等社会层面上受到正义和公平的对待。当代正义世界主义延续了以往的传统,从契约论、权利论和义务论来探究全球正义。[①] 它的着力点(或新贡献)是:

其一,突破正义理论仅适用于国内社会的局限。罗尔斯的名著《正义论》是公认的正义研究代表作,这部著作建立了以契约论为基础的普遍正义理论。但是罗尔斯的正义理论是针对国内社会的,因为在他看来,契约论要建立在社会合作基础之上,国内社会是自给自足的合作体系,而国际社会却不是类似国内社会的合作体系,所以分配正义仅存在于国内社会,正义理论也仅适用于国内社会。尽管罗尔斯也谈及国际正义,并在后期著作《万民法》中予以更专门的论述,但是其基本倾向很难说有根本性变化,至少是模糊的、有争议的。当代正义世界主义论者不赞同罗尔斯的上述观点,认为"传统分配正义观的局限性体现在对分配正义的主张通常被设置于主权国家范围之内的背景中,没有像世界主义论者那样将分配正义置于世界的层面、人类社会的范围,或者个体的全球性道德地位的视角之中予以考虑"[②]。谢夫勒(Samuel Scheffler)强调社会边界(比如国家边界)不能为正义的适用范围强加上原则性限制。世界主义的正义性拒绝由诸如民族或国籍定义下的边界对正义原则的适用性作根本性否定。[③] 贝茨立足世界的相互依赖,论证国际社会也存在着一个超国家的合作框架,从而要求一种全球分配正义。他指出:"国家参与到复杂的国际经济、政治和文化关系中,这些关系表明存在着一个全球性的社会合作框架……如果社会合作是分配正义的基础,那么我们就可以认为国际经济的相互依赖能够支持和适用与国内社会类似的全球分配正义原则。"[④]博格通过权利理论论证"全球正义"的必然性与合理性,认为人权的普遍性不应当包括地域的限制,现有的国际秩序已成为实现

---

① 张旺:《超越国界的分配正义》,《世界经济与政治》,2007 年第 11 期。

② 张永义:《当代世界主义思想形态析论》,《教学与研究》,2014 年第 11 期。

③ Samuel Scheffler, *Justification and Legitimacy: Essays on Rights and Obligations*, Cambridge University Press, 2001.

④ Charles Beitz, *Political Theory and International Relations*, Princeton University Press, 1999, p. 144.

人权的障碍,必须构建一个满足全球性公平正义的新共同体。

其二,凸显了自然资源的全球正义分配。在罗尔斯的正义理论中,自然资源是否存在分配正义问题并未涉及,而根据他的自然天赋具有道德上的偶然性,只是自然的事实,因而其分配无所谓正义不正义之观点,①可以推论其不赞成自然资源在国际社会中存在分配正义问题。贝茨等正义世界主义论者对此提出了异议。贝茨认为,自然资源在各国的不均衡分布,也会引发国家之间道德上的争议。因为当一国拥有丰富的自然资源,并拒绝和排斥他国使用这些资源时,就导致了事实上的不公正,违背了正义原则。所以,自然资源应该在全球范围内公平分配,不能套用自然资源的分配无所谓正义不正义之说。林克莱特(Andrew Linklater)也对世界资源的重新分配给予高度重视。在他看来:“从特殊主义经济活动已经让位给同情世界主义分配正义目标的普世主义的程度,我们可以检测出国际关系的进步。因此,为了实现个体的自由或人性,公民们必须超越国家作为他们领土资源所有权的权利。……只有在一个实施控制他们资源总和的世界政治体系中将权利给予另一个国家,人类的成员才能完成从特殊主义到普世主义的发展。”②

其三,社会正义的世界主义有赖于社会制度的公正性。社会正义的世界主义是关注社会层面的正义实现及其相应的社会制度设计。社会正义的世界主义是道德世界主义在正义领域的具体化,它所遵循的理念是个体的普遍道德权力与地位,但是这种理念若无制度层面的保障,就无法落实。所以,强调社会制度的公正性就格外重要。

(六)经济世界主义(economic cosmopolitanism)

顾名思义,经济世界主义是世界主义在经济领域里的体现与运用。而这种体现与运用的最普遍形式,正是人们所熟悉的全球经济市场、自由贸易,所以经济世界主义又称为市场世界主义(market cosmopolitanism)。相较于道德世界主义、政治世界主义、法律世界主义和制度世界主义,经济世界

---

① [美]约翰·罗尔斯:《正义论》,何怀宏等译,中国社会科学出版社,1988 年,第 97 页。

② 阎静:《全球化时代的世界主义规范诉求——林克莱特国际关系批判理论研究》,南京大学出版社,2012 年,第 121 页。

主义最贴近于大众，似乎也更容易被感受与认知，但这一点反而使其在世界主义的研究中被边缘化。正如《斯坦福哲学百科》所指出的："经济世界主义很少为哲学家们所关注，而更多受到经济学家的青睐。"①经济世界主义与市场的全球扩张，资本主义的全球扩张联系在一起，也与全球化紧密相关。从亚当·斯密到哈耶克，再到弗里德曼，我们可以看到他们对市场、市场资本主义的推崇与偏爱。而世界市场、自由贸易乃至各经济要素的全球配置，正是经济世界主义的核心内容。这种经济世界主义的观点在一定程度上也得到了马克思的认同，他认为市场资本主义打破了传统的国家边界与视域，将整个世界联系在一起，开创了世界历史新时代。这实际上就是当下盛行的全球化观点。只是，马克思在肯定市场资本主义的历史性作用的同时，又揭露和批判了市场资本主义给人类社会带来的恶，构想了超越市场资本主义，走向未来的理想社会模式。由此可见，经济世界主义是更贴近现实的理论。但在全球化时代，经济全球化将如何发展，怎样克服经济全球化带来的一系列负效应，特别是全球性的贫富差距的加大以及严重的生态问题，如何超越市场经济原教旨主义，建立和谐、公正、更具幸福感，有助于身心健康和全面发展的社会，这正是经济世界主义不得不严肃思考和探究的问题。

（七）文化世界主义（cultural cosmopolitanism）

文化世界主义是一种含义更宽泛，同时也更接近生活的世界主义，是世界主义理念与观点在文化领域的体现与运用。文化世界主义的基本主张，一是认为文化领域始终处于变动之中，所以要在文化的变动中不断选择、修正、重塑文化诉求与倾向，不要固守一种特定的文化。二是认为文化的多元性不等于文化的特殊性、相对性。多元文化使人们有了更多的选择与再造文化的空间，又有助于吸取多元文化的丰富内容。但文化的特殊性、相对性论者则片面强调了文化的边界，助长了传统的民族主义、国家主义，凝固了个人的特定文化身份。因此，文化世界主义坚持世界主义视角下的多元文化，反对排他性的文化边界与文化身份固定论的主张。三是坚持个人在全球范围内的权利，倡导开放性选择生活方式、消费方式。

---

① *Stanford Encyclopedia of Philosophy*, https://plato.stanford.edu/entries/cosmopolitanism/#2.

以上三种观点中，前两点可以说是较规范、理论化的文化世界主义，引发的争论较多，焦点是文化的普遍性与特殊性、世界性与民族性、多元性与相对性等理论问题，以及连带的民族文化诉求与权利如何予以保障等政治性问题。它们与道德的普遍性与特殊性，世界主义与社群主义之争，共同构成了世界主义的思想与文化底蕴。文化世界主义在这方面的著述并不少见。如埃文森(Adam D Etinson)认为，人并不是被文化僵硬束缚的产物——也即从出生开始就被不可改变地框入给定的文化模型之中——而是在世界范围内游走的施动者，并自愿或偶然地为自己组合出一种混合性文化。① 斯克热谢夫斯基(Stan Skrzeszewski)也指出，新技术使很多人了解到各种各样的文化传统和价值，这些技术帮助创造了一个无边界的世界，在其中个体可以从不同的文化、价值以及语言上做出选择。这使得多元文化主义的焦点从特殊的种族主义转向了多元论的世界主义。② 第三点则以个人为基点，强调个人的开放性生活态度与文化倾向，以及跨国主义式世界主义的生活实践。1753 年，布朗(Fougeret De Monbron)在其自传中就称自己是个世界主义者，在各地旅行却又不隶属于任何地方，“我按照我自己的奇思妙想更换自己的居住地”③。汤姆林森(John Tomlinson)指出，世界主义是一种文化倾向，它包括这样一种思想观念立场，即向来自不同文化，尤其是来自不同民族的人、地区以及经历保持开放。④ 显而易见，这种意义上的文化世界主义仅指一种温文尔雅，云游四方的生活方式，也许可归入浪漫世界主义(romantic cosmopolitanism)。或如王宁教授的分类，将之称为一种以四海为家、处于流散状态的世界主义，称为一种艺术和追求审美的世界主义。⑤ 我们甚至可

---

① Adam D. Etinson, “Cosmopolitanism: Cultural, Moral, and Political”, in Diogo P. Auftllio et al., eds., *Sovereign Justice Global Justice in a World of Nations*, Walter de Gruyter GmbH & Co. KG Press, 2011, pp. 26 – 45.

② Stan Skrzeszewski, “From Multiculturalism to Cosmopolitanism: World Fusion and Libraries”, *Feliciter*, Vol. 50, Issue. 1, 2004, pp. 14 – 16.

③ Fougeret de Montbron, *Le Cosmopolite ou le Citoyen du Monde*, Ducros Press, 1970, quoted from Stanford Encyclopedia of Philosophy, https://plato.stanford.edu/entries/cosmopolitanism/#2.

④ John Tomlinson, *Globalization and Culture*, Polity Press, 1999.

⑤ 王宁：《世界主义的文学和文化维度》，中国人民政治协商会议网站，http://cppcc.people.com.cn/n/2013/0819/c34948 – 22605919.html.

以创造一个新概念，称之为“生活世界主义”也未尝不可。

（八）消费者世界主义（consumer cosmopolitanism）

消费者世界主义是世界主义研究中的新概念、新范畴，它拓展了世界主义的研究领域，并且更偏爱定量研究的方法。消费者世界主义体现了经济世界主义和文化世界主义的交叉与融合，它既包括了经济世界主义的某些内容与特征，又包括了文化世界主义的某些内容与特征，所以若将其纳入或附属于经济世界主义或文化世界主义都是一种选择，但本书还是将其独立列出，视为一种有特色的新的世界主义类别。

消费者世界主义的主要观点如下：赫尔（Ger）认为，资本、全球运输、市场营销、通讯以及跨国性世界主义之间相互作用，溶解着民族文化和经济的边界。因此，对这些概念本身，它们之间的互动及其对国际商务的影响的理解，变得比以往更重要。市场活动持续性地全球化已经为消费者世界主义提供了强大的推动力，消费者通过将自身融入跨文化体验来扩展其文化眼界。① 霍尔特（Holt）指出，由于世界主义导致了社会地位和文化资本的多样性，消费者往往希望变成世界主义者。希望获得较多文化资本的消费者逐渐形成世界性的品味，这种品味可能体现为对起源于他国且异于本国的音乐、文化以及其他产品的消费。这种对于“消费者世界主义”的渴望，可能加剧对进口商品、服务、国际教育、旅游以及国外食品等的探寻以及渴望。② 至于研究方法，消费者世界主义者认为，世界主义研究缺乏一种准确的测量标准，因此需要一种全新的测量标准来衡量消费性世界主义。显然这种注重测量标准的方法就是定量研究方法，也是他们试图在世界主义传统规范研究方法之外，附之以实证研究的一种尝试。③

以上就是从领域视角审视的八种主要世界主义类型。其中道德世界主义是基础、主线，贯穿于各种类别的世界主义。政治、法律、制度、正义四种

① G. Ger, “Localizing in The Global Village: Local Firms Competing in Global Markets”, *California Management Review*, Vol. 41, Issue. 4, 1999, pp. 64 – 83.

② Douglas Holt, “Poststructuralist Lifestyle Analysis: Conceptualizing The Social Patterning of Consumption”, *Journal of Consumer Research*, Vol. 23, March, 1997, pp. 326 – 350.

③ Petra Riefler and Adamantios Diamantopoulos, “Consumer Cosmopolitanism: Review and Replication of The CYMYC Scale”, *Journal of Business Research*, Vol. 62, Issue. 4, 2009, pp. 407 – 419.

世界主义有亲近性,并且在当代世界主义中备受关注。经济世界主义虽必不可少,但在世界主义研究中并非主流。文化世界主义争议大、复杂性强,既高深又世俗。而消费者世界主义则是交叉研究的新类别,值得关注。除此之外,还有司法世界主义(juridical cosmopolitanism)、国际联邦世界主义(international cosmopolitanism)、一元论世界主义(monistic cosmopolitanism)、国际伦理世界主义(international ethical cosmopolitanism)、人际伦理世界主义(interpersonal ethical cosmopolitanism)、互动世界主义(interactional cosmopolitanism)等概念,但这些概念覆盖面都过于狭窄,在学术界的运用与影响也有限,所以不作为一个独立的世界主义类别予以分析。

二、程度视角

世界主义研究的程度视角,是对世界主义应达到或可能达到的标准、程度的一种认知视角和研究方法。但需要指出的是,这里讲的标准、程度并不是可量化、可进行统计的,而是对规范理论中的原则、规范的认同与接受的程度。根据对世界主义规范中若干重要原则、规范、价值的认同与接受程度,世界主义可分为强式世界主义与弱式世界主义,极端世界主义与温和世界主义。在这两对概念与范畴中,前者仅适用于(主要适用于)正义世界主义,而后者则适用于全部世界主义类别。下面逐一加以分析。

(一)强式世界主义(strong cosmopolitanism)与弱式世界主义(weak cosmopolitanism)

强式世界主义与弱式世界主义的区分是由戴维·米勒(David Miller)提出的。在他看来,强式世界主义是指为了确保人类的平等,需要某种形式的全球性平等分配制度,这种制度高于人类生存的最低限度。而弱式世界主义则主张一种基于个体保障的基本尊严的分配制度,当确保最低生存保障目标得以实现后,人类范围内的其他不平等可以不再是世界主义关注的主要议题。① 由此可见,强式世界主义更重视全面的全球平等主义原则,主张更为激进、彻底;而弱式世界主义则考虑到各国的不同分配水准,关照现实,仅限于关注如何保障每个个体的基本需求。两者的区别的确反映出对正义

---

① David Miller, *Citizenship and National Identity*, Polity Press, 2000.

世界主义的认可与接受程度的不同。另一位著名的学者博格也对分配正义的两种不同主张进行了分析，只是他在自己的论述语境下使用了另外两个概念，一个是一元论世界主义，另一个是社会正义世界主义。博格认为，一元论世界主义的终极目标是实现共同目标，坚持世界主义者的所有行为都应致力于这一共同目标的实现，并断言所有对特殊因素的考虑，都削弱了全球正义。而社会正义世界主义则放弃了共同目标的理念，强调社会正义的设计与实施在于对特别责任的分配，坚持关注最小的不公平。显然，博格所讲的这两种分配正义的相对应的理念与方法同样是强式世界主义与弱式世界主义的比较研究。① 概而言之，在分配正义方面，强式世界主义（或一元论世界主义）关注世界正义的最大公约数，主张世界形成共同目标，消除特殊因素与倾向；而弱式世界主义则关注世界公正的最小公约数，承认特殊因素与倾向的存在。

（二）极端世界主义（extreme cosmopolitanism）或严格世界主义（strict cosmopolitanism）与温和世界主义（moderate cosmopolitanism）

如果说强式世界主义与弱式世界主义主要针对正义世界主义中的分配正义，适用性比较窄，那么极端世界主义与温和世界主义则覆盖了世界主义的各个类别，适用性非常广。换言之，即便不存在或取消强式世界主义与弱式世界主义，用极端世界主义与温和世界主义同样可以解释分配正义问题。极端世界主义又有激进世界主义（radical cosmopolitanism）之说，含义相同。

由此不难发现，极端世界主义与温和世界主义考量的是普遍道德与特殊道德、普遍责任义务与特殊责任义务、全球性与地方性、普世价值与特殊价值等核心规范、原则与价值问题。显然，从哲学上讲，这种考量的关键就是普遍性与特殊性之关系问题。对于这种关系，极端世界主义的立场偏向单一的、简单的、彻底的世界主义；而温和世界主义一般会在认同普遍性的前提下，为特殊性保留一定的空间，持平衡的、中庸的、较务实的立场。

关于极端世界主义与温和世界主义，国际学术界有不少研究。谢夫勒

---

① Robert Goodin, Philip Pettit and Thomas Pogge, *A Companion to Contemporary Political Philosophy*(2nd Edition), Blackwell Publishing, 2007, pp. 318 - 327.

(Samuel Scheffler)认为,极端世界主义是将世界主义道德原则视作唯一和一元的价值来源,所有道德承诺都必须通过借鉴、参考世界主义原则和目标才具有正当性。温和世界主义不坚持认为世界性价值是肯定其他价值合理性的唯一根本性标准,承认某些特殊义务在规范意义上的独立性。[①] 美国学者阿皮亚(Kwame Anthony Appiah)也指出:"围绕着对世界主义的理解,有两种不同的观念。一种观念认为,我们对其他人承担着义务,这些义务涉及的范畴,超越了亲情关系与仁慈,甚至超越了共同的公民责任这种更为正式的人际关系。另一种观点则认为,我们不仅高度推崇整个人类的生活价值,还高度推崇特定人群的生活价值,也就是说,我们推崇对特定人群生活造成重大影响的那些习俗与信仰的价值。世界主义认为,不同人群之间存在差异,不同人群可以相互学到很多东西。……上述两种观念,即对整个人类的关注,以及对合理差异的尊重,经常发生冲突。"[②]《斯坦福哲学百科》在世界主义的条目中也从心理学、互惠的责任等方面阐述了极端世界主义与温和世界主义的关系。该条目指出,从心理学上讲,人类对其生活在同一国家的成员有更强的情感依恋,这种依恋同时也产生了一种互惠责任,因此为这种特殊的依恋与互惠责任保留适当的空间是完全正常且必要的,显然这是一种温和的世界主义观。但条目同时指出,从发展心理学角度来看,人们的特殊情感依恋和互惠责任可以不断超越各种社群的、地域的边界,发展出更广泛的认可与忠诚,因为人的心理是可塑的,文化及其身份也是可塑的,这无疑是一种极端世界主义观。"总的来说,一系列有趣而困难的哲学问题都是由不同程度的世界主义及其批评者引发的争论。随着这个世界变得越来越小,通过不断增加的社会、政治、经济契约,这些争论和问题只会变得越加紧迫和重要。"[③]

但是要注意的是,尽管极端世界主义与温和世界主义在世界主义原则

① Samuel Scheffler, *Justification and Legitimacy: Essays on Rights and Obligations*, Cambridge University Press, 2001. pp. 115 - 119.

② [美]奎迈·安东尼·阿皮亚:《世界主义:陌生人世界里的道德规范》,苗华建译,中央编译出版社,2012 年,序言第 7 页。

③ *Stanford Encyclopedia of Philosophy*, https://plato.stanford.edu/entries/cosmopolitanism/#2.

与规范的认可与实施程度上有区别，但两者又有共同的基点，那就是世界主义原则、规范、价值的基础性和前提性。换言之，关涉每个人的平等道德地位、权利、公正、责任始终是第一性的、最重要的。正如阿皮亚所说：“世界主义者共同接受的一个思想是，任何区域性忠诚，都不能迫使人们忘记，每个人对别人还负有一份责任。”①牢记这一点，就等于明确了世界主义与社群主义之根本区别，而正是这种区别，也使得我们避免混淆温和世界主义与社群主义，因为温和世界主义的确借鉴并保留了社群主义关于特殊性的一些主张。

三、关系视角

关系视角，是本书试图概括并予以阐述的认知和划分世界主义类别的新见解。既然是关系，那么显然就同程度视角一样是在比较共存中确立的概念，往往体现为对偶的范畴。这里，我们主要分析两对范畴，即个体主义的世界主义与全球主义的世界主义；理想的世界主义与现实的世界主义。

（一）个体主义的世界主义与全球主义的世界主义

个体主义的世界主义与全球主义的世界主义，这两个概念及其相对应的关系，至今并未出现于学术界关于世界主义的研究中，我们力图对此做出探索性思考与分析。

如前所述，个人及由个人所聚合的人类是世界主义所认同的道德关怀的终极单元，也是最根本的价值目标。也就是说，在世界主义看来，人和人类是其关注的两个基点，而在人与人类之间的其他各种群体、共同体，从家庭、部落到民族、国家，都不是其关注的基点。世界主义的这一核心要义贯穿于其整个思想发展史中。早期世界主义的代表斯多葛学派最有代表性。斯多葛学派一方面继承和发扬了智者学派和苏格拉底对人高度重视的思想，强调个人权利、地位的平等；另一方面又从宇宙理性的视角，阐述了逻各斯的神圣性和世界的整体性，从而试图在个人与宇宙之间建立和谐。它认为“内在的、不可违反的个人权利的观念，与永恒的普遍的法的观念是联系

---

① ［美］奎迈·安东尼·阿皮亚：《世界主义：陌生人世界里的道德规范》，苗华建译，中央编译出版社，2012 年，序言第 9 页。

在一起的”①。晚期斯多葛派的代表性人物罗马皇帝马可·奥勒留可以说是深谙世界主义的要义，他视宇宙与自然于一体，强调世界理性的作用，同时又主张世界国家、世界公民与世界法。他指出：“如果我们的理智部分是共同的，就我们是理性的存在而言，那么，理性也是共同的；因此，那命令我们做什么和不做什么的理性也就是共同的；因此，也就有一个共同的法；我们就都是同一类公民，就都是某种政治团体的成员；这世界在某种意义上就是一个国家。”②到了当代，博格关于世界主义三要素之说，即个体主义、普世性和普遍性，同样凸显了个体权力与地位的基础地位，以及这种个体权力与地位在全球的普遍适用性。因此，重视个人与人类，强调个体主义与普世主义，的确是世界主义全部理论大厦的根基，也是认知世界主义的关键。

现在的问题是，对于同时重视和强调个人与人类的传统的、经典的世界主义，有无必要对个人与人类这两个基点做权重（或侧重点）上的区分，如果有必要做这种区分，又该如何做，将会得出哪些新的学术观点？

首先来看必要性问题。在经典的世界主义理论中，人与人类的关系并未自觉地受到关注与追究，因为人是个体的人、原子式的人，而人类不过是个人聚合而成的抽象整体，是人的权利、义务以及道德地位的普遍性所指涉的空间、范围。个体（或个人）居于本位，具有优先性，其他各种群体、共同体都是个人派生的。由此可见，在经典的世界主义视野中，个体本位是毋庸置疑的，人类只是个人意义与价值体现的抽象载体，并无独立的主体身份。而个人与人类之间的各种共同体则不同，它们都是某种特定的社会、政治、文化共同体，表达着特殊的利益，有着特殊的权利与义务诉求，换言之，具有不同于个人和人类的特殊主体身份。在这些特殊的共同体中，民族与国家又是人们最熟悉、最依恋，同时也是对人类影响最大的共同体。所以，世界主义刻意要区分并力图超越的共同体，无疑就是现实生活中的民族与国家。而世界主义的理论根源与基础依旧是个体主义与普遍主义。正因为如此，

① ［挪］G. 希尔贝克、N. 伊耶：《西方哲学史——从古希腊到二十世纪》，童世骏等译，上海译文出版社，2004 年，第 114 页。

② ［古罗马］马可·奥勒留：《沉思录》，何怀宏译，商务印书馆，1989 年，第 43 ~ 44 页。

自由主义与社群主义之争的本质，个体本位还是群体本位，普遍主义还是特殊主义，在国际关系领域就以世界主义与社群主义之争的形式再度表现出来。这充分表明，在经典的世界主义理论中，由于要凸显的是个体与群体的区别，加之人类只是个模糊的，抽象的整体，并不具有真正的实体意义和主体身份，所以个人与人类的关系就无从谈起，至少是被忽略了。

但是在当今全球化时代，全球相互依赖的日益紧密，全球性更加凸显，包括主体的全球性、地域的全球性、制度的全球性和价值的全球性。[①]“全球性是当代人类社会活动超越现代性、民族性、国家性、区域性，以人类为主体，以全球为舞台，以人类共同利益为依归所体现出的人类作为一个类主体所具有的整体性、共同性、公共性新质与特征。”[②]全球性的核心是把人类作为一个独立的、单一的主体对待，从人类的整体性角度观察和处理种种社会生活与公共事务。主体的全球性从根本上改变了人们认识和处理社会生活与公共事务的坐标，从而把人类的社会关系提升到了全人类的层面，彰显了人类的类本质特征。也就是说在今天，我们已不可能也不应该无视人类作为一个类主体存在的事实，人类的共同利益、诉求、价值不再简单地显现为所有至少是绝大多数个人利益、诉求、价值的集合，而具有独立性。经典世界主义理论中对人类主体的忽视或模糊化，已难以适应现实的需要。因此，完全有必要对经典的世界主义做出新的解释，并区分出新的类型。

其次来谈谈如何区分，以及区分的结果。区分的原则与标准有两个，其一，是坚持个体本位还是坚持人类本位（或者是更强调个体本位还是更强调人类本位）；其二，是否承认人类是独立的实体，具有主体身份。据此就可区分为个体主义的世界主义与全球主义的世界主义。个体主义的世界主义以强调个体、个人为道德、价值，以及权利和义务终极单元的世界主义。经典的世界主义总体上讲就是个体主义的世界主义。个体主义的一个基础性理论预设是，集体是抽象的存在，而个体是具体实在。个体是价值中心，它本身就是尺度和目的，而非工具和手段。与此对应的各个社群、共同体仅仅是

① 蔡拓等:《全球学导论》，北京大学出版社，2015 年。

② 蔡拓等:《全球学导论》，北京大学出版社，2015 年，第 487 页。

个体的集合体，是实现个体价值的途径与方式，简言之就是工具。显然，个体主义的世界主义是世界主义理论中的主流，也是其正宗。当我们论及世界主义与社群主义之区别时，实际上就是讲的个体主义的世界主义与社群主义之区别，因此在世界主义与社群主义的论战中，个体主义的世界主义必然处于中心地位，并且在这种论战中展现风采，为人们所认知。

全球主义的世界主义，在坚持个体、个人为道德、价值，以及权利和义务终极单元的同时，开始强调和重视个人聚合的整体——人类的独立价值、利益及其作用。这里，重要的是弄清什么是全球主义。“全球主义是一种区别于国家主义的世界整体论和人类中心论的文化意识、社会主张、行为规范。”①它的精髓是世界整体论、人类中心论，以反思区别国家主义。同时它也表明全球主义的主体是人类，整体性的人类是道德与价值的本体，从而区别于个体本位的个体主义。这样一来，全球主义就将自身处于双重矛盾之下。它一方面要反思和超越国家主义，这是其主旨；同时又要与个体主义拉开距离，突出自身的独立性和时代性，着眼于全球性迫近的文明走向。于是，在反对社群主义、国家主义方面，全球主义与个体主义是同盟军；但是在是否承认类主体，认同人类的独立道德地位与价值方面，全球主义与个体主义又难以达成共识。因为个体主义只承认个体是具体实在的，是意识、道德、价值的终极承载者，而集体则是抽象的，无法与个体的功能与地位比肩。

总之，在个人与人类之间的关系尚比较模糊，人类在很大程度上只是被理解为个人权利、义务，以及道德地位、价值展现的普遍性舞台和空间时，两者的关系似乎是协调的，它们共同的批判对象是社群主义、国家主义。而在个人与人类之间的关系迫切需要澄清，全球性日益凸显，类主体的独立性与实体性更加鲜明的全球化时代，个人与人类两个主体在世界主义中的权重问题就显现出来，不可回避，从而产生了与个体主义的世界主义相对应的全球主义的世界主义。

那么全球主义与世界主义又是何种关系呢？大致会有三种答案。其一，全球主义等同于世界主义。这是最简单、最直观的回答，其理由是，全球

---

① 蔡拓：《全球化与政治的转型》，北京大学出版社，2007 年，第 155 页。

主义和世界主义都认同世界的整体性,事物的普遍性,都主张以世界的眼光,世界的空间来审视和认识人类社会的现象与事物。之所以有不同的称谓,是因为世界主义产生于古希腊罗马时代,源远流长,人们已约定俗成地将这种主张称之为世界主义。考虑到这种约定俗成的制约性和持续性,所以世界主义概念在世界主义研究中处于主导地位,而全球主义的概念史则比较短,它是与近百年来的特别是20世纪60—70年代全球化浪潮联系在一起的。全球化、全球问题、全球治理、全球性、全球主义,这是一个概念系列和理论体系,强调全球化和相互依存时代给人类社会生活带来的整体性、共同性的巨变。这个概念的优势在于更贴近现实,具有时代性,所以也得到部分学者的认同与推崇。显然,基于这一思路,全球主义与世界主义就可以相互替代,或者讲历史上的世界主义则用世界主义之称谓,讲当代世界主义时则换成全球主义之称谓,这一答案虽有一定道理,但忽略了两者的区别。

其二,全球主义是世界主义的最新形态。这一答案的合理性在于其强调世界主义发展的过程与阶段性。在世界主义思想史的演变进程中,尽管有核心的基础性的理论与观念,但毕竟会受到时代的影响,从而在古代、近代、当代呈现出不同的特点。全球主义就是世界主义的当代形态,就是世界主义在全球化时代的最新概念。所以在研究当代世界主义时,最好就用全球主义之称谓。至于全球主义的新特点,则与第一答案相同,那就是更多的全球性、更多的整体性、更多的共同性,人类的类本质得以凸显,这一答案在坚持使用全球主义称谓方面较第一答案更主动、更自觉,但是全球主义与世界主义的差异仍未得到充分阐释。

其三,全球主义是不同于世界主义的类本位学说,张扬人类的整体性和共同性。如果说前两个答案都自觉或不自觉地关注全球主义与世界主义的联系性、相同性,那么第三个答案则更多强调两者的差异性。如前所述,经典的世界主义就是个体本位的世界主义,注重个人权利、义务、道德地位与价值在全球范围的平等与保障,从而与社群主义的社群本位主张明确区分,它的普遍性更多的是空间意义上的,普世性更多是抽象意义上的,人类只是呈现个人权利与利益诉求的大背景、大舞台,不具有实体性和独立性。而全球主义则要把模糊的、抽象的人类实体化,使其具有真正的独立性,成为名副其实的主体。立足这一基点,全球主义一方面要继承个体主义对个体权利、义务、道德地位与价值的重视与坚守。另一方面又坚定不移地超越社群主义所倡导和推崇的国家主义、民族主义、特殊主义,以人类整体论和共同利益论化解民族国家的藩篱。这充分说明,全球主义在突出自身特质的同时也保留了经典世界主义中对个体主义的坚守和对社群主义的批判,从而体现了全球主义与世界主义的理论延续性。但是必须看到,人类作为一个主体,其实也是一个共同体,只不过是迄今为止人类所能感受与认知的最大的,也是层次最高的共同体。是共同体就有不同于个体的特质,于是,在把人类实体化后,两者就可能面临个体主义与社群主义同样的关系问题。换言之,从理论推论上来讲,人类共同体也是最大的社群,那么当我们强调人类的整体性和共同利益的重要性时,会不会也排斥和压抑了个人的权利、义务、道德地位与价值呢?显然,这个疑问是有道理的,应该予以澄清。必须要明确的是,社群主义已有确定的特有含义,它所讲的社群,其边界并未超越民族与国家,换言之,是国家范围内的各种群体,尤其是主导当前人类生活的民族国家,人类从来就未进入社群主义的视野。同时全球主义所讲的人类既是具有整体性和独立性的实体,彰显了人类区别于个体的特质,又是包容了每个个体,体现了每个个体价值与道德地位,具有普遍性的统一体。也就是说,作为类主体的人类,是个体与群体的有机整合。这样,它就避免了社群主义的偏颇,规避了个体本位与群体本位的争执。

基于上述分析,我们的结论是,个体主义的世界主义是我们所熟悉的经典意义上的世界主义,而全球主义的世界主义则是全球化时代更具时代特性的新的世界主义类型。

(二)理想的世界主义与现实的世界主义

理想的世界主义与现实的世界主义,是立足理想与现实的关系,以及世界主义的程度而区分的一对世界主义范畴。理想的世界主义指以人类整体、人类命运、人类关怀、人类利益与价值为核心的世界主义。这个概念凸显了类主体、类存在、类利益和类价值,是从应然视角、应然逻辑上构建的较为完整、较为理想的世界主义,在这个意义上,它又可称为完全的世界主义、理论的世界主义。现实的世界主义指以世界主义为旗帜,平衡和协调世界主义和国家主义,注重现实可行性的世界主义。这个概念观照了国家主义、社群主义的某些合理性,注重在实践中推进世界主义,在这个意义上,它又可称为不完全的世界主义、实践的世界主义。

理想世界主义缺少理想的代表人物。18 世纪的法国人克洛茨(Anacharsis Cloots)可算一位。他提倡废除所有现存的国家并建立一个单一的世界国家,所有人都包含在这个世界国家之内。他认为主权应该属于人民,而主权概念本身不可分割,所以就意味着只有一个主权主体,即作为整体的人类。① 道德世界主义的代表,如斯多葛派,康德,直至当代美国学者查尔斯·贝茨,也在一定程度上反映出理想世界主义。

现实的世界主义有更多的认同者,比如阿皮亚明确指出:“我们为之辩护的立场,或许可称作不完全的世界主义。”②德国学者贝克是论及现实的世界主义(或现实主义的世界主义)较多的人。他强调“实然的世界主义不可能与应然的世界主义完全分离”③,“世界主义的观点——这里再次澄清——所指,不是利他主义。不是理想主义,而是现实主义”④。“世界主义的现实主义并不否定国家主义,而是将国家主义作为前提,并将它转换为一种世界主义的国家主义。”⑤“现实主义的世界主义并非反对,而应理解并扩展为普遍主义、相对主义、国家主义和民族主义的总体概念和综合概念。”⑥

不难发现,理想的世界主义与现实的世界主义之分,尽管有自身独特的划分视角,但与前述强式世界主义与弱式世界主义、极端世界主义与温和世界主义之分也有某种联系,可以在比较中,从程度和关系两个视角加深对世

① *Stanford Encyclopedia of Philosophy*, https://plato.stanford.edu/entries/cosmopolitanism/#2.

② [美]奎迈·安东尼·阿皮亚:《世界主义:陌生人世界里的道德规范》,苗华建译,中央编译出版社,2012 年,序言第 9 页。

③ Ulrich Beck and Natan Sznaider,“Unpacking Cosmopolitanism for The Social Sciences: A Research Agenda”,*The British Journal of Sociology*, Volume 57, Issue 1,2006, p.4.

④ [德]乌尔里希·贝克:《世界主义的观点:战争即和平》,杨祖群译,华东师范大学出版社,2008 年,第 225 页。

⑤ [德]乌尔里希·贝克:《世界主义的观点:战争即和平》,杨祖群译,华东师范大学出版社,2008 年,第 65 页。

⑥ [德]乌尔里希·贝克:《世界主义的观点:战争即和平》,杨祖群译,华东师范大学出版社,2008 年,第 75 页。

界主义的了解与研究。

四、反思视角

反思视角，也是对世界主义类型学研究的一种新尝试。它的立足点是反思，即对习惯性、传统性世界主义概念、认知的反思，从而形成反思的世界主义或世界主义化等新范畴；或是从方法论角度的反思，从而提出与方法论国家主义相对应的方法论全球主义。以反思视角研究世界主义，并提出新的概念与范畴，贝克是无可争议的代表性人物。

（一）反思的世界主义（reflexive cosmopolitanism，也称为反省的世界主义）

反思的世界主义，是一种基于“自我”与“他者”关系的再思考，平衡普世主义、民族主义（国家主义）和世界主义，赋予世界主义新要素、新思维的观点。这种观点在贝克晚期的三本著作中[①]都得到体现。贝克认为：“如果世界主义的确拥有这样的能力，将各种同陌生者和他者交往的方式综合起来，并加以平衡的能力，那么，它便可被称之为反思的世界主义，应当不仅在理论上，而且在实践中得到提倡。从社会学来定义，反思的世界主义便可称之为一种调节的原则，依照这一原则，第二次现代性的普世主义的、民族的和世界主义的立场便可以被理解并协调起来。”[②]贝克的合作伙伴格兰德发表了《反省的世界主义》一文，也被贝克所引用：“世界主义必须自我反省，必须与它自身可能性的条件一起思考，所以世界主义必须完成现代性原则的后续集成。我想把这种超集成称为反省的世界主义。反省的世界主义也许也是‘有调节作用的原则’，必须借助它的帮助调节后现代主义中普遍主义的、国家主义的和世界主义的标准的共同作用。是否并且在何种条件可使这些成功，可能是一个关键性的问题。”[③]这里“平衡的能力”，“调节的原则”，就是指理性地审视和处理普遍主义、国家主义（民族主义）以及世界主义三者

① 包括《全球化时代的权力与反权力》，蒋仁祥、胡颐译，广西师范大学出版社，2004 年；《世界主义的观点：战争即和平》，杨祖群译，华东师范大学出版社，2008 年；《世界主义的欧洲：第二次现代性的社会与政治》，章国锋译，华东师范大学出版社，2008 年。

② ［德］乌尔里希·贝克、埃德加·格兰德：《世界主义的欧洲：第二次现代性的社会与政治》，章国锋译，华东师范大学出版社，2008 年，第 22 页。

③ ［德］乌尔里希·贝克：《世界主义的观点：战争即和平》，杨祖群译，华东师范大学出版社，2008 年，第 88～89 页。

的关系。

在贝克看来,如何对待他者、他性,存在着三种不同的现代方式。

其一,普世主义,以一种统一的规范取代形形色色的阶级、种族和宗教偏见。普世主义又可分为两种,即本质普世主义与程序普世主义。前者强调规范性内容与基础的统一性、共同性,致力于高度差异的他者获得平等权利和同等尊重;后者追求建立与他性交往的公正原则,以及他者在形式上的平等。其二,国家主义(民族主义),表现为两种面孔。一张对内,大力消灭差异;另一张对外,制造并强调差异。其三,世界主义,它一方面致力于建立普遍适用的规范,从而与普遍主义雷同;另一方面又承认和尊重国家、民族间的差异,在思维、共同生活和行为中承认他性,并视其为最高原则。因此,贝克概括说:普世主义和国家主义(民族主义)信奉的是非此即彼的信条,而世界主义坚持的是亦此亦彼的原则。① 显然,在贝克看来,在自我与他者(他性)关系上,无论是普世主义还是国家主义都失之偏颇,致使两者处于非此即彼的境况。而世界的现实,特别是全球化时代的现实,则要求更开放,更有弹性,更具包容性的思维与视角,即反思的世界主义观点。这种观点就是:"世界意识,无国界意识。一种通常可见的、反省的观点。一种在差异逐渐模糊不清并且存在文化矛盾的社会环境中适用于矛盾心理的对话的观点。这种观点不仅表露出'内心矛盾',而且还表现出在多元文化混合的社会条件下自我生存和共同生存的诸多可能性。与此同时,他也是一种怀疑论的、理智的和自我批评的观点。"②从这段论述中,我们可以更好地体会到反思世界主义的反思性,它要求一种广阔的视角和深度的思考,来探究世界主义的新形式与新特点。

(二)世界主义化(cosmopolitization)

世界主义化是贝克在研究反思的世界主义的同时,提出的一个新概念,它是指潜在的世界主义、无意识的世界主义、被动的世界主义,是一种从民

---

① [德]乌尔里希·贝克、埃德加·格兰德:《世界主义的欧洲:第二次现代性的社会与政治》,章国锋译,华东师范大学出版社,2008 年,第 17 ~ 20 页。

② [德]乌尔里希·贝克:《世界主义的观点:战争即和平》,杨祖群译,华东师范大学出版社,2008 年,第 4 页。

族社会和地方文化的内部引发出来的东西。[①] 在理解世界主义化时,应该注意并明确以下三点:

其一,世界主义化是全球化时代全球性显现和推进的客观结果与进程。这里的全球性,既包括全球性相互依赖,又包括全球性危机(即全球性风险),如世界贸易、气候灾难、恐怖主义等。而全球性的客观性,使得"我的存在、我的身体、我'自己的生活'都将成为另外一个世界、外来文化、宗教历史和全球相互依存关系危机的一部分,这根本无关乎我是否知道和是否愿意明确地知道"[②]。"世界主义化是指一种'强迫性'的世界主义,它常常非自愿地从意识旁边流过。"[③]正是在这个意义上,世界主义化体现了潜在性、无意识性、被动性。

其二,世界主义化的动力不能简单地归结为外部,它也是内部推动的体现与结果。当人们"已经不可逆转地与一个贯穿着局部、国家及全球影响和内容的经验空间融为一体"[④],"全球性意义的主题变成了人的日常经验和'道德生活世界'的集成部分"[⑤]时,世界主义化就成为内部的一种自然选择与机制。其三,世界主义化、可分为"自在"世界主义化和"自为"世界主义化。"自在"世界主义化就是内部的世界主义化,"而'自为'的世界主义化与之相反,它能够做成一把概念钥匙,去开启通向新型世界主义冲突地区和他们可能在未来相应的冲突调控机构已锁闭的大门"[⑥]。在这里,贝克借鉴了马克思关于"自在"阶级与"自为"阶级的划分,用以说明,始于内部的"自在"世界主义化,会随着世界主义意识的增强和方法论世界主义的构建,而

---

① [德]乌尔里希·贝克:《世界主义的观点:战争即和平》,杨祖群译,华东师范大学出版社,2008年,第24页、94页。

② [德]乌尔里希·贝克:《世界主义的观点:战争即和平》,杨祖群译,华东师范大学出版社,2008年,第24页。

③ [德]乌尔里希·贝克:《世界主义的观点:战争即和平》,杨祖群译,华东师范大学出版社,2008年,第132页。

④ [德]乌尔里希·贝克:《世界主义的观点:战争即和平》,杨祖群译,华东师范大学出版社,2008年,第56页。

⑤ [德]乌尔里希·贝克:《世界主义的观点:战争即和平》,杨祖群译,华东师范大学出版社,2008年,第94页。

⑥ [德]乌尔里希·贝克:《世界主义的观点:战争即和平》,杨祖群译,华东师范大学出版社,2008年,第125页。

转向更加自觉的"自为"世界主义化。

总之,贝克赋予了世界主义化一种特定的内涵,并以此来反思世界主义理论,解释世界主义的实践,比如欧洲国家的世界主义化。人们未必会认同贝克的观点,但他的学术执着与不倦的探索精神,的确是令人钦佩的。

(三)方法论世界主义(methodological cosmpolitanism)

方法论就其本质而言属于认识论,是一种进行科学研究的学说,认识事物的思维和模式。因此,方法论世界主义,就是用世界主义的思维和分析模式,审视和认知当代人类社会生活,进行社会科学研究的新方法、新学说。

方法论世界主义是对应于方法论国家主义(方法论民族主义)而提出的。1974年,葡萄牙社会学家赫米尼罗·马丁斯(Herminio Martins)首先提出了方法论国家主义的概念,他认为,方法论国家主义是指"将'民族国家'与'社会'这两个概念等同的思维方式"①,也是指"研究者在研究过程中将民族国家共同体看作是最终的分析单位和界定社会科学中现象和问题的边界"②。赫尔德、麦克格鲁则更明确地强调:"世界范围内相互联通的递归模式挑战了边界社会的原则,以及其动态和发展与内生的社会力量有关的假定。通过模糊国内与国际、内源与外源、内部与外部的区别,全球化观念直接挑战了在经典社会理论中深刻表达的'方法论的民族主义'。"③由此可见,方法论国家主义的明显特征就是限定领土边界、社会边界,把社会等同国家,在民族国家的框架和视野内分析社会现象与社会关系,忽视甚至不承认边界外的影响因素的存在。这种经典的、主导社会科学的方法论,显然不适应全球化时代的需要,并因此受到反思,从而促使方法论世界主义的诞生。贝克、赫尔德等学者在探究方法论世界主义方面引领了国际学术界,特别是贝克,地位更为突出。

这里要注意的是,方法论世界主义又可区分为一般的方法论世界主义

---

① Daniel Chernilo, *A Social Theory of The Nation - State*: *The Political Forms of Modernity beyond Methodological Nationalism*, Routledge Press, 2007, pp. 9 - 14.

② Herminio Martins, "Time and Theory in Sociology", In J. Rex, ed., *Approaches to Sociology*. Routledge Press, 1974, p. 276.

③ [英]戴维·赫尔德、安东尼·麦克格鲁主编:《全球化理论:研究路径与理论论争》,王生财译,社会科学文献出版社,2009年,第6页。

和特殊的方法论世界主义。一般的方法论世界主义是指突破领土和主权界限,关注跨国性、跨区域性、全球性现象与关系,强调人类社会生活的整体性和共同性,并以这种思维和视野开展研究的人文社会科学方法论。显然,这种一般的方法论世界主义不涉及本体论,仅涉及认识论,只是在“世界”“全球”的地理空间意义上审视和分析全球化时代的诸多事务与现象。也正是在这个意义上,方法论世界主义可以等同于方法论全球主义,以区别拘泥于领土和国家主权范围内的方法论国家主义。这种一般的方法论世界主义,是当下国际学术界理性审视全球化和全球问题的学者大都赞同的方法论。

正如赫尔德书中所指出的,在这种新的背景下,一些学者呼吁,“我们需要一个社会分析模式的转变,以便全球性出现的条件,即世界作为一个共享社会空间意识的增强,能够在各个方面被解释和理解”①。特殊的方法论世界主义则主要指贝克的方法论世界主义。特殊的方法论世界主义在超越方法论国家主义的单纯性国家思维,坚持世界眼光和全球性思考方面,与一般的方法论世界主义是一样的。它的特点是,从本体论上强调自我与他者的共存性,即承认关系本体论。贝克强调,他所主张的世界主义既不偏执于差异性,也不执着于同一性。真正的世界主义不应该以“排他”的方式看待和处理相关的问题;相反,它应当是“包容”的,无论是普遍主义、语境主义、民族主义还是跨国主义,其都予以充分重视。② 正是立足关系本位,所以贝克在批判方法论国家主义的同时,不主张抛弃方法论国家主义,而主张予以扬弃。他明确指出“方法论国家主义思考和研究的是非此即彼型中的社会、文化和政治内容,而方法论世界主义思考和研究的是亦此亦彼类型中的社会和政治内容。国家观点排斥世界主义观点。与之相反,世界主义观点却将国家观点理解为国家的并证明自身所存在的错误。由此可以得出结论:世界主义的观点对相同的国家(观点的)现实性做出了不同的阐明,补充了不同的新的现实性。也就是说,世界主义观点包含了国家观点的现实性,但对

① [英]戴维·赫尔德、安东尼·麦克格鲁主编:《全球化理论:研究路径与理论论争》,王生财译,社会科学文献出版社,2009 年,第 7 页。

② Ulrich Beck and Natan Sznaider. Unpacking Cosmopolitanism for the Social Sciences: A Research Agenda, *The British Journal of Sociology*, Vol. 57, Iss. 1, 2006, pp. 1 - 23.

它作出了新的解释,相比之下,国家观点却视而不见,对世界主义的现实性视而不见"①。

不难发现,贝克的方法论世界主义的确体现了不同于一般的方法论世界主义的特点,而这个特点无疑更具有反思性,并且是同他所倡导的反思的世界主义、世界主义化一脉相承的。

五、其他视角

在世界主义的类型与研究中,除上述四种视角外,还有一些大众化的分类方法。如板块视角、历史视角。板块视角,往往根据世界主义研究的需要,区分西方世界主义与非西方世界主义,宗教世界主义与非宗教世界主义,马克思主义的世界主义与非马克思主义的世界主义。力图通过这种板块区分,从不同向度探究世界主义。历史视角是更常用的视角,特别是思想史研究,更容易使用这种分类。以这种视角分类世界主义,可划分为历史上的世界主义、当代世界主义、近代的世界主义、古典的世界主义等。这两种大众化的分类方法,虽有一定意义与价值,但对于准确深刻认知世界主义的内涵来讲,似乎有局限。因此,在世界主义的类型学研究中,领域视角、程度视角、关系视角和反思视角更值得倡导。

第三节　世界主义研究中值得重视的若干问题

世界主义在当代的复兴是一个基本走向,这种复兴体现为国际社会对世界主义的关注度大大提升,世界主义的议题和相关政策也明显增加。全球化、全球问题、全球治理、可持续发展、气候治理、人类命运共同体,这些概念、议题及其相关活动中都或多或少与世界主义的理念与价值有关联。当然,讲到世界主义的当代复兴,更集中的体现还是世界主义研究的兴盛。自20世纪80年代后期,特别是21世纪以来,世界主义的研究成果及其传播与影响,无论在世界还是中国都呈现出大幅度增长。以中国为例,通过知网检

① [德]乌尔里希·贝克:《世界主义的观点:战争即和平》,杨祖群译,华东师范大学出版社,2008年,第39~40页。

索“世界主义”，在学术期刊、博硕论文、会议和报纸上，1979 年初至 1989 年底仅检索到 11 条结果，而 2010 年初至 2019 年初，已有 1257 条结果。搜索到的图书 2001 年只有 3 本，而 2010 年以后，每年都超过 30 本，2016 年甚至达到 79 本，由此可见世界主义研究在中国再度有兴起与繁荣之势。

同样，国际学术界也出现了世界主义研究的新高潮。根据大英图书馆（British Library）官网图书检索结果显示，以“世界主义”（cosmopolitanism）为关键词检索的结果为 4492 项，其中包括专著和编著 988 项、期刊论文 3424 项、学位论文 72 项、其余 8 项。若以“世界性/世界主义的”（cosmopolitan）为关键词进行检索，相关的文献共有 9531 项，其中专著与编著 1336 项、期刊论文 7734 项、学位论文 104 项、其余 357 项。若以出版时间为标准，出版的专著和编著是，2000 年以前的 150 年间，以“世界主义”为关键词的专著和编著仅有 295 项。而 2000 年以来则有 967 项；进一步对上述数据进行分析，1990—1999 年间，以“世界主义”为关键词的专著与编著共有 68 项；2000—2009 年间上升到 243 项；2010—2019 年间增长到 731 项。

由此可见，世界主义在当代的复兴是时代的需要与必然，世界主义研究在当代的繁荣则担负着理性认知世界主义的使命。因此，梳理、总结、反思当前的世界主义研究，特别是那些值得重视的问题，以推进世界主义研究的深入，就显得十分必要。

一、世界主义思想的全面、系统、比较研究

世界主义研究的深入有赖于对这一思想、学说、理论的历史演变、主要流派与观点、代表性人物、标志性断代等重要领域、重要问题的全面、系统的梳理与分析，并在此基础上推进不同流派、不同时代的世界主义的比较研究。显然，这项基础性工作就是世界主义思想史、学术史的研究。相较于哲学史、政治法律思想史、政治学说史等而言，有着几千年古老渊源的世界主义，至今却少有全面、系统的思想史研究著作。这一方面表明世界主义作为一个独立的研究领域还未得到学术界的广泛认同；另一方面恐怕也是因为世界主义研究的历史的、学术的文献资料过于稀少、零散，搜集与阅读难度较大，所以影响了全面、系统的思想史研究。这种状况自 20 世纪 80 年代以来已有较明显改善，但不得不承认仍是世界主义思想研究的短板。

以当代西方世界主义思想研究为例，20 世纪 80 年代以来，能称之为系统的世界主义思想史研究的著作仍然寥寥无几，法国学者彼得·库尔马斯 1995 年出版的《世界公民：世界主义的历史》一书算是一本。该书梳理并分析了古希腊至今的世界主义的演变，但对西方文明之外的世界主义思想着墨过少，对 20 世纪 90 年代以来的世界主义也少有关注。更多的世界主义研究著作或者是概论性的世界主义概述，或是专题性的研究，或是历史上特定流派、代表性思想家的研究，如对斯多葛派、犬儒主义、康德的世界主义思想的研究等。这些研究无疑对推进世界主义思想研究做出了重要贡献，但从世界主义思想研究的系统性、全面性、比较性上讲，还是不尽人意，有待做出更艰辛的努力。那么如何体现世界主义思想研究的系统性、全面性与比较性呢？

（一）系统性

世界主义思想内容驳杂庞大，主要可划分为世界主义思想的哲学基础、人类社会秩序的价值体系，以及人类理想社会模式及其实现方式。

世界主义思想的哲学基础是不同文明中的人类建构理想社会秩序和模式的逻辑起点，也是人类探索世界主义理想社会的动力和出发点。它生发自各种人类文明的思想源头，是人类文明保持生命活力的最重要的文明源泉，值得我们进行深入的学术挖掘。

人类社会秩序的价值体系是各文明中世界主义思想的主体内容，历代思想家运用了各个学科的知识并结合了各种文明的智慧，创立和发展了纷繁复杂的思想学说。他们关于平等、公平公正、和平与正义、权利与义务等价值规范的思考和理论学说，目的都是指向调节个体的人与人、群体、国家乃至整个人类相互之间的关系，指向建立一种理想的人类社会秩序，这些内容为世界主义思想家们所关注，应该成为重要研究议题。

人类理想社会模式及其实现方式指向世界主义思想家们对理想社会设计的终极理想方案及其实现方式。这些理想社会的终极理想方案形式和名称不一，如世界国家（斯多葛）、世界帝国（但丁）、世界联邦（康德）、正义王国（伊斯兰教）、大同世界（《礼记》、康有为）、共产主义社会（马克思主义），等等，但是这些理想社会模式的终极价值几乎都是一致的，即各种文明思想家们提出的关于平等、公平公正、和平与正义等各种价值在这些终极理想方案中都得到了体现。不过,各种文明的思想家们在终极理想社会的实现方式上却有很大的不同。其中,西方文明强调制度和法律建构的途径,印度文明注重通过宗教与个人道德精神发展,中华文明重视和合关系的构建,马克思主义强调人的解放,批判主义强调反思。这些理想方案的设计及其实现方式既反映了人类所具有的普遍智慧,也反映了各种文明对人类所做出的独特贡献,同样成为我们研究世界主义思想的重要内容。

这三大内容本身已经很庞大,而其中涉及的关键概念、议题,重要的理论思想和规范原则,代表性的流派与人物,又难免存在不同程度的文献资料模糊、学理内涵的争议,以及价值评判和历史作用分析的歧义等问题,所以加大了研究的难度。而这一切,都有待于学术界静下心来做更细致、更具体、更扎实的研究,以便对世界主义的思想源头,发展脉络、价值内涵、主要流派与观点进行梳理、辨析,这正是研究的系统性。就此而言,当下的世界主义思想研究还有很多工作要做。

(二)全面性

对于一种思想、理论的研究,全面性就是指不要有偏颇、遗漏。至今为止的世界主义思想研究,就全面性而言,至少在以下两个方面有待反思,有待加强。一个是"西方中心主义"。世界主义思想孕育于人类文明的进程之中,而人类文明的发生与发展并非遵循单一路径。从"轴心时代"开始,人类文明就在西方和东方各自萌芽生发,并依据自身的传统与文化,以及对美好未来的憧憬开始了世界主义的想象与倡导。但是长期以来,学术界过于重视西方文明中的思想成果,忽视甚至否认非西方文明中的世界主义思想。这势必导致世界主义思想研究的片面性、偏颇性,不能完整地体现世界主义的理论体系与观点。而事实表明,在中华文明、印度文明、伊斯兰文明等非西方文明中存在发人深省的世界主义思想,能够丰富世界主义思想的宝库,对世界主义的发展做出了独特贡献。

另一个是某些断代、视角的研究遗漏或薄弱。以西方世界主义研究为例,古希腊、近代和当代是其研究的重点。但漫长的中世纪、启蒙运动初期的世界主义思想就明显研究不足。系统的宗教视角的世界主义研究也很欠缺，而无论是基督教、伊斯兰教、印度教、佛教中，宗教特征的世界主义思想仍是值得关注的。此外，马克思主义和社会主义的世界主义思想也有其特殊的内容与特征，它既不能归属于某种文明或某个地域，但又无法脱离一定时代的文明与地域，也是值得探究的。

（三）比较性

世界主义一词最早源自古希腊，世界主义的持续关注和大多数研究成果也主要依赖于西方，这个事实决定了西方文明的世界主义在世界主义思想中的主导地位。因此，关于人与人之间的身份平等、权利与义务平等，人与人之间的社会秩序的公平正义，跨越国界的正义以及人类理想社会模式的价值理念、规范原则和理论学说等大都会受西方研究规范与成果的影响。但是必须强调的是，世界主义思想具有多样性的特点，在中华文明、印度文明、伊斯兰文明为代表的非西方文明中，同样存在世界主义的思想元素、理论观点和学说体系，它们产生于独特的社会环境和文化传统，具有不同于西方文明中的世界主义的特质与内涵。比如中华文明中的天下主义、大同社会、和合秩序；印度文明中的“梵我同一”和“本土化”世界主义，伊斯兰文明中的“中间主义”和“人类兄弟关系”，等等。通过比较，就可以挖掘出不同文明中的世界主义的普遍内容，更理性地认知世界主义的本质。同时，也能更多理解和包容世界主义在不同文明中体现的多样性，促进不同文明的交流互鉴，将世界主义研究推向新阶段。所以世界主义的比较研究，应该成为一个着重点，它不仅可以弥补世界主义研究的某些缺欠和片面性，还能够纠正世界主义研究中的西方中心主义，并为呈现非西方文明对世界主义思想的贡献提供了可能。

二、世界主义思想研究的深化与拓展

任何学说理论、思想的研究都面临一个不断深化与拓展的问题，否则就难以推出新的观点，实现理论创新。全球化时代的世界主义也必须直面这一问题，并做出自己的回答。

（一）反思世界主义的理论支柱，探寻类主体的世界主义思想

经典的世界主义有两根支柱（或两块基石），即个体主义和普遍主义。个体主义强调个体本位，认为个体是世界的基点、轴心，个人是社会关怀的

对象与价值目标,个人的权利和道德地位是平等的。而普遍主义则强调事物和关系的整体性,赋予各种事物与关系在空间之上的最广泛的适用性和共同性。这两者的结合,就导致这种经典的个体主义的世界主义一直主导着世界主义的研究。它对个人权利与道德地位的拥护,对个人权利与道德地位在全世界各国、各地的普遍适用性的维护,无疑是值得称赞的,并且在现实中推进、鼓舞了世界人权运动。但是在全球化时代,面对诸多的全球问题和亟待进行全球治理的需要,仅仅关注个体的权利和道德地位及其在世界范围的平等性、公正性,就显得不够了,无论是理论解释力还是现实应对力都明显不足。因此,需要进行反思,也必须进行反思,从而对世界主义研究提出了新的要求,同时也成为新的动力。

20 世纪 70 年代以来,随着环境问题的凸显,臭氧层破坏、全球变暖、热带雨林日益减少、生物多样性日渐消失、环境污染和生态退化等全球性问题日趋严峻,世界性风险和危机严重地威胁着整个人类的生存,人类社会产生了"太空舱"理论、"地球村"理论、"核冬天"理论和"我们只有一个地球"的全球人类共同的命运感。全球人类整体的生存面临威胁,应对这种威胁成为全球人类共同的责任和义务。个体的人、群体、国家乃至国际组织和超国家组织在这种危机面前具有相同性质的责任与义务,个体的人、群体、国家和超国家组织共同结成了一个命运共同体,成为人类共同利益的负责人。人类作为一个整体的价值日益被提升到一个新的高度,成为一个与世界主义思想发展史上的个体价值相并列,甚至是高于个体价值的价值。于是在世界主义思想史上,产生了两种价值相并列的世界主义思想形态:即个体价值的世界主义和人类整体价值的世界主义。对于立基于人类整体价值的世界主义,我们称之为全球主义的世界主义。全球主义的世界主义为我们思考当今时代的全球化挑战和全球治理难题提供了重要的价值理念和哲学基础,对于我们探索人类在 21 世纪所面临的一系列难题和挑战的出路具有重要意义。

全球主义的世界主义彰显了类主体、类本位、类视角、类诉求,它立足类意识,把人类作为一个独立主体,去追求全人类的共同利益,实现全人类的共同价值,满足全人类的共同关注,履行全人类的共同责任。这里,从经典的个体主义的世界主义走向当代的全球主义的世界主义，就是我们所说的世界主义理论演进的趋势。这一趋势要经历一个较长的历史过程，今天只是这个进程的开端，还远未成为当代人类社会的主流。但是这个理论演进趋势值得关注。个体主义的世界主义与全球主义的世界主义的划分，以及前者向后者的演进，“不是简单地用人类本位取代个体本位，而是主张在个体与人类关系中反思个体本位和个体主义的独断地位，增加人类本位和全球主义的权重，使经典的世界主义从个体主义的基点适度转向全球主义，从而实现两者在当代的平衡”①。而这种平衡，既从理论上赋予世界主义新的时代内涵，又在实践上适应了文明进化的需要。

（二）加强世界主义思想发展中的重点问题研究

在长期的历史发展中，世界主义出现了各种理论学说，并对世界主义的概念、范畴、主张进行了不同的解释，从而产生了众多的争论。世界主义研究应着力于对主要概念和学说进行学术史的源流考辨和思想内涵的挖掘，尽可能厘清其中的分歧与争议。比如关于个体价值地位的不同评价；关于正义概念的基本内涵，是道德意义上的正义还是法律和制度层面的正义；世界主义研究还应着力于对重要类型与流别及其核心观点进行更清晰的划分与解读，比如道德世界主义与伦理世界主义到底是什么关系，能否区分。政治世界主义与制度世界主义、法律世界主义的内涵与向度如何准确把握等。此外，对反思性世界主义、方法论世界主义等新的研究视角也应给予更多关注。

（三）深入探究世界主义与国家主义、民族主义的关系

在世界主义思想史的研究中，与世界主义关联度最为紧密的两个概念就是民族主义和国家主义。当前学界在民族主义、国家主义及世界主义的概念定义和关系厘定方面存在较多的模糊之处，其中不少层面更是存在激烈的争议。这些模糊和争议之处关涉到世界主义思想的核心要义，对我们清晰准确地理解和把握世界主义思想的理论体系构成了巨大挑战，需要我们对其进行全面细致的概念梳理和关系界定。

---

① 蔡拓：《世界主义的新视角：从个体主义走向全球主义》，《世界经济与政治》，2017 年第 9 期。

民族主义是建立在民族认同和民族归属感的基础上，以追求民族统一、构建民族国家、维护民族利益为目的，实现民族独立、稳定与发展的民族情感。国家主义则具有两个层面的含义：其一，以个人为参照系，意指主权国家内个人与国家的关系要以国家为中轴；其二，以全球为参照系，强调在主权国家与人类共同体的关系中要以国家为中心，国家价值具有优先性。

世界主义可归纳为五个核心要素：①世界主义关注的终极价值单位是个体及人类，作为世界中每个原子的个人权利、自由和意志应当得到尊重和保护；②承认并包容差异性，平等地对待所有个体权益，强调价值标准的普遍性；③主张普遍主义原则，追求公平正义；④克服民族主义思维，树立"全球意识"和风险社会意识，建立世界主义民主模式；⑤建立理想的世界共同体。

民族主义、国家主义和世界主义之间的关系错综复杂。民族主义与国家主义在外在取向上基本一致，二者所张扬和追求的是同一共同体的整体权利和利益，并且国家主义常常表现为民族主义并以民族主义为旗号。民族主义也依存于国家主义，国家是民族生存与发展的依托和保障。但国家主义具有强烈的国家意志性，与国家行为和国家目标有直接的关联性；民族主义则是政治心理的个体性和社群性表达，与国家行为及国家目标的关联性是间接的、不确定的。国家主义往往外化为国家体制并常常体现于国家的对外政策中，而民族主义的强劲动力则更常常体现于时代性的精神运动和文化冲突之中。在民族主义和世界主义的关系上，世界主义实质是宣扬普适价值，认为某种价值体系应该成为全人类共同的选择。世界主义所推崇的普适价值很显然是超越国家和民族的，这与民族主义的许多原则相悖。民族主义中的个体是站在民族的角度去看待问题和思考世界的，其中民族主义情感最突出的表现便是爱国主义。但从世界主义的视角来看，民族主义所主张的爱国主义并不一定具有绝对的合理性，由于民族主义结合了对祖国的热爱、故土的认同和对他者的恐惧与排斥，从而与世界主义所主张的关怀人类整体，尊重并承认差异，保障每一个个体权益并由己及人等价值相比，显然存在很大差异。在具体的正义问题上，历史上的世界主义是通过非暴力与和平的视角来追求正义，依靠的是民族国家的"自律"。而在全球化的今天,行为体相互依存程度显著深化,单纯依赖民族国家的自觉已经难以承担起维护正义的义务与责任。由于世界主义主张正义不能简单地通过暴力和征服来实现,因而当代世界主义具有更广泛的合理性。

总之,民族主义、国家主义和世界主义由于其概念本身的复杂性,理论内容的广泛性和理论结构的延展性成为世界主义思想研究的难点,但是厘清三者的概念内涵及相互之间的关系则关涉到我们对世界主义思想核心要义的把握。因此这是我们开启世界主义思想研究和理解与把握其核心要义的关键,也是开展世界主义思想研究的重点所在。

三、世界主义规范价值与现实指向研究的结合

在西方文明和各种非西方文明的世界主义思想研究中,规范价值和理想原则的研究占据了绝对主导地位,现实指向性的研究相对不足,特别是有些规范价值和原则与现实存在巨大的张力,甚至与现实存在某些冲突。因此,该领域的进一步研究需要在价值主张和现实之间把握可协调的空间,使之能够为现实需要提供更重要的理论指导。在世界主义思想研究中,世界主义的价值规范研究占据重要地位,涵盖了诸如“平等”“公平”“分配正义”“个体价值普遍性”等多方面的议题。在关于理想社会秩序的价值规范方面,世界主义的价值理念契合了以“全人类整体利益”的视角推进全球治理进程的目的需要,广泛地讨论了应如何应对贫富差距、人道主义援助、气候变化等全球性问题。但是囿于国际政治中的地缘政治现实、国家间利益博弈和安全困境问题,世界主义的价值规范在现实指向过程中面临严峻的挑战。

在新的历史条件下,全球化发展面临新的问题,民族主义、民粹主义、保守主义甚至是极端主义日益兴起,人类在倡导和平合作、包容互信、平等互利的同时,如何能够从世界主义的文明智慧中汲取有益的思想价值和规范指引,成为学术界研究世界主义的一项重要议程,需要我们在世界主义的研究中将规范价值的研究与现实指向的研究结合起来。

例如,关于世界主义的分配正义问题,约翰·罗尔斯提出了差别原则的价值规范,这一思想强调社会中处于最不利的成员应获得更多的利益。社会与经济的不平等只有通过制度安排给每一个人,尤其是给那些最少受惠

的社会成员带来补偿利益,就是正义的、可接受的。还有些学者强调全球经济体系要为最不利者做好事,确保他们可以更好地参与到一个更全球化的经济中,并通过所有国家的联合,一起实现全球正义的目标。可见在全球层面,关于分配正义的世界主义价值规范关注发达地区给予不发达地区更多的援助与更有利的地位和发展机会。然而在现实中的情况却是世界主义的分配正义价值规范在国际政治实践中遇到了巨大的阻力。

在国际层面,世界主义的价值规范强调人类利益的整体性,但在现实中处处受到国家利益的掣肘。面对气候变化问题,尽管世界各国在强调解决气候变暖的紧迫性方面达成共识,在设计目标与任务安排时也明显体现了世界主义的价值规范,但是当落实到确定具体的节能减排目标与国内产业结构调整时,各国基于国家利益的考量,总体上更多地呈现了一种退缩的、不作为的状态,因此全球气候治理进展远不尽如人意。在国际贸易体系中,不发达国家也没有获取更为有利的地位,本国的工业与贸易出口时刻受到来自发达国家所设定的贸易壁垒的限制和巨型跨国公司的冲击。

从总体上看,强烈的世界主义价值规范与国际政治中的现实利益存在巨大的张力,甚至是一种冲突的关系。如何运用世界主义的价值规范切实地推进人类公共事务的治理进程,突破现有全球治理的困境,并最终使得世界主义的价值规范内嵌于国家治理和全球治理实践进程当中,这是在现有研究中所面临的巨大的现实挑战与理论挑战。公正、公平与社会正义是人类永恒的价值追求,也为当前全球治理与全球秩序的反思提供了规范性的视角。全球治理议题覆盖全球,并服务于全球,理应是多元行为体广泛参与、平等对话、积极尽责的过程,以实现人类的共同利益。但全球化的不平衡扩大了世界上的贫富差距,拉大了发展鸿沟。现有国际体系与国际秩序仍为发达国家主导,从而在政治框架和制度设计上对发达国家更为有利,赋予它们更多权力和利益。这种不公正带来治理意愿低下、参与热情降低等诸多不良后果,因而全球治理和全球秩序亟待变革。而世界主义思想恰恰从理论上为此提供指引。世界主义的分配正义思想认为,国际不平等亟待解决,但仅仅依靠援助不能根本解决平等和正义问题,解决财富、资源分配的不公平进而实现分配正义才是解决全球正义问题的根本途径。在国际层面,正是国际政治和经济制度分配权力的方式——国际基本结构——在很大程度上决定了人们追求有意义生活的机会,这就要求我们对世界总体制度进行反思,进而推动全球治理制度的变革与完善。由此可见,世界主义思想能够从规范上为全球治理变革和全球秩序走向更加公正合理提供思想指引。而世界主义的研究,正是应该着力于世界主义规范价值与现实指向研究的更紧密的结合。

第一章 古希腊罗马时期的世界主义思想

世界主义思想起源于古希腊时期，成熟于希腊化-罗马时期。如果说斯多葛学派的"世界城邦"理论可以作为世界主义诞生的标志，那么古希腊城邦政治时期，对世界的认识和实践则为斯多葛学派的世界主义在哲学、伦理、政治和现实实践四个层面奠定了基础，是世界主义思想的萌芽期。古希腊哲学源于对世界本原的追寻，并以"自然"概念作为对"世界"整体的统一性、本质性认识，这种思维方式奠定了世界主义思想的哲学基础。同时，这种哲学思想影响了现实政治中的实践，以苏格拉底、柏拉图、亚里士多德为代表的城邦政治的捍卫者构建了理想城邦的模式，并在政治共同体中推崇自然的正义的美德。柏拉图和亚里士多德是理想城邦政治理论的集大成者，他们的理论是城邦时代政治智慧的最高结晶。他们不仅提供了"自然""正义"等重要概念，为古典世界主义的发展奠定思想基础。同时，世界主义思想中地方性（如习俗和法律）与整体性（人类普遍价值）之间的伦理困境也在其中得到一定程度的体现。而亚历山大帝国的征服终结了城邦政治秩序时代，为新的政治形式出现提供了想象空间，成为斯多葛世界主义出现的现实契机。

在城邦政治衰落的现实困境下，斯多葛学派的世界主义实现了城邦中个体政治生活的伦理转向，从世界普遍性的层面寻找人类所共有的美德——理性，从而使个体摆脱城邦共同体而在更大的人类共同体中获得幸福。斯多葛学派认为，个体通过"理性"，按照自然生活，从而获得了"世界公民"的身份，世界公民之间服从共同的自然法，具有共同的美德，自然生活在"世界城邦"之中，美德成为辨识世界公民身份的唯一标准，而由世界公民组成的“世界城邦”则成为人类在伦理和美德上的共同体。斯多葛学派个体的最终归属从城邦拓展到全人类的“世界城邦”,通过一致的理性构成人类共同体的基础,将城邦政治中政治参与和同胞公民原则通过转移到“世界公民”和“世界城邦”形式而重新获得存在。在罗马帝国征服的过程中,“世界城邦”学说通过中期斯多葛学派的改造,适应了罗马的需要,成为罗马帝国维护其统治的重要思想资源。在罗马帝国时期,斯多葛世界主义与罗马的实用主义传统以及历史、法律和宗教、社会等方面相结合,形成了罗马帝国时期的超越城邦、民族限制的世界历史观、罗马自然法传统和罗马斯多葛学派的伦理世界主义,深刻影响了整个后世的欧洲政治文化,成为世界主义思想发展的高峰,也对当代世界的发展具有重要的现实意义。

第一节　希腊化时期的世界主义

伯罗奔尼撒战争之后,希腊的城邦制度开始走向衰落。在这个时期,处于希腊北部的马其顿王国逐步强大起来并不断向外扩张。公元前324年,亚历山大大帝经过长期的对外扩大与征服,建立了庞大的帝国,开始了希腊化时代。在这个由城邦时代过渡到帝国时代的过程中,政治经济结构以及个人与国家的关系发生了巨大的变化,由此引发了人们政治观念和政治思想的重大变化。在世界帝国中产生了一种新的观念,即世界主义观念。这种新的观念淡化了原有城邦对不同种族人群区别对待的观念,主张人类一体,种族平等。世界帝国拆除了种族间的屏障,使各种族的人共同生活在一个政治共同体内,促进了相互之间的交流和融合。[①] 后来,斯多葛学派的世界主义也成为罗马帝国扩张合法性的重要来源。

一、犬儒学派的“世界公民”宣言

城邦政治晚期,政治常为智者的诡辩和修辞术所左右,一些学者认为城邦政治已经堕落,逐渐丧失了通过政治实现正义和美德教化的功能,个人美德已经无法在城邦中得到实现,通过自我实践贫困生活拒绝主流社会,拒斥

① 徐大同主编:《西方政治思想史》,天津教育出版社,2010年,第47~49页。

各种公共政治生活,进而对城邦政治秩序加以批判。这些学者以安提斯泰尼(Antisthenes,公元前445—前365)为首,创立了学派。由于安提斯泰尼最早在名为"狗窝"的体育馆讲学,便有了"犬儒"(cynic)这一称呼。

第欧根尼(Diogenes,约公元前404—前323)是犬儒学派的代表人物,他最早提出"世界公民"概念。当有人问第欧根尼来自何方,第欧根尼答道:"我是世界公民。"这一回答可以说是犬儒学派"世界公民"的宣言式表态。"世界公民"也成为世界主义思想中的重要理念。

第欧根尼践行犬儒学派的艰苦生活观念,认为除了自然的需要必须满足外,其他的任何东西,包括社会生活和文化生活,都是非自然的、无足轻重的。他倡导"依照自然生活",认为动物就是按照自然生活,因而人也应该像狗一样生活,而不应该贪恋世间的财富和名誉等外物,只有放弃外物,抵制诱惑,人类才能得到真正的自由。第欧根尼自己就身体力行其倡导的生活原则,为了强调这些原则,他居住在一只木桶内,过着乞丐一样的生活,以此与上层社会贪婪、奢侈的腐败生活方式与观念相对抗,求得道德完善、心灵和谐的"幸福生活"。他认为,改变有害的、不良的习惯,养成简朴的生活习惯,需要有意识地进行艰苦训练:他夏天钻进木桶在滚烫的沙上打滚,冬天抱着盖满雪花的雕像。对第欧根尼而言,简朴生活是一种伦理、善与真的选择,苦行训练是犬儒学说的哲学实践,这种犬儒生活包含了犬儒学说的全部精髓。第欧根尼不仅以"言"讽世,更以"行"为世范,重"行"更甚于"言",对第欧根尼生活方式及行为的模仿,促成了犬儒学派的形成。

第欧根尼从简朴生活中体尝到的"快乐",是餍足甘肥后的新的体验,他改变了世俗快乐的腐败性质与趋向,将"快乐"升华为一种自由的、精神的愉悦。他认为:"正如那些习惯于快乐生活的人,当他们回顾与快乐生活相反的体验,即艰苦生活的体验时也会觉得恶心,因此那些经过相反训练,即简朴生活训练的人,能够从鄙视快乐中得到比快乐本身更多的快乐,即超越、鄙弃了感官快乐的快乐。"[①]也就是说,第欧根尼对于"快乐"的体验在于道德

---

① [古希腊]第欧根尼·拉尔修:《名哲言行录》,徐开来、溥林译,广西师范大学出版社,2010年,第285页。

与哲学上的优越感。犬儒学派通过这些极端而夸张的生活方式和社会行动，批判大多数传统的标准和信条的虚伪性，颠覆了一切传统价值，号召人们恢复简朴自然的理想状态生活，这也为后世倡导简朴的生活理想奠定了基础。

事实上，对于犬儒学派而言，他们所谓的回归“自然”的生活，更注重强调的是美德的重要性。他们认为，美德是“自然”的、正义的，除了美德，其他一切都不重要，包括财富、家庭、身份、声誉等，都不是美好生活的必要条件，人无差别地一律平等；同时，犬儒学派也肯定人由于拥有理性而区别于动物，又因为理性的存在而接近于神，智慧的人具有自足性。神为人施惠，赋予人理性与知识，神是智慧之人获得自足性的来源，而其本身也是神的朋友，是人与神之间的信使和中介，智慧之人在道德上具有神圣性，故而犬儒甚至被尊为“似神之犬”。第欧根尼有一个著名的三段论，他认为所有事物都属于神，智慧之人是神的朋友，朋友们共享所有物，所以整个世界是属于神和智慧之人的共同家园。也就是说，世界公民的生活是只能由智者和神享有的。同时，由于犬儒是人与神之间的中介，所以犬儒以教师为己任，向人们提供犬儒的简朴生活模式，试图通过教育使人们按照犬儒的价值生活，使人们获得知识和智慧。因此，我们可以看到犬儒学派世界主义的双重性：一方面犬儒看到了人的动物性一面，弱化了人与动物的差别，进而在动物性层面推衍出人与人之间的普遍平等：人与动物尚有潜在的共同属性，更何况人与人之间？另一方面，智慧之人拥有理性和美德，成为神的朋友，具有神圣性，弱化了人与神的区别，而普通人也可以通过教育获得智慧，成为世界公民。

综上所述，犬儒学派的世界主义思想源于对城邦政治堕落的批判，并对人定规则和习俗加以否定，转而要求人们要按自然生活，对原始和动物世界持积极正面的态度。“顺应自然生活”就是原始的高度个体化的生活，随心所欲，从这一点上看，人与动物具有内在一致性，犬儒学派借此弱化人和动物之间的差别。不过，犬儒学派的这一主张并不意味着将人简单等同于动物，其对人的动物性的强调更多是为了强调“自然”的神圣性和美德性，世界统一于自然秩序，自然秩序是唯一的，具有伦理价值，人应该服从这一自然秩序,这样无论生活在世界的任何地方,都可以成为犬儒的"家",从而实现其世界公民的理想,进而以这种生活方式来对抗现实城邦政治。这种批评是激进的,既是伦理价值的倡导,也是犬儒学派对现实政治的批评,至少表明了城邦并不一定是唯一的政治制度选择的态度,为城邦制度之外的政治构想提供了可能性。所以,尽管犬儒学派并未构建政治意义上的世界城邦,但是其政治性蕴含在伦理价值之中。同时,神和智慧之人因为具有理性和美德而成为世界公民。他们认为智慧之人是神和人之间的使者,通过教育引导人们获得美德。尽管犬儒学派的"世界公民"观点更多被视为消极的概念,是基于对城邦政治的否定而提出的观点,但是通过"世界公民"的提法和相关观点使人们看到了在城邦政治制度之外的另一种政治想象,奠定了犬儒学派在世界主义思想起源过程中的重要地位。可以说,犬儒学派部分继承了苏格拉底对城邦政治堕落的批判,在观念上摆脱了城邦对人的束缚,为斯多葛学派建立更完整的世界主义思想奠定了重要基础。

二、斯多葛学派的世界主义思想

公元前 300 年,芝诺建立了斯多葛学派,从学派建立到式微,期间经历 500 余年,成为希腊化时期和罗马帝国早期最重要的哲学流派。斯多葛学派一般划分为早期、中期和晚期三个阶段。本节主要介绍斯多葛学派在希腊化时期的发展,主要包括早期斯多葛学派的芝诺、克里西普的思想和中期斯多葛学派帕西多纽等人的思想。晚期斯多葛学派思想与早期有所不同,主要在罗马帝国时期得到发展,将在下一节评介。而整个斯多葛学派世界主义思想与实践可视为古代世界主义的高峰。

(一)芝诺

芝诺(Zeno,公元前336—前264)是斯多葛学派的创始人,他继承了苏格拉底和犬儒学派的思想,在犬儒学派消极的世界公民观念中增加了更多积极的建构,并将其融入斯多葛学派自然哲学的系统中加以解释。不过,芝诺的作品基本已经散失,只能根据残本对其思想加以阐释。

芝诺在他的代表作《理想国》(*The Republic*)(与柏拉图的《理想国》同名)中提出了理想政治秩序的思想,其核心内容是"世界公民"能够"按照自然生活",彼此之间不需考虑种族、阶级和国别之分,不管地域远近,都能互相理解,共同生活在同一"自然"规则之中。在书中,芝诺表达了与柏拉图截然不同的政治设计,他以城邦政治的框架,比对着柏拉图对理想国的设计,并借鉴斯巴达的城邦形式建构了理想"共和国",建立了包括邻人互助,共同生产、财物共有、妻儿共有共育理念的体制。同时,芝诺反对商业,反对寺庙、体育馆等,反对人定法及社会约定俗成的"美德"教育,宣称希腊传统教育是失败的。他希望建立一个有效的教育体系,构建真正明智而有美德的人们共同组成的社会,使人们回归纯朴的德行,因而具有原始的"共产主义"色彩。① 芝诺所设想的"共同城邦"是一个完善的国家,这个国家的法律是由自然颁布的"公共法"或"正当律",而不是人为约定或规定的法律。自然律是宇宙理性或"逻各斯"的无声命令,人类理性必须接受这种命令。

芝诺继承了犬儒学派对"世界公民"的认识,将理想城邦中"公民"的资格归于神和圣贤:神是具有完全理性的存在;而人,则分为道德良善的人和道德败坏的人,智慧的或道德上良善的人是唯一真正的公民、朋友和自由人,而坏人则是异邦人、敌人和奴隶,从而将圣贤和愚人做了绝对化的区分。芝诺的"理想城邦"公民都是"智慧而有美德的"②,这些美德只属于神和圣贤,"只有具备美德和智慧的人才能在真正的友谊和互相理解基础上生活在一起"③,从而将愚人排除在理想城邦之外。所以,芝诺的理想城邦观念更多属于"圣人之城",其"世界公民"只包括圣贤和神,"理想国"并不是容纳所有普通人的世界城邦。因此,芝诺的"圣贤"概念遭受怀疑派的质疑与批评,怀疑论者认为其所要求的圣贤标准几乎是普通人无法达到的一种状态,怀疑论者卡尔涅阿德斯认为芝诺的"圣贤"标准在现实中几乎没有人可以达到,是一个冷血无情的非人的"怪物","理想国"和"世界公民"的构想不具有现实性。

---

① Anton - Hermann Chroust, "The Ideal Polity of the Early Stoics: Zeno's Republic", *The Review of Politics*, Vol. 27, No. 1, 1965, pp. 173 - 183.

② Anton - Hermann Chroust, "The Ideal Polity of the Early Stoics: Zeno's Republic", *The Review of Politics*, Vol. 27, No. 1, 1965, pp. 173 - 183.

③ Anton - Hermann Chroust, "The Ideal Polity of the Early Stoics: Zeno's Republic", *The Review of Politics*, Vol. 27, No. 1, 1965, pp. 173 - 183.

(二)克里西普

克里西普(Chrysippus,公元前277—前208),是早期斯多葛学派思想的集大成者,他提出了"世界城邦"概念和更学理的世界主义思想,将斯多葛学派的世界主义发展成为一个复杂的综合性的政治哲学,被称为斯多葛学派中仅次于芝诺的"第二位奠基人"。其代表作有《论国家》《论生活方式》等。

面对怀疑派的质疑,克里西普发展和修正了芝诺"世界公民"的思想,并完善了斯多葛学派的世界主义理论。一方面,克里西普对芝诺的"圣贤"概念做出修正,明确提出了"世界城邦"概念,认为"世界公民"生活在"世界城邦"中,是基于人的美德和理性。他认为具有"理性"的人就获得了进入世界城邦,成为世界公民的资格,而"理性"是每个人都可能获得的美德。可见,克里西普的"世界城邦"理论中放宽了对世界公民的资格限制,将世界城邦的公民身份向所有人开放,弱化了圣愚之间的差别,给普通人提供了成为世界公民的可能。

另外,克里西普结合其自然哲学的"世界"构建,将整个"自然"世界赋予"城邦"的构建,这就超越了城邦共同体的局限。在克里西普看来,"世界城邦"是依照"自然"理性秩序运转的,这种理性作为共同法对整个世界具有道德指引作用,是社会正义的体现。正义是"自然"的、客观的标准,正义的客观性和普遍性是由理性规定的,"自然"秩序有了法的强制性,因此斯多葛学派思想也被认为是"自然法"传统的开端。"自然法"是正义的来源,正义是宇宙的本性,正义并不在于特殊的国家和社会存在的现行法,而在于自然法本身,所以城邦的现行法需要符合自然法的要求。而对世界城邦而言,自然法就是最高的、唯一的、正义秩序,体现了"世界城邦"秩序的规范性意义。

同时,对个体而言,世界城邦的理性秩序和人的内在理性相一致,正确的理性是和宇宙完美理性相符合的,人们需要认识这一理性,从而实现自己行为的合理性。从这个层面上看,宇宙的完美理性具有个体美德的意义。所以,克里西普的"按自然生活",就是按照理性,过道德高尚的生活,他放弃了芝诺早期对人的生物性自然的肯定,回到了对人内在德性生活的要求,强调绝对不能做违背理性和自然法的事情。可见,在"世界城邦"理论中,克里西普超越了芝诺理论中对人的原始自然本能需要的肯定,着重强调人的理性,认为个体需要认识自然,服从自然的理性秩序,这与世界城邦的理性、正义秩序具有一致性。

(三)中期斯多葛学派

中期斯多葛学派约为公元前200年到前50年左右,在这一阶段,斯多葛学派思想开始在罗马征服的地区传播。这一时期的主要代表学者包括潘尼提乌(Panaetius,公元前185—前110)和帕西多纽(Posidonius,公元前135—前51),他们发展了斯多葛派的学说,不断适应罗马国家发展的需要,起到了承上启下的作用,探讨由全人类组成的共同体世界城邦及世界公民资格,并将世界城邦等同为罗马帝国,更具体地考虑了人类的团结、和谐与自然法理念,这也是早期世界主义思想走向世界帝国思想与实践的重要发展。

潘尼提乌是“最早自觉地将希腊学说适应于罗马国家的需要”[①]的学者,他结合罗马扩张中各民族的不同需要,发展出一套包罗万象的哲学,并注重实用性,对“世界城邦”理论重新阐释,不再讨论“世界城邦”中的神,而将“世界城邦”公民的探讨集中到全人类,将全人类视为世界城邦的普遍居民,并将罗马帝国视为“世界城邦”的现实版本。也就是说,世界城邦由所有人共享共有,受普遍的自然法所管辖,人们都通过依照自然法原则行事而获得了理性能力,这就为世界城邦理论在罗马帝国的适用奠定了基础。“世界城邦”这一理想社会构建在中期斯多葛学派中得以发展,成为罗马帝国的实践。潘尼提乌将斯多葛学说适应罗马国家的需要,提出了实践中的政治和法律问题。

帕西多纽是潘尼提乌的学生,青年时期在雅典学习哲学,有广泛游学经历,后在罗德岛开办学校,将罗马与希腊化的东方世界沟通起来,在当时有很大的影响,西塞罗曾向其求学。帕西多纽将罗马帝国等同于“世界城邦”,主张人们积极参与政治生活,理性的自然法为所有人共有,人人具有平等的权利,注重实用的哲学价值。[②] 他认为自然法是所有人类共有的法律,“在斯

---

① 王乐理主编:《西方政治思想史(古希腊、罗马)》,天津人民出版社,2005年,第400页。

② Derek Heater, *World Citizenship and Government: Cosmopolitan Ideas in the History of Western Political Thought*, Macmillan Press, 1996, p. 15.

多葛主义中,世界秩序本身井然有序地体现为一种政治结构,其中神性的统治和自然法是道德价值的根本,人类生活也正是以此为基础与自然相一致"①。就理性的自然法而言,所有人都是平等的,有基本的尊严,所有人无论生活在何地,因为拥有共同理性而结成兄弟关系,自然法和人类兄弟关系在世界城邦中得到统一。后来,西塞罗吸收了帕西多纽的学说,并将抽象的"自然法"原则转入现实的法律实践之中,实现了罗马法与自然法相结合,造就了罗马帝国以法治维持帝国稳定的秩序。这表明了罗马帝国成为"世界城邦"的现实版本,该理论也成为罗马帝国对外征服和统治的合法性来源。

第二节 罗马帝国时期的世界主义

罗马时期的世界主义思想主要体现在罗马法学家、历史学家和罗马斯多葛学派的思想上,罗马法学家继承和发展了斯多葛世界主义思想中的"自然法"思想,并通过衡平法则实现罗马法的普遍化,从而奠定了罗马自然法传统。可以说,罗马帝国时期的世界主义思想开始突破狭隘的整体城邦观念,从共和国的公民权利和义务出发解释国家的本质。这样,与希腊以城邦制为政治思想的主题不同,共和制成了罗马政治研究的主题,这突出表现在西塞罗用"共和制"代替了古希腊的城邦概念。古代罗马的世界主义思想把"世界性国家"作为研究中心,更具有实践意义。② 同时,罗马斯多葛学派通过宗教式自省形成自我约束的日常生活伦理,为基督教的发展提供了重要的思想资源。可以说,古希腊的世界主义思想通过罗马深远地注入中世纪和近代资产阶级的世界主义思想中。在这个意义上,罗马是沟通古代希腊和近代世界主义思想的中介。

一、波利比阿:自然法则论和普世历史观

波利比阿(Polybius,公元前201—前120),著名的史学家、政治活动家和

---

① A. A. Long and D. N. Sedley, *The Hellenistic Philosophers*, Vol. 1, Cambridge University Press, 1987 , p. 434.

② 徐大同主编:《西方政治思想史》,天津教育出版社,2010年,第47~49页。

政治思想家，出生于一个名门家庭。希腊城邦被罗马征服后，他被作为人质送往罗马，并在罗马生活了17年。在罗马期间，他广泛接触罗马贵族，深入考察罗马的政治制度，为后来研究罗马的社会、历史和政治奠定了基础。波利比阿提出的自然法则论和混合政体论是古罗马时期世界主义思想的理论基础，对探讨西方政治哲学的发展具有重要意义。

波利比阿的自然法则论深受古希腊晚期斯多葛学派世界主义思想的影响。斯多葛学派认为，宇宙的一切都受到了必然性的支配，这种必然性就是理性的规律——逻各斯，也是神的意志。事物的发展都是一种必然的规律、合理的秩序和自然的法则，人们只有依照自然，顺应“命运”，按照事物的“逻各斯”本性去做，才能求得发展，这是自然法的要求。

从斯多葛学派关于自然法的论述出发，波利比阿指出：社会历史的演进，国家政治的发展，归根结底受到“自然”法则的控制，受到宇宙“理性”的主宰，受到历史“命运”的支配，也就是说政治社会的发展受到政治历史统一进程的“逻各斯”的制约。因此，国家的产生和政体的更迭是遵循“命运”——自然法的指示，运动变化的结果。波利比阿认为，人的自然本性是一种“合群性”，这是宇宙的“逻各斯”所定。正是这种“逻各斯”的安排，人类便自然本能地结合起来，形成了群体和社会。按照自然的秩序，在这个最初的社会中身体强壮、意志坚定的人就必然成为弱小且怯懦的人的统帅和领袖，这是自然法则和宇宙理性精神的表现。然而随着家庭的形成和社会的发展，尤其是人类理性的进步，人们逐渐意识到社会和人群之间需要必要的统治和服从，于是在原始群体中开始出现相互合作的稳定关系，产生了统治和服从道德和观念，并由此形成了人类历史上的第一个国家形式——君主制国家。可见，国家的产生是遵循自然法则的结果，人们只有顺应“命运”的安排，接受君主的统治，才是符合“逻各斯”的，才是正义的。[①]

通过对“逻各斯”的理解，波利比阿提出了普世的历史观，反映了自希罗多德和修昔底德之后古希腊历史观念的巨大进步，对罗马史学产生了重要影响，其思想主要体现在《通史》一书。在古希腊，“世界”本来只包含希腊人

① 王岩主编：《西方政治哲学史》，世界知识出版社，2010年，第79~81页。

居住的地方,而在《通史》中,"世界"一词,已有整个世界(whole world),即普世的意思。普世的历史,也就是人类所居住地方的历史。当然,波利比阿所谓人类居住的地方,也只是他所了解的人类活动的范围,即他所熟知的"地中海世界"。波利比阿认为,从远古至他所在的时代,时间的流变是没有中断的,历史的变迁呈现在时间的流变之中,而在历史时间流变的长河中,普世的历史仅为其间的一个阶段。

波利比阿认为,公元前220年以前,世界上所发生的事"都是分散的,每一件事无论就其目的、结果和发生的地方而言,都是孤立的,彼此之间没有什么联系。而这一时期以后,历史已成为一个有机的整体"①。历史在时间上的纵向发展与横向空间内容存在联系,而且这种联系表现在变化中。在纵向发展上,波利比阿将地中海世界的历史划分为两个阶段。前一个阶段由分散的、无联系的事件组成;后一阶段,历史事件在罗马征服的进程中发生紧密联系,形成一个"有机的整体"。波利比阿认为,这两个历史阶段不存在必然的联系。因为一个由分散、孤立的事件组成的历史阶段不可能成为一个"有机整体"历史阶段形成的前提。所以他宣称,普世史"是一个单独的整体,它有一个公认的开始,一个被确定的过程,一个无可争议的结果"②。

波利比阿所谓的普世史指的是公元前220年至前168年的历史,即从第二次布匿战争爆发至第三次马其顿战争结束。在此期间,罗马有目的地进行扩张,而在非洲发生的事同时也牵涉到亚洲和希腊,地中海世界历史事件的发生和发展都围绕罗马对地中海世界成功征服这一主题发生。波利比阿把地中海世界所有国家的活动都囊括在罗马与迦太基、马其顿和塞琉古之间所进行的四次大战之中。他写第二次布匿战争,突出的是罗马与迦太基的斗争,而这一斗争又如一根无形的引绳,把整个地中海世界牵动起来。历史横向空间内容的联系及其变动,又导致历史在纵向上的变化。波利比阿认为战争与战争之间虽然有许多不同性质的事件发生,但都趋向于一个共

---

① [古希腊]波里比阿:《历史》,转引自易宁:《波利比乌斯的普世史观念》,《史学史研究》,2007年第4期。

② [古希腊]波里比阿:《历史》,转引自易宁:《波利比乌斯的普世史观念》,《史学史研究》,2007年第4期。

同的目标,而下一次战争的原因已经孕育在上一次战争之中。因此,整个“世界”都卷入普世历史的进程中,整个地中海世界的历史事件都在罗马征服的进程中得以解释。而到了公元前168年,第三次马其顿战争结束后,在波利比阿看来,整个世界都臣服于罗马人的统治之下。

波利比阿着力描写了历史的变化,他极为敏锐地意识到历史纵横向之变的联系,他所描写的历史之变中,始终贯穿了一个不变的东西,具有明显的形而上学的特点。他认为,历史纵向与横向的变化只有量变而没有质变,历史的变化始终是围绕一个主题而变动,不变的主题高居于变化之上,规定着变化;不变的主题高居于时空之上,规定着呈现在时空之中的历史内容;不变的主题先于经验而存在,它是先验的、具有恒定的特点,不能从变化中认识而只能从静止中把握,在他的历史思维中,历史的实质始终是不变的。遗憾的是,他并没有把这一思想贯穿于对地中海全部历史的考察之中。

波利比阿的普世史观念,在西方古代历史理论中占有十分重要的地位。波利比阿从地中海诸国的政治联系,从普世史纵、横之变与不变中所展现的世界性的联系与斯多葛学派的“世界主义”也有重大的区别,成为西方古典世界主义思想中十分耀眼的亮点。[①]

二、罗马法学家的世界主义思想

(一)西塞罗

西塞罗(Cicero,公元前106—前43)出生在一个虽非贵族但家道殷实的家庭中,自幼在罗马接受教育,年轻时便开始修习法律,早年还曾游学雅典。西塞罗在律师界名声大震,旋即在政界崭露头角,最后官至总揽罗马军政事务大权的执政官。西塞罗生活的时代正是罗马社会发生巨变的时代,罗马共和国吞并了马其顿、希腊、埃及和小亚细亚诸国,一跃成为环地中海地区的霸主;随着军事扩张和统治版图的扩大,独裁势力急剧上升,原有的共和治理模式日趋衰微,共和制日趋衰落,逐渐向帝制转变。公元前60年,西塞罗在政治斗争中失利,被迫离开政坛,此后便潜心著述,为后人留下了《论共和国》《论法律》等传世之作。

---

① 易宁:《波利比乌斯的普世史观念》,《史学史研究》,2007年第4期。

西塞罗的世界主义思想首先表现为他提出了理性的自然法思想。自然法(nature law)学脉绵长、内容丰沛,就其性质的基调而言,指的是:宇宙万物均由一些恒定的原则来维系,人们将这些原则通称为“理性(reason)”。由理性而推演出的诸规则即为自然法。西塞罗继承了斯多葛学派的自然法学说,并对自然、理性与正义和法律关系加以系统论证,在政治、法律、伦理方面对现实进行批判的同时,致力于现实政体、法律规则体系的实证建构。

1. 自然法是正义与法律的基础

自然法的本质是正确理性,正义隶属于理性,这构成了西塞罗法哲学的基本逻辑体系。自然是理性的基础,符合正义即是符合自然法。他认为,依照自然生活是最好的,法律和正义规则背后的道德基础存在于自然之中。“真正的法律乃是正确的规则,它与自然相吻合,适用于所有的人,是稳定的、永恒的”,“一种永恒的、不变的法律将适用于所有的民族,适用于各个时代”①,这是西塞罗理性主义自然法思想逻辑的第一个环节。正义的实质是正确理性,而正确理性发乎自然。在整个宇宙中,理性是最神圣的,当理性发展成熟、完善时,便被称为智慧。正义隶属于理性,符合理性的才是正义的。在《论共和国》中,西塞罗指出,正义是谋求所有人利益的美德,而正义的真正基础是正确理性。② 这是西塞罗理性主义自然法思想逻辑的第二个环节。

2. 人因为有了理性所以能认识并遵守自然法行事,并因此与动物相区别

西塞罗认为,人是自然界里最特殊的动物,其特殊性就在于人是所有生物中唯一具有优越的理性的种类。“人和神具有同一种德性,任何其他种类的生物都不具有它。这种德性不是什么别的,就是达到完善,进入最高境界的自然。”③人获得了理性,便有了与神沟通的桥梁,它指导人们何事该做、何事不该做,当这种理性在人类理智中稳定而充分地发展了的时候,就是法

---

① ［古罗马］西塞罗:《国家篇、法律篇》,沈叔平、苏力译,商务印书馆,2005 年,第 104 页。

② 齐延平:《论西塞罗理性主义自然法思想》,《法学论坛》,2005 年第 1 期。

③ ［古罗马］西塞罗:《论共和国论法律》,王焕生译,中国政法大学出版社,1997 年,第 193 页。

律;法律应是正确的理性、真正的理性。正确的理性是永恒的、不变的、唯一的。法律是理性的,因而也是正义的,人们接受了法律的统治也就是接受了理性的统治。理性是人与神的共同本质,理性也就成了人与神共同的法,所以人接受法律的统治既符合神的旨意,也符合人的本性。进一步说,理性是神赋予人的本质属性,是人与其他动物根本区别所在,人是因为有了理性才有了在自然界中显赫的地位。

同时,在人类具有共同理性的基础上,西塞罗认为,人在根本上应该是平等的,至少在法律面前应该是平等的。在这里,西塞罗和斯多葛学派的思想家一样,认为人类社会应该是一个人人皆为兄弟的友好共同体。他说道:"因为正当的理性就是法,所以我们必然认为人与上帝共同享有法。共享法的人也必然共享正义,因此就应把共享法和正义的人们看成同一国家的成员。"[①]西塞罗要求不仅要打破奴隶与奴隶主的界限、罗马公民与外邦人之间的界限,甚至要打破人与神之间的界限。他强调,平等也意味着任何人不应该享有特权。从法律的角度来说,就是不应该有个人例外的法律,任何人不能超越法律。他认为,善良的人应该无一例外地受到法律的保护,罪犯则应无一例外地受到法律的惩治。逃避了惩罚的坏人往往会更加肆无忌惮、变本加厉地做坏事。[②]

3. 西塞罗使自然法思想摆脱了早期自然法学说的抽象性,结合罗马法传统而具有极强的践履性

与古希腊学者和斯多葛学派不同,西塞罗对自然法、对人类理性的论证没有停留在哲学思辨的层面,而是将自己对这些问题的思考深深地扎进了世俗的现实生活之中。在《论共和国》和《论法律》等传世之作中,西塞罗并没有将大量笔墨花费在对自然法、自然理性的理论阐述上,而是以自然法、自然理性为基本起点,以折中主义的哲学观对古希腊抽象的自然法理论进行了现实主义的改造——使自然法具体化为人们的道德原则,详细论证了最好的政府形式、罗马共和国的历史、性质、正义的标准、教育的目标与功

---

① 北京大学法律系:《西方法律思想史资料选编》,北京大学出版社,1982 年,第 66 页。

② 刘玉安等:《西方政治思想通史》,山东大学出版社,2004 年,第 86 ~ 88 页。

能、人定法与自然法的关系、宗教的功能、行政官制等罗马社会面临的实际问题。西塞罗使自然法成为论证制定法合理性乃至合法性的标准,通过这种改造,形成了罗马的自然法传统,成为罗马帝国法律秩序的重要基石。在自然法原则下,各国的成文法也必须根据自然法制定,这是其合法性的来源。万民法就是在上述基础上建立起来的"所有国家共有的法律",目的是用来调整罗马统治区域内全体人民的社会关系,是罗马法发展到较高阶段的产物。

4. 西塞罗关于国家的思想,也是就其自然法学说逻辑发展的结果

在国家问题上,西塞罗认为,国家(共和国,commonwealth)是人民的事业,人民并不是以任何方式联系起来的任何人的群体,而是由相当数量的人通过赞同法律和权利的共同意愿以及参与互利行动的愿望而团结起来的那种群体。在他的哲学中,国家已不是希腊式的城邦,而是地域辽阔、民族众多的共同体。西塞罗认为,国家的权威来自人民的集体力量,正当且合法地行使政治权利是人民的共同权力。同时,国家是由伦理的目标和道德的纽带联系起来的一个集合体,不是纯粹的功利集体。在西塞罗看来,国家是一个法人团体,这个团体拥有着全体人民的共同财产和共同权力,因此国家可以利用其特殊的身份帮助其成员建立一个公正的政府,为其成员提供互利互助、享受公共服务的机会,使人人受益。此外,国家自身和它的法律要永远服从于上帝的法律——自然法。就目的而言,西塞罗认为维护社会公正,保障社会安定,使人民在共同体内和谐团结,保持善德就成为国家的重要目的。同时,国家统治者应以人民利益为最大利益,维护其私产的不受侵犯就成为国家的又一宗旨。[①]

西塞罗的政治、法律思想奠定了罗马帝国的政治思想基础,对后世政治思想和实践都产生了广泛而深刻的影响。这些影响主要表现在如下诸方面。在制度创新方面,西塞罗继承了希腊人的"城邦"观念,并在此基础上创造性地提出了"共和国"的概念。西塞罗以"自然"的"共和国"观念取代了希腊的"自然"的"城邦"观念:国家是共同拥有法律和各项权利,希望分享共

① 王岩主编:《西方政治哲学史》,世界知识出版社,2010年,第89~91页。

同利益的为数众多的人的集合体，是人们基于利益与意志的一致而以人的聚合性为纽带结合在一起的集合体。同时，西塞罗也奠定了中世纪神学自然法的基础，因为他把斯多葛学派中自然法和神的意志等同加以阐发，明确提出了“自然法是上帝意志的表达”的主张。萨拜因高度评价了西塞罗在传播和发展自然法学说方面的贡献，他认为：“西塞罗在政治思想史上的真正重要性在于这样一个事实，即他陈述了斯多葛学派的自然法学说，而正是根据他的陈述，这种自然法学说从他的时代直至 19 世纪才在整个西欧广为人知。这一学说由他传给了罗马法律人，也同样传给了教会的教父们。”[①]

（二）罗马法学家的自然法思想

后世罗马法学家明显受西塞罗影响，他们都承认在国家法规之上存在更高的自然法，并在此基础上建构自己的法学理论。乌尔比安、盖尤斯等罗马法学家从法理上对万民法、自然法、市民及其相互关系作了阐发，他们的著述，对罗马法的发展产生了重大影响。直到公元 6 世纪，查士丁尼皇帝对历史上的罗马法令、学说进行总结和汇编，最终完成完整的《查士丁尼民法大全》[②]，标志着罗马法进入完备阶段，成为世界史上内容最丰富、体系最完善、对后世影响最广泛的古代法律。

盖尤斯（Gaius，公元 110—180）在其代表作《法学阶梯》里，把法分为市民法与万民法。他沿用了亚里士多德、斯多葛学派与西塞罗对法的划分方式，历史上称为两分法。不过，斯多葛学派与西塞罗采用自然法与人定法的提法，而且西塞罗认为自然法是更高级的法，同万民法是重叠的，它们一样约束着公民。盖尤斯是将万民法等同于自然法，并且将市民法与万民法分别针对两个不同领域的适用对象，即罗马公民和非罗马公民。盖尤斯认为：“凡依靠法律和习惯统治的国家，都部分地运用了自己的法律，被称为市民法，因为它是这个国家特定的法律；部分地运用了为整个人类共有的法律，自然理性在人类中确立的东西，则是为全人类平等遵守的，被称为万民法，

① ［美］萨拜因：《政治学说史（城邦与世界社会）》，邓正来译，上海人民出版社，2015 年，第 270 页。

② 《查士丁尼民法大全》是《查士丁尼法典》《查士丁尼学说汇编》《查士丁尼法学总论》和《查士丁尼新敕》的合称。

因为它是万国适用的法律。”①可见，在罗马帝国早期，尽管自然法和万民法之间并没有严格的区分，但是斯多葛学派的自然法更多是抽象意义上的上位法，根植于人类理性，而到了盖尤斯，则将自然法视为具体的处理各国公民共同事务的法律，自然法等同于万民法，与市民法相较而言，只是处理的法律关系的范围不同，却已经没有了高下之分，这意味着自然法经过罗马法学家改造，已经变成具有实际操作意义上的万民法。

大约一代人之后，乌尔比安(Domitius Ulpianus，170—228)将万民法区别于自然法。他着重强调自然法的“自然”性，认为自然法是普遍适用于包括人类在内的所有动物的法，而不包括人类社会中的习俗和制度。对自然法的这一理解后来为格拉提安(Flavius Gratianus，359—383)所接受，强调了自然法的神圣性，认为自然法就是上帝意志的体现，世俗法令不得超越自然法的规定，并通过《格拉提安教令集》纳入教会法中，成为中世纪理解自然法的重要路径。

乌尔比安的这种划分方法后来被圣·伊西多尔(Isidore of Seville，560—636)所继承，但是伊西多尔将动物排除在自然法之外，强调自然法只是出于人的自然本性，所以“自然法为各民族所共有，因为它是一种自然本性，而不是任何人的约定。这表现在下述各个方面：男女结合；生儿育女；共同占有财物；所有人的普遍自由；从空中、海洋和陆地上获得财物；还有归还委托或借贷的财产；纠正暴力侵犯。这些或诸如此类的情况绝不可能构成非正义，而应该认为是符合自然平等的”②。乌尔比安和伊西多尔对自然法的这种认识，区分了自然法和万民法的合法性来源，自然法具有天然的正义性，而万民法由于包含了人类社会习俗和制度，虽然适用于人类处理内部关系，但是并不一定是天然正义的。比如说，奴隶制是万民法的产物，而非自然法的产物，因为根据自然法万物生而平等，但是奴隶制尽管不一定正义，却具有一定合理性，是现实中调节社会关系的重要制度。

---

① Gaius, Inst. I. I. I; Justinian's Digest, I. I. 9，转引自王乐理：《罗马法学家的政治思想概要》，《浙江学刊》，2004年第4期。

② 转引自[美]博登海默：《法理学——法律哲学与法律方法》，邓正来译，中国政法大学出版社，2004年，第29页。

公元4世纪，在戴里克先皇帝(Diocletian,244—312)统治下，开始做法典编纂工作，但是真正完成要归功于公元6世纪的查士丁尼皇帝(Justinianus I,483—565)。查士丁尼的《法学总论》吸收了之前罗马法学家的法学理论和皇帝的政令，并将其系统化、合理化，成为罗马法的集大成之作。《法学总论》将罗马私法分为三部分，即自然法、万民法和市民法，历史上称为三分法。该书指明，自然法是自然界教给一切动物的法律，非人类所特有。市民法是适用于某个民族的特有的法律。万民法是适用于全人类的共同的法律。查士丁尼的《民法大全》继承古希腊的自然法精神，承认“根据自然法，一切人生而自由”。它特意标明：“人原来是对一切人的自然的名称，万民法却开始把人分为三种：自由人，与之相对的奴隶，第三种是不再是奴隶的被释自由人。”查士丁尼坚持人的天生平等原则，把人的区分简化为是否享有自由，自由的享有者范围不断拓展，自由的享有范围又与不同法律的适用领域有关。自然法与万民法都是罗马国家私法体系的组成部分。同时，查士丁尼在立法中申明奴役违背自然法，赞成“释奴的善举”，“一切人不是自由人就是奴隶；自由人得名于自由一词，自由是每个人，除了受到物质力量或法律阻碍外，可以任意作为的自然能力：自由人有生来自由的，或是被释放而获得自由的，前者是从出生时候起就是自由的，后者是从合法奴隶地位中释放出来的人”①。而对于被释放的奴隶，查士丁尼也减少了自由人的等级之分，一切被释放的自由人，都可以取得罗马公民资格。

罗马法学家通过将自然法和罗马法相结合，研究普遍适用于帝国全体的原则，尽管他们延续了斯多葛学派“自然法”的普遍性要义，但是他们的贡献也是显而易见的，即协调了帝国多样的文明和族群之间不同的观念和习惯，并且在实行过程中不断扩大罗马公民的范围，促进帝国范围内人们权利的平等，并鼓励释奴，减少等级之分，在这一过程中客观上实现了普遍的自然法和人类平等原则的具体化，强化了个体权利的基本保障，体现了罗马社会的进步，而罗马的自然法传统因此也得到发扬光大。

---

① [古罗马]查士丁尼:《法学总论》，转引自王乐理:《罗马法学家的政治思想概要》，《浙江学刊》，2004年第4期。

三、罗马斯多葛学派的世界主义思想

（一）塞涅卡的理性思想和“两个国家”学说

塞涅卡（Seneca，3—65）是罗马斯多葛派早期的代表人物，也是当时著名的政治家和演说家，曾任尼禄的老师，代表作有《论恩惠》《论仁慈》等。塞涅卡在一定程度上继承和发展了早期斯多葛学派关于平等、理性、世界城邦的思想，开始从更宽广的角度来审视世界。罗马斯多葛学派的思想强调服从神的意志，具有很强的宗教伦理倾向，“两个国家”的主张是古希腊时期世界主义思想的又一体现。

首先，塞涅卡继承了早期斯多葛学派的世界主义思想，认为人要按照自然生活，就要遵从自然（神）的理性，就是顺应神的意志，接受命运的安排。他认为，神和人都具有理性，人的灵魂是神的一部分，对神的理解需要通过理性的方式。塞涅卡主张的神不是一个人的神，他将神尊称为“父亲”，神会向父亲对待孩子一样，经过严格的教育和磨炼，加强人的美德。神是至善的，在神支配的自然中，他不会对任何人或事物造成伤害，神对每个人都施以善行。塞涅卡认为命运是一切事物的原因，人不能改变世界，人能做的就是通过理性认识“命运”的安排。这种对理性的追求，对命运的接受，逐渐形成了神支配世界，命运不可抗拒观点，十分符合宗教伦理的特点。[①] 于是，塞涅卡的思想从强调理性转向带有神学色彩的伦理思考，这一思想对于推动基督教的平等思想具有重要意义，塞涅卡的思想也因此被称为基督教思想的“叔父”。

其次，塞涅卡认为人们能够通过理性与神相通，从精神上具有平等性，所以塞涅卡号召人们把奴隶看作精神平等的人，他认为奴隶与普通人一样，有相同的理性，有平等、高尚的善行，应该受到平等对待。奴隶的买卖只涉及肉体，而不涉及其他自由的精神，精神不属于商品交易之列，所以奴隶与主人在精神上都是平等的，其内在精神价值是相等的。为此，他要求人们以由己推人、己所不欲、勿施于人的方式，将奴隶作为精神平等的伙伴、朋友来

① Aldo Setaiolo, Seneca and the Divine, “Stoic Tradition and Personal Developments”, *International Journal of the Classical Tradition*, Vol. 13, No. 3, 2007, pp. 333 - 368.

对待。同样的平等原则也通过罗马自然法得到发展，被运用于外邦人或野蛮人身上。他们认为，所有的人本性相同，精神平等，共同受自然法的支配，从而扩大了个体平等的基础。

最后，塞涅卡的世界主义强调个体在国家整体中的有机组成，是不可或缺的一部分，并进一步阐述了个体归属于“两个国家”的学说。塞涅卡认为：“做出损害国家利益的事情是一种亵渎，同样，做出损害公民的事情也是一种亵渎，因此，伤害公民是一种无耻行为。因为该公民同样生活在你生活的国，就如同一个身体的手伤害了同属于这个身体的眼睛。”[①]可见，塞涅卡对公民的重视，强调个体作为国家一部分所具有的价值。在此基础上，他还认为，人的心中存在“两个国家”，一个是出生的国家，这个国家在某些地区，是属于生活在该地区的特定人民的国家；另一个国家是神和全人类的国家，是一个更大国家。“更大的国家”，具有更广泛的意义，在这个“国家”，我们关注的不是某些人类，而是整个大地。在伦理上最有价值的是能够充分体现人的本质的“大国”。所有人类都是生活在“大国”这个人类共同体里，彼此都是“亲戚”，因为自然为了统一目的用同一物质创造了所有人。最高的善存在于理性之中，而理性不是其他的东西，正是寓于人体的神的灵魂。于是，理性使人仿效神。除理性外，自然还赋予人以作为人类团结的基础的好交往性。由于理性和好交往性，人们在生存斗争中才取得了对动物的统治权，掌握了自然的自发力，结成紧密的团体而生活。这些“自然”的东西本质上是必然的、神圣的“命运的法则”，起着一种自然法的作用。人类的一切制度，包括国家和法律，都服从于自然法。自然法本身既是自然的事实（世界组织的秩序和时间的因果关系），又是理性的绝对命令。作为自然秩序的事实和规则的理性，也体现在作为世界整体的一部分的人类共同体之中。人的关系与神的原则的符合，建立在理性的基础之上，因为人的理性是神的灵魂的一部分。[②] 因此，服从普遍的自然法是对人的最高要求，进而可以推出

---

① Jeffery Zavadil, “Bodies Politic and Bodies Cosmic: The Roman Stoic Theory of the ‘Two Cities’”, *Metaphor and Discourse*, Palgrave Macmillan Press, 2009, pp. 219 – 232.

② ［苏］涅尔谢相茨：《古希腊政治学说》，蔡拓译，商务印书馆，1991 年，第 221 ~ 222 页。

在对“两个国家”的双重忠诚中，个体应该服从“更大的国家”内在的自然法秩序。

（二）爱比克泰德

爱比克泰德（Epictetus，55—135）早年是奴隶，后来被释放为自由民，处于哈德良皇帝当政比较繁荣稳定的盛世，有《爱比克泰德道德论集》存世。

和塞涅卡相似，爱比克泰德主张一种罗马帝国式的世界主义政治理论，在罗马公民权逐渐扩大的情势下，更突出个体作为所谓“世界公民”的政治责任。他认为就人们在各地居集而言，各有特殊的共同体，而最伟大、最权威、最有综合力的是包括所有人与神的世界共同体，它是凭借神的理性和与之相通的人的理性，将神与人、将所有人联结在一起的。作为个体的“我”是“世界公民”，是“属于世界的”。世界共同体的政治权力是集中的，那就是“世界城邦”的“世界政府”。罗马公民权逐渐扩大到罗马帝国的所有地区，个体对罗马帝国这个“世界城邦”负有“世界公民”的责任，要在理性支配下，顾及它的整体的善来行事，不能只凭个人的冲动或欲望、不正确运用表象，只顾及某个局部共同体的利益，来做有损于“世界城邦”整体利益之事。他主张“世界公民”要积极参与政治活动，要维护家庭与整个国家，恪尽“世界公民”的政治责任。爱比克泰德的“世界公民”思想不是出世的，而是积极入世的，适用于帝国对诸阶层的统治。哈德良与马可·奥勒留两位皇帝从学于他，他的学说因此得以广泛传播。可以说，爱比克泰德的世界主义思想起到了稳定罗马前期帝制“白银时代”的政治与道德秩序的重要作用。①

（三）马可·奥勒留

马可·奥勒留（Marcus Aurelius，121—180）是罗马帝国皇帝，早年受到良好教育，深受爱比克泰德思想的影响，主要作品为《沉思录》。

首先，马可·奥勒留强调人类的整体性，人类的整体性来源于共同遵守的自然法原则。马可·奥勒留在《沉思录》中指出，根据所有人共同的精神原则，应该说我们大家都是理性的动物。这位斯多葛主义皇帝继续说：“如果是这样，那么命令我们做什么或不做什么的理性也将是共同的；如果是这

① 姚介厚：《斯多亚学派的自然法与世界主义思想》，《社会科学战线》，2010年第5期。

样,那么法律也是共同的;如果是这样,那么我们就是公民。因此,我们都参加了某一个国家组织,而世界仿佛是一座城市(城邦)。……因此,我们的精神原则、理性和法律都来源于这个城市(城邦)。"①所以,人们行事必须依据理性的美德要求,个体美德和人类共同体的核心来源——理性是一致的,实现个体美德和按理性行事,作为人类共同体一员是统一的,人与人之间的互动关系中可以发掘个体与人类共同体之间的一致性,这也是罗马斯多葛世界主义的要义。

其次,马可·奥勒留认为个体需要在人类整体性中获得意义。马可·奥勒留强调通过世界公民的普遍理性来塑造自己的生活,这种看法与个体生命短暂性和渺小性是相连的,只有将个体生命投入人类整体中去,个体生活才能获得应有的意义,这是在伦理层面的个体实现;而落到现实,奥勒留则认为需要有更明确的规定,如"符合政治家、罗马人和统治者的标准",这又是具有政治层面的道德标准的确立。这种双重性似乎是冲突的,但是对于奥勒留的皇帝身份而言,其在《沉思录》中所体现的恰恰是其作为帝国皇帝和人类一员的责任,现实政治参与是他实现其个体道德重要的方式。所以,虽然马可·奥勒留对自我要求严苛,但是他并没有用约束自我的道德原则要求普通民众,充分说明其对自己的责任和伦理个体性的深刻认知。马可·奥勒留认为,个人只是整体中的一部分,他所得到的一切只是"普遍灵魂"的极小的部分。但他又说,宇宙是一个活的生命,具有一个实体和一个灵魂,"就我安东尼努斯来说,我的城邦与国土就是罗马,但就我是一个人来说,我的城邦与国土就是这个世界"。"一个人要履行他作为世界公民的责任,同样他有参与社会和政治生活的义务,为自己的国家和人民谋福利。""他会根据最理想的罗马政治条件履行皇帝的义务,并且把这个角色作为宇宙理性的具体表现。"②所以,马可·奥勒留表达的是个人、国家、世界实为一体,理性作为普遍的灵魂贯穿于其中,但在个人与国家的关系上,个人必须要服从国家。

最后,马可·奥勒留认为政治不能将人类分开,并鼓励通过彼此为互相

① [苏]涅尔谢相茨:《古希腊政治学说》,蔡拓译,商务印书馆,1991年,第220页。

② [英]罗素:《西方哲学史》(上卷),何兆武、李约瑟译,商务印书馆,1963年,第336页。

着想，强调相互理解的过程，实现理解与合作，是带有人道主义色彩的世界主义。我们应该尊重全人类，甚至是我们政治上的敌人，我们生来就是为人类共同目标而共同合作。对人类的整体性认识也可以使我们自我克制和避免愤怒，马可·奥勒留认为人们同属一个整体，需要用合乎本性的原则对待他们，要根据同胞之情的自然法以仁爱和公正对待他们。[①] 为了避免战争和误解，马可·奥勒留认为，我们应该"深入他人的思想"，理解他人的想法和行为。改变世界，你需要将自己看作是世界的一部分，而不是世界中独立的部分，应该时刻思考自身的利益与我们的同伴相联系，始终牢记我们有共同的目标和计划。斯多葛学派强烈抵制敌对和侵略，因为斯多葛学派相信世界公民的主要目标是根除公民自身和整个社会环境的愤怒。但是教一个人不去介意轻视和侮辱是很困难的，尤其是当他意识到政治世界（political world）存在恶意和道德缺失时，更加困难。斯多葛学派希望阻止世界战争、放弃侵略和诉诸武力。当所有的论证都被认作是徒劳的，他也希望战俘能在敌对国家受到人道主义的待遇，被敌对国家的人民接受，享受同等的公民待遇。对于违法者，不管是个人还是集体，谴责者都应当给予他们人道主义尊严。因为战争来源于集体的仇恨，毁灭的战争来源于这些严厉的谴责。[②]

第三节　古希腊罗马时期世界主义思想的特点及其局限

古希腊罗马时期世界主义从希腊哲学发端，并在希腊化时期得到发展繁荣，在罗马帝国中走向实践，主要包括以下几个特点：

（一）古希腊罗马时期世界主义思想包含了人类伦理共同体和政治共同体的思想

罗马时期的世界主义发展了政治法律和伦理宗教两种倾向的世界主

① ［古罗马］马可·奥勒留：《沉思录》（卷三），何怀宏译，中华书局，2015年，第31页。

② Martha C. Nussbaum, "Kant and Stoic Cosmopolitanism. Law and Ethics", *The Journal of Political Philosophy*, Vol. 5, No. 1, 1997, pp. 1－25.

义:以西塞罗为代表的罗马法学家们继承了早期斯多葛学派对“自然法”的论述,将其与帝国法律实践结合,弥合了不同民族间法律的不同,构成了一套为各民族共同接受的罗马法,同时将“世界城邦”这一概念从中期斯多葛学派中引介过来,为罗马帝国的合法性找到依据。罗马帝国的建立和罗马法的推行在一定程度上实现了“世界城邦”和“自然法”的政治构建,而自然法则通过罗马法传承下来,形成西方法律最为重要的传统。罗马斯多葛学派则更多继承了早期斯多葛学派“世界城邦”中人类共同体的伦理面相:塞涅卡等人构建了“两个国度”理论,强调对人类更大国度的忠诚。可以说,无论是早期的“世界城邦”,还是罗马帝国之外“更大的国家”,都是斯多葛学派对自身在世界位置的认知,对普遍道德的承认,是以人类普遍理性为基础的。而政治上的失败,使罗马斯多葛学派意识到个体道德在人类伦理共同体中得到实现,必须将个体生活从政治生活中抽离出来,要求个体在理性的高度道德自律的日常生活中实现幸福之路,寻求在理性、自然法的最高法则下,让人们找到皈依,“这一共同体观念仅仅就是出于他是人类中的一分子,而不是因为人类能共同享有通往幸福的生活方式或是亚里士多德所谓的与陌生人具有的某种联系而实现的”①。但是这种过于庞大的人类共同体想象只能流于思想的构建,人们没有办法在一个混乱失序(无论是希腊化时期的混乱,还是罗马帝国的堕落)中找到自我的重心,而在当时可感的地方性城邦破碎之际,真正稳妥的归属便是在每个个体内部找到普遍性和共同性。在斯多葛学派看来,人类的共同性在于理性的能力,当理性的构建失去外在的依托时,便只有从精神层面寻找共同的家园。于是在这种现世的失序之中人们走向了宗教的救赎之路,这种思想上的转化也为基督教思想的流行和宗教世界秩序的建立提供了基础。

(二)古希腊罗马时期世界主义对人类的普遍性理解从早期抽象的“理性”,到罗马时期通过具体的法律秩序和生活伦理实践其“正义”原则,存在从理念到现实的飞跃

从古希腊哲学家对人与社会的认识,强调城邦生活的“正义”属性,到早

---

① *Stanford Encyclopedia of Philosophy*, http://plato.stanford.edu/entries/cosmopolitanism/.

期的斯多葛派认为人类具有“理性”，更多是将其与神、自然观念联系起来的。而到了罗马斯多葛学派，其对理性的认知则走向对现实社会的正义秩序的实践，以更广泛的视角深入审视人类作为社会和理性动物的普遍性道德伦理倾向和具体社会活动，其对人的考察不仅包括研究人类的形而上的本性，同时要求通过具体的社会行动和表现加以观察，这是对早期斯多葛学派抽象的人类本性的重要转向，从而使其伦理世界主义有了更具体的政治意义。

在斯多葛学派看来，人类拥有神圣理性，能够认识“自然”，服从“自然”，而正义的社会秩序必须服从理性的“自然”秩序，故而理性的个体人组成正义的社会，个体的“理性”和社会的“正义”性就实现了融合。正义是其他一切美德的来源，同时也要求人们的行为满足特定的原则。通过理性，我们能感受到他人的需要，不仅要克制自己使他人免除伤害，而且更积极的美德是我们应随时准备对他人伸出援手，不仅是对朋友，还包括陌生人，甚至是敌人，我们都应该公正地对待。这也是为何斯多葛学派强调道德的成熟需要情绪的自我克制的重要原因。一个道德成熟的人知道人类共同的理性，为了人类的福祉，我们必须遵守自然法，自然法代表了最高的理性和正义。在面对冲突的时候，我们应该将自然法置于地方法和实在法之前。自然法不仅阐述普遍的正义，同时也是为了纠正普遍流行的不正义，不是为了引导个人与权威，而是为了从外部限制、约束个人与权威。

(三)世界秩序观的转变为罗马帝国提供了合法性依据，打破了既有的城邦政治思考方式

尽管罗马帝国的征服并不能归因于斯多葛世界主义，但是这种世界秩序观成为罗马帝国最好的合法性依据。斯多葛世界主义进入罗马之后对前期思想进行了符合现实需要的修正，切合了罗马人政治统治的需要。罗马人需要创造一套不同于古典希腊城邦政治的学说，而罗马人本身却并没有满足这一需要的思想。斯多葛学派中对自制、忠诚、公德等美德的推崇深得罗马人的心，更重要的是，斯多葛学派的世界城邦概念为罗马征服提供了理论上的支持。正如萨拜因所说：“也没有任何一种政治概念象斯多葛派的世界国家那么适合于把某种程度的理想主义的精神引入罗马征服这一十分卑

鄙的勾当。”[①]同时，罗马帝国的征服也说明：斯多葛主义的世界国家很容易主张一种帝国主义情绪，“这种情绪使得征服者以为自己正在肩负起白种人的责任并正在把和平与秩序的福音带给政治上无能的世界”[②]。可以说，斯多葛世界主义是对世界秩序在思想上的颠覆，而在罗马帝国的现实实践也呈现了斯多葛世界主义所构建的世界秩序的理想主义色彩及其面临的危险。政治秩序由以善为基础的城邦政治走向帝国秩序，然而帝国法律秩序终究不能实现以伦理道德至善为导向的政治蓝图，而在实践中走向了法治秩序和伦理秩序的分裂，斯多葛学派的世界主义随着秩序的二分走向了衰微。斯多葛学派世界主义的衰微也是世界主义在现实运用中存在的普遍危险和面临的巨大挑战。尤其是当前，多文明共同合作，共同发展时代，世界主义作为一种政治构想，如何更具现实性，走出普遍主义的空疏和专断，和平“落地”，成为当代世界主义的难题。

（四）古希腊罗马时期世界主义中的“世界城邦”，“更大的国家”与罗马帝国的公民身份存在个体的双重归属，而这二者之间具有内在张力

所谓双重归属，其中一重是指罗马人作为罗马帝国公民对现实政治秩序的认可，这是对罗马帝国公民身份的自我认同，也是一种政治认同和归属；另一重是指人们对“世界城邦”或者“更大的国家”这一人类共同体的认同，这是对世界整体秩序和人类普遍美德的认同，是个体伦理上的自觉。如何协调这两种秩序的内在张力，是后期斯多葛学派学者需要面对的问题。只要其坚持人类大家庭的整体性原则，都可以成为世界主义者；同时，他们承认一个人既能成为世界主义者，也同时是一个国家的公民，具有两种归属。在马可·奥勒留的思想中，这二者是和谐的，只要服从人类整体的“更大的国家”，那么也就是对帝国的服从，明智之人会以普遍的法则去衡量人们的行为而不是依靠激情、地方性的忠诚，或是性别、血缘等其他因素遮蔽自己的理性，从而达至正义。但是需要注意的是，罗马斯多葛学派认为个体幸福和德性只能通过自我的内省实现，在对帝国和人类共同体的双重忠诚

① ［美］萨拜因：《政治学说史》（上册），盛葵阳等译，商务印书馆，1986 年，第 191 页。

② ［美］萨拜因：《政治学说史》（上册），盛葵阳等译，商务印书馆，1986 年，第 194 页。

中,帝国的法治秩序无法满足这一伦理要求,只是对人性中恶的一面的规制,并不能引导人们实现美德;只有回归个体理性,在人类共同体的共同道德要求下,才能真正实现美德。所以,在面对双重归属时,始终存在伦理忠诚和政治忠诚之间可能的张力,个体在二者冲突时该如何选择,是斯多葛学派所忽略的。而这一问题也延伸到今天,形成了政治哲学中世界主义与社群主义之间的重要争论。

(五)斯多葛学派世界主义强调了个体的平等价值

原先依赖于城邦的公民转变为了独立的个人,使原本有等级差别的不平等的人转变成了权利上平等的个体人。在古希腊城邦政治中,本邦公民与外邦人,公民与自由人、奴隶等有着严格的区别。到了希腊化-罗马时代,随着不同民族、种族、文化之间的界限被打破,开始了大规模的交往和融合。城邦的崩溃标志着人们从一个狭小的共同体要迈向一个更大的共同体,意味着人对世界和他人的看法要实现重大的转变。斯多葛学派的世界主义最早阐述了精神平等和人格平等的思想,尤其是罗马帝国的建立,扩大了人们的交往范围,以往不同城邦和不同种族的人将生活在一起,需要在这些差异中寻求更具普遍性的共生共处的契合点或共同性,并通过罗马自然法传统的建立确立了个体平等原则,其平等原则不是空洞的,具体地体现在法律实践之中,过去对主人与奴隶,公民与野蛮人等身份的严格区分也受到巨大的冲击。“斯多葛派的思想标志着西方思想史上人的观念的一个重要变革,它超越了城邦时代政治哲学在不同身份的人之间设立的界限,开始以一种普遍平等没有根本差别的眼光来看待所有的人。”①可见,斯多葛学派突破城邦的界限,抛开城邦时期的一切身份、地位、财产等差别,在人与人之间寻找某些共同点,将人置于人类和宇宙的关系中重新定位,认为每个人都是人类整体中的一员,具有普遍本性;另一方面,从人的精神特征界定人的平等性,认为人是具有理性的,在精神上具有平等的价值。尤其是人在上帝面前,一切灵魂平等,在法律面前人人平等。而前者正是基督教思想的前提,后者则成

① 丛日云:《在上帝与恺撒之间——基督教二元政治观与近代自由主义》,生活·读书·新知三联书店,2003年,第74页。

为近代资产阶级革命的口号。因此我们可以说，斯多葛学派的世界主义对基督教影响深远，进而影响整个西方世界的政治思想。

（六）古代的世界主义思想是一种“有限”的世界主义，无论对“世界”认知的范围，还是对人普遍性认知等层面，都有局限性

从对世界的认识来看，古代世界主义的“世界”并不是今天我们所说的全球范围的“世界”，而只是局部的“世界”。古代世界主义思想来源于古希腊哲学思想，是对世界的抽象进行统一本质性认识的思维方式。希腊哲人们将这种思考方式运用于对社会、城邦和人的认识之中，但是当他们对抽象“世界”的理解转移到所生活的“世界”，其地域无论是从希腊城邦，还是希腊化时代亚历山大帝国的扩张，再到罗马帝国，甚至到整个欧洲，始终是对局部“世界”的认识和理解。虽然这并不妨碍我们理解西方人对“世界”的整体性认知及其对理想世界秩序的谋划，但是同样要认识到其文化上、地域上所存在的局限性。尤其是在当下寻求全球化时代世界主义的新共识，文明间的冲突需要我们用更开阔的“世界”眼光和行为方式去打破西方“世界”认识的狭隘之处，防止单一文化的专断，打破欧洲中心的迷思，推动人类文明的不断进步。

从对人的普遍性认识来看，自把人区分为自由民和奴隶，古希腊的世界主义思想便作为自由民的意识形态形成和发展起来。自由，是最基本的价值，是奋斗的主要目标，是整个古希腊-罗马世界主义思想理论和实践所关注的基本目标。在古希腊，政治及与它有关的实践活动和精神活动都是自由的事情和自由民的活动范围，而劳动（首先是体力劳动）则是命定由奴隶去做的事情。按照当时的观念，所有的生产劳动领域以及家庭内部的活动领域，原则上不属于自由的领域，因而也就不属于作为自由关系的政治的领域。古希腊罗马的思想家把法律解释为自由和特殊城邦生活现象的真正表达者，以及把法律解释为调整自由而平等的人们的相互关系以保证全体成员的利益的适当规则，与把政治理解为自由与自由民生活方式的关系有密切的联系。可见，这不是普遍的自由，而是具有局限性的自由，因为奴隶不在这种自由之列。尽管斯多葛学派为奴隶的自由辩护，强调其精神上的平等性，到了罗马帝国时期，逐渐扩大公民范围和权利，释放的奴隶也有了自

由民甚至公民的身份和权利，并且鼓励释放奴隶的行为，进一步扩大了对“公民”的认识和理解，但始终无法摆脱奴隶制度的影响，奴隶和奴隶制度的存在终究是对人的权利普遍化的障碍。可见，古希腊罗马时期世界主义所构建的“人”，以及赋予人的权利，都或多或少设置了“门槛”，而不是真正无差别的“人类”认识，没有将不同身份、不同种族和宗教的“人”真正无差别地纳入人类共同体中。当然，这是一个对人的认识深化的过程，“世界”不断扩大，共同体中的“人类”也存在不断包容的渐进过程。而在全球化时代，这种人类整体的视角显得更加重要，人类作为整体，命运休戚与共，而人类整体的视角也是新时代的中国构建人类命运共同体的题中之义。

第二章　中世纪的世界主义思想（5—15世纪）

中世纪的世界主义思想主要体现为基督教世界主义思想。基督教从犹太教中脱离出来，确立了基督的一神信仰，并在此基础上构建对世界的整体秩序。在教义上，基督教一方面将古典教义系统化、理性化，另一方面同时吸取希腊古典哲学中新柏拉图学派、斯多葛学派思想的精华，强调在信仰面前每个人都具有精神上的平等性，不以国家、种族等外在的标准区分不同的人群，从而构筑了超越国家和城邦范围的人类共同体，把对上帝的信仰与古希腊哲学的理性结合起来，形成了以上帝信仰为核心精神内涵的基督教世界主义。

基督教世界主义思想主导欧洲中世纪长达千年之久，奠定了基督教在西方文化中的基础性地位，成为现代西方思想的重要源头，也是近现代世界主义思想的重要来源。基督教世界主义中所呈现的宗教性因素和普遍主义色彩，无论与古典斯多葛世界主义还是民族国家时代的世界主义相比，都有明显的差别。而中世纪末期兴起的人文主义的世界主义是从基督教神学政治到近代政治的重要衔接，其价值具有普遍性，对近代政治思想产生了重要影响。

第一节　早期基督教世界主义

尽管罗马帝国文化总体较为宽容，但是早期基督教的一神教性质和神秘化的宗教仪式使其很难被纳入罗马文化的多神崇拜体系里。更关键的是,基督教徒崇拜上帝,拒绝对世俗皇帝效忠,这使罗马皇帝对其发展感到不安,认为基督教的发展可能对帝国政治产生威胁,因此早期基督教在此期间遭受罗马帝国官方的打压迫害,宛如异乡人。但是基督教徒的社会边缘状态也使其进一步强化其信仰的彼岸属性和世界属性:现世的痛苦是为了来世的拯救,肉体的折磨只是通往精神追求的必要手段,用末世的审判而不是现世的生活去判定人的最终命运;世俗政治的认同对于基督徒而言并不重要,精神上的共同信仰才是确定人的归属的根本依据,尘世生活皆为异邦,只有精神的皈依之处才是故土。基督教否定世俗忠诚,对主流政治的反抗,带有边缘性和批判性的色彩,通过对现世的否定进而转向精神的皈依和来世的拯救,形成了其独特的宗教世界主义的气质。耶稣及其门徒奠定了基督教早期的基本教义,其中以使徒保罗最为重要。

一、保罗的世界主义思想

(一)生平及主要作品

保罗和耶稣生活在同一个年代,是早期基督教的重要代表人物,被认为是基督教历史上最重要的奠基者,最伟大的宗教领导者之一。保罗(Paul,约5—68),出生在西里西亚的塔瑟斯(在今日土耳其境内)。他是犹太血统的罗马公民,少年时学过希伯来文,受过完备的犹太教育,还学过做帐篷的手艺。年轻时他前往耶路撒冷,在一位杰出的犹太教拉比迦马列的指导下学习。

保罗是犹太教徒,早年曾参加过迫害基督教徒的活动。据传其见证了基督复活的神迹,从此改信基督教,转而变成了基督教最强有力、最有影响的奠基者、支持者和传播者。保罗在余生中就基督教的问题进行思索和写作,并为基督教收罗信徒。在传教活动期间,保罗广泛漫游了小亚细亚、希腊、叙利亚和巴勒斯坦。在安提阿传教期间,他就犹太人和外邦人皈依基督教的态度和行为与其他犹太教徒有不同的见解,而他的言论和行为常常引起犹太教徒极大的仇视,连生命也有几次遭到威胁,但是保罗对非犹太人的说教非常成功,所以人们常说他是“非犹太人的使徒”,没有任何其他人在传播基督教中起到了这么重大的作用。公元67年,在罗马帝国东部作第五次传教漫游后,保罗返回耶路撒冷。根据资料记载,最有可能的情况是,保罗被当时罗马暴君尼禄下令逮捕，后被送往罗马接受审判，并于公元68年被斩首处死。

保罗在发展基督教神学中所起的作用重大，阐明了基督教的一些基本教义。在《圣经·新约》二十七部书中，至少有十四部被认为是保罗所作，如《罗马书》《哥林多书》《加拉太书》等，被认为是《新约》唯一重要的作者，是中世纪基督教及其世界主义的重要思想源头。基督教和犹太教分离，成为独立的宗教，并迅速在罗马帝国得到传播，使徒保罗起到了重要作用。

（二）因信称义

保罗的世界主义思想主要体现在其“因信称义”思想中。“因信称义”是指不管人们的现实政治隶属、民族种族如何，通过信仰基督即可获得拯救，从而打破了犹太教对外邦人的排斥，强调人因共同精神信仰而获得内在的平等。

使徒保罗早期主要向犹太人传教，后来逐渐有外邦人信徒加入，由此产生了后来信徒中犹太人和外邦人的冲突。这些冲突主要围绕两个问题：一是割礼问题，即是否向未受割礼的外邦人宣教。犹太律法要求成年男子必受割礼，“若不按摩西的规条受割礼，不能得救”。保罗则认为，信仰了耶稣基督即可得救，外邦人不必遵犹太律法行割礼；二是饮食习惯问题，是否可以食用勒死的牲畜和血，这既是宗教礼仪也是生活习惯。后来又在安提阿因是否能和外邦人（未受割礼）同桌吃饭而发生冲突，史称“安提阿争端”。上述问题双方争端的实质在于：其一，信仰的人群归属，即谁能得救。保罗认为因信称义，信仰者不应该区分其地域、性别、种族。犹太教则认为犹太教只属于本民族，只有本族人才可获得拯救；其二，宗教礼仪问题，即犹太律法的遵守问题。犹太教重视物质的献祭，强调通过对律法的遵守来约束自己的肉欲从而获得最终拯救。这一过程是维持人与神关系的重要环节，需要通过物质和律法的纽带获得神的认可，方可“称义”。保罗则认为灵魂依靠对神的信仰和爱而获得拯救，并不需要物质献祭和律法的纽带，据此，他提出“因信称义”说。

保罗认为，基督耶稣是全人类的救世主，所有人都可以“因信称义”，即因为信仰耶稣基督而得到拯救，这一说法打破了犹太教局限于犹太人通过外在行为约束获得拯救的限制,将基督教从犹太教的地方性宗教中解放出来,脱胎成为更具有包容性、普遍性的宗教。"因信称义"学说也奠定了基督教世界主义的基本理念,我们可以从两个方面加以理解:

一是从犹太教的肉体拯救走向基督教的精神拯救,关注人在灵魂层面,通过内在信仰而获得精神上的拯救。保罗说:"你们若顺从肉体而活,必要死;若是靠圣灵治死身体的恶行,必要活着。"①

早期的基督教起源于犹太教,受犹太人风俗和法律的影响,犹太教重视物质的献祭。在犹太人看来,只要遵守人与神约定的律法,从而维持人与神之间的良好关系,并得到神的认可,就是"称义"。而保罗强调的是人灵魂的拯救,所关注的问题并不在于最终"称义"的结果,他认为犹太人通过遵守律法和风俗而实现对个体行为的约束是通过肉体和外在规约求得拯救的做法,而这种做法并不可取,因为将人视为肉体之时,因律法而生的恶就在我们身体里酝酿发生,最后结成死亡的果子。"我们因信基督称义,不因行律法称义,因为凡有血气的,没有一人因行律法称义"②,这就是说,是因为信仰了耶稣基督而因信称义,而不是因为遵循犹太人的律法而称义,基督信仰的意义在于人因信仰而赎罪,因信仰而得救,而不是外在的律法。因此,保罗认为人获救的根本在于人灵魂的拯救,灵魂的拯救在于精神上的真正皈依,无条件地爱上帝,因爱而行,爱是真正连接人与上帝关系的纽带,这也是内在拯救的方式。

二是人群的归属问题,事实上也是人的信仰问题,即谁可以获得拯救。保罗以是否信仰基督为标准划定人的归属,而通过信仰获得拯救之道,对于每个人而言都是平等的,并不会因其民族(是不是犹太人)、生活地域、文化的不同而有差别。可见,他对人群的划分标准抛弃了犹太教的地域、种族标准,将所有人类都视作可能的皈依者,承认普遍获得拯救的可能性。"你们因信耶稣基督都是神的儿子。你们受礼归入基督的,都是披戴基督了。并

① 《圣经新约·罗马书》,第8章,13节,南京爱德印刷有限公司,2007年,第175页。
② 《圣经新约·加拉太书》,第2章,16节,南京爱德印刷有限公司,2007年,第210页。

不分什么犹太人和希腊人;奴隶和自由人;男人和女人”①,保罗认为,如果不能接纳外邦人的皈依,犹太人还是犹太人,外邦人还是外邦人,那么他所做的一切都将失去意义,而这也是他自认为从神处得到的启示和召唤。

此外,保罗在这里强调人类个体的平等性,包括奴隶和主人之间在精神上的平等。尽管基督教在世俗层面上维护当时的奴隶制度,但是在人和上帝的关系中肯定人的价值和尊严,不过这种肯定仅仅是精神层面的个人,承认人在灵魂,精神层面的平等。他认为,人在精神和道德上都有能力过宗教生活,并不会因为外在特征和身份等级的不同而不同。人类的平等性源于人是上帝的自由造物,均分有上帝的理性。主奴之分在于人的罪性,需要承担罪的结果。但是奴隶对主人的义务只存在于尘世生活这一赎罪的过程,主人也只在奴隶身上得到服务,但是在上帝面前,所有人都是平等的,所有人都是上帝的奴仆,主人和奴隶之分只在世俗社会之中,奴隶地位只在于人的外在状况,而不在于精神信仰。可见,基督教尽管没有否认奴隶制的合法性,但是并没有用世俗社会等级差别去划分人群,也不认为主人就一定比奴隶高尚。更进一步说,在信仰面前,世俗的等级划分,甚至整个世俗生活都没有独立的意义,一切都必须服从于信仰,只有与上帝的关系才是重要的,而与上帝的关系在于每个人内心对上帝的爱,这是无差别的。

基督教个体主义是对个体精神层面平等的肯定,一定程度上为人的平等思想发展奠定了基础。不过保罗“因信称义”的观念并没有得到犹太教大多数人的认可,在基督教内部更多人认为他是“反律法”,甚至是“反犹”的,所以保罗在这场论争中并没有得到胜利,但是随着基督教不断地向外传播,基督教和犹太教分道扬镳并相互对立,保罗的观点成为基督教的主流观点,这就为后来基督教打破地域和民族的藩篱不断向外扩展,收获更多信徒奠定了基础,成为基督教徒普遍接受的教义。基督教的平等思想在后来的宗教改革中进一步发展,并且随着世俗化的过程逐渐与世俗个体主义相融合,成为当代西方政治思想中个体主义的重要思想来源,对个体价值和尊严平等性的强调与尊重也是当代世界主义的基本原则。

---

① 《圣经新约·加拉太书》,第3章,26—28节,南京爱德印刷有限公司,2007年,第211页。

二、奥古斯丁的世界主义思想

(一) 生平及主要作品

奥古斯丁(Aurelius Augustinus, 354—430),修辞家,基督教北非主教,基督教早期最重要的教父哲学家,整合了古希腊和罗马的思想资源,是教父哲学的集大成者。奥古斯丁的思想甚至超越了中世纪宗教哲学的范围,成为后来基督教教义的基础,影响了整个东西方教会,对后世的思想家也有深远的影响。即便在当代,其思想对宗教哲学领域的研究者也有重要的意义。

奥古斯丁生于北非的塔加斯特(今阿尔及利亚境内,隶属于罗马帝国的一个行省)。当时,基督教虽然已获得官方支持,但尚未成为国教。奥古斯丁的母亲是一位虔诚的基督徒,一直规劝他皈依基督,对他的生活影响深刻。30 岁那年,奥古斯丁跟米兰主教安波罗修(Ambrose)学习天主教信仰与神学,在研究了各种宗教与哲学后信奉了基督教,并在其《忏悔录》中记载了他皈依基督教的历程。[①] 奥古斯丁于 33 岁那年接受洗礼,34 岁回到非洲过修道生活,42 岁任北非希坡(Hippo)主教,76 岁离世。因其对基督教的重要贡献,故被天主教会封为圣者,称圣奥古斯丁(Sanctus Aurelius Augustinus)。主要作品包括:《忏悔录》《论自由意志》《上帝之城》。

(二)主要的世界主义思想

在奥古斯丁时代,基督教已经成为罗马帝国国教,转而为罗马帝国所用,成为罗马帝国的意识形态支柱,以尤西比乌为代表的基督教历史学家从基督教的角度出发,论证了罗马帝国具有永恒性:罗马是神圣之城,基督教的天国将在罗马实现。他们假设存在一个单一普遍的世界,在世俗层面,便是古罗马帝国的遗产和延续;在教会层面,则化身为基督教会。就是说,基

① 在《忏悔录》中,奥古斯丁描述他在内心挣扎到极点时,突然受到上帝的引导,克服了心中的犹豫而下定决心加入基督教,当时是公元 382 年。在奥古斯丁的生命中有两位重要的人物,深深地影响了他的人生。一位是为他流泪祷告达 31 年之久的母亲莫妮卡,另一位是米兰的主教安波罗修。他们将奥古斯丁引到基督的施恩座前,使他经历了彻底的悔改。某一天,奥古斯丁在米兰寓所的花园中散步,圣灵催逼他回头。他的心灵呼喊着:“要等到何时呢? 何不就在此刻,结束我污秽的过去?”这时他恰巧听到邻家儿童的读书声:“拿起来读,拿起来读。”于是他拿起身边的《新约》,读到《罗马书》中的话:“不可荒宴醉酒,不可好色邪荡,不可争竞忌妒;总要披戴主耶稣基督。”自此以后他便归向基督,并于次年受洗。

督教将帝国和教会都视为普遍性的理想的人类共同体，一个是世俗共同体，另一个是精神共同体，共同负责掌管人类事务。不过，蛮族入侵和罗马城的陷落很快将这种美好的基督教共同体构想打破。公元410年，罗马城被蛮族攻陷，面对这一重大事件，基督教思想遭遇严峻的挑战：一方面，基督教理论认为罗马帝国就是基督教世界主义的外在实现形式，罗马的陷落意味着基督教对世界的认识及其理论的破产；另一方面，异教文化对基督教发起猛烈攻击，认为罗马帝国改信基督教信仰，抛弃了民族神和既有的美德，导致了罗马帝国的堕落和灾难。可以说，西罗马帝国崩溃带来的不仅是现实政治秩序的崩溃，同时也是对基督教信仰的强烈怀疑。那么该如何从现实政治归属的崩溃中重新找到归属感和秩序感呢？奥古斯丁通过上帝之爱的至高无上性建立了人类精神共同体，重建个体的心灵秩序，使人们在信仰中获得最终的归属感，这也构成了奥古斯丁基督教世界主义的核心内容。

1. 爱：个体的平等与无差别性

世界主义将个体视为道德关怀的终极主体，每个个体之间具有平等性，每个人都应该享有同样的权利，并且受到同样的尊重。在奥古斯丁的基督教世界主义思想中，这种个体的平等与无差别性观念体现的就是基督教对爱的普遍性的思考。奥古斯丁对“爱”的理解继承和发展了早期基督教的理论，是其所有神学理论的基础，我们理解奥古斯丁的世界主义思想也应该以此为起点。在基督教中，爱的概念既是处理人与上帝之间关系的根本原则，也是处理人与人之间关系的根本原则。《马太福音》第22章写道：“耶稣对他说，你要尽心，尽性，尽意，爱主你的神。这是诫命中的第一，且是最大的。其次也相仿，就是要爱人如己。这两条诫命，是律法和先知一切道理的总纲。”这两条原则中包含了三种爱：爱上帝、爱己、爱人。爱的最高原则是爱上帝，上帝是所有爱的来源与归处，也是人人平等原则的来源；第二原则就是爱人如己，像爱自己一样爱别人，强调的是对别人无差别的爱，这是爱上帝在现实生活中的证成，是人受到上帝感召之后按上帝行事，平等地爱他人的体现。我们可以从以下两个方面理解这两个原则：

(1)上帝之爱：人的平等性来源

人的平等性原则是世界主义思想中一项基础性原则。在奥古斯丁世界主义思想中,人的平等性原则的根源被归结为上帝之爱的平等性。从爱的来源上看,上帝恩典之爱,不是来自人间,而是来自神。所谓神的爱,它处在最高的精神层面,与基督教的教义相契合,爱不仅存在于血缘层面,甚至是仇敌也爱,所以说,上帝的爱是人人平等的,这就是爱的真谛。从爱的对象来看,上帝爱人,爱所有一切理性的造物,人是上帝按自己的形象的理性造物,因此人天然具有神性的部分,每个人在精神上和道德上都有能力过宗教生活,并不会因为外在特征和身份等级的不同而不同。尽管在世俗社会之中有社会等级之分,但是不同的社会地位只是人的外在状况,而在精神信仰上人人平等。这里着重强调了人作为精神性存在的价值,弱化了现实中的不平等状况,是对个人价值和尊严的肯定,每个人在精神上获得平等,为个体价值的肯定奠定了基础。

尽管这种肯定仅仅是精神层面的个人,即承认人在灵魂、精神层面的平等,同时要求人们接受现实政治中的不平等。但在奥古斯丁看来,信仰面前,世俗的等级划分,甚至整个世俗生活都没有独立的意义,一切都必须服从于信仰,只有与上帝的关系才是重要的,而与上帝的关系在于每个人内心对上帝的爱,这是无差别的。爱源于上帝,归于上帝。所有的爱都来自上帝之爱,而人类在上帝面前分享相同的平等的爱。因为对上帝的爱而产生了对上帝造物的爱,对上帝的爱是纯洁的,至高无上的;基督教将上帝之爱统摄所有,并将此爱推己及人,打破既有的藩篱,将爱普遍化,将所有人都视为平等的人去爱,这是基督教世界主义的体现,也是奥古斯丁构筑其人类精神共同体的基础。

(2)爱人如己:对每个人无差别的爱

尽管奥古斯丁认为人的平等来源于上帝之爱,属于精神上的平等,但是也具有与现实结合的一面,普遍的上帝之爱也要在人世间的生活中展开,这就是“爱人如己”的思想。“爱人如己”就是像爱自己般爱他人,是一种无差别的博爱思想。一方面,人能学习上帝的方式去爱人。人分有上帝的理性,受上帝之爱,而获得爱的能力,那么人也应依照上帝行事,像上帝一样去爱人。因此,不仅上帝平等地爱人,人类也应该效法上帝和耶稣,去爱邻人、爱兄弟、爱敌人、爱上帝所创造的一切,人对他人的爱也应该是无差别的平等之爱。这种爱是当之无愧的一种博爱，它超越了世俗的界限，不限于某个种族、民族、性别、阶层等区隔人类的种种因素，不以血缘为前提，不以地域为前提，是只以对上帝事业的信念为前提的爱，包括对所有人的普遍的爱。

另一方面，人对上帝之爱是抽象的爱，而对他人之爱则是上帝之爱的表现形式。人对上帝之爱需要通过对他人的爱而获得证成，人因爱人而获得存在的价值，更接近上帝。而爱自己的本质是爱上帝，因此一旦一个人像爱自己一样爱邻人，势必会希望对方像自己一样获得幸福，这个幸福就是爱上帝，所以爱他人的方式也就是让他人也像自己一样去爱上帝。“如果你能够爱上帝比爱自己更多一点，那么你就可以正确地爱自己，你必须要像爱你自己一样爱你的朋友，一句话，你必须努力让他爱上上帝这个完美的爱，因为如果你不打算帮他实现最完美的善、最完美的爱，那么这个就不算是真正的爱人如己。”①由此我们可以看出，“爱人如己”这条戒律其实质也是希望他人像自己爱上帝一般爱上帝，并且只有通过这种方式，才能够表达自己对上帝的爱。人作为上帝的造物，却像上帝一样爱着这个世界，于是人就获得了像上帝一样的真实存在，并赋予了人对于这个世界真正的意义所在，也是上帝之爱的实现。“人伦之爱是一种比对其他受造物的爱更加高级的爱、以及更加能够接近上帝的爱。”②可见，人的平等和无差别性根源于上帝之爱，而上帝之爱具有教化的作用，要求人在现世中学习上帝，模仿上帝的行为方式，平等地对待世间之人，爱世间所有人。

2. 上帝之城：人类精神共同体

人类共同体思想是世界主义思想中的核心主题之一，各种世界主义思想学说关于人的平等性、社会正义性都建立在对现实社会弊病的批判，并在此基础上提出理想的人类共同体设想。上帝之城就是奥古斯丁对尘世中地上之城的各种丑恶和堕落批判基础上对人类共同体的美好设想，不过与其他思想家对理想人类共同体的构想不同，奥古斯丁设计的“上帝之城”是精

---

① Carolinne White, *Christian Friendship in the Fourth Century* ,Cambridge University Press, 1992, p. 197.

② Carolinne White, *Christian Friendship in the Fourth Century* ,Cambridge University Press, 1992, p. 200.

神性的共同体。

奥古斯丁在《上帝之城》中,从人类社会起源开始论述了上帝之城和地上之城的起源与发展,最终归结到人类的结局:唯有爱上帝,按上帝生活,在末世审判中进入上帝之城才能获得最终永恒的拯救,因此要求在精神上有更高的信仰追求。奥古斯丁赋予上帝之城人类精神共同体的属性,基督教世界主义形式也因此与斯多葛世界主义区别开来。罗马斯多葛世界主义以罗马帝国作为其现实载体,提供以自然法为基础的帝国法律秩序,而奥古斯丁则将基督教世界主义从现实帝国实体中分离出来,走向精神上信仰共同体的建立而获得其永恒性。这种分离意味着奥古斯丁对罗马帝国及一切世俗权威的否定,树立了上帝的唯一最高权威,上帝之城作为人类精神共同体而成为人们共同的追求。

奥古斯丁认为,世界秩序是善恶两分的,按上帝生活的属上帝之城,按人生活的则为地上之城。人始终生活在善恶二元之间,在这两端之间徘徊,因此人的内心也始终充满了斗争。一方面人是上帝的理性造物,具有神性,有能力通过对上帝的爱与觉悟重新皈依上帝;另一方面由于人类的罪性,从人类始祖就遗传下来到每个人身上,人也有可能堕落。所以,人的灵魂始终包含着神性和罪性,这就演化成上帝之城和地上之城的对立。人类祖先的故事就带着两城的隐喻:亚当夏娃生该隐和亚伯,该隐杀亚伯,建立了第一座地上之城以诺,从此,人类就进入了两个世系,一个是该隐的世系,这是地上之城的代表,代表着按照人的肉欲而生活;亚伯是上帝之城的代表,并没有建立具体的现世之城,上帝之城的人们在尘世的生活不过是客旅而已,其对上帝的信仰和精神世界才是人生的本质。

那么如何区分和判定人们到底属于哪个城?奥古斯丁认为人类对幸福的不同理解和追求,产生了对不同对象的不同位阶的爱,从而造成了两城的分离。他在《上帝之城》中讲道:“所以两座城是被两种爱创造的:一种是属地之爱,从自爱一直延伸到轻视上帝;一种是属天之爱,从爱上帝一直延伸到轻视自我。因此,一座城在它自身中得荣耀,另一座城在主里面得荣耀;一座城向凡人寻求荣耀,另一座城在上帝那里找到了它的最高荣耀,这是良心的见证。”[①]这就是说，爱自己而轻视上帝的人们组成了地上之城，他们按肉欲生活，关注自我的荣耀和满足，这种自我之爱也是造就地上之城的根源，而这种凡人的荣耀总是短暂的，罗马帝国之所以走向衰亡也正是由于这个原因。爱上帝而轻视自己的人们组成了上帝之城，这是一种属天的爱，这里的爱包括上帝之爱、自我之爱、邻人之爱三者的同一，这是上帝之城的来源，上帝的荣耀是永恒的。尽管上帝之城和地上之城之间泾渭分明，但人们生活在尘世，二者始终纠缠在一起，“直至最终审判将其分开”。上帝之城在现实中并不是一个实体，而是一种精神家园，尽管现实生活中上帝之城以基督教会作为其代表，但这并不意味着教会就是上帝之城。同样，基督教会中的人们也并非全部都是上帝之城的人民，非基督教会中的人也有可能进入上帝之城，只有最终审判之后才能确定人们是否属于上帝之城。

人类共同体的构建是世界主义思想的根本内容之一，但是不同时期的世界主义者对这一共同体的构建侧重点不同。尽管奥古斯丁用了“城”这种具象化的概念，但是事实上，上帝之城并不存在于现实之中，奥古斯丁并没有建立真实的世界城邦或是人类政治共同体，而是在人的心灵世界构筑精神共同体，他以是否信仰上帝为标准划分人类所属，分为上帝之城和地上之城的居民，没有对人的种属、性别、民族等进行外在的区分，强调内心的信仰和爱的一致性是共同体划分的唯一标准：人们对不同爱的不同追求造成了两城的分离，依靠自我之爱而轻视上帝之爱的人组成了地上之城，爱上帝而轻视自己的人们组成了上帝之城。两城的分离实质上是上帝之爱与自私之爱造成的分离，是追求物质欲望还是追求信仰灵性的分离，是肉体与精神的分离，善与恶的二元秩序在心灵的体现。“……上帝之城，虽然出现在信仰者心中，并一直与罪恶的人类之城相对峙，而人类之城，同样出现在许多人心中，而且往往是在同一个城市。上帝之城和地上之城并不是用某一特定的城邦加以界定，二者的区分在于美德的践行，这也意味着决定一个人进入哪一个城市并不取决于其种族、性别、国籍，而在于其所最终追求的是现世

① ［古罗马］奥古斯丁：《上帝之城》，王晓朝译，人民出版社，2006 年，第 631 页。

的欲望满足还是来世灵魂上的救赎。”①

由此可见,对于现实人类生活,奥古斯丁并不重视,教会虽然在一定程度上是上帝之城在尘世的代表,但是不等同于上帝之城,上帝之城只在最终审判之后才得以显现。故而两城的居民在现实生活中混杂而居,两城的人们在日常生活中其实是纠缠不清的,这两种生活方式是不可分的,但是尘世的生活并不重要,关键在于信仰上帝并最终进入上帝之城。更确切地说,基督教世界主义取消了世俗生活的意义,将一切都归于灵魂生活,并试图通过信仰改变人的生活追求,提供一个合法的正义的心灵秩序。

3. 最高忠诚归于上帝:对个体的终极伦理关怀

世界主义伦理中始终存在地方性忠诚和人类共同体忠诚之间的张力,如何调整二者之间的关系,以及在二者之中如何选择一直是贯穿世界主义伦理的核心问题。尽管奥古斯丁的学说中并没有明确地指出这一点,但是面对现实政治的衰败,奥古斯丁事实上对这一问题做出了回答。在两城论中,始终存在上帝之城与地上之城之间的争夺,这是对个体对自我终极归属的争夺,“所谓上帝之城,并不是另外一个政治性的城,而是存在于每个人的内心深处。奥古斯丁把世界历史理解为两座城之间斗争的历史,其实就是每个人心灵中的斗争”②。奥古斯丁通过上帝之城建构永恒归属从而达至对个体终极的伦理关怀,否定现实政治甚至是现实生活的意义,而将个人的最高忠诚归于对上帝的信仰。个体政治身份从古典政治中对罗马帝国的“公民”认同转向对“上帝之城”这一精神共同体的认同。在古典政治中从现实政治中寻找归属的人们从此彻底转向永恒天国,在信仰中得到内心秩序的稳定。他认为,人是社会的动物,而不是政治的动物,并不需要强制性权力,“他(指上帝)没有打算让按照他的形象创造的理性动物统治非理性动物以外的东西,不是人统治人,而是人统治动物。因此,第一个义人被立为牧羊人,而不是人的国王”③。世俗政治是人类堕落之后的产物,尘世不过客旅,

---

① Joseph Hebert Jr., “Tocqueville, Cicero, Augustine, and the Limits of the Polis”, in Lee Trepanier et al., eds., *Cosmopolitanism in the Age of Globalization*, University Press of Kentucky, 2011.

② 吴飞:《心灵秩序与世界历史》,生活·读书·新知三联书店,2013 年,导言第 23 页。

③ [古罗马]奥古斯丁:《上帝之城》,王晓朝译,人民出版社,2006 年,第 928 页。

世俗政治源于对人的原罪的补救,是上帝不情愿的赐物。故而真正的上帝之城的居民,并不需要关注现实政治的种种问题,因为这些都不是重要的人生本质问题,不是在上帝之城中需要考虑的问题。可见,奥古斯丁的基督教世界主义把对帝国的忠诚与对上帝的忠诚剥离开来,否定一切现实政治的意义,将对上帝的信仰置于无可辩驳的至高地位,认为人的最终归属应该是上帝之城,也就是人类精神上的共同体。奥古斯丁以“上帝之城”的构想将基督教世界主义彻底归于信仰的精神之城,这种选择既是西罗马帝国衰微的结果,也可以说是以德性为旨归的古典政治在现实中无法实现而只能将个体美德诉诸信仰的必然结果。

总而言之,罗马帝国接受基督教的过程中,基督教经过不断完善自身的教义,去除了犹太教中地方性的偏狭和封闭,以及早期基督教的神秘主义色彩,同时继承了古典哲学中的理性成分,从而将基督教逐渐拓展到整个罗马帝国,并形成了信仰完整的教父哲学。由于罗马的陷落,奥古斯丁对基督教义进行重新合理化阐释。他以对上帝之爱为信仰,试图在个体内心深处想象出未来的终极归属,即在末世审判中进入上帝之城,构筑了精神性的人类共同体,以对现实政治冷漠和疏远的目光审视世俗世界,抛弃了现实政治的归属和意义,将现实政治归属问题转化为对人最终归属的伦理关怀,从而摧毁了古典时代在政治中获得个体伦理和美德实现的政治思维方式,将个体归属从政治共同体中剥离出来,在信仰面前获得了精神上的平等价值。最终,基督教不仅没有随西罗马帝国衰落而消亡,反而进一步扩大了自身的影响,并在思想上征服了入侵的蛮族,奠定了中世纪基督教神学在精神层面统治的基础。

第二节　中世纪中期的世界主义思想

中世纪的政治问题主要集中于教权与王权之争,在这场争夺中,基督教对人的关注从奥古斯丁式的末世拯救重新回到现世政治,教会也赋予现实政治更重大的意义,基督教神学和亚里士多德政治思想的调和便是基督教面对世俗化过程而做出的重大努力;而随着科学技术和社会发展进步,封建王权的势力也大大加强,国家、科学获得了在宗教之外的独立价值。在这一过程中,教俗双方在冲突中都强化了自身对社会的控制和渗透。

从 11 世纪中期到 13 世纪末,教权和王权的冲突愈演愈烈,教权派和王权派都为自己的主张寻求理论和现实依据,然而在教权和王权争夺的整个过程中,两者在统一性运动中都得到了强化,最终又回到了宗教和世俗两种权威各执一端的态势,但是达到统一的基督教秩序下的帝国统治模式是二者共同的目标。这也就意味着奥古斯丁"上帝之城"的精神共同体观念以另一种形式得到复活,只是这种精神共同体思想从"天上"回到了"地下","成了中古一代寤寐难忘的向往",成为"以全世界为单位打破一切民族界限的基督教共和国之梦想"①。

一、托马斯·阿奎那的世界主义思想

(一)生平及其作品

托马斯·阿奎那(St. Thomas Aquinas,约 1225—1274)是欧洲中世纪经院派哲学家和神学家。他是自然神学最早的提倡者之一,成为天主教长期以来研究哲学的重要根据。他用基督教神学重新阐释了亚里士多德的政治哲学,从而确立了亚里士多德哲学在基督教世界的地位。天主教会认为他是史上最伟大的神学家,也被称作天使博士(天使圣师)或全能博士,死后被教宗封为"圣人",与奥古斯丁等人齐名。主要作品有《神学大全》《哲学大全》。

(二)主要世界主义思想

托马斯·阿奎那的世界主义思想与保罗和奥古斯丁不同。保罗和奥古斯丁都处于基督教世界主义形成的阶段,他们的主要贡献在于对基督教基本原则和教义的理解和阐发,使得基督教成为罗马帝国和中世纪占据统治地位的宗教,其思想具有统摄性。阿奎那所面对的是随着中世纪中后期科学技术的发展,现实世俗生活重要性逐渐突显,从而引发的现实政治与宗教生活的协调问题,所以他的世界主义思想主要不在于天国式的精神家园的构建,而是在人们越来越关注"此岸"利益的情况下如何以宗教原则重新阐

① [比]伍尔夫:《中古哲学与文明》,庆泽彭译,华东师范大学出版社,2005 年,第 66 页。

释现实政治。阿奎那的神学自然法和正义战争理论对后世思想家对现实政治的思考都产生了重要影响。

1. 理想的人类共同体

阿奎那首先肯定了现实政治和社会生活的价值与合法性，重新肯定了国家的作用，认为国家源自人的社会本质而非人的原罪，并进一步区分了人的政治属性与社会属性的本质性。阿奎那认为，人们需要结成社会进行生活，这是人类获得世俗生活幸福的必要条件，同时对亚里士多德的人是政治动物的说法做了巧妙的转化，将人的本质进行社会生活和政治生活的区分。

阿奎那首先承认亚里士多德理论中人的政治属性的重要作用，强调人作为社会动物需要结成“国家”或是“城邦”这种共同体进行生活，人在本性上是属于政治共同体的一部分。为了实现现世生活的幸福，世俗政治秩序很重要。政治秩序是上帝安排的宇宙秩序的一部分，所以最好的政治秩序应该是君主政制，因为君主制是最接近自然的政体。但是“国家”这一共同体在其治理结构上是有局限的，需要受到道德上的限制，主要有四种：“第一，政府和法律需服从道德标准，特别是正义原则和正义规范；第二，政府受制于规范选举和有关官员任用、选调以及特定部门的司法裁判权的法律；第三，政府和法律拥有权威并负有义务去促进和维护共同善，包括德性之善；第四，政府和法律所拥有的道德权威仍受到教会所拥有的各项权力的限制。”①

国家在道德意义上的局限决定了政治本性并不能构成人的本质生活的全部。也就是说，政治共同体并不具有完美性，无法使个体在其中得到完整的发展，更具有本质性的理想共同体是基于人的社会属性实现的。对阿奎那而言：“作为政治哲学之终极关怀，以及作为理性的人的终极关怀的共同善就等同于所有人类个体和人类共同体的完满实现。”②而这种能实现个体完善的完美共同体生活最终指向则是信仰，“形成人的共同体的是一种共同的目的，即对上帝的爱，以及以永恒至福为导向的生活。那些有着共同目的

---

① ［英］约翰·菲尼斯：《自然法理论》，吴彦编译，商务印书馆，2016 年，第 61 ~ 64 页。

② ［英］约翰·菲尼斯：《自然法理论》，吴彦编译，商务印书馆，2016 年，第 60 ~ 61 页。

的人们必定拥有情感纽带;随着这种必然性而来的,是只要人在上帝赋予的共同体中生活就必须遵守的更多规则"①。所以人的本质共同体生活需要导向有德行的生活,而这种有德行的以人的社会性为基础的人类共同体就是基督教普世教会,从而论证了宗教在人的社会生活中的本质性。

总而言之,阿奎那结合亚里士多德的思想和基督教神学理论,重新调整了信仰和理性的关系,肯定了世俗理性的价值,这就为理性开辟了一条新的道路,进而肯定了现实政治的重要性。他认为,国家或政治是自然的,不仅是矫正人的罪的制度(与奥古斯丁相区别),更是人类真实和完美生活所必要的形式,赋予了现实政治更多积极的意义。更重要的是,除了国家这个政治共同体,在现实生活的范畴中,人类还具有社会性质,阿奎那强调了人的社会属性是人的本质属性,人类结成社会共同生活,形成人类共同体,个体和人类整体都在其中得到自我实现,是一个更具有根本性的道德整体。阿奎那的人类共同体建基于人的社会属性,强调人类社会的整体性、美德性和现实性,是基督教世界主义对人类共同体认识的一次重要转化,基督教会在某种程度上就成为基督教这一理念的承载者,而这种实体化的人类共同体思想也潜藏对现实政治干预的危险。

2. 神学自然法

托马斯·阿奎那在经院神学基础上吸收了奥里根、德尔图良、格拉提安、奥古斯丁等教父的神学自然法思想,整合构建了完整的神学自然法思想体系,"他在自然法领域所做的贡献是最具原创性的"②。阿奎那将法分为永恒法、自然法、人法和神法。

永恒法就是神的最高理性,"上帝对于创造物的合理领导,就像宇宙的君王那样具有法律的气质……这种法律我们称之为永恒法"③。永恒法体现了上帝最高的智慧与理性,是对整个宇宙秩序的安排。人不可能认识所有的永恒法,只有通过人的理性(自然法)和神的启示(神法)认识永恒法的一

① [美]沃格林:《政治观念史稿二:中世纪》,叶颖译,华东师范大学出版社,2009年,第240页。

② John Kelly and Ronan Keane, *A Short History of Western Legal Theory*, Clarendon Press, 1992, p. 143.

③ [意]托马斯·阿奎那:《阿奎那政治著作选》,马清槐译,商务印书馆,1963年,第106页。

部分。

在阿奎那看来,自然法就是人作为上帝理性造物分有的永恒法。“理性动物变成神意的参与者,……所以在某种程度上分享神的智慧,并由此产生一种自然的倾向以从事适当的行动和目的。这种理性动物之参与永恒法,就叫做自然法。”①自然法是上帝造人时在人类心灵留下的永恒法,因此人类可以通过理性认识这部分永恒法。这是阿奎那自然法对之前自然法学说的重大改变,他将自然法的上帝起源说转向以人类为中心,这是对人类理性充分的肯定。阿奎那认为自然法的内容主要包括三个层面:一是自我保存倾向,趋利避害。“自然法包含着一切有利于保全人类生命的东西,也包含着一切反对其毁灭的东西。”二是与动物共有的“追求某些比较特殊目的的倾向”而具有的本能,如性关系、抚育后代等,这一点可以归结为维持人的各种本能倾向;三是专属于人的自然法,“人天然希望知道有关上帝的事实并希望过社会的生活。在这方面,受自然法影响的是与这种倾向有关的一切行动,即:一个人应当避免愚昧,他不应得罪他必须与其交往的人们,以及所有性质相类似的行动”②。这三大基本要素是与自然的倾向和上帝的意愿相一致的。

人法是由自然法派生出来的,人法必须符合自然法,但是人法具有一定的局限性,因为人法是在特定的环境中根据人对自然法的指定的特定的规则法令,可能因事因时而变;而且人法只能惩治外在的较为严重的恶,对人内在的恶无法规制,因此还需要自然法和神法加以约束。神法则是神给予的启示,不需要人的理性发现,而是神的礼物。神法主要指《圣经》中的启示和道理。

神学自然法学说一方面是上帝和人的理性沟通的桥梁,所有法律最后都归于上帝的理性,将法赋予最高的神圣性,同时肯定了人作为理性造物可以通过自然法认识宇宙的理性秩序,自然法沟通了人定法和永恒法;另一方面确定了自然法的普遍性,这也为世界主义法治理念提供了思想基础。

---

① [意]托马斯·阿奎那:《阿奎那政治著作选》,马清槐译,商务印书馆,1963年,第107页。

② [意]托马斯·阿奎那:《阿奎那政治著作选》,马清槐译,商务印书馆,1963年,第112页。

二、但丁的世界帝国思想

(一)生平及主要作品

但丁·阿利吉耶里(Dante Alighieri,1265—1321),著名的意大利中世纪诗人,现代意大利语的奠基者,欧洲文艺复兴时代的开拓人物,被称为欧洲最伟大的诗人,也是全世界最伟大的作家之一,与彼特拉克、薄伽丘并称为“文艺复兴三巨星”“文坛三杰”。恩格斯评价说:“封建的中世纪的终结和现代资本主义纪元的开端,是以一位大人物为标志的,这位人物就是意大利人但丁,他是中世纪的最后一位诗人,同时又是新时代的最初一位诗人。”① 关于但丁早年经历的记载并不多,据说其早年并没有接受正规良好的教育,但是从身边许多朋友和教师处学习了拉丁语、音乐等,同时也参加了一些战争。

在但丁生活的时代,佛罗伦萨政治斗争激烈,黑白两党竞相争夺其控制权。由于但丁追求自由,加入“白党”(效忠神圣罗马帝国皇帝)并成为中坚力量,从而卷入佛罗伦萨的政治斗争之中。1301年被派往教皇处游说未果,教皇势力(“黑党”)控制佛罗伦萨后,清除反对派,宣布放逐但丁,禁止但丁回到佛罗伦萨。后来1315年军人掌权佛罗伦萨,同意但丁以支付罚金并游街认罪的方式回到佛罗伦萨,遭到但丁的拒绝,从此就再也没回过家乡。可以说,但丁对家国故土的态度是复杂的,身为佛罗伦萨人,虽有爱国之心,但面对其间政治倾轧,报国无门反遭放逐,眼见社会混乱,人心沉沦,人民流离失所,以致他后来说“我虽生为佛罗伦萨人,却不具备其品行”,足以说明其失望之情。此后,但丁在意大利多个城市游历居住,于1321年在意大利东北部的拉维纳去世。

但丁的思想主要体现在他的文学作品上,其代表作有《神曲》《飨宴》等,而世界主义思想则主要体现在《论世界帝国》一书。

(二)世界帝国思想

但丁当时所面对的问题是意大利各邦国互相争斗,国王与诸侯之间,城市之间,人种之间,甚至不同街道之间都可能发生混乱和争斗,人们奢靡腐

① 《马克思恩格斯选集》(第一卷),人民出版社,1995年,第269页。

败，道德沦丧，社会动荡，而这些争斗中的根本性问题是教权与王权之争。他认为，要实现和平就必须建立统一的人类政体，并且在宗教至上的社会中获得现实政治的合法地位，而无须诉诸天国。在这种情况下，但丁试图重新构建世俗政治与宗教教会的关系，并在基督教上帝信仰背景下赋予人类统一政体以合法性。

在《论世界帝国》中，但丁综合了亚里士多德的“人天生是政治的动物”，城邦具有道德至善性的观点，以及阿奎那神学理论中上帝是世界秩序的创造者，上帝之城具有至善性的观点，认为秩序对社会发展而言最重要，而所有的秩序结构都是由上帝创造的，多元的无组织的世界必然陷入混乱之中。理想的人类共同体是上帝的神圣秩序在人类社会中的体现，因此必须是一个单一的、世界性的权力。同时，他还吸收了阿维罗伊斯①的哲学观点，通过对阿维罗伊斯思想的整体性理解，假设了一个更具体的人类社会形式，并将罗马帝国视为这种道德理想共同体的化身，世界帝国将促使人类文化的自我实现。这一理想模式的构想对西方帝国理论有深远的影响，罗马式的帝国成为后世英法德各国的国王追求的光荣与梦想。

但丁认为，人类需要统一与和平，世界帝国是人类实现这一目标的最好政体形式，这是对当时现实问题的回答。“为了造就普天下的幸福，有必要建立一个世界政体。”这是因为：第一，任何事物都存在部分和整体的双重结构，整体结构利益超过部分结构利益，任何机构都需要统一治理，那么人类社会中就更应该存在整体结构以保证最高利益的实现；第二，人类社会是宇宙整体的一部分，宇宙秩序根据上帝一统原则而秩序井然，因此人类社会也要服从这一原则；第三，人类本来是按上帝的形象造出来的，也应该像上帝那样是个统一体；第四，世俗政治也应该像上帝君临天国一样，由单一最高统治者统治，模仿天国形式，并以天父为榜样才能达到最佳状态；第五，尘世有争执，需要有一个最高权威进行裁断，这就是帝王；第六，世界君主最热衷

① 阿维罗伊斯是阿拉伯哲学家，他将世界视为一个由永不停息的自我反思性思想或心灵推动下的永恒事实。但丁的世界帝国思想也被认为是“阿维罗伊斯及其政治学领域的门徒创立的形而上学的应用”。

于正义,将正义视为最高价值,世界帝王的视野是全世界,着眼于公共利益,能纠正地方性专制对个人权利的侵犯;第七,世界政体最有利于合理的统治;第八,在世界政体的治理下,人类才能获得充分的自由;第九,世界政体能够从普遍性原则出发制定人类共同的法律和准则,使人类内部免于战争,走向和平;第十,从本质上看,统一是善和存在的基础。凡是最统一的,就是最善的;第十一,奥古斯都帝国时代的长时期和平,从历史上证明了帝国统治的合理性。①

我们可以从以下几个层面剖析但丁世界帝国理论中对理想世界秩序的构建。首先,但丁区分了人世幸福和宗教幸福,肯定了人世幸福的可能性。通过对人世幸福重要性的肯定,进而为承认世俗政治的重要作用奠定基础。他认为,上帝在人类面前设定了两种幸福:一是现世生活的幸福,其中包括在现世的世俗政治中实现和行使自己的权利;二是永生中的幸福,就是在天堂享受上帝的愿景,这必须借着上帝的光,仅凭人类的力量是无法实现的。而这两种幸福实现的手段和目的也不同:我们需要依照实践道德和智慧美德行事,通过哲学的教诲实现尘世的幸福;而要实现天国的幸福,则要通过精神上的教义,这是对人类理性的超越,需要我们通过实践神学美德,即信仰、希望和慈善而实现。世俗幸福的实现更多通过哲学家在人类的理性层面向我们展示,而永生幸福的实现则由圣灵通过神迹向我们展现。

其次,但丁认为理想的现实政治形式是世界帝国,而他心目中的理想帝国图景便是罗马帝国。他认为罗马一统天下,天下归一,符合上帝的旨意,上帝借罗马法和罗马帝国统治,传播正义,罗马帝国凭借公理统一天下,既是人的理性结果,也是上帝的神启。罗马帝国的统治就是世界帝国式的统治,共同利益是罗马人执政的目标,能够在和平与和谐中统一集体人类的意志。在这种权力之下,作为整体人类的潜在智力可以得到充分发挥,集体人类意志的命令将实现其智力潜能的目标,通过权威人类可以实现统一与和平。罗马帝国强大的统治能力,最终获得世界统治权的结果,而其中种种神迹都表明:罗马得到了上帝的眷顾,其统治权是神授的。但丁通过对罗马帝

① [意]但丁:《论世界帝国》,朱虹译,商务印书馆,1985 年。

国凭公理一统天下的历史论证，强化了对理性自主的明确要求，说明理性是独立于神圣启示的现实展现，是人类达成幸福的可欲的手段和目的，也构成构建世界帝国的最终理由。

最后，但丁设想的世界帝国的构建，既是对人类良好政体的探求，也是对当时世俗政治和宗教教权关系的颠覆。但丁将尘世帝国的君主统治权建立在上帝的直接赐予上，而否定了罗马教皇对现世政治的操控。他认为，教会作为上帝的代理人，不能将其与权力的本源——上帝等同起来。教皇和帝王的权力都来自上帝，但是教皇和帝王的权力类属不同，教皇制来源于上帝，与父权相连，而君主帝制则来源于领主权。而从历史上说，罗马帝国的出现早于教会，因此也不受教会束缚，从而确立了帝国王权与罗马教权的独立性，世俗政治因此而获得独立的合法性。

但丁对世界帝国的构想抛弃了中世纪神学对世俗政治的贬低，尤其是奥古斯丁对罗马帝国的背弃，赋予了世俗帝国充分的合法性，超越了地上之城和上帝之城的“两城论”的分离，从而使人类在现世中完成救赎获得了可能性。对但丁而言，现实的政治秩序中最理想的状态就是普世帝国。借此我们可以推论，在但丁看来，“帝国”便是获得人类救赎的必要过程或是政治形式，建立世界帝国意味着永久和平，或者说是能建立所谓的天堂般的和平景象。这可以说是人类对世界整体第一次提出完整的政治构想。正如沃格林所说，但丁的世界帝国计划并不是中世纪的，而是着眼于未来，“试图建构一个西方世界政治组织，作为各特殊政治统一体之上的上层建筑”，但是这种唯理智论的世界共同体的构建有成为霸权性权力政治的危险。① 不过，但丁政教合一的基督教世界帝国的方案，更多的是一种理想性的解决方案，对于此时处于兴起和整合阶段的民族国家而言，各国国王既没有能力也没有意图对此蓝图加以实现，因此世界帝国作为人类共同体的实现形式最终也只能是一种思想的冒险。而随着民族国家的诞生，形成了以民族国家为主体的多元性的世界秩序，基督教世界帝国的构想也就走向了终结。

---

① ［德］沃格林：《政治观念史稿卷三：中世纪晚期》，段保良译，华东师范大学出版社，2009 年，第 73 页。

第三节　中世纪晚期的世界主义思想

14 到 16 世纪是从中世纪向近现代过渡的时期,文艺复兴和宗教改革运动强烈冲击着基督教的思想统治,形成新的政治思潮。在这个时期,各种新兴力量崛起,呈现出与中世纪中前期不同的面貌。中世纪晚期,城市的兴起成为改变中世纪社会组织结构的新力量。城市的力量随着技术和贸易的发展不断壮大,人口和财富在城市中聚集,并同封建贵族与教会僧侣形成巨大的利益冲突。为了获得自治权,城市在发展过程中谋求国王的支持,而国王也因为有了城市力量的支持而获得了强化中央集权的力量。同时,国王也代表这种新兴力量与代表基督教世界帝国力量的罗马教会进行了长期的斗争,在这种斗争过程中,基督教会力量逐渐衰落,“普世教会的衰落从根本上意味着基督教世界帝国政治思想的幻灭”①,同时,欧洲民族意识得到强化,逐渐形成了民族认同感,促进了民族国家的发展。然而事实的另一面又是西欧各民族通过世界帝国的思想方式强化联合统一意识,唤起了人们的共同体认同。

随着科学技术的进步和贸易的兴起,西欧各国不断扩展自己行动的边疆,大航海时代的开启和地理大发现意味着早期全球化时代的到来。欧洲人开始了解到欧洲以外的世界,有些思想家看到了复杂多元的其他文明,并尝试发现这些文明的特点和优势。尽管他们更倾向于认为欧洲文明比其他文明优越,但是世界主义者也开始希望超越国界和身份认同,与其他国家,尤其是不同文明的国家交流,并通过构想各种政治方案,如组建国际组织、创设国际法等方式,实现世界和平。

一、伊拉斯谟的世界主义思想

(一)生平及主要作品

伊拉斯谟(Erasmus, 1466—1536),中世纪尼德兰(今荷兰和比利时)著名的人文主义思想家,为北方文艺复兴的代表人物,是一个用“纯正”拉丁语

① 徐大同主编:《西方政治思想史》(第二卷),天津人民出版社,2006 年,第 309 页。

写作的古典学者，被视为启蒙的先声。伊拉斯谟在教育学和神学方面也有重要影响，是文艺复兴时期教育领域的重要奠基人。他在 1516 和 1518 版《圣经》的序言中运用的神学方法和启示的指南，标志着神学方法和对《圣经》解释的重大转折，对自 13 世纪以来主导大学院系的学术神学提出了重大的挑战。

伊拉斯谟在求学时期选择独立生活，不让国籍、学术、教会束缚自己的思想自由及文学表达；在英格兰时期他发展了和亨利七世王朝的主要英国思想家之间的友谊。1492 年，伊拉斯谟被授予神父的职称并且宣誓成为修士，但是他并没有从事修士的工作，反而批判僧院制度。一方面，伊拉斯谟终其一生都在为保卫天主教的一种传福音构思而奋斗；另一方面，他批评主教们及教廷的行为及生活方式与传福音相违背，并发展了基督教的人文主义思想。马丁·路德的新教改革运动思想就深受伊拉斯谟的影响。伊拉斯谟的代表作为《愚人颂》，但是影响最为深远的是其编写的希腊文新约《圣经》，此圣经后来被马丁·路德译为德文，成为宗教改革时期基督新教世界的第一本圣经。

（二）精英世界主义思想

伊拉斯谟将自己视为一个世界主义者，而他的世界主义可以看作是“精英式”的世界主义。一方面，伊拉斯谟拒绝狭隘的地方性身份，并不将自己归属于出生地，并认为地方性认同具有狭隘性，不能体现人作为普遍理性的存在，因此视自己为世界公民，全人类的公民。他曾到欧洲各国游历，并将这些地方都视为自己的家。他认为，国家通过利用个人的地方性认同，制造仇恨和战争，导致人类的悲剧，而这也是其拒绝这种特殊身份的原因。在《和平的抱怨》(*Complaint of Peace*)中，他写道：“英国人鄙视法国人，仅仅因为他们是法国人，苏格兰人被冷落也仅仅是因为他们是苏格兰人。……人类为何不能善待他人，正如基督教对待基督徒一样。”①另一方面，伊拉斯谟的世界主义是学院式的、精英式的世界主义。伊拉斯谟是当时欧洲人文主

① ［荷兰］伊拉斯谟：《和平的抱怨》，quoted from April Carter, *The Political Theory of Global Citizenship*, Routledge Press, 2001, p. 19.

义学者的领袖,倡导对古希腊和古罗马文化遗产的继承,致力于对古典文献的研究,推崇古典时代的教育,认为要提供真正的人文教育,需要将知识的传播、公民的政治参与以及社会改良结合起来。这些人文主义学者都用拉丁文写作,经常进行跨国的交流,共同捍卫人文主义观点,宣扬宗教宽容,反对战争理念。对任何组织制度,无论是国家还是学校,伊拉斯谟都拒绝对其保持永久的附属关系,以表达一种独立人格的姿态。

伊拉斯谟并没有直接参与政治,因此他对政治的思考也更多是基于自身的观察和作为人文主义者对美好生活的关怀。他认为君主制是最好的和最自然的政府形式,同时也认为一个国王应该与人民协商,他对良好政治的建议是王位的继承人应该受到良好的教育,特别是道德哲学教育,包括在真正的基督教信仰的原则中的灌输。未来统治者的教育应该旨在使他渴望将权力用于人民的福利,而不是为了个人自我扩张。伊拉斯谟希望未来统治者们懂得,获取荣耀的真正道路不是军事胜利和领土扩张,而是鼓励正义和促进其统治下的人们的幸福和繁荣。

伊拉斯谟强烈反对战争,倡导宗教宽容与和平。他将柏拉图和西塞罗对战争的看法运用于现实,认为战争与人类的本性相反,人具有社会性,人类不是天生好战的,具有理性和语言的能力,这应该使人类避免战斗并和平共处,战争的残酷与暴力同和平与和睦的理想形成对比。他将基督教的博爱精神与基督教在当时的行为相比较,认为战争与真正的基督教精神是不相容的,并认为基督徒之间的战争是可耻的。他认为基督教神职人员接受了亚里士多德关于物质需求的观点,开始接受金钱,最初作为对穷人的施舍,然后变为自己的需要,最终演变成将其视为自己的荣誉。当每个主教都认为他应该拥有更多的权力和财富时,这种世俗的野心导致基督徒的堕落,并接受对其他基督徒的战争。不过,他也并不是完全否定战争,1530年在“对发动对土耳其人的战争的可行性考虑”中,他认为如果土耳其人对和平的呼吁充耳不闻,同时又威胁基督教国家的安全,那么可以对其发动战争。在宗教改革的斗争中,伊拉斯谟一方面反对天主教对新教徒的镇压,另一方面也反对因路德改革而发生的宗教冲突,认为这威胁到宗教和政治的稳定。

总体而言,伊拉斯谟将古希腊哲学经典与基督教社会的现实情况相结合，从普遍人性的观点出发，反对通过各种身份将人们区隔而造成仇恨，强调人的完善和教育，尤其是对统治者的美德教育，倡导宽容与和平的理念，反对宗教通过战争进行掠夺和征服，认为战争违背了人的理性，不符合基督的命令，破坏了人的生活、社会繁荣和幸福。这些论述构成了世界上最强大和最有影响力的和平主义理想的声明，彰显了其人文主义精神。由于他倡导宽容与和平的世界主义，启蒙时代很多思想家都从他的论述中获得了营养。

二、蒙田的世界主义思想

（一）生平及主要作品

米歇尔·德·蒙田（Michel de Montaigne，1533—1592）是法国在北方文艺复兴时期最有标志性的哲学家，被称为启蒙时代第一位哲人，是当时最为接近“现代”的思想家。

蒙田继承了父亲的家业，并于1571年退休，居于蒙田堡，时年只有37岁，从此潜心写作。宗教内战期间，蒙田为旧教的亨利三世和新教的纳瓦拉的亨利居间调停。1580年至1581年游历法国、德国、奥地利、瑞士、意大利等地。他从不同的经典思想中吸收养分，如斯多葛学派、怀疑主义和伊壁鸠鲁学派等。蒙田继承了斯多葛学派世界主义思想，强调用理性的同情去理解不同的文化，提出了启蒙时代超越宗教一元化的原则，试图在上帝一元性和人类多元文化之间达到和谐统一。蒙田思想主要体现于他的《随笔集》中，该书体现的是个性和个人主义的进步，个人主体性得以张扬，以达到个人成熟。蒙田致力于心灵的自由与和平，认为写作的唯一目的便是培养和教育自己。哲学并未能确定一条走向幸福的安全道路，每个人都应该以自己的方式去追寻。

（二）多元宽容的世界主义思想

首先，蒙田认为不应该把上帝或超越性原则与人类世界的生活混为一谈，在人类生活中，习俗多样性造就了不同的人性和社会。虽然蒙田大部分时间生活在蒙田堡，但是他的游历遍及欧洲各国，尝试接受不同国家的不同习俗。他认为，我们的观点和行为无处不是习俗的产物，而普遍的“理性”“真理”或“正义”都将被视为幻想而被抛弃。如果将绝对真理的概念适用于人类的事务,将损害人们之间的互相理解,社会也会遭到严重破坏。进一步说,习俗影响一切:“总之,在我看来,习俗能够影响并将一直影响人类生活的一切。”①对习俗多样性的理解使蒙田能够更加宽容地对待不同文明,是其多元宽容思想的来源。

其次,习俗本来只是地方性的约定,因人们共同遵守而形成律法,但是由于受到自身文化习俗影响的惯性认知,使我们对异于自我文化的习俗带有偏见。蒙田认为人们日常生活中共同遵守的法律“事实上都是出于习俗。每个人在内心崇敬的意见和行为都需要为其生活环境所接受而获得确证”,由于习俗的强大惯性,人们很少去反思其合理性和偏狭性,往往会将之视为理所当然、不容挑战的根本性原则,并在社会中造成道德的错觉,对人的所有行动和思想产生重要影响。所以,一旦遇见违背自身行为准则的行为就会感到排斥和愤怒,但是这些不同的行为准则事实上都是基于人们不同生活环境和社会环境形成的,具有其内在合理性。所以,蒙田认为:“奇迹之所以存在,是因为我们对大自然十分无知,而不是因为大自然本身的状态。习惯常常使我们的判断力变得驽钝不敏。那些蛮人于我们而言,一点也不比我们于他们怪诞,也没有任何值得惊讶的道德理由。”②

最后,人的理性可以让我们正确认识习俗的相对性,文化多样性,从而更加宽容地对待不同的习俗,用想象的同情去理解他者的价值,进而以平等的态度对待异己的人和文化。“人的理性本来是一种天赋的染料,它们的重量差不多等于我们所有观念以及习俗的总和。不论是什么形式的观念以及习俗,都能够找到对应的理性:不管是内容还是形式,全部都无穷无尽。”③基于对人类习俗多样性的理解,蒙田对其他人类有更大的想象上的移情,所以被认为有更加宽容的政治态度。他研究东方文明,期待非西方文明能带来启蒙的热情。他还积极评价奥斯曼土耳其的勇士精神,也通过与西方相比,论述中国文明在自然、艺术和政治方面的成就。面对较为原始的文化,如美

① [法]蒙田:《蒙田随笔》,沈学甫译,吉林大学出版社,2016 年,第 54 ~ 55 页。
② [法]蒙田:《蒙田随笔》,沈学甫译,吉林大学出版社,2016 年,第 54 ~ 55 页。
③ [法]蒙田:《蒙田随笔》,沈学甫译,吉林大学出版社,2016 年,第 54 ~ 55 页。

洲原住民文化,蒙田则假想他们第一次和欧洲殖民者相遇时的场景,以及被欧洲人背叛的命运,他认为美国原住民,对欧洲的"基督徒"和所谓"文明人"是具有优越性的,因为他们的生活更加接近自然。

综上所述,蒙田的世界主义思想更多是基于生活伦理的构想,是面对多元文化交锋过程中哲学家的冷静反思。一方面,通过对人类社会存在不同文化、不同文明的习俗的探讨,否定基督教的专断性。蒙田认为人类社会的多样性不能用上帝的统一性原则进行规制和统一,不同的习俗有不同的价值,每种不同文化和社会的形成都是基于其历史和习俗形成的,只有在这个基础上才能真正理解他者的价值,从而达到文化间的宽容对待,避免陷入专断的偏见之中。

另一方面,在蒙田看来,人类是普遍平等的。他强调人的权利和价值,认为不同文化之间并没有绝对的优劣之分,不仅没有西方优越性的预设,而且反对国家或区域范围的优先性,在承认自己作为一个法国人的事实的同时,也将所有人都视为自己的同胞。在这个角度上,蒙田抛弃了基督教将上帝置于最高信仰统摄社会生活价值的基督教教义,肯定了社会生活的意义,扩展了对社会生活中统一性和多样性的理解,继承和保留了斯多葛学派中的理性和宽容思想,开启了人类社会世俗化的进程,用更加宽广的视野去审视整个世界,也使世界主义在一个真实的真正的人类"世界"的语境下进行思考和展开。

第四节　中世纪世界主义思想的评价

中世纪世界主义经历了基督教世界主义的发展,从宗教世界主义逐渐转向人文主义的世界主义,一定程度体现了神学政治到近代政治的变迁。

从保罗到奥古斯丁,基督教神学不断完善,因信称义,爱邻如己,两城论等成为基督教世界主义的重要理论,强调人类共同体的精神性,重视世界秩序的心灵归属,从而弱化现实政治的意义。奥古斯丁强化了斯多葛学派中向内心寻求安定的进路,将每个个体视为同一个人类共同体中的成员,共享同样的价值,从内心安定中获得归属感,强化了个体向内寻求归属感和秩序感的需求,找到了"世界公民"式的伦理构建。与斯多葛学派世界主义不同的是,在人类共同体的认识上,斯多葛学派将人类作为普遍共同体中的一员加以看待,人类天生就属于一个共同体之中,这是对自然发展认识的结果;而奥古斯丁则通过共同信仰构建了上帝之城作为人们的精神共同体。

到中世纪中后期,随着社会经济政治的发展,基督教日益卷入世俗政治之中,成为中世纪社会重要的管理者。托马斯·阿奎那吸收了亚里士多德的思想,将基督教神学加以改造,将现实政治与基督教义相结合,实现了现实政治和宗教信仰的重新调和。阿奎那说明了人具有社会性和政治性,人的社会属性要求人们建立以普世教会为基础的社会共同体而生活,并通过神学自然法理论沟通了神圣世界和世俗世界的关系,肯定了人对世俗生活幸福的追求和现实政治的合理性,为基督教对世俗生活的关注赋予了合法性。而但丁的世界帝国思想既反映了当时对基督教一统天下的世界国家理想共同体的思想,也是中世纪中后期宗教和王权争斗愈加激烈之后寻求的现实解决方案。

基督教世界主义就是古典哲学和基督教的调整和融合,面对中世纪末期的战争和失序,人文主义思想家们回归古典,既倡导爱与信仰,同时也提倡宗教宽容与和平,发掘文化多样性的意义,强调人的价值与平等,政治的主题也从教权和王权的地位之争逐渐转向民族国家生成和世界秩序转换的问题。基督教世界主义的影响不仅在于基督教内部,在西方文化传承上同样占据着重要的位置。

其一,中世纪的世界主义思想具有世界主义思想的共性,要求打破和超越国家、地域、种族等身份的区隔,强调个体之间的平等,带有普世的色彩。但是与世俗个人主义不同,基督教对个体的平等价值的尊重更强调精神层面,而人文主义的世界主义则开始重视个体的普遍平等,成为近代个体主义的开端。基督教对现实政治中人的不平等性并没有要求改变,认为现世中的政治统治是人的罪性的体现,要求人们服从统治,这是基督教个体主义的局限性。但是基督教将个体视为上帝理性分有的造物,确立了个体平等价值的终极来源,使个人平等和尊严获得了合法性,在一定程度上可视为是近代个体主义的重要准备。随着封建制度的瓦解和商业的发展,世俗化进程逐渐深入，人们的主体性意识觉醒，中世纪后期人文主义思想家们重新挖掘个人的主体性，才最终有了近代个体主义的发展。神学的个体平等思想逐渐与世俗个体主义相融合，奠定了当代西方政治思想中个体主义的思想基础。①

其二，基督教世界主义从宗教精神性的世界主义到后期基督教将精神共同体转向现实政治共同体的构建，是基督教世界主义面对时代变迁的一次重大转折。基督教世界主义强调了人类共同体的精神属性，继承了斯多葛世界主义的思想，强化了其面对既有政治秩序衰败后的走向个体精神归属的面向。如奥古斯丁否弃了现实政治的意义，将人类的最终归属归于上帝，从而构建了精神层面的人类共同体，即对上帝的爱超越现实的种种区隔，将基督教世界主义彻底推向天国的拯救。在世俗化过程中，阿奎那吸收了亚里士多德的思想，在奥古斯丁的"上帝之城"的基础上，同样给予世俗的共同体生活重要意义，认为以社会性结成的人类共同体具有本质性意义，这种共同体体现为基督教普世教会生活。教权的拓展使"上帝之城"的精神共同体观念在中世纪中后期走向现实政治构建，成为打破一切民族界限的基督教共和国之梦想。但丁的世界帝国思想既反映了当时对基督教一统天下的世界国家理想共同体的向往，也是在宗教和王权争斗愈加激烈之后寻求的现实解决方案，但是其强调的是世俗王权的神圣性，而否定了教皇对世俗权力的干涉。虽然对人类共同体的构建发生了重要的变化，但是坚定地捍卫对上帝的最高忠诚始终没有改变，这也是中世纪世界主义贯穿始终的根本线索。

其三，世界主义伦理中始终存在地方性忠诚和人类共同体忠诚之间的张力，即如何协调作为地方性共同体中个人身份和作为人类整体一员之间存在的矛盾和冲突。这一争论一直贯穿世界主义伦理的讨论之中。尽管中世纪思想家们并没有很明确地提出这一问题，但是或多或少也意识到双重忠诚结构之间存在的矛盾，而这一问题在中世纪主要体现在对王国（地上之

① 关于神学个人主义与世俗个人主义的区别与联系，详见丛日云：《在上帝与恺撒之间——基督教二元政治观与近代自由主义》，生活·读书·新知三联书店，2003 年，第 106～116 页。

城)和信仰(上帝之城)之间的忠诚问题上。埃里克·布朗在对中世纪世界主义的评述时也认为,中世纪政治哲学的辩论是“主要关于世俗和宗教的争论,而不是地方与世界。当然,这一争论经常会有世界主义的延伸”①。奥古斯丁通过个体内心秩序和人类整体秩序的对接,弱化了尘世国家在忠诚问题上的地位,强调信仰至上,基督徒应该毫不犹豫地将自己的忠诚献给上帝,通过上帝之爱构筑人类精神上的共同归属,从而刻意弱化了现实中的政治共同体的存在意义。而到了中世纪中后期,在探讨个体对国家和教会“一仆二主”的问题时,将这二者关系等同为上帝之城(普世教会)与地上之城(国家)的关系,认为基督徒应该将最高的忠诚献给上帝(教会)。这事实上已经将奥古斯丁的两城论世俗化了,随着王权与教权之争愈演愈烈,教会与国家都在寻求自我权力的合法性依据,阿奎那论证了社会性是人的本质属性,尽管国家对个体现世的幸福有重要作用,但是人的政治性从属于社会性,所以宗教生活更具有本质性,这在某种程度上调和了个体对国家和教会生活地位的认知。但是不难发现,无论奥古斯丁还是后世神学家,对国家和上帝的双重忠诚最终都将归于对上帝的信仰,并以此作为解决双重忠诚之间张力的选择。到了中世纪末期,教权的衰微难以进一步约束人们世俗生活的准则,民族国家认同觉醒,王权被赋予和教权同样重要的神圣性,王权也因直接获得上帝的授权而获得了独立的存在意义,世俗国家具有同样的重要性,可以不依赖教会而存在,于是在理论上,世俗王权便有了新的合法性。到中世纪晚期,随着经济社会发展,由共同的语言、习俗传统等形成的新的共同体——国家逐渐形成,国家意识和共同的身份认同也开始生成,宗教的力量开始消退,人们逐渐将政治忠诚转移到国家上来。于是宗教逐渐退出了政治生活,仅仅成为人们生活中的伦理原则,这也标志着现代政治的来临。

其四,基督教世界主义在近代国家秩序兴起过程中起到的影响是多维度的,具有复杂性,其贡献、张力与局限性需要审慎地对待。随着欧洲各王国的兴起,罗马教廷势力衰微,教权走向萎缩,宣告了基督教世界帝国的蓝

① *Stanford Encyclopedia of Philosophy*, http://plato.stanford.edu/entries/cosmopolitanism/.

图最终宣告失败。但是基督教世界主义中要求秩序、统一的思想对后世产生了深远的影响,欧洲国家在崛起过程中往往都带着恢复罗马帝国荣光的梦想,随之也诞生了欧洲共同体联合的政治构想,然而在今天看来,无论是国家认同,还是欧洲意识,都属于一种特殊性认同,这种观念奠定了近代国际政治以欧洲为中心的基调,其他地区成为欧洲经济政治关系的附庸。另一方面,基督教世界主义更多是基于欧洲社会的政治生活实践形成。西方世界的对外扩张就是以传教为开端的,基督教世界主义成为欧洲中心论和优越论的来源,在某种程度上又扭曲成为欧洲人海外扩张的合法性依据,为殖民主义背书,宗教式的帝国狂热给全世界带来了巨大的灾难。所以,当不同文明、国家之间的关系在全球范围内展开,人类整体与地方特殊性之间的冲突才真正地展现出来,成为近代世界主义理论的主要矛盾。

对政治思潮及其影响审视应该回归历史,置于具体的时代加以客观评价。当全球时代到来,世界主义以批判的姿态重新回到政治思想的舞台,世界主义者关于一元原则和多元共存之间的争论直至今天仍然是政治中重要的实践和理论课题。那么国家作为地方性认同和世界主义的普遍人类认同在当代视角下也不能简单视为不相容的两种思潮。尤其是在国家权力流散和世界主义复兴的过程之中,地方性共同体和全球人类共同体并存,我们需要肯定现实政治实践中二者存在张力的同时寻找其内在一致性和互补性,这对于思考从民族国家的时代走向全球时代,并解决这一过程中出现的问题,具有新的意义。

第三章　近代西方世界主义思想

世界主义是一个内涵丰富的哲学概念。从古希腊罗马时期开始，智者学派、斯多葛学派和犬儒学派，就开始从不同角度阐释世界主义思想。近代以来，西方世界主义思想得到长足发展。其原因一般可归结为三个因素：第一，文艺复兴与启蒙运动推动了思想解放，拥有深厚历史渊源的世界主义在此阶段得以复兴，构成世界主义发展的思想基础；第二，持续、频繁的战争推动欧洲人不断思考如何构建理想世界以保障个人自由和实现世界和平，构成世界主义发展的现实基础；第三，进入全球化时期引发的一系列重大问题，如与陌生人交往问题需要关注与回应，这是世界主义思想发展的时代要求。近代西方世界主义思想建立在古希腊罗马时期、中世纪世界主义思想的基础之上，提出了更加鲜明的理论观点，涉及生存权、自由权、财产权、教育权等个人基本权利，也涉及国内权利、国际权利和世界主义公民权的相互交织，这些理论融入时代所面临的战争、贸易、扩张等实践之中。在近代西方世界主义思想的代表人物中，涌现出格劳秀斯、伏尔泰、卢梭、康德等一批著名的政治哲学家，他们从不同的视角回应理论与时代提出的问题，共同推动了近代西方世界主义思想的发展。

第一节　格劳秀斯的国际法世界主义思想

一、生平和著作简介

胡果·格劳秀斯(Hugo Grotius，1583—1645)被称为近代国际法之父，其国际法思想主要体现在《海洋自由论》《捕获法》和《战争与和平法》等著述中,其中以《战争与和平法》影响最为显著。现代国际法大师拉萨·奥本海(Lassa Francis Lawrence Oppenheim)认为"除了《圣经》以外,从来没有另外一部书对人类的思想和事物发生过(像《战争与和平法》)这样巨大的影响"①。格劳秀斯国际法著作已经被众多国家作为司法裁决、外交活动和学术著作的权威引用来源,涉及个体权利、海洋自由、正义战争、人道主义援助、外交豁免权等具有普遍性的问题,其中带有世界主义色彩的个体价值和人类社会整体性的论述,是政治哲学和国际关系学研究的重点。

二、格劳秀斯个体普遍权利的思想

人权,即每个人由于他或她的人类属性所拥有的权利,已经成为这个时代的流行话语,以至于被当成诸多政治理论流派争论的核心概念。在中世纪,基督教会试图把人塑造成上帝忠实的奴仆,人的价值、尊严、意义、权利、能力、使命都遭到否定,文艺复兴则掀开了人权对神权抗争的序幕,格劳秀斯以自然法、国际法为依据,表达了对个体权利与能力的肯定,尤其是对生存权、自由权的尊重与强调,并从人的角度来认识社会、国家的形成,个人成为格劳秀斯世界主义思想价值关怀的落脚点。同时,他又从财产权、外国人的基本权利以及宗教宽容等方面,论证个体权利是一种普遍性权利、世界性权利,其适用范围超越了民族国家的边界,并得到自然法和国际法的尊重与保护。

(一)肯定人的权利与价值

文艺复兴再次拉开了对个人权利、价值、能力的尊重与保障的大幕,而处于三十年战争中的格劳秀斯,在经历过颠沛流离的生活后,更加注重个人在现实生活中的生存与自由的权利,肯定每一个人都拥有理性,并且有选择过一个适当生活的权利和能力。

他认为每个人都有获得体面生活的权利,这种体面的生活"所指的不是奢侈品和仅用于享乐的辅助物品,而是诸如食品、衣物和药品等对维持生活

---

① [德]拉萨·奥本海:《奥本海国际法》(上卷第一分册),王铁崖、陈体强译,商务印书馆,1981年,第63页。

不可或缺的物品”[①]。然而面对等级社会剥削、压迫日益加剧的现实，格劳秀斯意识到现实社会中实现绝对的均等是不可能的，为了调和分配正义与社会现实之间的张力，他倡导弱势的社会分配世界主义观点，即保障每一个人基本的生存与发展所必需的物质需求；这种基本需求的保障指向每一个人，而不是特定的基督徒、法国人或者荷兰人，因为这种权利是一种为每一个人类个体所享有的世界性权利。

除了肯定每个人都拥有基本的物质需求保障权利以外，格劳秀斯肯定了人的天生自由权，认为自由是自然法规定的权利，任何人都拥有这种权利，并且自由是人类的一种本质属性，人生而自由，但任何人也无法拥有完全的自由，自由只是一种免于奴役的权利而不是进行对抗的权利，“当自由被说成是所有人类和民族的本质特征的时候，自由必须被理解为是一种先于人类活动而存在的自然法；同时，它必须被理解为是一种免于奴役的权利，而不是进行对抗的权利”[②]。由此可见，格劳秀斯的自由观是一种普遍的权利观，视自由为人类社会的本质特征之一，当然，他的自由观又是一种弱势的自由观，个人争取自由的权利受到了极大的限制。

文艺复兴时期的思想家一个重要的特点就是肯定个人的价值与能力，格劳秀斯就是该时期一个典型的人文主义者。与中世纪关注来世生活、强调对上帝之爱的优先性、贬低个人能力的思想不同，格劳秀斯关注人类的能力，赞美人、尊重人，认为人类相对于其他动物有一种辨别能力，“这种辨别能力使他能够决定现在和将来的哪些事物是有利的，哪些有害的，并决定如何做出正确的选择”[③]，可以依据理性而非神启来做出正确的判断；并且格劳秀斯认为“每一个具有理性思维能力的人都有权利选择什么对自己有利，什

① ［荷］格劳秀斯：《战争与和平法》（第二卷），马呈元、谭睿译，中国政法大学出版社，2016 年，第 44 页。

② ［荷］格劳秀斯：《战争与和平法》（第二卷），马呈元、谭睿译，中国政法大学出版社，2016 年，第 515 页。

③ ［荷］格劳秀斯：《战争与和平法》（第一卷），马呈元、谭睿译，中国政法大学出版社，2015 年，第 6 页。

么对自己不利”①,理性成为格劳秀斯对个人能力尊重的最核心表现。正是这种辨别能力,使个人能够通过运用自己的能力,过自己选择的生活,实现现世生活中的个人价值;民族之间、国家之间会自觉遵循国际法或国际协定,不会肆意在国际交往中毁坏民族、国家的名誉,因而战争也会因人类理性而有所限制。

(二)财产权

16—17 世纪是欧洲商业和跨国贸易迅速发展的时期,葡萄牙、西班牙、英国,尤其是荷兰,都因为商业获得了迅速的发展;伴随着商业的繁荣,关于财产权的争端也屡见不鲜,格劳秀斯敏锐地看到界定财产权的现实意义。他把财产权看作是与人类相关的一种权利、一种道德属性,认为“法律的另一个意义是,它可以被视为一种与人有关的权利体系;在这个意义上,权利成为一个人的道德属性,并使其合法地拥有某项财产或者实施某种行为成为可能”②。因而,财产权作为人类的道德属性,也是一种普遍性权利,适用于整个人类社会。

随着新航路的开辟,社会交往范围的不断扩大,财产权的适用范围也逐渐扩大到新大陆,并受到自然法与国际法共同的尊重与保护。格劳秀斯所认同的财产权的适用范围不仅在地理上超出了欧洲的界限,而且“出于共同利益的考虑,万国法规定婴儿和精神不正常之人也能取得并拥有财产权,因为人类作为整体同时也是包括他们在内”③;此外,与中世纪一些宗教神学家将财产权归为是基督徒的私有权利不同,格劳秀斯认为根据自然法,无宗教信仰者和异教徒也同样拥有财产权。由此可见,在格劳秀斯看来,财产权不仅是欧洲人、贵族、基督徒、成年人、健康人享有的权利,非欧洲地区、贫民、非基督徒、婴幼儿和残疾人也同样享有这种权利,它是人类普遍享有的一种权利,其神圣不可侵犯性受到自然法与国际法的保护。

---

① [荷]格劳秀斯:《战争与和平法》(第二卷),马呈元、谭睿译,中国政法大学出版社,2016 年,第 516 页。

② [荷]格劳秀斯:《战争与和平法》(第一卷),马呈元、谭睿译,中国政法大学出版社,2016 年,第 33 页。

③ [荷]格劳秀斯:《战争与和平法》(第二卷),马呈元、谭睿译,中国政法大学出版社,2016 年,第 53 页。

与此同时,格劳秀斯引用托马斯·阿奎那的观点来论证私有财产权也不能绝对化,即“如果一个人为情势所迫,他从别人的财产中拿走维持其生命所必须的物品不构成盗窃”①,这种行为虽然表面上与财产的神圣不可侵犯性相矛盾,然而实际上没有背离财产的最原始目的。格劳秀斯认为,财产在从社会共有状态转变成私人产权时,并没有背离公平原则和满足人们直接需要的原始权利,“当所有物品被分配给个人所有的时候,似乎仍然保留一种出于善意目的和对原始权利的尊重”②,即人定法认可在人类生存脆弱的时候,可以拿走维持其生命所迫切需要的物品。不过格劳秀斯也给这种迫切需要施加限定条件,如:①只有当急迫需要不能以其他方式得到满足时,才能行使利用他人财产的权利;②如果财产所有人同样有利用其财产的急迫需要,则他人不得因急迫需要而行使利用其财产的权利;③一旦可能进行赔偿,因急迫需要而利用他人财产的人有义务做出赔偿;④无害利用,即有权利用他人的财产的人在行使权利时,不得给财产所有人造成伤害。格劳秀斯为财产权的神圣不可侵犯性留下了可调和的空间,其原因在于世界主义一个突出的原则就是“改善紧急需要与避免严重损害的原则”③,这种原则的内在要求就是将资源优先分配权给予那些最紧迫需要的人,即满足人们的基本生存权的需要,甚至这种优先性超过了那些不太紧要的公共优先权;相反,忽视个人在特殊情况下可获得优先分配权的原则,则被视为对世界主义的危害,因而“公共政策首先必须集中于防止此类情况的发生”④。

综上所述,格劳秀斯的财产权以人类为观察主体,主张财产权是一种世界性权利,为每一个人类个体所享有,而不论其性别、出身、国别、信仰、健康程度,其神圣不可侵犯受到自然法与国际法的保护。此外,格劳秀斯为私有

---

① [荷]格劳秀斯:《战争与和平法》(第二卷),马呈元、谭睿译,中国政法大学出版社,2016年,第23页。

② [荷]格劳秀斯:《战争与和平法》(第二卷),马呈元、谭睿译,中国政法大学出版社,2016年,第33页。

③ [英]戴维·赫尔德、安东尼·麦克格鲁:《治理全球化:权力、权威与全球治理》,曹荣湘译,社会科学文献出版社,2004年,第464页。

④ [英]戴维·赫尔德、安东尼·麦克格鲁:《治理全球化:权力、权威与全球治理》,曹荣湘译,社会科学文献出版社,2004年,第465页。

财产留下调和余地，认为出于保障个人的迫切需要即生存需要，可以动用他人财产，这正是世界主义思想的内在要求。

（三）外国人的政治权利

新航路开辟后，欧洲各国的对外贸易愈加频繁。16—17世纪，荷兰在海洋贸易中扮演着重要角色，有“海上马车夫”之称，格劳秀斯曾经任职的鹿特丹也逐渐成为欧洲最重要的港口城市之一。与贸易发展同步的便是人口的大规模跨国流动，外国人是否享有以及享有哪些政治、经济权利成为格劳秀斯的关注重点。

首先，格劳秀斯主张一个国家的领土的任何部分都可以向那些正当需要的人开放，并且“这种过境通行权不仅应当给予人员，也应当给予商品；事实上，任何人都无权阻止任何国家与相距遥远的其他国家进行商业往来；允许商品过境流通有利于促进人类社会利益”①。其次，格劳秀斯认为每个人都拥有临时居留权，对于外邦人，“应该允许他们因健康或其他正当理由作临时的居留，因为这同样属于有益于他人且无害于自己的一种情形”②；并且，“对于被逐出家园正在寻找避难所的外国人，国家不应当拒绝给予他们永久居留的权利，只要他们服从当地政府的管理，并遵守为避免冲突所必须的所有规则”③。显然，格劳秀斯是出于“有益他人而无害自己”的原则赋予外国人享有的居留权，其所具有的人道主义关怀远远超过现在主权国家制定的移民条例。格劳秀斯试图消除不同民族之间的差别对待，给予所有民族、国家的人民平等的待遇。他认为“在不对不同的外国人实行差别待遇的条件下，实施那些为所有民族都允许的行为是人类一种共同的权利；在这种情况下，单独排除某一民族实施行为的权利构成对该民族的不法行为”④。

① ［荷］格劳秀斯：《战争与和平法》（第二卷），马呈元、谭睿译，中国政法大学出版社，2016年，第39页。

② ［荷］格劳秀斯：《战争与和平法》（第二卷），马呈元、谭睿译，中国政法大学出版社，2016年，第41页。

③ ［荷］格劳秀斯：《战争与和平法》（第二卷），马呈元、谭睿译，中国政法大学出版社，2016年，第42页。

④ ［荷］格劳秀斯：《战争与和平法》（第二卷），马呈元、谭睿译，中国政法大学出版社，2016年，第46页。

综上所述，面临人口的大规模跨国界流动，格劳秀斯在航行、贸易、居留等方面几乎赋予外国人与本国人一样的权利，模糊了国际关系中“他者”的概念，而强调外国人与本国人在权利享有上的平等性，从而意味着这些基本权利是作为一种普遍性权利或者世界性权利的面貌出现的。

（四）宗教宽容

16—17世纪的欧洲，宗教战争此起彼伏。格劳秀斯深知基督宽容的教义和宗教战争的危害，主张宗教宽容、信仰宽容的原则。他试图限制基督教徒肆意对其他宗教信仰者以宗教理由发动战争的权利。一方面，认为对不愿意接受基督教的人进行战争是非正义的行为，因为“基督绝不希望通过现世的惩罚或者恐惧迫使任何人接受他的法律”；另一方面，基督教内部因教义理解不同而发生的战争也是非正义的，因为基督徒对不同的教义理解甚至是错误的理解都是出于信仰基督的目的，而基督对他的教徒都施以宽容，基督徒之间应当施以宽容。

基于宗教宽容，格劳秀斯进一步提出信仰宽容的观点。他认为虽然有些人不信仰上帝，但这些人应当被宽恕，“这些人包括因为未能接受上帝启示的任何法律而崇拜太阳、月亮、星星或者其他自然物体的力量的人，崇拜图腾、动物或者其他事物的精神力量的人，甚至崇拜因其美德而出类拔萃并对人类做出杰出贡献的英雄的人，以及崇拜某些没有形状的灵异现象的人，特别是在他们自己并不是这种狂热崇拜的始作俑者，而且也没有放弃崇拜至高无上的上帝的情况下”①。格劳秀斯深知对自然物的信仰、对精神力量的信仰、对灵异现象的信仰和英雄人物信仰不同，是引发战争的一个重要理由，因而主张以包容的态度面对不同的信仰。信仰宽容原则有助于缓和不同信仰之间的冲突，具有重要的现实意义。

宗教宽容、信仰宽容并不意味着完全排斥宗教间的战争。他认为限制个人信仰基督或者其因信仰基督而遭受其他宗教的迫害均是非正义的行为，因而与这些群体进行战争是正义的行为。此时，战争与其说是为了实施

---

① ［荷］格劳秀斯：《战争与和平法》（第二卷），马呈元、谭睿译，中国政法大学出版社，2016年，第460页。

惩罚,不如说是为了保护信仰自由和人身安全。

虽然格劳秀斯因宗教迫害而被牵连入狱,不仅失去了贵族生活而且离开了故土,被迫经历了长期的流亡生活,然而这些经历并不妨碍其对残酷的宗教战争的反思,也不改变其主张宗教间和宗教内部宽容的观点。对国内社会结构和国际社会文化差异的调和来源于其对宗教差异的真心宽容,宗教宽容不仅是一种调和信仰差异的必要工具,而且是"把宗教宽容视为国际社会固有的、可欲求的价值"①。从宗教宽容的背后可以看出信仰宽容和信仰自由的色彩,并且宗教宽容和信仰宽容实际上有助于限制频繁的宗教战争,实现不同宗教和信仰之间的和谐相处,这也是多元文化世界主义的一个重要追求。

三、理想的世界模式——国际社会

三十年战争和流亡法国的人生经历,使格劳秀斯意识到自己正处于一个新的权力原则时代。"作为一名荷兰人,他断然拒绝承认世界帝国直接或间接的权力;作为一名新教徒,他也拒绝承认世界教会直接或间接的权力,即宗教的权力;他真诚地希望找到一种新的原则来取代旧的权力原则"②。面对国际交往新现象、新问题,格劳秀斯试图限制日益频繁的争霸战争,强调正义战争、人道主义干涉和自由贸易的原则。

尤其值得注意的是,格劳秀斯构建出一个与众不同的理想世界模式——国际社会,一个不同于基督教共同体和罗马帝国模式并受国际法和自然法约束的理想世界模式。他提出的国际社会思想"在威斯特伐利亚和约中得到了具体的表达,而且可以认为,格劳秀斯是这一现代首次总体和平解决方式的思想之父"③。布尔认为格劳秀斯的国际社会不仅仅是国家的社会,而是包括个人和非国家群体的全人类大社会,"格劳秀斯明确将全人类

① [新西兰]贝内迪克特·金斯伯里、[英]亚当·罗伯茨:《格劳秀斯的国际关系思想》,转引自[英]赫德利·布尔等:《格劳秀斯与国际关系》,石斌等译,中国社会科学出版社,2014年,第13页。

② [美]詹姆斯·布朗·斯科特:《〈战争与和平法〉溯源》,转引自[荷]格劳秀斯:《战争与和平法》(第一卷),马呈元、谭睿译,中国人民大学出版社,2015年,序文第37页。

③ [英]赫德利·布尔:《格劳秀斯在国际关系研究中的重要性》,转引自[英]赫德利·布尔等:《格劳秀斯与国际关系》,石斌等译,中国社会科学出版社,2014年,第65页。

的大社会作为探讨国际关系中的正当行为的起点”①。正是出于对个体权利的尊重和全人类生存的关怀，格劳秀斯以国际法为行为准则构建国际社会，试图约束无限制的战争，保持个人基本权利和全人类共同生存和交往的社会环境。

（一）国际社会的行为体

1. 主权国家是国际社会的主要行为体

主权国家是国际社会的最主要参与者和最直接的行为体，格劳秀斯认为“国家是自由的人们为了享受权利和追求共同的利益结合而成的一种完美的联合体”②。“主权是指行为人行为不从属于其他人的合法控制，从而不会因他人意志的行使而使其归于无效的权力”③，这就是说主权是国家对内至高无上的统治权，这种权力不受任何法律、个人的干涉。主权的主体可以是共同的，也可以是特殊的；国家是主权的共同主体，主权的特殊主体也可以是一个人或者多个人。格劳秀斯主权观的另一个重要特点就是他拒绝主权在民的观点，并认为如果国王以非人民转让的方式拥有了主权，人民就不可以限制国王的权力；④如果国王的王位是根据人民的意志授予的，那么国王就不能私自转让主权权力。可以看出格劳秀斯认为主权在某种情况下可以看作是国王的私有权力，“拥有主权权力的人就像对待世袭财产一样，对国家拥有完全的财产权”⑤，国王可以像转移私有财产一样转移主权，前提是国王的王位不是根据人们的意志授予的。格劳秀斯为此辩解道，一方面当一个民族的统治权被转移到从属于另一个民族的统治之下时，该民族中的个人权利并没有被转移，而是作为民族整体的统治权被转移了，即将个人的

---

① ［英］赫德利·布尔：《格劳秀斯在国际关系研究中的重要性》，转引自［英］赫德利·布尔等：《格劳秀斯与国际关系》，石斌等译，中国社会科学出版社，2014年，第72页。

② ［荷］格劳秀斯：《战争与和平法》（第一卷），马呈元、谭睿译，中国政法大学出版社，2015年，第43页。

③ ［荷］格劳秀斯：《战争与和平法》（第一卷），马呈元、谭睿译，中国政法大学出版社，2015年，第17页。

④ ［荷］格劳秀斯：《战争与和平法》（第一卷），马呈元、谭睿译，中国政法大学出版社，2015年，第128页。

⑤ ［荷］格劳秀斯：《战争与和平法》（第一卷），马呈元、谭睿译，中国政法大学出版社，2015年，第131页。

合法统治权转移到了新的主体，因而主权转移是合法的；另一方面国王通过战争俘虏了一个民族，因而自然获得了对该民族的统治权。

面对主权国家兴起和争霸战争频繁的现状，格劳秀斯提出了有限主权的观点，力图限制主权肆意发展。格劳秀斯对主权者权力和人民反抗权之间的张力进行了调和，既希望减少主权者与人民之间的冲突、战争，又希望维护人民的基本权利和顺应主权国家发展的潮流。他保留了人民对主权者进行战争的权利，因为"无论如何人民都保留了某种根据自然法行事的自由和免受因行使王权而产生的约束的自由"①。并且，虽然被压迫者通过约定取消了自己的反抗权，但是自然法为外邦人道主义干涉提供了权利基础，为了拯救被压迫民族，其他民族可以合法的发动一场战争。格劳秀斯认为，"根据自然法，每个人不但可以为主张自己的权利而进行战争，而且可以为帮助他人主张权利而进行战争；因此，那些因为自己的利益受到损害从而使战争具有正当性的理由同样可以成为帮助利益受到损害的其他人进行战争的正当理由"②。

格劳秀斯认为，作为国际社会的主要行为体，国家的范围并不局限于欧洲或者基督教世界，而是包括当时欧洲所接触的美洲、非洲、亚洲等地域的政治实体，他们都是国际社会的组成部分，这些政治实体都拥有同等的主权，这种权利不会因为他们是异教徒或者是欧洲人发现了他们而消失。布尔认为格劳秀斯"所理解的国际社会并不仅仅由基督教或欧洲的统治者及其臣民所构成，而是世界范围的"③，因而格劳秀斯所构想的国际社会具有普遍性，不同地域、不同信仰的政治实体都是国际社会的组成部分，都是全人类大社会的组成部分。这样的思想同样体现在财产权方面，即格劳秀斯批判了一种基督教传统思想，即认为非基督徒不享有财产权，以排他性思维将人类分为享有财产权的基督徒和不享有财产权的非基督徒，格劳秀斯则坚

① ［荷］格劳秀斯：《战争与和平法》（第一卷），马呈元、谭睿译，中国政法大学出版社，2015 年，第 198 页。

② ［荷］格劳秀斯：《战争与和平法》（第二卷），马呈元、谭睿译，中国政法大学出版社，2016 年，第 554 页。

③ ［英］赫德利·布尔：《格劳秀斯在国际关系研究中的重要性》，转引自［英］赫德利·布尔等：《格劳秀斯与国际关系》，石斌等译，中国社会科学出版社，2014 年，第 69 页。

持国际社会的普遍性，强调欧洲人和非欧洲人、基督徒和非基督徒都享有同等的财产权，不能把非欧洲人、非基督徒剥离出国际社会。

作为国际社会的主要行为体，在世俗王权不断上升的欧洲国际背景下，格劳秀斯虽然给予了国王极大的权力，即格劳秀斯的主权观要比卢梭的人民主权思想保守得多，但格劳秀斯毕竟在否定王权神圣性和限制主权的道路上迈出了重要的一步。并且，格劳秀斯试图调和主权与人权之间的张力，为保障每一个人的基本权利和实施人道主义援助提供空间。

2. 国际社会其他行为体

人与人之间的联合组成的国家成为国际社会的主要行为体，但国家并不是国际社会的唯一行为体，个人权利并不因为这种联合而消失，个人及其他非国家群体仍然是国际社会的重要参与者，主权者本身也应该关心整个人类。

金斯伯里认为格劳秀斯的国际社会被“解读为承认更大程度的国际社会存在的可能性，而这样的社会可能被描绘为成熟的国际共同体，其中，国家和其他国际实体占主导地位，但并不是唯一的成员”①，个人在国际社会中仍具有独立性。就战争而言，如果国家进行的是非正义战争，那么个人则可以反抗国家的命令，拒绝参加战争。就人道主义干涉而言，如果一国的君主对臣民施加暴行，那些愿意为人类整体负责、出于同情和避免人道主义灾难的人可以拿起武器进行人道主义干涉。虽然，个人不太可能成为与主权国家拥有平等地位的国际社会行为体，但个人仍然在国际社会中拥有独立的行为体身份，能够拒绝主权国家不合理的命令，能够援助受主权国家迫害的人民。

国际社会除了主权国家、普通市民以外，还有海盗、强盗和异教徒，格劳秀斯并没有把他们从国际社会中剥离出去，也不认为他们因其身份而在法律上处于不平等的地位，相反，他认为“海盗、强盗和暴君也是人类，而且，按照约束整个人类的自然法，遵守协议的义务具有普遍性，因此，同它们达成

① ［新西兰］贝内迪克特·金斯伯里、［英］亚当·罗伯茨：《格劳秀斯的国际关系思想》，转引自［英］赫德利·布尔等：《格劳秀斯与国际关系》，石斌等译，中国社会科学出版社，2014 年，第 11 页。

的协议与主权国家之间的协议一样具有约束力”[①]；与异教徒缔结契约也是许可的，因为缔约权是人类普遍的权利，它不因宗教信仰不同而有所改变。格劳秀斯“能把自然权利和义务不仅赋予他本人所属的那个扩张的荷兰共和国的贸易伙伴东印度群岛，而且还给予诸如荷属东印度公司这样的私人主体”[②]。因此，“格劳秀斯的著作所讨论的不仅是今天所说的国际公法，还讨论了国际私法，以及（或许可以称之为）世界主义法和人类社会法，并在某种程度上暗示了我们时代所出现的‘人权法’”[③]。

在格劳秀斯构想的国际社会中，国家被赋予了突出的地位，与个人和其他非国家行为体的地位大不相同，但这并不背离其保障个人基本权利的出发点，“格劳秀斯确信法治社会的宗旨是防止对个人行使其自然权利的不当干涉，那么格劳秀斯可以被理解为支持某种有限的并且本质上以权利为基础的公民社会观点以及（通过暗示）国际社会观点”[④]；并且，格劳秀斯强调人类整体这个特殊的集体，“明确地将全人类的大社会作为探讨国际关系中的正当行为的起点，并认为由统治者、政府或国家构成的社会仅仅是这个大社会中的一部分”[⑤]，“国际社会不仅仅是国家的社会，而是全人类的大社会。”[⑥]

战争是国际关系、国际法领域研究中的热点。在频繁的战争中，不仅个人的生存和追求自由、幸福的权利得不到有效的保障，也造成了严重的人道主义危机，战争成为人权最直接的威胁。格劳秀斯直言战争“绝对不是任何

---

① ［英］赫德利·布尔等：《格劳秀斯与国际关系》，石斌等译，中国社会科学出版社，2014年，第198页。

② ［新西兰］贝内迪克特·金斯伯里、本杰明·斯特劳曼：《近代早期国际法思想中的自然状态与商业交往》，转引自［英］赫德利·布尔等：《格劳秀斯与国际关系》，石斌等译，中国社会科学出版社，2014年，第271页。

③ ［英］赫德利·布尔：《格劳秀斯在国际关系研究中的重要性》，转引自［英］赫德利·布尔等：《格劳秀斯与国际关系》，石斌等译，中国社会科学出版社，2014年，第72页。

④ ［新西兰］贝内迪克特·金斯伯里、［英］亚当·罗伯茨：《格劳秀斯的国际关系思想》，转引自［英］赫德利·布尔等：《格劳秀斯与国际关系》，石斌等译，中国社会科学出版社，2014年，第12页。

⑤ ［英］赫德利·布尔：《格劳秀斯在国际关系研究中的重要性》，转引自［英］赫德利·布尔等：《格劳秀斯与国际关系》，石斌等译，中国社会科学出版社，2014年，第73页。

⑥ ［英］赫德利·布尔：《格劳秀斯在国际关系研究中的重要性》，转引自［英］赫德利·布尔等：《格劳秀斯与国际关系》，石斌等译，中国社会科学出版社，2014年，第72页。

有益于人类社会的技艺"[①]，因此他从本质上反对战争，为了限制战争，格劳秀斯构想出国际社会模式，从理想世界模式层面限制战争、保障个人的基本权利和追求世界和平，并试图以正义约束战争。

格劳秀斯对战争理论最重要的贡献在于其"特别强调了'交战正义'(jus in bello)在正义战争传统中的重要地位"[②]。就战争法而言，格劳秀斯认为研究战争法的目的是为了解决可能发生的任何争端，他首先对战争进行了界定，将战争分为公战、私战和混合战争，所谓"公战是由具有从事战争的合法权力的人进行的战争；私战是由不具有从事战争的合法权力的人进行的战争；混合战争则是那种一方面具有公战性质，另一方面又具有私战性质的战争"[③]。格劳秀斯推崇正义战争，认为"违反具有理性的人类社会的自然法的就是非正义的"[④]，而遵守理性和自然法的战争便是正义战争。

格劳秀斯的正义战争理论借鉴并发展了中世纪时期的正义战争理论。然而"中世纪的战争观念有一个明显的缺陷，理论家很少提及战争的进行方式"[⑤]，如托马斯·阿奎那提出了正义战争的三个条件，即"①拥有宣战的统治者的权威；②战争需要充分的理由，即惩罚罪行的战争是正义战争；③交战者要有一个正当的目的，如实现某种好的目标或者避免某种祸害"[⑥]。阿奎那的正义战争理论只涉及战争的发起者和目的，并不涉及战争的过程。格劳秀斯认为根据国际法，合法的公战必须满足两个条件：一是战争是在交战双方掌握各自国家主权的人统帅下进行的；二是战争必须遵守特定的形式。前者规定合法战争只能是主权国家之间进行的，因而正义战争也是只

---

① ［荷］格劳秀斯：《战争与和平法》（第二卷），马呈元、谭睿译，中国政法大学出版社，2016年，第563页。

② ［新西兰］贝内迪克特·金斯伯里、［英］亚当·罗伯茨：《格劳秀斯的国际关系思想》，转引自［英］赫德利·布尔等：《格劳秀斯与国际关系》，石斌等译，中国社会科学出版社，2014年，第17页。

③ ［荷］格劳秀斯：《战争与和平法》（第一卷），马呈元、谭睿译，中国政法大学出版社，2015年，第105页。

④ ［荷］格劳秀斯：《战争与和平法》（第一卷），马呈元、谭睿译，中国政法大学出版社，2015年，第32页。

⑤ ［英］C. I. A. D. 德雷珀：《格劳秀斯在战争法思想发展中的地位》，转引自［英］赫德利·布尔等：《格劳秀斯与国际关系》，石斌等译，中国社会科学出版社，2014年，第140页。

⑥ ［意大利］托马斯·阿奎那：《阿奎那政治著作选》，马清槐译，商务印书馆，2013年，第139～140页。

有主权国家才能发动的。后者规定正义战争的过程必须是合法的、合道德的，如大规模屠杀就是被禁止的。根据格劳秀斯的主权观念，主权国家虽然具有对内的至高无上性权力，然而始终“存在一种适用于各国的法律，它既适用于开始战争的理由，也适用于战争行为”①，它约束着主权国家的战争行为，而且“战争一旦开始，它只能在法律和诚实信用原则的范围内进行……战争必须谨慎地进行，就像司法程序中通常做的那样”②。关于正义在战争过程中的约束正是格劳秀斯正义战争理论的突出贡献。

根据自然法，在任何一场战争中只有一方是正义的，这意味着每场战争中只有一方获得正义战争的授权，可以拿起武器进行战争，而另一方则无法获得正义的授权；事实上，交战双方都各自坚持自己是正义的一方，此时，即使是公正的第三方也很难做出正确的判断。作为应用于战争的实际规范，这种规定毫无实用性。因此，有的人则提出了一种极端的观点，即禁止一切形式的战争，然而无论这些人的初衷是多么纯正，他们的观点在相反的道路上走得太远，这些极端和平主义的思想甚至破坏了道德、正义对战争的实际限制效果，过度的理想主义只会使道德、正义在战争理论上日益边缘化。因而格劳秀斯虽然认为战争是自然法赋予的权力，但又惧怕不加控制的战争所带来的巨大危害。因此于战争而言，迫切需要的就是规范战争的行为，这恰恰体现出格劳秀斯的世界主义关怀，即通过道德、正义的理念来规范战争行为，以保障个人的基本权利、限制战争和促进世界和平。

格劳秀斯在《战争与和平法》中充分表达了对战争的厌恶，同时揭示了不加控制的战争的巨大危害，“我注意到，整个基督教世界对战争都是缺乏节制的；关于这一点，即使是野蛮民族也会为之感到羞愧；我看到，人们出于微不足道的借口，甚至完全不需要任何理由，就匆忙地诉诸战争；而一旦拿起武器，任何人对神法或人法的尊重即不复存在；似乎根据一项基本的法

① [荷]格劳秀斯：《战争与和平法》（第一卷），马呈元、谭睿译，中国政法大学出版社，2015年，第14页。

② [荷]格劳秀斯：《战争与和平法》（第一卷），马呈元、谭睿译，中国政法大学出版社，2015年，第12页。

则,实施一切犯罪的疯狂都可以在战争中公开地释放出来"[①]。然而格劳秀斯并不反对战争,并且认为如果战争的目的和宗旨是保护生命和私有财产,那么"战争完全符合初始自然原则"[②],自然赋予每个动物进行自卫的自助权利和力量,然而战争的开始、过程及其结束都必须遵循人类道德、理性的约束。

正义战争理论不仅要求主权国家发动战争的目的是正义的,战争的过程也必须是合法的、合道德的。关于正义战争理论的论述,格劳秀斯继承了中世纪神学家托马斯·阿奎那的论述,他的突出贡献则体现在不仅强调战争目的的正义性,而且突出战争过程的正义性、合道德性,这对避免屠杀、虐待战俘和保护平民起到了重要作用,也为后世为避免战争中出现人道主义灾难和展开人道主义援助提供了重要的理论支撑。

(二)国际社会行为之人道主义援助

16—17 世纪的欧洲,王权不断加强,国王横征暴敛、肆意发动战争,带来严重的人道主义危机。格劳秀斯深深感受到战争对人民的伤害,并主张基于人道主义原则对受迫害国家的人民给予帮助,正如劳特派特指出,格劳秀斯认为主权者需要关心人类整体利益,并对人道主义援助首次做出了权威解释,即"对人类的暴行开始之处即为国内管辖权之排他性终止之处"[③]。

格劳秀斯认为人道主义援助有其正当性和合法性依据。就正当性而言,大规模侵犯人权的行为违背了国际社会的基本伦理道德观念,甚至危及人类安全,因而有必要限制和干预人道主义危机。人道主义援助的道德根源在于个人是道德关怀的最终单元,人类的共同特性和人与人之间的普遍联系提供了人道主义援助在伦理道德上的可接受性。格劳秀斯指出:"为了其他人的利益进行战争的最后和最广泛的理由来自建立在相互同情基础之

---

① [荷]格劳秀斯:《战争与和平法》(第一卷),马呈元、谭睿译,中国政法大学出版社,2015 年,第 17 页。

② [荷]格劳秀斯:《战争与和平法》(第一卷),马呈元、谭睿译,中国政法大学出版社,2015 年,第 56 页。

③ Hersch Lauterpacht, "The Grotian Tradition in International Law", *British Year Book of International Law*, Vol. 23, 1946, p. 46.

上的人类普遍联系,它为人们对其他人进行援助提供了充分的理由。”[①]就合法性而言,格劳秀斯认为自然法不仅赋予每一个人自我保存的权利,而且赋予人类保护他人生存的权利。而一些国家残暴的对待本国的人民,个人的自我保存权利受到极大的剥夺,“在这种情况下,不能排除行使自然法赋予人类社会的保护他国人民免受其统治者犯罪行为残害的权利”[②]。布尔认为格劳秀斯主张其他人有权帮助受害者,是因为“‘人类彼此密切相连的纽带’可以赋予他们参与正义战争的普遍权利”[③]。安克尔(Christien van den Anker)把格劳秀斯和康德作为世界主义抽象论证的两个案例进行分析,认为格劳秀斯的国际法效力的根源在于个体的爱社交性,道德规范是人与人之间关系的组成部分,规范是社会的组成部分,因而国际社会也是有规范的,所以主权国家对整个人类社会仍然负有责任,而且个体不仅要关心自己从属的国家,更要关心整个人类社会。[④]

格劳秀斯试图调和人道主义援助原则与日益兴起的主权原则之间的张力。一方面,承认主权的至高无上性,认为国家为个人的生存、自由、平等、幸福提供了基本的集体保障,国家是由全体国民共同组成的,并成为国际社会中的权利与义务的主要承担者;另一方面,他看到了绝对主权、国家道德的局限性,认为虽然国家是国际社会最直接的行为者,但更应重视国际社会中的人权的重要性,个人仍然是国际社会重要的参与者,绝对主权和国家道德的局限性在于忽视了国际社会中其他行为体的重要性,从而漠视了这些行为体在个人层面、集体层面,甚至是世界层面或人类共同体层面的整体道德境遇。

---

① [荷]格劳秀斯:《战争与和平法》(第二卷),马呈元、谭睿译,中国政法大学出版社,2016 年,第 558 页。

② [荷]格劳秀斯:《战争与和平法》(第二卷),马呈元、谭睿译,中国政法大学出版社,2016 年,第 561 页。

③ [英]赫德利·布尔:《格劳秀斯在国际关系研究中的重要性》,转引自[英]赫德利·布尔等:《格劳秀斯与国际关系》,石斌等译,中国社会科学出版社,2014 年,第 75 页。

④ Christien Van den Anker, “The Role of Globalization in Arguments for Cosmopolitanism”, *Acta Politica*, Vol. 35, No. 1, 2000, pp. 5 – 36.

（三）国际社会行为之航行与贸易

航行与贸易是国际社会的重要行为之一。格劳秀斯是最早以海洋为独立研究主题的法学家，提出了海洋自由的观点，认为海洋自由也包括以此为基础的航行自由与贸易自由，航行自由与贸易自由是自然法赋予每一个人都普遍享有的权利。

在大航海时代，地处欧洲大陆边缘的葡萄牙人和西班牙人最早开始了探索新大陆的征程，西班牙和葡萄牙两国为新发现的大陆发生争执，两国请求罗马教皇予以裁决，罗马教皇颁布《划界通谕》，规定在亚速尔群岛和佛德角群岛以西 100 里格（1 里格约 3 海里）的子午线为分界线，分界线以西所有新发现的海域、岛屿归属西班牙，以东则归属葡萄牙；此后，两国分别签订了《托德西利亚斯条约》《萨拉戈萨条约》，将整个世界的海洋划定完毕。在两国划分全球海域的时候，其他欧洲国家的海外探险尚未起步，因而并不关心两国达成的这些协议。到了 16 世纪中后期，英国、荷兰、法国等国相继加入海外扩张的队伍，各国船队之间的海上摩擦也愈加频繁，《海洋自由论》就是格劳秀斯处理荷兰东印度公司的诉讼案的文稿经过整理发表的。

在罗马帝国时期，人们对海洋的认识局限于地中海附近，法学家们声称罗马帝国对海洋拥有实际的管辖权。新航路开辟后，海外扩张与海外贸易的迅速发展，使欧洲各国不断提高对海洋的重视程度，关于海洋的主权属性成为法学家、政治学家的重要研究对象，格劳秀斯就是较早论述海洋自由的代表人物。

格劳秀斯认为，作为物品的先占必须要有明确的界限，而海洋空间范围广阔，人类足迹尚未涉及全部海洋，并且由于海洋流动的特性，人们无法实际占据流动的海水，因而海洋是属于全人类共同享有的领域。格劳秀斯虽然主张海洋自由论，认为“土地、河流以及属于一个国家的海洋的任何部分都应该向那些有合法理由需要行使通过权的人们开放”①，但其同样意识到领海在海洋中的特殊属性，认为“控制海域两岸土地的国家也可以通过先占的

① ［荷］格劳秀斯：《战争与和平法》（第二卷），马呈元、谭睿译，中国政法大学出版社，2016 年，第 36 页。

方式取得相应的海域,甚至可以取得海湾以外的部分或者海峡上下两端的海域,只要该部分海域相对于两岸的领土面积比例不是太大,以至于大到它看起来不像是附属于陆地的一部分即可"①。因而格劳秀斯认为依托领土就可以取得海域主权,"只要国家能够像在陆地上一样对在本国沿岸海域航行的船只及其人员实行有效的控制,它就可以取得对这一部分海域的主权"②。

领海主权思想与海洋自由的观点并不冲突,格劳秀斯认为对一部分海洋的占有不能阻止在该海域进行无害通过,"这种过境通行权不仅应当给予人员,也应当给予商品;事实上,任何人都无权阻止任何国家与相距遥远的其他国家进行商业往来;允许商品过境流通有利于促进人类社会利益"③,因而海洋自由的本质要求就是航行自由、贸易自由,实际上,《海洋自由论》的副标题就是"关于荷兰人应有之贩卖印度货物之权利的争论"。

第二节 伏尔泰的世界主义思想

一、伏尔泰及其作品简介

伏尔泰(Voltaire,1694—1778)原名佛朗索瓦-马利·阿鲁埃(Francois-Marie Arouet),法国启蒙运动中杰出的思想家、文学家、哲学家,被誉为"启蒙运动之父""启蒙泰斗""欧洲的良心"。青年时期的伏尔泰深受民主思想的影响,通过文学创作,以针砭时弊、揭露现实生活的黑暗,因而得罪了当权者,1726年,伏尔泰遭到贵族诬告,随后被驱逐出境,流亡英国。伏尔泰流亡英国的经历开启了其人生的重大转折。在英国居住期间,他结识了一批著名的思想家,详细考察了英国的君主立宪制度,充分汲取了英国反封建的政治主张和自然哲学的成就。1729年,伏尔泰回到法国后,积极宣传英国的政治制度和自然科学,并参与狄德罗主编的《百科全书》的写作。代表作有《哲

① [荷]格劳秀斯:《战争与和平法》(第二卷),马呈元、谭睿译,中国政法大学出版社,2016年,第54页。

② [荷]格劳秀斯:《战争与和平法》(第二卷),马呈元、谭睿译,中国政法大学出版社,2016年,第61页。

③ [荷]格劳秀斯:《战争与和平法》(第二卷),马呈元、谭睿译,中国政法大学出版社,2016年,第39页。

学通信》《形而上学》《论宽容》《牛顿哲学原理》《俄狄浦斯》《路易十四的世纪》等。伏尔泰的这些著作,“不仅是些研究外国的资料,也不仅是些关于世界主义的宝贵的证据,还给我们介绍了完全武装起来的伏尔泰,明显地确定了他的毕生努力的方向应该是解放全人类,解除全人类和他们的命运之间的矛盾”①。

二、人人平等的思想

伏尔泰认为平等像自由一样属于天赋权利,人人都应该享有人身平等和政治权利平等。他从人的本能和天性上来认识平等,认为“人们在完成最基本的本能和进行理解时是平等的”②。

伏尔泰猛烈抨击现实社会中的种种不平等制度,反对封建等级和贵族特权,他控诉道:难道农民的儿子生来脖子上戴着轭,而贵族的儿子生来在腿上就带着马刺吗?伏尔泰认为“每一种动物在同类之间,应该彼此平等”③,并且“在每个人的心中,都有权利要求得到平等的待遇”④。然而伏尔泰并没有在经济上进一步贯彻平等理论,认为社会生活中出现富人阶级和穷人是不可避免的现实,于是就出现了富人与穷人之间在财产上的不平等,这种不平等不仅客观存在,而且是合理的。即便本质上人人应该平等,但因为私有财产神圣不可侵犯,所以人们可以向往平等,但不可能在现实生活中实现财产上的完全平等,更不能采取暴力手段来实现财产上的平等。

伏尔泰主张废除等级特权,使普通人免遭等级的歧视。在日常生活中,应以平等的称谓称呼所有人,其目的“就是为了我们更能防止互相标榜,互相奉承,所以我们才对国王和修理旧鞋的人,都同样地称为‘你’,除了对人仁爱,对法律尊重外,我们不向任何人致敬礼”⑤。伏尔泰主张建立一个没有等级特权、人人平等的社会,在这个社会中,“一位君主,任何人都可以用‘你’字称呼他,并且对他谈话时也可以不脱帽子;一个政府没有牧师;一个

① [法]伏尔泰:《哲学通信》,高达观等译,上海人民出版社,2014年,序言第9页。
② [法]伏尔泰:《哲学辞典》,续建国编译,北京出版社,2008年,第109页。
③ [法]伏尔泰:《哲学辞典》,续建国编译,北京出版社,2008年,第109页。
④ [法]伏尔泰:《哲学辞典》,续建国编译,北京出版社,2008年,第110页。
⑤ [法]伏尔泰:《哲学通信》,高达观等译,上海人民出版社,2014年,第4页。

民族没有武器;公民除开职位不同以外,人人平等;邻邦又不嫉妒”[①]。

三、世界主义思想的根源:爱

(一)自爱与爱他人

伏尔泰世界主义思想的根源是自爱与爱他人,这一观点基于对帕斯卡《思想录》中部分论述的批判。帕斯卡认为人类自生下来就是不公平的,每个人对自己的偏心不仅助长了这种不公平,也是经济交往中一切混乱的开端。伏尔泰指出人类的自爱是遵循自然秩序而来,没有自爱心,这个社会就无法形成和存在,“正是对我们自己的爱,助长了对他人的爱;正是由于我们相互的需要,我们对人类才有贡献;相互需要乃是一切商业的基础,乃是人与人之间永恒的联系”[②]。在伏尔泰看来,人类的自爱心不仅没有破坏秩序,反而是遵循自然秩序的行为,并且这种自爱心促进了对他人的爱、对人类的爱,促进了人与人之间的普遍需要、普遍联系,并且构成了尊重他人的基础。

帕斯卡《思想录》中谈到“倘使有一个上帝,那只应当爱上帝,而不应当爱人类”[③]。伏尔泰则认为“应当爱,而且亲切地爱人类;应当爱自己的国家、自己的老婆、自己的父亲、自己的孩子们;应当那么样爱他们,以致上帝使我们不由自主地爱上他们了”[④]。伏尔泰由自爱心衍生的爱他人的范围不仅包括自己的国家、家庭,也指向全人类。伏尔泰认为人类都是同一位上帝的创造物,因而人们“应该把所有的人看作是自己的弟兄”[⑤],土耳其人、中国人、犹太人都是我们的弟兄。

伏尔泰认为,爱他人是人类区别于其他动物的一种重要属性,并且既然每个人都是上帝的子女,人类不应该屠杀外邦人,因为爱这种特殊的属性构成了人与人之间普遍友好的基础。“众神如同世人一样,彼此间也有一种相互在对方取得膳宿和保护的权利”[⑥],实际上,这是如何处理来到本国的陌生人之间的关系问题,即任何一国都应该给予外邦人同等的食宿和安全保障

---

① [法]伏尔泰:《哲学通信》,高达观等译,上海人民出版社,2014年,第15页。
② [法]伏尔泰:《哲学通信》,高达观等译,上海人民出版社,2014年,第146页。
③ 转引自[法]伏尔泰:《哲学通信》,高达观等译,上海人民出版社,2014年,第145页。
④ [法]伏尔泰:《哲学通信》,高达观等译,上海人民出版社,2014年,第145页。
⑤ [法]伏尔泰:《论宽容》,蔡鸿滨译,花城出版社,2007年,第152页。
⑥ [法]伏尔泰:《论宽容》,蔡鸿滨译,花城出版社,2007年,第41页。

的权利。伏尔泰认为“因为我们既然不是狼，又不是老虎，又不是恶狗，而我们是人，而且是基督的信徒。我们的上帝，要我们爱我们的敌人，忍受苦痛而不发怨声，那就毫不怀疑，不要我们渡过大海去扼杀我们的兄弟们了”[1]。

此外，伏尔泰认为“和‘爱’相反的原则只会造成野蛮的好辩论者而已”[2]，并不能真正认识社会，更不能实现世界和平。伏尔泰批判了那些幻想自己国家称霸全球、国家之间进行不断战争的思想，认为只有“真正懂得满足的人、希望自己的国家大小适宜的人，才称得上是世界公民”[3]。伏尔泰从道德的角度反对战争，认为“道德上的恶莫大于战争；战争会带来种种罪恶：造谣诬蔑、背信弃义、抢掠蹂躏以及痛苦和死亡”[4]，而这种种的罪恶都被人类共识所批判。

（二）光荣与幸福

从爱自己与爱他人出发，伏尔泰推崇光荣，认为名声加上尊重就是光荣；光荣不为君主、贵族所独享，一个普通人也可获得光荣，“一个人若想被他人称作是一个光荣的人，就必须在行为、品德和才干方面都非常突出，在困难面前不低头，才称得上这种荣誉”[5]。伏尔泰的光荣观念脱离了宗教的影响，强调个人在能力、德行、品质等方面的提高，而不是依靠宗教修行或者购买“赎罪券”。

伏尔泰崇尚科学，认为在科学技术上取得巨大进步的人的历史地位远远超过一些拥有世俗权力的国王、君主。如果有人在争论这样一个陈腐而烦琐的问题：哪一个是最伟大的人物，是恺撒、亚历山大、帖木儿，还是克伦威尔？伏尔泰认为“有人回答说，这一定是伊萨克·牛顿。这个人说得有道理”[6]。在伏尔泰看来，科学技术超过了世俗地位或权力，成为评论一个人历史价值的重要标准，也是一个人获得光荣的重要参考。

最后，伏尔泰认为幸福是由散见于生活中的若干个细节组成的，而“将

---

① ［法］伏尔泰：《哲学通信》，高达观等译，上海人民出版社，2014 年，第 4 页。
② ［法］伏尔泰：《哲学通信》，高达观等译，上海人民出版社，2014 年，第 145 页。
③ ［法］伏尔泰：《哲学辞典》，续建国编译，北京出版社，2008 年，第 155 页。
④ ［法］伏尔泰：《哲学辞典》，续建国编译，北京出版社，2008 年，第 57 页。
⑤ ［法］伏尔泰：《哲学辞典》，续建国编译，北京出版社，2008 年，第 127 页。
⑥ ［法］伏尔泰：《哲学通信》，高达观等译，上海人民出版社，2014 年，第 56 页。

人的境遇、财富、权势、荣誉等称作幸福，也是一种误解”①。可见，在伏尔泰看来，幸福是相对的，有权有势的人不一定幸福，而贫穷的农民却可以在河边哼着小曲享受生活。伏尔泰鼓励人们救济他人，认为救济行为不仅使他人免于死亡的威胁，也能使自己获得幸福。他批判了神职人员利用各种不耻手段侵吞百姓财产的行为，赞赏救济穷困之人的行为，认为“基督使徒们最初也只留少部分生活所必需的钱，剩下的部分则用来救济穷人”。

四、自然法与天赋权利

伏尔泰认为“自然法就是让我们感觉到公正的一种本能”②，公正“就是天下人的看法，天下人认为公正就是公正的，反之亦然”③。虽然因为地域差异，人们对许多事物的看法并不一致，但伏尔泰认为人类社会始终存在某种共识，即对杀人越货、强占财产、侮辱盗窃等行为的一致批判，对公正、自由、民主等普遍性理念和价值追求的赞赏。人类社会的普遍共识就是自然法所认可的价值判断，而自然法就是“不以人类的习惯为转移，我的劳动果实自然归我所有，我不去干涉他人的生活，他人也无权干涉我的生活等”④。因而伏尔泰的自然法一方面意味着保护私有产权，尊重个人的劳动创造；另一方面，尊重个人生活选择，不论是个人的世俗生活还是宗教生活，每一个人都有选择自己生活方式的自然权利，并且他人无权干涉。

在伏尔泰看来，天赋权利就是自然法给予所有人的权利，人权建立在天赋权利的基础之上，在全世界，人权和天赋权利的重要原则、普遍原则就是“己所不欲、勿施于人”⑤。此原则运用于信仰领域，即意味着人们无权强制规定他人的信仰，更不能因此而发生战争，宗教宽容、信仰自由是人类的自然权利，而偏执的权利是野蛮的、荒谬的、不符合自然法的。

伏尔泰认为最公正的社会秩序必须遵循三个原则，即自由、私有制和平等。伏尔泰认为自由是人类的自然权利、天赋权利。自由不是意志自由，即

---

① ［法］伏尔泰：《哲学辞典》，续建国编译，北京出版社，2008 年，第 55 页。
② ［法］伏尔泰：《哲学辞典》，续建国编译，北京出版社，2008 年，第 140 页。
③ ［法］伏尔泰：《哲学辞典》，续建国编译，北京出版社，2008 年，第 140 页。
④ ［法］伏尔泰：《哲学辞典》，续建国编译，北京出版社，2008 年，第 142 页。
⑤ ［法］伏尔泰：《论宽容》，蔡鸿滨译，花城出版社，2007 年，第 38 页。

一个人想干什么就干什么，而是出于理性的自由，即人类在理性的驱使下，选择适合自己的宗教生活和世俗生活，做出自己的价值判断。自由受法律的约束，而不应当被其他东西束缚，自由所遵循的法律是合乎自然权利的法律而不是封建、专制制度下的法律和宗教教会的法律。伏尔泰赞赏雅典和罗马关于民法与宗教法之间的规定，认为如果没有政府明文规定，教会法不具有任何效力，无法约束个人的天赋自由的权利。因此，伏尔泰认为自由应该包括言论自由、出版自由，并且认为有了这两种自由，其他一切自由就有了保障。

伏尔泰认为专制制度剥夺了个人的自由，而英国的政治制度和法律制度却能保障公民享有自由，并且，享有自由权利的公民也自觉遵守法律制度，对国家和社会的发展都有极大益处。此外，伏尔泰把自由与私有产权和现代商业联系在一起，认为商业增加了公民的私有财产，不断富裕的公民则有了充分实现自由的物质基础，这种自由反过来又会促进商业的发展。①

第三节　卢梭的世界主义思想

一、卢梭及其著作简介

让·雅克·卢梭(Jean－Jacques Rousseau，1712—1778)是法国启蒙运动中极负盛名的思想家、文学家。卢梭出生于日内瓦，这是一个独立的民主共和国，其最高权力属于人民议会，日内瓦的宗教改革思想和传统的民主氛围奠定了卢梭民主政治理论的基础。1728年，卢梭被迫离开日内瓦，在几年的流浪生活中，经历了瑞士、意大利和法国大大小小的城市和农村生活，目睹了城市贫民和村庄农民穷困潦倒的生活，既震惊又同情。此后，卢梭以笔代伐，集中批判了封建专制制度和不平等现象，高度赞扬民主、关爱人民，反映底层民众的疾苦与主张。虽然卢梭幼年没有接受过系统的教育，但他热爱读书，和伏尔泰、霍尔巴赫、狄德罗等启蒙思想家有过常年的交流，也亲身体验了法国的动荡和底层民众贫困的生活，因而对社会现状的反思都成为他

---

① ［法］伏尔泰：《哲学通信》，高达观等译，上海人民出版社，2014年，第48页。

笔下的素材,《论科学与艺术》《论人类不平等的起源和基础》《社会契约论》《忏悔录》《爱弥儿》《论政治经济学》等著作奠定了卢梭在西方乃至世界的影响。

二、世界主义思想的基础:怜悯心与爱

(一)先于理性的两大自然原理

对同类的关爱及其不幸遭遇的怜悯心是卢梭世界主义思想的基础。卢梭认为人类心灵最初和最简单的活动中蕴含了自然原理:一是对自我个体的生存和幸福的关切;二是当看到其他生物尤其是人类遭受灾难或痛苦的时候,个体总会感到一种天然的憎恶,也即人所具有的怜悯心。他认为人之所以能够对同类尽关照义务并不是由于后天接受的教育所形成的一种智慧,而是天生所具有的怜悯心在发挥感性作用力,“因为在苦难之中,我们才能更好地看出我们天性的一致,看出他们对我们的爱的保证”①。怜悯心是一种自然的情感,由于它调节着每一个人自爱心的活动,从而有助于整个人类的相互保存。正是这种情感,使我们不假思索地去援救我们所见到的受苦的人,“在谋求你的利益时,要尽可能不损害他人”②。

(二)对霍布斯和蒙德维尔的人性观点的批判继承

卢梭在《论人类不平等的起源和基础》中,批判了霍布斯的人没有任何善的观念,以及人天生是恶的理论。卢梭认为霍布斯忽视了两个至关重要的事实,一是阻止人类邪恶行为的原因不是法律的约束,而是情感的平静与对邪恶的无知;二是人类面对自己同类受难天生就具有的同情感。正是这两类来自人类天性的情感,抑制了他们可能不择手段追逐幸福的热情,在某种程度上减缓了他们的自爱心。此外,在自然状态中,人类的自我关心、自我保护意识,并不妨碍他人对保护他自己的生存的关心,因此这个状态是有利于和平的。

卢梭赞同蒙德维尔关于怜悯心的观念,即如果人类不以怜悯心来支持其理性,那么尽管人类有种种美德,也终究会是一个掌握各种技能的怪物;

---

① [法]卢梭:《爱弥儿》(上卷),李平沤译,商务印书馆,2001年,第303页。

② [法]卢梭:《卢梭全集》(第4卷),李平沤译,商务印书馆,2012年,第261页。

人类的种种美德都是从怜悯心之中派生出来的，人类的慷慨、仁慈和人道，“如果不是指对弱者、罪人和整个人类怀抱的怜悯心，又指的是什么呢？”[①]并且，怜悯心是人类最普遍的和最有用的美德，“人类在开始运用头脑思考以前就有怜悯心了，它是那样的合乎自然”[②]。可见，怜悯心是人类的一种自然的感情，它能够缓和每个人只知道自我关心、自我保护的自爱心，从而有助于整个人类的相互保存，它能够使人类在看到他人有苦难的时候毫不犹豫地施以援手，“在天然的怜悯心的制约下，他对任何人都没有伤害之心；即使受到别人的伤害，他也很少有以牙还牙的举动”[③]。

（三）教育感化与天性善良

卢梭认为人的理性的欠缺、能力的低下衬托出教育的重要意义，如果人生下来就像武士一样，那么他的身躯和力气根本就不需要得到别人的帮助。正是因为生来虚弱，所以需要健壮；正是因为无依无靠，所以需要互相援助；正是因为愚昧，所以需要理性。而这些统统都是教育对人的馈赠。

卢梭所谓的自然法、自然权利是建立在人的理性和怜悯心的基础上的，单有理性的自然法不过是一纸空文，并不能与人的天性达成共鸣，最终将沦为幻影且无法实现。在《爱弥儿》中，卢梭认为把爱推己及人，是一种根植于每个人心中的美德，个体对于整个人类的爱根本来说就是他们内心对“正义”的爱。由此来理解个人利益与公共利益的关系，即个体需要在一切事情上抛弃个人私利，不能凭个人偏好或偏见而随意决断善恶，一个人越是关心他人幸福，他自身就愈加智慧和善良。

此外，卢梭肯定了“我们所居住的地球，是人类共同的母亲和乳娘，是人类的祖国”[④]。“人之所以合群，是由于他的身体柔弱，我们之所以心爱人类，是由于我们有共同的苦难，如果我们不是人，我们对人类就没有任何责任了”[⑤]，因而每一个人都应该关爱他人，都对他人负有普遍的责任。并且，对

① ［法］卢梭：《卢梭全集》（第4卷），李平沤译，商务印书馆，2012年，第259页。
② ［法］卢梭：《卢梭全集》（第4卷），李平沤译，商务印书馆，2012年，第258页。
③ ［法］卢梭：《卢梭全集》（第4卷），李平沤译，商务印书馆，2012年，第277页。
④ ［法］卢梭：《卢梭全集》（第5卷），李平沤译，商务印书馆，2012年，第603页。
⑤ ［法］卢梭：《爱弥儿》（上卷），李平沤译，商务印书馆，2001年，第303页。

人类的爱,将使人养成许多美德:性情温良,行事公正,对人谦和,存心仁厚。“爱人类的人,绝不会好勇好斗,也不会心如铁石。”①

三、平等与自由的思想

平等是卢梭世界主义思想的核心概念之一。卢梭将不平等分为两种,一种是自然的或生理上的不平等,这种不平等与生俱来,在自然状态和社会状态中都会存在;另一种是政治或精神上的不平等,这种不平等只会存在社会状态中。在自然状态中,人与人是相互孤立、分散的,每个人都有独立生活的能力,因此人与人之间没有依附、奴役关系,彼此之间存在一种真实的平等,即使客观存在的体质上的不平等,其影响也是微乎其微。因而可以说自然状态下,人类之间是完全平等的。卢梭认为由于人类有一种区别于动物的自我完善的能力②,这种能力使人类学会使用工具、获得理性与智慧,然而“这种几乎是无可限量的特殊能力,反倒成了人类一切痛苦的根源”③,尽管它带来了社会生产的发展,但也导致了私有财产和财产上的不平等,而私有财产的出现正是人类社会不平等产生的根源。

随着私有财产的出现,人类走入了充满财富差异、等级森严的社会状态,自然的不平等逐渐演变成社会的不平等。卢梭把人类社会不平等的发展分为三个阶段,第一阶段,保护私有财产成为法律规范被确定下来,社会分裂成穷人和富人两大群体;第二阶段随着政府和官僚的出现,出现了统治阶层与被统治阶层,政治的不平等开始出现;第三阶段,原本合法的公权力转变成专制的权力,政府达到腐败的顶点,而臣民生活在贫困与黑暗之中,成为专制的权力下的奴隶。卢梭认为,一旦不平等发展到一定程度,人民必然起来反抗专制统治者,卢梭赋予臣民反抗暴君的权力,“以绞杀或废除暴君为结局的起义行动,与暴君前一日任意处理臣民生命财产的行为同样是合法的;暴力支持他,暴力推翻他”④。与伏尔泰相比,卢梭的平等观始终与财产紧密地联系在一起,卢梭针对当时社会财富分配不均的现状,提出“政

---

① [法]卢梭:《卢梭全集》(第5卷),李平沤译,商务印书馆,2012年,第606页。
② [法]卢梭:《卢梭全集》(第5卷),李平沤译,商务印书馆,2012年,第242页。
③ [法]卢梭:《卢梭全集》(第4卷),李平沤译,商务印书馆,2012年,第242页。
④ [法]卢梭:《论人类不平等的起源与基础》,李常山译,商务印书馆,1997年,第146页。

府最重要的任务之一，就是要防止财富分配的极端不平等"①。

自由是卢梭世界主义思想的另外一个重要的核心概念。在《社会契约论》的开篇，卢梭就提出了"人生来是自由的，但却无处不身戴枷锁"②的名言，毫无疑问，卢梭重视个人自由尤其是政治自由；"这种人人都有的自由，产生于人的天性，人的天性的首要法则是保护他自己的生存"③，卢梭认为人应该首先关注自己的生存问题，要照顾好自己，并能够用理性的判断选择采用何种方式维持自己的生存，只有进入这个时期，他才是自己的主人。

然而社会现实则突出了政治自由的缺乏现状。在卢梭看来，自由是人性的产物，是任何政治权利的基础，公民的个体自由只有与集体自由整合之后才能实现真正的意义。公民的自由与权利得以实现的平台就是以人民主权为基础的公民社会，公民的个人自由与权利则通过主权者以集体的自由和权利的形式表现出来，而公民社会的存在不但没有阻碍公民个人自由的发展，还为后者提供了有力的保障。

卢梭认为自由是一个人与生俱来的天赋权利，任何人也不应该放弃自由，任何人的自由也不应该被他人剥夺；自由是人的本质属性之一，"放弃自己的自由，就是放弃自己做人的资格，就是放弃做人的权利，甚至就是放弃自己的义务"④。即使每个人可以转让自己的自由，但他不能转让他的孩子的自由，"孩子们生来也是人，并且是自由的；他们的自由属于他们，除他们本人以外，谁也无权处置"⑤。

在《社会契约论》中，卢梭批判了格劳秀斯关于奴隶制的观点，认为每一个人生来都是自由的，是他自己的主人，因此无论何人都不能以任何借口在未得到他本人同意的情况下奴役他；一个经由战争造成的奴隶或者一个被征服的民族，除了被迫服从主人以外，就没有其他的义务；此外，战争并未赋予征服者屠杀战败国人民的权利，因而征服者把敌人转变成奴隶的权利并

① [法]卢梭：《论政治经济学》，王运成译，商务印书馆，1962 年，第 20 页。

② [法]卢梭：《卢梭全集》(第 4 卷)，李平沤译，商务印书馆，2012 年，第 16 页。

③ [法]卢梭：《卢梭全集》(第 4 卷)，李平沤译，商务印书馆，2012 年，第 17 页。

④ [法]卢梭：《卢梭全集》(第 4 卷)，李平沤译，商务印书馆，2012 年，第 24 页。

⑤ [法]卢梭：《卢梭全集》(第 4 卷)，李平沤译，商务印书馆，2012 年，第 23 ~ 24 页。

不来自杀死敌人的权利，所以强迫以他人的自由为代价赎买其生命，就是一种极不公平、正义的交易。并且，奴隶的关系也不能延伸到下一代，“说一个奴隶的儿子生来就是奴隶，这就等于说他生来就不是人”①。

第四节　康德的世界主义思想

一、作者及其著作简介

伊曼努尔·康德(Immanuel Kant，1724—1804)是德国古典哲学的奠基人，也是近代西方最具影响力的哲学家之一。康德出生于东普鲁士哥尼斯堡(今俄罗斯加里宁格勒)的一个小手工业家庭，其父是一个马鞍匠，父母都是信仰新教的虔信派教徒。康德8岁入学，接受人文主义教育，1740年入哥尼斯堡大学，1746年起担任家庭教师，1755年因发表宇宙起源星云学说而声名远扬，1770年在46岁时终于获得哥尼斯堡大学教授一职。康德一生从未离开哥尼斯堡，他的生活非常规律，以至于当地的主妇都以康德的作息来校准自己的钟表，康德也因此获得了“哥尼斯堡的时钟”的雅号。

康德的生活虽然简朴，也没有显赫的人生经历，但这丝毫不影响他内心世界的丰富多彩。康德一生主要著作有《纯粹理性批判》《实践理性批判》《判断力批判》《政治权利原则》《论永久和平》《关于自然神学和道德的原则的明确性研究》《自然通史和天体论》等。

二、以道德界定的自由

自由无疑是康德的世界主义思想之中的一个核心概念。在康德的思想体系中，自由与道德紧密联系在一起，“自由与道德法则是一体的，自由是道德法则的存在条件；道德法则是自由的认识条件，自由通过道德律实现自身”②，正是通过道德法则，“自由是现实的这个命题证明了它们的可能性；因为这个理念通过道德法则将自己展示出来”③，康德通过为自由设定一个无

① [法]卢梭：《卢梭全集》(第4卷)，李平沤译，商务印书馆，2012年，第131页。

② 徐大同主编：《西方政治思想史》(第3卷)，天津人民出版社，2006年，第573。

③ [德]康德：《实践理性批判》，韩水法译，商务印书馆，1960年，第132页。

条件的道德基础,实现了道德与自由的内在联结。康德从道德的角度去界定自由,认为合乎道德意志的行为就是自由,自由就是自由意志服从自己。

康德认为,人类理性的立法有两大目标,即自然和自由,应在自然与自由的关系中探讨自由的含义。在康德看来,自由是通过道德律来实现自身,即通过道德的规定性为自由找到实现的依据;然而自然在自由实现中也起到重要作用,“自由必须不被认为无定律,自由不过是不服从自然的定律罢了,自由的原因必须遵照不变的定律发生作用”①。

康德的自由观充满理性主义色彩,认为“我们必须假设有一个摆脱感性世界而依据理性世界法则决定自己意志的能力,即所谓自由”②,在理性的世界中,自由就是使自己的意志成为主人。康德从理性在自由实现过程中的作用区分了消极自由和积极自由,即“有意选择行为的自由,在于它不受感官冲动或刺激的决定;这就形成自由意志的消极方面的概念。自由的积极方面的概念,则来自这样的事实:这种意志是纯粹理性实现自己的能力;但是这只有当各种行为的准则服从一个能够付诸实现的普遍法则的条件下才有可能”③。因而,康德的自由观意使每个人成为自己的主人,作为理性的自由,不仅意味着需遵循自己的意志行事,并且拥有能实现某事的能力。

三、权利与世界主义权利

权利是康德政治哲学的核心概念。康德认为权利可以被理解为“根据这些条件,任何人的有意识的行为,按照一条普遍的自由法则,确实能够和其他人的有意识的行为相协调”④。他将权利分为天赋的权利和获得的权利,天赋的权利是每个人生而享有的权利,是私人的权利,其效力不依赖于法律条例;获得的权利是公共权利,它依靠法律条例,是人们组成国家之后才享有的权利。由于单个人不可避免地走向联合体,因而自然状态只是暂时的,康德认为“在不可避免地要和他人共处的关系中,你将从自然状态进

---

① [德]康德:《实践理性批判》,韩水法译,商务印书馆,1960年,第91页。
② [德]康德:《实践理性批判》,韩水法译,商务印书馆,1960年,第125页。
③ [德]康德:《法的形而上学原理——权利的科学》,沈叔平译,商务印书馆,1991年,第13页。
④ [德]康德:《法的形而上学原理——权利的科学》,沈叔平译,商务印书馆,1991年,第40页。

入一个法律的联合体,这种联合体是按照分配正义的条件组成的"[①]。在这种法律联合体中,公民拥有三种不可分离的权利,即"①宪法规定的自由,这是指每一个公民,除了必须服从他表示同意或认可的法律外,不服从任何其他法律;②公民平等,这是指一个公民有权不承认在人民当中还有在他之上的人,除非是这样一个人,出于服从他自己道德权力所加于他的义务,好像别人有权力把义务加于他;③政治上的独立(自主),这个权利使一个公民生活在社会中并继续生活下去,并不是由于别人的专横意志,而是由于他本人的权利以及作为这个共同体成员的权利"[②]。

康德关于权利的界定实际上蕴藏着义务的内涵,他指出:"所有的权利都伴随着一张不言而喻的资格或权限,对实际上可能侵犯权利的任何人施加强制。"[③]康德把义务分为三类,即内在的义务、外在的义务和联合的义务。

康德关于权利及其义务的观点建立在人的目的论的基础上。他提出了一个最基本的道德原则:人(实则一切理性者)存在的原因在于人本身是目的而非工具。正因为人是目的,因此人应该是受尊重的对象,所有对他的任意处理就会受到某种限制。由此康德提出以下几点义务:人不能任意伤害自己的身体甚至是自杀;其他人不能侵犯个体的自由和财产;人的行为应该积极地与自身的人性相调和;将他人的目的也视为自身的目的,并积极地去实现。康德认为将人本身视为工具才导致了道德的不纯正性,行为上的恶,唯有将人视为目的才能发挥人类所潜在的道德律的作用。

康德的世界主义理念与"理性的公开运用"(the public use of reason)相联系。他认为每个人既是文明社会中的角色,又是"世界主义社会"的成员。个人被束缚在"文明社会的角色、活动和组织之中,很难有机会彻底探究现存的规则、偏见和信仰的性质与缺陷"[④],但作为该社会的成员,人们具有运用理性的权利进而能够进入理性领域(开放的、自愿对话的世界),这种对世

---

① [德]康德:《法的形而上学原理——权利的科学》,沈叔平译,商务印书馆,1991年,第134页。

② [德]康德:《法的形而上学原理——权利的科学》,沈叔平译,商务印书馆,1991年,第140~141页。

③ [德]康德:《法的形而上学原理——权利的科学》,沈叔平译,商务印书馆,1991年,第42页。

④ [英]戴维·赫尔德、安东尼·麦克格鲁:《治理全球化:权力、权威与全球治理》,曹荣湘、龙虎译,社会科学文献出版社,2004年,第460页。

界主义社会的参与也即其所谓的“世界主义权利”。这种权利意味着在政治共同体之中并通过它来表达并倾听的能力,它是一种不受人为限制和规定对话的权利。这种世界主义权利显然已经超越民族、国家而拓展至“世界共同体”之中。世界主义权利补充了现存国家、国际法律规范,其目的在于建立世界主义秩序。所以每个人既是国家的公民,也是世界公民,在世界主义共同体中“每个人的自由是所有其他人自由的基础”[①]。

四、世界主义与永久和平

在康德的世界主义思想中,实现永久和平被视为最高的目标和道德的善。康德从自然法理论和社会契约论出发,将国家与人进行类比。他认为国家建立之后,国家和国家之间也处于一种不受约束的自然状态之中,但“各个民族作为国家也正如个人一样,可以断定他们在自然状态之中(即不靠外部的法律)也是由于彼此共处而互相侵犯的”[②]。国与国之间的自然状态所引发的战争给人类带来了深重的灾难,但也教育人们必须“脱离野蛮人的没有法律的状态而走向各民族的联盟”,就像一国内部的所有国民应通过理性的法治建立国家以保障国内和平一样,国际社会中的所有国家也应按照一项原始社会契约的观念建立联邦以实现世界和平。

(一)自然法与世界主义法

在阐述永久和平的理论中,可以看出康德从传统的自然法概念向世界主义邦联及世界主义法的过渡。虽然康德认可某些自然法学家所说的个人是天生的主权实体并且个人的自由应该受到普遍的尊重,但同时又认为格劳秀斯、普芬道夫、瓦代尔等自然法、国际法学家所撰写的法典不仅无法有效限制战争,而且常常被别人引证为发动战争的依据。[③] 由此可见,康德一方面想要挑战传统的支持主权国家的自然法学说,另一方面他也不赞同建立世界国家的观点;他既意识到国家可以充当人类自由的保护者,同时也意识到国家往往也是人类自由的危害者。所以在国内层面,康德虽然挑战主

---

① Immanuel Kant and Hans Siegbert Reiss, *Kant*: *Political Writings*, Cambridge University Press, 1991, pp. 47 – 53 and pp. 128 – 130.

② [德]康德:《历史理性批判文集》,何兆武译,商务印书馆,2009 年,第 113 页。

③ [德]康德:《永久和平论》,何兆武译,上海人民出版社,2005 年,第 21 页。

权国家,但仍然肯定国家的正面作用;在世界层面,康德不赞成世界国家的形式,而是寻求以世界主义联盟作为替代方案。

康德认为“和平状态就必须是被建立起来的”①。然而一场战争结束后建立的和平条约与康德提出的自由国家的和平联盟有显著区别。18 世纪的欧洲国家遵循《威斯特伐利亚条约》规定的国际规则,该条约可以理解为建立一个以主权国家平等原则为基础的国际制度,并且是在没有外来干涉条件下由主权国家自决的国际制度。从本质上讲,《威斯特伐利亚条约》建立了一个主权国家维护自身利益的霍布斯式的无政府主义全球制度。康德认为和平条约确实能够结束一场战争,但不能结束战争状态,而“凡缔结和平条约而其中秘密保留有导致未来战争的材料的,均不得视为真正有效”②。康德意识到《威斯特伐利亚条约》并没有消除战争,而纯粹依托欧洲力量均衡实现永久和平也只是一种幻想。因而为实现远离霍布斯式的世界秩序,康德主张通过遵守世界主义法的自由国家联盟的方式实现永久和平。

国际行为体的国内宪法制度在康德世界主义法体系中起着至关重要的作用,这是因为康德的自由国家联盟的概念是基于永久和平思想的第一项正式条款即“每个国家的公民体制都应该是共和制”③。一个以共和制国家为基础的联盟为国际权利和世界主义权利提供了可能。这是因为,一方面“由一个民族全部合法的立法所必须依据的原始契约的观念而得出的惟一体制就是共和制”④,而共和制是一个人依据自由、平等以及对唯一共同立法的依赖原理所得出的唯一体制,也是构成各种公民宪法的原始基础的体制。另一方面,如果是否进行战争需要一国公民表示同意,那么全体公民就会因慎重考虑战争的结果而降低发生战争的可能性,共和制政府刚好提供了这样的条件。因而康德通过共和制实现了在国内与全球层面的自由、和平,并且规避了对绝对主权国家和强制性世界政府的需求与依赖。

康德建立自由国家联盟的世界主义思想来源于道德形而上学理论。他

---

① [德]康德:《永久和平论》,何兆武译,上海人民出版社,2005 年,第 13 页。
② [德]康德:《永久和平论》,何兆武译,上海人民出版社,2005 年,第 5 页。
③ [德]康德:《永久和平论》,何兆武译,上海人民出版社,2005 年,第 14 页。
④ [德]康德:《永久和平论》,何兆武译,上海人民出版社,2005 年,第 14 页。

认为理性要求人类有义务离开自然状态并建立一种法律规范，以维护个人自由与实现外部和平、公正，“唯有共和的体制才是完美地符合人类权利的惟一体制”①。一个国家常常处于战争或者备战状态是无法实现自由的，因而国家之间需要合作并共同遵守普遍的法律；共和制国家更愿意与其类似的国家合作，也愿意遵守普遍法律，其原因是内部宪政体制内含的追求自由与和平的原则。此外，世界主义法的适用范围并不局限于联盟内部，而是普遍适用的，尽管语言和宗教的差异“确实导致了相互敌视的倾向和战争的借口，但是随着文化的增长和人类逐步接近于更大原则一致性，却也会引向一种对和平的谅解”②；“我们仍然可以发现人类有一种更为伟大的、尽管如今还在沉睡着的道德禀赋，它有朝一日会成为自己身上邪恶原则的主宰（这是它所不能否认的）；并且这一点他也可以寄希望于别人”③。在康德看来，人类彼此之间的联系已经紧密到相对高的程度，并且地球不是一个无限延展的平面，因而每一个人只是占据着有限却又彼此相邻的地球空间，因此，理性与自然决定了公共权利的建立，对外部自由的限制应该普遍适用于地球上的所有人。

（二）实现永久和平的三项正式条款

为实现每一个人的自由与维持人类之间的共生，康德构想了一个三部分的法学体系，即国内法、国际法、世界主义法，这也是走向各国之间永久和平的三项正式条款。第一项正式条款涉及公民与政府之间的权利与义务关系，第二项正式条款涉及国际法以及国家之间互存的必要条件，第三项正式条款涉及世界主义法以及全体人类而不论民族、国家等外在身份之间互存的必要条件。三项正式条款之间相互依托，呈现出在不需要一个世界政府的情况下创造普遍法律体系以及实现自由与和平的方案。

实现永久和平的第一项正式条款就是每一个国家都是共和体制。康德认为实现世界主义公民权利必须建立在国内共和制这个先决条件之下，以此来替代霍布斯式的世界范式。正如上文所述，他认为共和制政府是唯一

① ［德］康德：《永久和平论》，何兆武译，上海人民出版社，2005年，第34～35页。

② ［德］康德：《永久和平论》，何兆武译，上海人民出版社，2005年，第37页。

③ ［德］康德：《永久和平论》，何兆武译，上海人民出版社，2005年，第21页。

能在国内和国际层面保障和维护和平与自由的政府形式。在康德看来，共和制不同于民主制，它们是两种不同的划分结果，国家的形式可以依据掌握最高权力的不同人即统治的形式分为专制政体、贵族政体、民主政体，而依据领袖对人民的政权方式可以分为共和体制或者专制体制。共和体制强调行政权力与立法权力相分离，而民主政体并不能保持行政权与立法权相分离，“惟有在代议制体系中共和制的政权方式才有可能，没有代议制体系则它（无论体系可能是什么样的）就是专制的和暴力的”，[①]民主政体在严格的意义上就是一种专制主义[②]。康德关于民主制与共和制的观点并不与当代的自由民主思想相背离，只是他强调政权形式比国家形式更为重要，突出了行政权与立法权分离的原则。

康德的世界主义思想的一个重要特点就是不否认国家存在的重要性。他认为国家是一个人类社会，即使是在很小的社会范围内，任何形式的法律体系也比没有法律体系要更好，回归自然状态比生活在专制体制下更糟糕，拥有主权以维持社会稳定是实现人类自由与进步的重要条件。人类在自然禀赋上的普遍性将推动人类不断改善前进，即使不能一蹴而就实现自由、和平，也有义务与能力不断改变政府的形式，使其与唯一符合世界主义权利的法律体系相一致。由此可见，康德的世界主义思想并不否认国家存在的合理性，而是强调在实现世界主义的道路上需要不断改进主权国家，在国内与世界层面上实现自由、和平与正义。

康德认为，在自然状态下，各个民族国家宁愿无休止的战争也不愿意接受强制性的法律，他们宁愿疯狂的自由也不要理性的自由。然而各个开化的、理性的民族必将寻求摆脱这样的状态，“它们每一个都可以、而且应该为了自身安全的缘故，要求别的民族和自己一道进入一种类似公民体制的体制，在其中可以确保每一个民族自己的权利。这会是一种各民族的联盟，但却不必是一个多民族国家”[③]。因而永久和平的第二项正式条款即“国际权

① ［德］康德：《永久和平论》，何兆武译，上海人民出版社，2005 年，第 19 页。
② ［德］康德：《永久和平论》，何兆武译，上海人民出版社，2005 年，第 17 页。
③ ［德］康德：《永久和平论》，何兆武译，上海人民出版社，2005 年，第 19 页。

利应该以自由国家的联盟制度为基础”①。

康德认为如果一个国家不断受到外来侵犯的影响，那么该国就无法享有真正的自由。他重新审视威斯特伐利亚模式，认为《威斯特伐利亚条约》没有实现真正的国际权利，只有主权国家发动战争的扩张权利，因而也无法带来永久和平。他批判了只追求结束一场战争而非终结所有战争的“和平条约”，同时，强调理性要求人们把促成和平状态作为人类的一项直接的义务，而这需要一种特殊方式的联盟使不同民族国家之间建立起共同遵守的契约，这“可以称之为和平联盟（foedus pacificum），它与和平条约（pactum pacis）的区别将在于，后者仅仅企图结束一场战争，而前者却要永远结束一切战争。这一联盟并不是要获得什么国家权利，而仅仅是要维护和保障一个国家自己本身的，以及同时还有其他加盟国家的自由，却并不因此之故（就像人类在自然状态之中那样）需要他们屈服于公开的法律及其强制之下”②。

由于主权国家在威斯特伐利亚模式中处于持久战争状态中，所以无论是参与战争还是准备战争，都无法使该国实现真正的自由，然而联盟却可以实现。联盟不是追求建立一个多民族国家，而是一个以共和制为基础的自由的、逐步扩大的独立国家联盟。康德认为这一逐步会扩及一切国家并且导向永久和平联盟的观念的可行性是可以论证的，它可以通过某个强大的共和制国家吸引其他国家组成和平联盟，“一个强大而开明的民族可以建成一个共和国（它按照自己的本性必定会倾向于永久和平的），那么这就为旁的国家提供了一个联盟结合的中心点，使得它们可以与之联合，而且遵照国际权利的观念来保障各个国家的自由状态，并通过更多的这种方式的结合而渐渐地不断扩大”③。

康德世界主义理论最重要的内容就是关于世界主义公民权的论述，集中体现在永久和平的第三项正式条款即“世界公民权利应限于以普遍的友好为其条件”④。康德试图创造出一个新的世界主义法，这种法律要求全世

① ［德］康德：《永久和平论》，何兆武译，上海人民出版社，2005 年，第 19 页。

② ［德］康德：《永久和平论》，何兆武译，上海人民出版社，2005 年，第 22 页。

③ ［德］康德：《永久和平论》，何兆武译，上海人民出版社，2005 年，第 22 页。

④ ［德］康德：《永久和平论》，何兆武译，上海人民出版社，2005 年，第 24 页。

界所有民族国家和个人要对所有人保持一种好客态度,而不论其公民身份、宗教信仰、财富地位。他认为"友好(好客)就是指一个陌生者并不会由于自己来到另一个土地上而受到敌视的那种权利"①,除非某人在抵达别人领土时因不法行为造成了伤亡,否则他不应该被拒绝访问。在所有论述好客思想的思想家中,康德被认为是将好客从纯粹的道德领域转化为政治权利的关键人物,他将热情好客从绝对但不切实际的慈善事业转变为切实可行的世界主义公民权利。② 康德认为世界公民权是一种访问权利,而不是作客权,并且这种访问权利是人人都享有的,即每一个由于共同占有地球表面因而获得的可以参与社会的权利,"地球表面作为一个球面不可能无限地驱散他们的,而且最终必须使他们彼此相互容忍"③,"没有任何人比别人有更多的权利可以在地球的某一块地方生存"④。

康德所构建的世界主义公民权究竟是一种属于全体人类共同享有的普遍性权利还是属于自由国家联盟内部的公共的权利,弄清楚这一点,就必须探讨康德所构建的世界主义联盟的范围。康德认为,"这种友好权利,亦即陌生的外来者的权限,所伸展的程度,也不外是尝试一下与老居民相交往的可能性的条件而已。相距遥远的世界各部分就可以以这种方式彼此进入和平的关系,最后这将成为公开合法的,于是就终于可能把人类引向不断地接受一种世界公民体制"⑤。此外,人类现在生活的社会现实是"既然大地上各个民族之间(或广或狭)的紧密性现在已经到了这样的地步,以致在地球上的一个地方侵犯权利就会在所有的地方都被感受到;所以世界公民权利的观念就不是什么幻想的或夸诞的权利表现方式,而是为公开的一般人类权利、并且也是为永久和平而对国家权利与国际权利的不成文法典所作的一项必要的补充。唯有在这种条件之下,我们才可以自诩为在不断地趋近于永久和平"⑥。

---

① [德]康德:《永久和平论》,何兆武译,上海人民出版社,2005 年,第 24 页。

② Gani, J. K., "The Erasure of Race?: Cosmopolitanism and the Illusion of Kantian Hospitality", *Millennium*, Vol. 45, No. 3, 2017, p. 427.

③ [德]康德:《永久和平论》,何兆武译,上海人民出版社,2005 年,第 22 页。

④ [德]康德:《永久和平论》,何兆武译,上海人民出版社,2005 年,第 25 页。

⑤ [德]康德:《永久和平论》,何兆武译,上海人民出版社,2005 年,第 25 页。

⑥ [德]康德:《永久和平论》,何兆武译,上海人民出版社,2005 年,第 27 页。

总之，世界主义公民权不仅要求联盟各国必须尊重个人的访问权，还要求与新接触的人类群体之间建立联盟关系，使世界主义公民权落实到全体人类。因而世界主义公民权的范围并不局限在联盟内部，而是属于每一个人类个体。

康德试图调和个人权利与国家主权之间的张力，一方面，设计出一种司法制度，能够消除绝对主权和国家依托这种权利常常犯下的不公正行为，如对个人自由的侵犯。另一方面，并不希望国际社会走向一个多民族国家或者世界政府式的强制性组织，而是主张通过共和制国家之间的联盟来建立普遍秩序以维护自由、正义。对康德而言，无论是依据传统的自然法模式或者世界政府的形式，都无法在全球层面实现自由与正义。康德的世界主义的核心任务就是解决要为保留国家的全球社会提供一种除了霍布斯式和世界政府式之外的替代方案，以保障每一个人的世界公民权。以共和制为基础的自由国家联盟就是康德构想的超越霍布斯式的替代方案，联盟超越了主权国家疆界和联盟成员的内部事务，规定了联盟内部以及联盟新接触的人类社区是法律体系，即要求所有国家对人类每一个个体都要赋予好客的权利，尊重每一个人的世界主义公民权，而不论其国籍、宗教、社会地位。

五、爱国主义与世界主义

许多学者认为，世界主义和爱国主义是不相容的思想。爱国主义有时被认为是民族主义的同义词，强调情感的边界性；而世界主义思想则是一种跨越边界的情感追求，爱所有人而非仅仅爱本国人成为一种普遍道德诉求。在康德所处的时代，民族国家逐渐成为国际社会的主流行为体，爱国主义思想也随之得到发展。一些爱国主义者以爱国主义的名义谴责世界主义并不罕见，而世界主义者却很少谴责爱国主义者，因为不少世界主义者认为自己也是爱国主义者。这就提出了一个问题，即如何调和世界主义与爱国主义之间的张力。

康德认为所有的人都属于一个单一的道德共同体，都可被视为世界公民。如果每一个人都属于一个超越国界的道德共同体，那么本国人与外国人在道德上似乎应该受到同等的对待。此外，康德主张建立国家联盟、呼吁陌生人享有的权利，这些似乎都表明康德的世界主义思想没有为爱国主义留下任何空间。事实并非如此，要厘清爱国主义与世界主义的关系，就必须对爱国主义的思想有一个清晰的分类。如果将爱国主义视为大国沙文主义,那么二者之间的冲突将不可避免,如果康德主张建立一个世界国家,爱国主义与世界主义冲突在地理边界上就消失了。然而康德恰恰是反对建立世界国家,世界主义联盟是自由、独立的共和制国家之间的联盟,因而康德究竟是否主张爱国主义,主张什么样的爱国主义这个问题仍未解决。

现实情况是,康德很少在著作中直接谈论爱国主义①,有学者认为康德可能在1793—1794年间谈论过“世界爱国主义(world patriotism)”和“地方爱国主义(local patriotism)”,并认为两者都是世界主义的必需品。② 然而国家以及共和制是康德政治思想中的重要组成部分。康德认为在缺乏具有强制的公正法律制度安排下,任何人的自由权利都无法得到保障,出于追求利益的天性,个人往往侵犯了他人的自由权利,为了避免人与人之间无限制的冲突,每一个人都应该遵守维护自由、正义的国家法律,摆脱自然状态,最终建立共和制政府。在谈论政府的形式时,康德将“父系”(paternal)政府与“爱国”(patriotic)政府加以对比,他反对第一种政府形式,并称其为专制政府;支持第二种政府形式,认为爱国主义政府是一种将国家视为“共同体”的思维方式,它根据一般意愿进行立法,同时肯定公民的自由、平等、独立价值。因而这种公民爱国主义③具有特定的内在政治性质,而不依赖于民族或

---

① 在爱国主义与世界主义思想中,学者更多的是关注康德对世界主义而非爱国主义的论述,仅有少数学者对其爱国主义思想展开研究,并认为康德世界主义思想与爱国主义思想是可以兼容的。事实上,要厘清爱国主义与世界主义的兼容性问题,就必须清晰界定康德爱国主义的边界,它是什么时候被允许,而什么时候又是一种义务需要遵循? 这都是需要回答的问题。参见:Manfred Riedel, “Menschenrechtsuniversali - smus und Patriotismus: Kants politisches Verm? chtnis an unsere Zeit”, In Kurt Bayertz, ed., *Politik und Ethik*, Reclam Press, 1996, pp. 331 - 361; Georg Cavallar, *Kant and the Theory and Practice of International Right*, University of Wales Press, 1999, pp. 132 - 145; PaulineKleingeld, “Kant's Cosmopolitan Patriotism”, *Kant - Studien*, Vol. 94, No. 3, 2003, p. 300.

② Pauline Kleingeld, “Kant's Cosmopolitan Patriotism.” *Kant-Studien*, Vol. 94, No. 3, 2003, p. 299.

③ 科林戈尔德将爱国主义分为公民爱国主义(civil patriotic)、民族主义爱国主义(nationalist patriotic)和基于特质的爱国主义(trait - based patriotic),并认为康德是支持公民爱国主义的;科林戈尔德认为公民爱国主义存在于共和主义传统之中,它表现为对共同的政治自由和维持这样的政治制度的热爱;民族主义爱国主义关注一个人基于语言、文化、起源等因素构成的国家集团,它认为一个国家的成员资格是给定的,不是公开的;基于特质的爱国主义对国家的热爱来源于对国家特性、品质的直接认识,如特定的地理特征、制度安排等。参见:Pauline Kleingeld, “Kantian Patriotism.” *Philosophy & Public Affairs*, Vol. 27, No. 4, 2000, pp. 313 - 341.

种族身份；这种意义上的爱国主义绝不是对所属的政治机构进行的一切行为不加理性判断的认可，而是认为理性批判与思考亦是爱国主义的要求。个人出于爱国主义，使同胞获得了外国人不具备的优势，其原因不仅仅因为他是我的同胞，更是因为我们同属于共和制的成员，每一个人都有责任去维持和改善共和制国家。显然，对康德而言，爱国主义与共和主义是紧密联系在一起的。

自由、正义的维护不仅仅依赖一个公正的国家，而且需要从世界中获得保障。康德认为每一个民族都会出于自由、安全的考量，而要求别的民族和自己一起加入世界主义联盟中，而这样的联盟是建立在普遍共和制的基础上。爱国主义要求个人有责任建立公正的国家，人类有义务也有能力不断改变政府的形式，使其符合世界主义联盟的需要。然而爱国主义并不能忽视个人只是偶然属于特定的区域、国家而忽视了道德世界主义的义务。如果一个国家已然是共和制，并且它足够正义、自由，出于自由、正义的实现同样依赖世界主义联盟这样的外部环境以及最终要实现世界主义联盟的愿景，就应该将个人的注意力更多地集中在世界其他地方，促进其他国家的自由、正义。显然，康德对公民爱国主义的辩护并不能说明一个人对自己国家及其国民有益而不考虑外国人的需要，相反，公民爱国主义的责任并不是禁止人们试图在其他地方促进其他国家的正义。①

毫无疑问，康德是第一批意识到世界正在时空收缩，并且需要更加密切的全球合作的学者之一。如果人类要在这个星球上生存和发展，我们就不得不将自己的视野从家庭、社区扩展到国家、国际社会，最终扩展到全球。康德以主张公民爱国主义调和了世界主义与爱国主义之间的张力，并认为公民爱国主义与世界主义是朝同一个方向发展的。②

六、世界主义与差异性

世界主义首先要关注的是全球舞台上不可避免出现的差异性问题，它

---

① Pauline Kleingeld, "Kantian Patriotism." *Philosophy & Public Affairs*, Vol. 27, No. 4, 2000, p. 329.

② Pauline Kleingeld, "Kantian Patriotism." *Philosophy & Public Affairs*, Vol. 27, No. 4, 2000, p. 310.

远非抽象的理想主义，而是每一个发现自己必须与其他人共享地球的人所必须面临的问题，因而如何处理自我与他者的差异性就成为世界主义理论必须要思考的问题。此外，康德认同国家和人类之间存在不能也不应该被消除的差异性，因而康德也需要考虑这种差异性对人类实现永久和平的影响，解释差异性对抗如何为人类物种的最终道德目的服务这个关键问题，以实现世界主义与差异性的协调。

要回答这个问题就必须从康德的非社会的社会性（Unsocial sociability）概念出发。康德认为生活在无冲突的田园式群体中无益于提高人类的发展水平，而群体中的竞争才是物种发展的动力；人类的非社会的社会性特质的深层次倾向便是通过差异性促进竞争，从而实现人类整体的进步。亦即人类特质中的“社会性”因素将人类聚集在一起，使他们达成某种程度上的合作，并形成社会、国家以便过着群体生活；而“非社会的”因素则在于每一个人都认知自己的特性，在个性与差异中相互竞争。因而差异性并没有拒斥合作与群体性生活，相反差异会促进竞争。这种非社会的社会性特质亦被康德视为自然最高智慧的安排。

当非社会的社会性的形式延伸到国家交往时，世界主义与差异性之间预设的冲突也就得以缓和。一方面，康德认为民族之间的差异有利于人类适应地球不同的生态环境，使人类有能力扩散到地球的每一个角落。此外，国家与国家之间的差异有助于各国在备战中不断提高自身实力。另一方面，康德认为世界主义联盟是自由、独立国家之间的联盟，其先决条件是存在众多自由、独立的国家，其形式是自愿联合组成国际联盟或者世界主义联盟而非形成一个世界国家，因为世界国家不可能形成世界主义权利，它只能是一种“没有灵魂的专制主义”[①]。康德否认世界帝国方案，他无法想象这种放弃主权的行为，并进一步指出世界政府在术语上就是矛盾的。[②] 康德拒绝任何试图强迫人们设定某种特定内在目的的“父权式政府”，并认为这种“父

① Immanuel Kant and Hans Siegbert Reiss, *Kant: Political Writings*, Cambridge University Press, 1991, p.90.

② Louis Pojman, “Kant's Perpetual Peace and Cosmopolitanism”, *Journal of Social Philosophy*, Vol.36, No.1, 2005, p.66.

权式政府”是不尊重人类自身赋予的理性能力,是违背自然目的的行为,他主张国家、文化之间的差异性应该得到保留[①],这是其世界主义思想的一个重要特征。

因而康德反对的不是无摩擦、无差异的和谐世界,而是普遍专制的世界国家或者是毫无竞争、生机的南太平洋岛国[②],差异的持续存在确保了人类社会相互适应竞争的生存状态并且依然保持相对稳定的状态,从而排除了世界主义联盟会退化到闲散的南太平洋岛国或鲁滨孙状态。并且,康德认为由于人们对幸福的思考以及幸福的构成持不同的看法,所以人们对幸福的意志不能被置于任何共同的原则之下,不能被置于任何与个人自由相协调的外部法律之下。

康德在认可差异性对人类社会的促进作用时,同样认识到差异性对抗的负面影响,尤其是在个人与个人之间的差异性对抗转变为国家与国家之间的战争的现代社会中,虽然对抗的主体数量在减少,但对抗的规模和破坏性更为显著。世界主义如何理解差异性对抗在现代社会的主要表现形式——战争的影响,是康德必须要回应的问题。

康德将战争视为差异性对抗在世界层面的表现。一方面,康德认识到战争以及备战对各民族的巨大破坏性,人类不得不承认战争是现代文明最重要的破坏方式,而且备战占用了大量原本可以用于提高人民生活的资源。另一方面,康德肯定战争的积极作用,认为“战争的危险即便是在今天也是惟一缓和独裁制的东西”[③],一切战争都是打破旧秩序、建立新的国际关系的尝试,而这些新的秩序或是在自身中或是在国家之间不能维持下去,因而必须迎接新的革命,直到最终实现公民社会的最佳安排,建立一种世界主义联盟的形式。因而战争或者战争的恐惧最终必然迫使一个民族决定去服从理性本身为其规定的强制性手段——公共法律,并使各国进入一个世界公民

---

① Todd Hedrick, “Race, Difference and Anthropology in Kant's Cosmopolitanism.” *Journal of the History of Philosophy*, Vol. 46, No. 2, 2008, p. 245.

② [德]伊曼努尔·康德:《人类历史揣测的开端》,转引自李秋零主编:《康德著作全集(第八卷):1781年之后的论文》,中国人民大学出版社,2010年,第125页。

③ [德]伊曼努尔·康德:《人类历史揣测的开端》,转引自李秋零主编:《康德著作全集(第八卷):1781年之后的论文》,中国人民大学出版社,2010年,第123页。

宪政，它虽然不是在一个元首领导下的世界国家，却是遵从一种共同约定的国际法权来结成世界主义联盟的有法权状态。①

因而在康德看来，差异性是人的本性和自然多样性的双重结果。他认为人类政治自由服务的政治模式总是采取包含差异的统一形式，在国内层面，他批判任何追求实现内部差异同质化的"父权政府"；在国际层面，他批判实现"普遍君主制"或者"世界帝国"这种消除国家和人民差异的构想。总之，对存在于国内和国际层面中的差异应保持宽容的态度。因而在康德的政治权利和世界主义权利中都包含差异的统一体，即在政治权利的形成中，个体是具有不同内在目标和幸福追求的差异单位；而在世界主义联盟中，参与者是具有种族、文化差异的国家和民族。② 康德认为人类的多样性对于人类物种适应各种不同气候条件是必要的，这使得人类能够在全球不同区域进行传播；差异性对抗所带来的竞争也是人类社会不断取得进步的重要方式。因而对康德而言，世界主义并不否认差异，相反世界主义认可差异性的积极作用。

七、世界主义与种族

康德在永久和平构想中把好客作为处理陌生人之间关系的原则，并将其界定为世界主义公民权的一部分。然而有学者提出康德的好客原则与其种族理论不一致，并认为康德不仅是一位种族主义者，还提出了一种内涵种族主义（等级）的种族理论。③ 因此，有必要澄清康德的种族理论与其世界主义思想的关系。

在康德所属的时代，种族和种族理论相对来说是一个比较新颖的概念，而康德可以说是最早一批提出种族概念和种族理论的思想家。他认为基于肤色可以将人类分为白人、黄色的印第安人、黑人和红铜色的美洲人四种族

---

① ［德］伊曼努尔·康德：《论俗语：这在理论上可能是正确的，但不适用于实践》，转引自李秋零主编：《康德著作全集（第八卷）：1781 年之后的论文》，中国人民大学出版社，2010 年，第 315 页。

② Todd Hedrick, "Race, Difference and Anthropology in Kant's Cosmopolitanism", *Journal of the History of Philosophy*, Vol. 46, No. 2, 2008, p. 249.

③ Lucy Allais, "Kant's Racism", *Philosophical Papers*, Vol. 45, No. 1 – 2, 2016, pp. 1 – 2.

群[①],四个族群在道德地位上一律平等,“白人族群并不是作为人类的特殊种属与黑人族群相区别”[②],白人和黑人之间不是“类”意义上的差别,他们都属于人类这个种属。虽然种族不同,但康德主张所有种族都有同样的起源,“所有人都应当起源自单一的家族”[③]。

就种族特色与差异而言,世界主义并不认为存在超出人类属性之外的特殊种族特性。现代种族理论将种族特征视为根深蒂固的因素并且作为具有特别重要的意义在种族内部遗传,康德认为所有族群包括白人族群,除了属于人类的特性之外,没有其他别的特有属性是必然遗传的。并且,族群之间可以相互混合,如白种人与黑种人结合会产生黑白混血儿,父母双方均给混血儿印上了自己种族的特征。种族性格的差异源自种族和文化上差异的结合,而不同种族文化意味着多样化的群体生活方式,人类能力的多样性有助于人类适应地球的不同区域,因为“大自然最初赋予每一个祖源以其特征,是与其气候相关并为了适应气候的”[④]。

在康德的种族理论中,不同种族在不同程度上体现了人类这个物种的能力,如康德将非洲人描述为适合农业劳动、亚洲人适合专制社会、美洲土著人没有特定的文化倾向可能会走向灭亡、欧洲白种人适合商业社会。这些论述似乎显示了某种种族等级观念和欧洲白人的傲慢,因而遭受批评。但同时又要看到,康德认为没有必要认为民族的发展水平与他们所处时代承担的角色之间是静态的联系。[⑤] 实际上,每个民族都有发展的倾向与能力,都能通过学习和适应先进的生产技术和文化观念,走向独立、自由、自治的共同体。

---

① [德]伊曼努尔·康德:《人类种族的概念界定》,转引自李秋零主编:《康德著作全集(第八卷):1781年之后的论文》,中国人民大学出版社,2010年,第97页。

② [德]伊曼努尔·康德:《人类种族的概念界定》,转引自李秋零主编:《康德著作全集(第八卷):1781年之后的论文》,中国人民大学出版社,2010年,第102页。

③ [德]伊曼努尔·康德:《人类历史揣测的开端》,转引自李秋零主编:《康德著作全集(第八卷):1781年之后的论文》,中国人民大学出版社,2010年,第113页。

④ [德]伊曼努尔·康德:《人类历史揣测的开端》,转引自李秋零主编:《康德著作全集(第八卷):1781年之后的论文》,中国人民大学出版社,2010年,第101页。

⑤ Todd Hedrick, “Race, Difference and Anthropology in Kant's Cosmopolitanism”, *Journal of the History of Philosophy*, Vol.46, No.2, 2008, p.263.

康德对种族主义最有力的回击是人类目的说,即理性将人提高到不与动物为伍的第四步就是人认识到对自己来说人是自然的目的。人本身就是目的,被任何他者都同样尊为这样一个目的,这种观念意味着人不能将他人视为某种东西,而必须将他人视为自然赋予的平等分享者,人因此进入了一种与一切有理性的存在者的平等之中。[①] 因而从世界主义的角度而言,每个人都是自然赋予的平等的理性拥有者,都是自己的目的。

八、世界主义与普遍历史(universal history)

作为一个世界性问题,人类对自己、自己创造的历史及未来形成一个什么样的理念,是康德关于普遍历史和人类进步的著作中反复出现的主题。

从世界主义的观念来看,普遍历史是人类整体的历史。一方面,康德认为每一个人都是普遍历史的创造者,个体的知识和创造虽然有限,但从整个人类的视角来看,个体的努力能够"被认做其原初禀赋的一种虽然缓慢,但却不断前进的发展"[②]。因而每一个个体都在追求自我目的的同时,通过理性既为自己带来幸福,也参与创造了普遍历史。另一方面,康德认为人的自然禀赋只有在类的层面而不是在个体中才能得到完全的发展。理性自身不是依据本能进行历史的创造,而是需要每一个个体不断地尝试、学习和传授,以便人类整体从认知的一个阶段前进到另一个阶段。因此对于每一个个体而言,个体始终无法完全认识和运用自己所有的自然禀赋;对于整个人类而言,人类依靠世世代代的思想传承,最终将人的自然禀赋推进到完全发展的阶段,"对这个最终目的的趋势虽然也许经常受到阻挠,但绝不可能完全倒退"[③]。此外,康德不认同摩西·门德尔松(Moses Mendelssohn)的悲观理论,即当个人已经取得道德进步时,作为整体的种族和人类却会停滞不前,他认为虽然个人在有限时间内保持不变,但作为整体的人类正在取得道德进步。康德认为自然的最高的目的,一个普遍的世界性存在,最终将在矩

---

① [德]伊曼努尔·康德:《人类历史揣测的开端》,转引自李秋零主编:《康德著作全集(第八卷):1781年之后的论文》,中国人民大学出版社,2010年,第117页。

② [德]伊曼努尔·康德:《关于一种世界公民观点的普遍历史的理念》,转引自李秋零主编:《康德著作全集(第八卷):1781年之后的论文》,中国人民大学出版社,2010年,第27页。

③ [德]伊曼努尔·康德:《康德人类学文集》,李秋零译注,中国人民大学出版社,2016年,第179页。

阵(matrix)中实现人类所有原始能力的充分发展。[①] 显然,无论个人如何突破自我,这个目标都无法由摆脱群体的个人孤立地实现,需要无法估量的一代代的人类共同去实现,个体的生命虽然短暂,其知识、能力的积累亦较匮乏,然而由于理性的运作,个人可以学习借鉴其他人的知识与能力。因此作为一个整体,人类可以不断取得进步,普遍历史正是整个人类不断学习、进步的历史。

普遍历史是差异性互动的历史。每个人、民族、国家都很少想到,当每一个个体、群体都按照自己的心意而且常常违背他者心意追求自己的目的时,却在不知不觉地按照自己并不知道的自然意图前进。因此,人类并没有理性地按照世界公民那样在整体上依循一个既定的计划践行合乎计划的历史,而是在差异性的互动中创造普遍历史,其根源在于人的天性——非社会的社会性。[②] 个体习惯于以自我为中心,以自身利益而非整体利益为导向展开差异性活动,一方面,虽然非社会性这种属性本身并不可爱,但是没有这种属性,人类很难会为自己赢得一种比其家畜的存在更大的价值。[③] 另一方面,个体自我主义导向并没有使社会运转失效,因为理性的人都需要共同的法律来保护自己,并且会发明法律和非正式的社会制裁来实现理性的目标,最终达成一个完全公正的公民社会,这对于人类来说是自然的最高任务。因而整个人类的历史在不断的法律制度的建构中取得进步,人类社会一切制度安排和文化、艺术的进步,都是差异性互动的历史。

普遍历史是最终以全人类普遍的公民联合为目标的历史。差异性互动在国内层面最终会建立一个完全公正的公民社会,而一个完善的公民社会离不开一种合法的外部国际关系,即全人类的普遍公民联合,没有这种关系就不能实现完善的公民社会。康德认为人类形成被不同国家分割的世界,正是人类差异性对抗的结果,个人之间的差异性对抗转变为国家之间的差

---

① Immanuel Kant and Hans Siegbert Reiss, *Kant: Political Writings*, Cambridge University Press, 1991, p. 51.

② [德]伊曼努尔·康德:《关于一种世界公民观点的普遍历史的理念》,转引自李秋零主编:《康德著作全集(第八卷):1781年之后的论文》,中国人民大学出版社,2010年,第27页。

③ [德]伊曼努尔·康德:《关于一种世界公民观点的普遍历史的理念》,转引自李秋零主编:《康德著作全集(第八卷):1781年之后的论文》,中国人民大学出版社,2010年,第28页。

异性对抗。这种转变意味着人类进入一个新的历史节点，产生了一个新的矛盾点。一方面，从分散的个体间差异性对抗走向国家间对抗，有助于各国因战争的考虑而积极发展科学技术，促进了社会进步，并且基于安全驱动，国家之间也有可能达成更高级的合作，即迫使各国放弃自己残暴的自由，并且在一种合法的宪政中寻求和平。① 另一方面，康德也意识到了战争的负面影响，即现代国家所承受的最大的灾难是战争带来的巨大破坏，而且备战也占用了原本可以用于社会建设的资源。只要国家处于这种差异性对抗中，人类之间的全球分离问题就仍难得到解决②；然而国家间对抗的灾难却迫使人类为这种因其自由和利益相关的相互对抗找到一条平衡法则，并引进一种联合起来的强制力来维护这条法则，从而进入一种公共的国家安全的世界公民状态。③

第五节　近代西方世界主义思想的特点

近代西方世界主义承接了古希腊罗马时期、中世纪时期世界主义思想，在不断扩大的国家之间交往的过程中得到发展与繁荣，并在格劳秀斯、康德等人的理念构想中形成较为完整的体系，主要包括以下三个特点。

其一，世界主义思想从道德世界主义、精神世界主义转向法律世界主义，是世界主义思想在面临伴随着现代国际体系建立过程中大规模战争的一个重要转折。近代西方世界主义思想主张以国际法、自然法、世界主义法的形式保障人类每一个个体所享有的权利，继承了斯多葛派、古罗马法学家的世界主义思想，强调个体权利的普遍性，格劳秀斯从自然法与国际法的角度，认为每一个人都平等地享有财产权、移民权等人类基本权利；伏尔泰基于爱与天赋权利，认为自然法赋予所有人自由、私有制、平等等权利；卢梭从

---

① ［德］伊曼努尔·康德：《关于一种世界公民观点的普遍历史的理念》，转引自李秋零主编：《康德著作全集（第八卷）：1781 年之后的论文》，中国人民大学出版社，2010 年，第 32 页。

② Brian Milstein, "Kantian Cosmopolitanism beyond 'Perpetual Peace': Commercium, Critique, and the Cosmopolitan Problematic", *European Journal of Philosophy*, Vol. 21, No. 1, 2010, p. 132.

③ ［德］伊曼努尔·康德：《关于一种世界公民观点的普遍历史的理念》，转引自李秋零主编：《康德著作全集（第八卷）：1781 年之后的论文》，中国人民大学出版社，2010 年，第 33 页。

怜悯心与爱的角度,认为自由是一个人与生俱来的天赋权利;康德则系统地提出了世界主义权利与实现永久和平的三项法则,调和了世界主义普遍性与差异性之间的冲突。

其二,世界主义思想起源于人类的本质与实践活动。近代西方世界主义是建立在地理大发现的背景下,人类的交往互动的水平和规模达到了前所未有的高度,关于人类的本质与实践活动的认知也进入更深入的层面。格劳秀斯肯定了人的权利、尊严与价值,其关于人类基本权利的论述都是以人类为观察中心,建立在人类日益扩大的交往活动之上。伏尔泰认为人类之间的普遍联系是建立在自爱与爱他人的人类本性基础之上的,自爱心促进了对他人的爱、对人类的爱,构成了相互尊重的基础。卢梭更强调怜悯心与爱的重要作用,认为怜悯心与爱是人类能够不假思索地帮助处于危难中的同类。康德进一步提出了人类本质是非社会的社会性,即社会性因素促使人类聚集在一起达成某种形式的合作,而非社会性因素使人类在差异性中相互竞争,因而人类社会在差异性中实现整体进步,而又不至于拒斥群体生活。

其三,世界主义需要调和国家权利与个人权利和世界主义权利、国家忠诚与世界共同体忠诚之间的关系问题,这些问题在现代主权兴起的过程中尤为突出。格劳秀斯一方面肯定主权国家是国际社会的主要行为体,并将主权国家的范围延展至不同大洲、不同信仰的政治实体。另一方面认为个人以及其他非国家实体也是国际社会的重要参与者,个人的权利并不因为主权国家的兴起而从国际社会中被剥离出去。康德从国内法、国际法、世界主义法体系中调和个人权利、国家权利和世界主义联盟权利,主张建立一个以共和制为基础的自由国家的联盟,超越了世界帝国模式;并且他认为基于国家忠诚而引发的爱国主义,要求个人负有建设公正、自由国家的责任,以不断改善政府的形式,使政府符合世界主义联盟的需要,从而调和了国家忠诚与世界联盟忠诚之间的关系问题。

第四章　当代西方世界主义思想

世界主义的概念古自有之。早在古希腊时期,犬儒学派哲学家第欧根尼就曾公开宣称"我是一名世界公民"。而以芝诺、克里西普为代表的一批斯多葛学者首次将这种观点理论化,提出了包括"世界城邦""世界国家"和"共同体"等思想,①标志着世界主义思想的发端。古罗马后期兴起的基督教显然也受到了斯多葛学派哲学家的启发,一大批宗教学家和政治思想家开始从基督教义的角度诠释世界主义的内涵。而启蒙时期哲学家伊曼努尔·康德则可被视作斯多葛后世界主义思想的"集大成者",其代表作《永久和平论》《法的形而上学原理》《历史理性批判文集》中无不闪耀着世界主义的光辉。然而自康德后的一百多年间,世界主义的研究陷入了一段短暂的低潮,期间虽然出现了包括卡尔·雅斯贝尔斯(Karl Jaspers)、伯特兰·罗素(Bertrand Russell)等一批具有世界主义情怀的学者,但由于民族矛盾、宗教冲突或世界大战等突发事件屡次将世界主义复兴思潮打断。

二战结束以来,特别是20世纪70年代当代全球化复杂背景下,西方世界主义思想迎来了一次复兴。有学者将这次复兴的原因归结为三个方面:第一,当代全球化所导致的全球层面的经济、政治和文化等社会制度的巨大变革的推动作用,这是其复兴的社会条件;第二,世界主义对时代提出的重大问题,如对于世界贫困、全球不平等及全球正义的争论的关注与回应,这是其复兴的现实基础;第三,世界主义有着深厚的思想史渊源,这是其得以

① ［英］克里斯多弗·罗、马尔科姆·斯科菲尔德主编:《剑桥希腊罗马政治思想史》,晏绍祥译,商务印书馆,2016年,第431~432页。

复兴的历史基础。当代世界主义超越了基于古代伦理道德层面的世界主义和由康德创建的法律世界主义的界限,首次成为政治、文化和伦理上的世界主义。在概念内涵和思想延伸的讨论上,还与民族主义、文化多元主义、普遍主义、后殖民主义、超民族主义、爱国主义等关键词连接,融入当今的国际关系和全球治理的实践之中。在这些多元研究主题和全球治理实践的引导下,世界主义研究领域涌现出了包括乌尔里希·贝克(Ulrich Beck)、戴维·赫尔德(David Held)、托马斯·博格(Thomas Pogge)、玛莎·努斯鲍姆(Martha Nussbaum)、奎迈·安东尼·阿皮亚(Kwame Anthony Appiah)等一批著名的政治哲学家和社会活动家,他们的研究也从纯粹的理论视阈延展到国家交往合作、国际非政府组织、国际公共空间、跨国人权保护、全球治理等多个应用领域。

第一节　尤尔根·哈贝马斯与世界主义法

尤尔根·哈贝马斯(Jürgen Habermas, 1929—),德国著名思想家,博学而多产,是一位具有世界性影响力的学者。他的思想庞杂而深刻,在秉承法兰克福学派批判传统的基础上,继承和发展了康德哲学,尤其是致力于重建启蒙理性,被称为法兰克福学派第二代代表。然而他的思想体系本身超越了西方马克思主义所关注的范围,涵盖了西方各流派所关注的各个领域。

虽然哈贝马斯以"交往行为理论"以及"一般现代性理论"闻名于世,但是政治哲学似乎从来没有离开过其视野。哈贝马斯早期阐述其政治理论的作品包括《公共领域的结构转型》《合法化危机》《历史唯物主义的重建》等;20 世纪 90 年代以来,《事实与有效性》《包容他者》《后民族结构》等著作的出版直接将哈贝马斯的关注点定位在了国际政治领域,"民族国家""主权与人权""全球治理"等概念顺理成章地进入哈贝马斯的论著中,在政治学及国际政治领域均产生了重大影响,引起了普遍的关注与广泛讨论。

在哈贝马斯看来,随着全球化时代的到来,民族国家遇到了前所未有的挑战。跨国公司、移民、全球气候变暖或者全球恐怖主义等全球性问题的出现使得民族国家在国家安全、管理效率以及领土主权等方面都受到了巨大的冲击,这种冲击直接带来了对国家民主合法性本身的质疑,民族国家逐渐丧失了其原来所具有的功能,在特殊主义本质与全球性普遍主义需求之间产生了巨大矛盾。因此,民族国家必须进行调整,甚至彻底转型,进而构建一种“后民族格局”,实现世界国家的“超民族”联合。哈贝马斯提出,这种联合应该以共同的宪法为基础,建立在以公民商谈与交往为本质特征的公共领域之上,形成“没有世界政府的全球管理制度”,在“世界公民”的政治和文化认同中处理那些传统民族国家无法处理的问题。这就是哈贝马斯世界主义理论的要义之所在。具体而言,哈贝马斯的世界主义理论主要包括三个部分:宪法爱国主义,世界公民权利与世界公民社会。

一、后民族国家结构与宪法爱国主义

全球化及现代性的发展带来的诸如生态环境恶化、国际性有组织犯罪,以及全球金融风险等全球性问题将人类拖入了风险共担的时代,任何国家都不能置身于外,也不可能单独解决这些问题,因此国际社会需要各国之间的合作,与他者一起承担人类共同的责任。这样的全球治理模式需要民族国家让渡部分主权,从而势必会对民族国家传统的权力结构以及民主合法性构成挑战。民族国家传统的治理模式既不能填补合法性的亏空,又无法适应全球化对自身的冲击。面对如此情况,哈贝马斯认为,改变民族国家的传统结构已经成为不可争的事实,目前需要尽早找到一种治理模式超越民族国家的固有政治沉疴,构建“后民族国家结构”。

以欧洲为范本,按照交往理性的逻辑思路,通过对欧洲一体化进程的分析,哈贝马斯认为民族国家应该在全球化进程中实现从民族国家向后民族国家结构的转移。在哈贝马斯看来,“一种真正的认同形式要想超越民族界限,就必须满足下述实际条件:第一必须有一个欧洲公民社会;第二,建立欧洲范围内的政治共同领域;第三,创造一种所有欧盟公民都能参与的政治文化”①。因此,哈贝马斯的后民族结构并不是否认民族国家的存在意义,而是将民族国家传统的以民族为基础的认同转向了基于宪法认同为原则的法律

① [德]尤尔根·哈贝马斯:《后民族结构》,曹卫东译,上海人民出版社,2002 年,第 157 ~ 158 页。

共同体,将民族国家传统边界范围内的民主观念扩大到国际范围,通过主体间的沟通与商谈构建一个世界性的政治公共领域,从而形成全球性的认同意识。通过扬弃功能上不合时宜的传统民族国家结构,哈贝马斯为世界提供了一个超越了民族国家的无限扩大的法律和社会共同体,但是这种后民族国家结构的实现首先需要在政治文化层面上构建出以"宪法爱国主义"为核心的规范性基础。

"宪法爱国主义"(Constitutional Patriotism)起源于二战后的德国,最初由自由主义哲学家卡尔·雅斯贝尔斯提出,他主张以"共同责任"(collective responsibility)理念处理战后德国的政治罪行①;1979 年,德国政治科学家多尔夫·施特恩贝格尔(Dolff Stumberger)在联邦德国成立三十周年之际,明确提出了"宪法爱国主义"②一词。施特恩贝格尔将这一理念视为一种对战后实现的德国国内政治稳定以及世界和平的保障措施,意在构建一种公民对民主国家体制的认同,从而保障战后德国拥有对抗来自国内外威胁的足够的内动力。③ 因此,施特恩贝格尔的"宪法爱国主义"被界定为一种激进的民主主义。随后,在"宪法爱国主义"的发展过程中,尤尔根·哈贝马斯起到了关键性作用。

20 世纪 80 年代中期,伴随着德国国内出现的"历史学家之争",哈贝马斯也参与到这场对德国作为一个民族在二战中所犯下的集体罪行的反思活动中,他提出以"宪法爱国主义"代替在德国有着浓厚历史传统的浪漫民族主义爱国主义情绪,摆脱种族单一的民族国家概念,建立一种更加包容,更加自由多元的集体认同价值和民主宪政制度。④ 之后,随着世界全球化进程的加剧以及欧洲一体化的发展,他再一次用"宪法爱国主义"观念来回答民

---

① Jan-Werner Müller, "On the Origins of Constitutional Patriotism," *Contemporary Political Theory*, Vol.5, No.3, 2006, pp.278-296.

② 所谓宪法爱国主义,是指公民对现代民族国家普遍确立的关于平等自由权利的宪法原则的认同和忠诚。它是随着现代民族国家的兴起、伴随着自由的政治文化而出现的。

③ Jan-Werner Müller, "On the Origins of Constitutional Patriotism", *Contemporary Political Theory*, Vol.5, No.3, 2006, pp.278-296.

④ Jan-Werner Müller and Kim Lane Scheppele, "Constitutional Patriotism: An introduction", *International Journal of Constitutional Law*, Vol.6, No.1, 2008, pp.67-71.

族主义的集体认同在全球化时代的不适用性问题。

在全球化时代，人员、信息、资本以前所未有之势实现了跨时空流动。世界出现了一种流动性，同时也激发出一种动力，促使全球社会逐渐走向一个整体。传统现代社会中的“我们”和“他们”的界限变得模糊，两者之间也形成了错综复杂的微妙关系，迫使世界上的每一个个体和国家进行调整和重构，以适应全球化的冲击。由此，他在扬弃了民族主义和借鉴世界主义民主政治模式的基础上，重提“宪法爱国主义”理念，以期实现世界范围的文化多元共存和重叠共识。

在哈贝马斯看来，在自由与和平成为世界共同追求的目标时，集体认同不再仅限于血缘和文化同质的统一，关键在于人类为实现这一理想而在程序上达成的统一。他认为，只有转到法律，基于共同的宪法以及共同的政治文化，才能作为世界和平发展的纽带，“每一种法律制度都是特殊生活方式的表达，而不仅仅是基本权利的普遍内容的体现”①。宪法爱国主义强调对宪法原则和民主程序的认同，②它“意味着在认同别的生活方式乃至合法要求的同时，人们将自己的生活方式相对化；意味着对陌生人以及其他所有人的容让，包括他们的性格和无法理解的行为，并将此视作与自己相同的权利；意味着人们并不故意固执地将自己的特性普遍化；意味着并不简单地将异己排斥在外；意味着包容的范围必然比今天更为广泛”③。在多元主义的国际社会中，宪法是一种形式上的共识。在制定法律的过程中，共同体得以凝聚在一起，“民主的自我实践权力确实包含了公民坚持他们自己政治文化包容性特征的权利：它保证社会不会有分裂的危险——对亚文化的排斥和分离主义”④。

为理解“宪法爱国主义”，哈贝马斯引入了“政治文化”概念。所谓政治文化，就是持不同文化认同的公民们在政治参与过程中（比如说建立共同体

① ［德］尤尔根·哈贝马斯：《包容他者》，曹卫东译，上海人民出版社，2002年，第252页。

② 冯琼：《哈贝马斯的公民理论研究》，中国社会科学出版社，2014年，第137页。

③ ［德］尤尔根·哈贝马斯：《现代性的地平线：哈贝马斯访谈录》，李安东、段怀清译，上海人民出版社，1997年，第137页。

④ ［德］尤尔根·哈贝马斯：《包容他者》，曹卫东译，上海人民出版社，2002年，第264页。

的宪法)形成的一种文化。它是文化的,因为它将宪法原则与公民的文化传统、价值观念联系了起来,它并不仅仅诉诸普遍的道德论证。因此,它能使公民们对共同的宪法原则产生一种亲近感,从而使共同的宪法原则产生一种持久的、深厚的社会团结力量。①

共同的政治文化成为链接国际普遍宪法原则和国家政治生活的中介,同时也在一定程度上隔断了文化或政治的同质化。哈贝马斯不断强调,包容是共同政治文化的基本特征,"从规范角度看,民主过程深入到一种共同的政治文化当中,所具有的不是一种排斥意义,不是要突出民族的特性,而是一种包容的意义……所谓包容,就是指政治共同体对所有的公民都保持开放状态,不管他们有怎样的出身"②。如果说,文化是民族认同的基本要素,民主政治是现代国家的特质,那么以"政治文化"为基础范畴的"宪法爱国主义"则成为哈贝马斯试图超越民族主义,综合自由主义和共同体主义,进一步推进全球集体认同的理论工具。

二、世界公民权利与世界公民社会

哈贝马斯关于"世界公民权利"的概念来自康德。在康德看来,世界公民权利是"永久和平"的第三维度:除了国家法和国际法之外,还应该有世界公民权利。③ 康德将世界公民权利界定为一种法律意义上的权利,将地球上的每个人都视为一个普遍的人类的公民,"它不是一个仁爱问题,而是一个权利问题……这种权利属于人人都有的,即由于共同占有地球表面的权利而可以参加社会,地球表面作为一个球面是不可能无限地驱散他们的,而是终于必须使他们彼此相互容忍;而且本来就没有任何人比别人有更多的权利可以在地球上的一块地方生存"④。哈贝马斯认同康德的世界公民理论,如康德一样,将世界公民权利归于道德之下的法律范畴,将权利作为该理论的逻辑起点与重点,但在如何实现公民权利的途径方面对康德提出了修正。

首先,世界公民权利是一种法权。在哈贝马斯看来,人权不是一种道德

① 马珂:《后民族主义的认同建构及其启示》,上海人民出版社,2010年,第68页。

② [德]尤尔根·哈贝马斯:《后民族结构》,曹卫东译,上海人民出版社,2002年,第86页。

③ 王江涛:《哈贝马斯公共领域思想研究》,中国社会科学出版社,2015年,第139页。

④ [德]伊曼努尔·康德:《历史理性批判文集》,何兆武译,商务印书馆,1990年,第115页。

权利,同时还具有法律结构,“人权概念从一开始就没有什么道德内涵,而是现代主体权利的一种特殊形式,也就是说,是法权概念的一种特殊形式。人权究其本质而言是一种法权。使人权表现为道德权利的,不是其内涵,也不是其结构,而是一种超越了民族国家法律秩序的有效性意义”[①]。由于作为基本权利的人权面向了每一个个体,因此这种普遍性赋予了人权道德特性。但是从历史上看,人权概念初始便归属于法权的范畴,无论是美国的《独立宣言》还是法国的《人权宣言》,都从法律制度层面保障了这一权利。[②] 因此哈贝马斯认为,当人权在世界范围内应用,发展为世界公民权利时,其实施过程遵循的应该是一种权利逻辑,而非道德逻辑。当在全球范围内谴责践踏人权的现象时,“应该像对待罪犯一样,在国际法律秩序范围内根据制度化的法律程序加以追究”[③]。

其次,世界公民权利高于国家主权。在世界公民权利的性质上,哈贝马斯同康德一致。但是哈贝马斯也提出,康德一方面将人权还原到了原始权利上面,即“任何一个人都享有‘做人’的权利”[④],另一方面又固守了国家主权不可逾越的古典国际法原则,因此康德的世界公民设想出现了矛盾。哈贝马斯认为,人权是所有权利的基础,“世界公民权利的要点其实在于,它超越了一切国际法主体,深入到了个别法律主体的地位当中,并且在自由平等的世界公民联盟中为个别法律主体提供了一种完整的成员资格。……同时既是(法学意义上的)世界公民,也是国家公民”[⑤],因此人权应该高于主权。但是哈贝马斯提倡世界公民权利取代国家主权成为国际法最高法律主体,并不意味着其主张取消国家在国际制度中的地位。在哈贝马斯看来,公民同时拥有两种身份:国家公民和世界公民。其中,国家身份为公民的政治参与行为提供了实践场,是培养世界公民身份的前提和基础。

最后,世界公民权利具有建构性。不同于康德人权概念的“自我立法”,

---

① [德]尤尔根·哈贝马斯:《包容他者》,曹卫东译,上海人民出版社,2002年,第218页。

② 艾四林、王贵贤、马超:《民主、正义与全球化:哈贝马斯政治哲学研究》,北京大学出版社,2010年,第165页。

③ [德]尤尔根·哈贝马斯:《包容他者》,曹卫东译,上海人民出版社,2002年,第221页。

④ [德]尤尔根·哈贝马斯:《包容他者》,曹卫东译,上海人民出版社,2002年,第208页。

⑤ [德]尤尔根·哈贝马斯:《包容他者》,曹卫东译,上海人民出版社,2002年,第208页。

哈贝马斯将人权构建在以主体间关系重组的立法实践中。[①] 哈贝马斯认为，“在一切宪法规范当中，基本权利是十分突出的。一方面，自由的基本权利和社会的基本权利具有面向作为‘人’（而非仅仅作为‘国家成员）的民众的一般规范形式。……基本权利和道德规范一样，都具有这样一种普遍的有效性，它们面向的是人本身”，它们之所以具有普遍有效性，“是因为它们只能从道德的角度获得论证……这些论据论证了确保这些规则为何符合所有人的利益，这些规则为何对每个人都有好处”[②]。在哈贝马斯看来，先验的人权变成了以交往为基础的构建性权利，从而也实现了个体权利和全球治理中基本权利规范的对接。传统的国际法律秩序产生于以国家主权和国家利益为条件的谈判过程中，这也是康德基于共和政体的永久和平论的基础。但是历史证明，基于国家为构成要件的国际体系并未实现永久和平，民主政体国家和非民主政体国家之间以及民主政体国家内部大小冲突不断。因此在哈贝马斯看来，康德的永久和平论妥协于以国家联盟为基础的古典国际法，是一种消极的和平理念。只有世界公民才能实现积极和平。哈贝马斯提出，在人权的基础上，公民从地域性的民族身份中脱离，成为全球性的行动主体，“每个人都面对着一种自由，它使人关注自我，并把自我同他者隔离开来，为此，它促使个体从目的理性的角度来看待各自的利益；但它同时也使个体能够进入新的社会规范，积极建立新的共同生活规则”[③]，公民在相互交往中学习和理解他者和新的公共规范，这一过程实现了个体间对新的、充满期待的共同生活规范的重构，将自己看作相互合作和拥有共同利益的国际共同体成员，通过交往共识形成具有普遍意义的政治文化，进而转化为共同遵循的法律，从而实现政治共同体观念由外而内的演化。当然，哈贝马斯也意识到，当前国际交往的公共化程度并未达到如此高的程度，因此“这些基本权利在国际法当中的有效性很有限，并期待着在处于发轫之初的世界公民秩序获得制度化”[④]。

---

① 冯琼：《哈贝马斯公民理论研究》，中国社会科学出版社，2014 年，第 139 页。

② ［德］尤尔根·哈贝马斯：《包容他者》，曹卫东译，上海人民出版社，2002 年，第 218 页。

③ ［德］尤尔根·哈贝马斯：《后民族结构》，曹卫东译，上海人民出版社，2002 年，第 95 ~ 96 页。

④ ［德］尤尔根·哈贝马斯：《包容他者》，曹卫东译，上海人民出版社，2002 年，第 444 页。

在“世界公民权利”之后，哈贝马斯提出了“走向无限交往的世界公民社会”，企图构建一个无限扩大且多元共存的交往共同体：世界公民社会。哈贝马斯以欧洲一体化为世界公民社会的实践背景和思考落脚点。他认为，欧洲统一是通向世界公民社会的中坚步骤，这一乐观期待在从欧洲向世界范围建构的过程中需要完成对以下两方面的继承：构建世界性法律共同体以及世界公共领域。

首先，哈贝马斯构建的世界公民社会是一种带有宪法特征的国际共同体。在他的论述中，“公民权利”是世界公民社会的核心，因此世界公民权利中的“法权”特征也延续至世界公民社会中。哈贝马斯企图“把国际关系从自然状态转向法律状态”①，因此世界公民社会中的公民享有充分的自主权，并且“不能让国家主权凌驾于公民权利之上”②，因此世界公民权利必须以制度化的方式得到保障，使其对所有政府都具有约束力。另外，在讨论以欧洲为范本的世界公民社会时，哈贝马斯提出，政治一体化成功的关键在于培育一种基于共同宪法、共同目标和价值的集体认同。当然，集体认同的构建不是一部宪法就可以实现的，但是共同宪法草案的讨论过程可以作为培育一个共同集体身份认同的催化剂，因为“立宪过程本身就是跨国交往的特殊手段，它具有自我履行诺言的潜力”③。宪法在构建过程中对政治制度起到的诱导作用，增进了参与行为体政治文化的包容性和普遍性，从而大大加快集体认同的形成。

其次，世界公民社会立足世界公共领域。哈贝马斯将政治公共领域形象地比喻为“必须由政治系统来解决——因为在别处得不到解决——的问题的共振板”④。在哈贝马斯看来，公共领域是一个预警系统，“公共领域把问题压力放大，而且令人信服地、富有影响地使问题成为讨论议题，提出解

---

① ［德］尤尔根·哈贝马斯：《包容他者》，曹卫东译，上海人民出版社，2002年，第231页。

② ［德］尤尔根·哈贝马斯：《包容他者》，曹卫东译，上海人民出版社，2002年，第221页。

③ ［德］尤尔根·哈贝马斯：《后民族结构》，曹卫东译，上海人民出版社，2002年，第158页。

④ ［德］尤尔根·哈贝马斯：《在事实与规范之间：关于法律和民主治国的商谈理论》，童世骏译，上海三联书店，2014年，第444页。

决问题的建议,并且造成一定的声势,使得议会组织接过这些问题并加以处理"①。公共领域将公民的"商谈""交往"与"政治权利"紧密结合起来,激发公民的公共参与热情,通过公共领域的扩展以及主体间的沟通实现人的自由联合,构建共同的政治实践以及道德实践,进而完成世界公民社会的构建。仍然是以欧洲为范本,哈贝马斯提出,"如果不能在共同的政治文化背景下形成一种欧洲范围内的公共领域,一个由不同利益集团、非政府组织、公民运动等组成的公民社会,一个欧洲意义上的政党体系——一句话,如果没有一种超越国家公共领域的交往关系,就不可能有民主意义上的欧洲联邦国家"②。可以说,哈贝马斯界定的世界公民社会超越了全球性市场和经济范畴,所提及的一些非政府非经济的联系和自愿联合,使世界公民社会扎根于以公民社会生活为本质特征的公共领域中。

第二节 乌尔里希·贝克与世界主义社会学

乌尔里希·贝克(Ulrich Beck,1944—2015)是德国著名的社会学家和政治学家,长期从事社会发展、全球化以及现代性等议题的研究,并针对"风险社会""反思现代化"以及"世界社会"等概念提出了许多独特见解,在西方学术界影响甚广。

贝克的思想体系庞大而复杂,主要包括"风险社会"理论,"自反性现代化"理论以及"世界主义"理论。他的世界主义理论研究开始于20世纪末21世纪初,主要在推崇世界多样性的前提下,提出了"一切都是平等的,但每个人又是不同的"世界主义新构想。这些思想主要体现在《全球化时代的权力与反权力》《世界主义的欧洲:第二次现代性的社会与政治》《世界主义的观点:战争即和平》《世界主义:相互依存的政治》等著作中。

贝克认为,"世界主义"是一个可以描述的进程,而非仅仅是一个结果。

① [德]尤尔根·哈贝马斯:《在事实与规范之间:关于法律和民主治国的商谈理论》,童世骏译,上海三联书店,2014年,第444页。

② [德]尤尔根·哈贝马斯:《包容他者》,曹卫东译,上海人民出版社,2002年,第186页。

他更喜欢用“世界主义化”一词替代“世界主义”。在贝克看来，世界主义化是一种进程，在这一进程中，个体化和全球化起到推动作用，人类的意识在发生转变，不仅对传统权威发出挑战，同时还承认多元性实体的存在，主张“对话式思维”，包容“自我”与“他者”之间的差异性。因此，他界定的“世界主义化”既是一种世界进程，同时也是一种本体论和认识论的变革，它假定了一种辩证逻辑，超越了二元论的理论对立。

一、贝克世界主义思想的基本内容

在贝克看来，世界主义是一种进程，或者是一种思维方式，世界主义的出现是一种主观和客观的现实，而不仅仅是一种概念的存在。他的世界主义化理论并没有关注规范性认同等概念，而是主张“我们必须区分世界主义是作为一系列的规范性原则还是一种现实存在的世界主义化进程”①。规范和现实的世界主义之间的冲突如同理想主义与现实政治之间的冲突一样：优良的美德并不足以支持世界主义，世界主义还必须是现实的，即使是一种乐观的世界主义观点也会拥有一种悲观的世界主义使命。② 因此在贝克看来，世界主义“是冲突的另一种含义，它并不表示共识”③。他的世界主义化是“扭曲”的世界主义，是现实主义在社会学中对“世界主义”的嵌入，它由冲突建构，并不是哲学或纯粹的规范性世界主义。

首先，“世界主义化”直接将冲突赋予了现实中的个体。“世界主义化”的兴起是全球化发展的结果。一些国内问题，诸如国有资产私有化、地方分裂以及中央集权制度的崩溃，削弱了民族国家的权力。而在国际上，全球性不平等、贫困、国际犯罪、恐怖主义、人权、战争以及大规模杀伤性武器等问题逐渐变得全球化，并且要求全球性回应。20 世纪末，尤其是 21 世纪初，跨国性迁移、交流以及文化多元化的不断发展，人们对跨国性身份、相关联的命运、全球性威胁及风险感知的认知更加清晰。因此，世界主义是真实存在

---

① Ulrich Beck and Natan Sznaider, “Unpacking Cosmopolitanism for the Social Sciences: A Research Agenda,” *British Journal of Sociology*, Vol. 57, No. 1, 2006, p. 388.

② Ulrich Beck, “The Cosmopolitan Perspective: Sociology of the Second Age of Modernity,” *British Journal of Sociology*, Vol. 51, No. 1, 2000, p. 81.

③ Luke Martell, “Beck's Cosmopolitan Politics,” *Contemporary Politics*, Vol. 14, No. 2, 2008, p. 136.

的,是被嵌入在社会发展中的。贝克不断强调,当今的“世界主义化”是一种被迫的,施加于个体的,并且由个体承受的“世界主义”①。

其次,“世界主义化”是不可逆转的。② 当前,人们对现代性的反思带来了生存的不安全感。这种不安全感并不是来自自然过程,而是在生产过程中意想不到的副产品。这些副产品带来了对现代性更大的自反性,更多自我感知的风险。生态退化、恐怖主义、大规模杀伤性武器,这些问题的解决需要全球性方案。单一的民族国家不再适合解决此类问题,人们需要的是一个全球治理体系,所有相关参与者之间进行平等的对话和协商,包括国家和非国家。共享于世界的共同风险意识以及参与的普遍化,决定了世界的世界性行为,也决定了世界主义现实的不可逆转性。

再次,“世界主义化”是扭曲的、变形的、痛苦的。贝克指出,在当今时代,人们都以某种方式明显地遭受着“少数”的命运,这是一种种族受到绝种威胁的命运,甚至“多数”也有被赶出家园的感觉,在自己的国家中感觉自己却像个“外国人”。③ 当今可被感知的“世界主义”不再是古希腊哲人所描述的“天堂”,21 世纪的世界主义有时表现得更像一种议题,而非理论。

最后,“世界主义化”是矛盾的。现实的世界主义并不一定导致世界性意识,世界主义有反对者。④ 贝克认为,反世界主义者是合理的存在,它本身就意味着世界主义化。但是他同时坚持,反世界主义者是无用的、无价值的,在其政治设计中,世界主义的反对者和冲突被排除出去。“秋天的落叶无法通过另一种方式被阻止,当然也不能因为你讨厌冬天而坚持过秋天……即使是最激进的反世界主义者也只能在理论上反复的构建古老的边界,在

① [德]乌尔里希·贝克:《世界主义的观点:战争即和平》,杨祖群译,华东师范大学出版社,2008 年,第 26 页。

② [德]乌尔里希·贝克:《世界主义的观点:战争即和平》,杨祖群译,华东师范大学出版社,2008 年,第 94 页。

③ [德]乌尔里希·贝克:《世界主义的观点:战争即和平》,杨祖群译,华东师范大学出版社,2008 年,第 25 页。

④ [德]乌尔里希·贝克:《世界主义的观点:战争即和平》,杨祖群译,华东师范大学出版社,2008 年,第 95 页。

现实中是不行的。"①无论如何,世界主义化中充斥着理想主义与现实主义的矛盾。

由此可见,乌尔里希·贝克的"世界主义宣言"并不是在关注"民族国家应该是什么样子",或者"社会科学如何误解了现实"等诸如此类的命题,而是针对"当今世界正在变成什么样子",以及"社会科学如果想正确地理解当今世界,就必须进行变革"等问题的论述。贝克的"世界主义化"理论更多的是在关注未来,而非过去。在他看来,世界主义的观点涉及了一个新时代的到来,当今世界已经变得"世界主义化"了。

二、世界主义化的内在逻辑:个体化与全球化

在贝克的观点中,作为现实存在的世界性进程的世界主义化是个体与全球问题相遇导致的结果,"全球问题正在成为个体道德生活的一部分,无论他们是否是支持世界主义"②。因此在贝克看来,启蒙运动的结果,并不像其所承诺的那样人类作为主体,控制世界和社会,在其初始阶段就产生了威胁当代社会的不确定性和风险,即"个体化"。到20世纪中后期,全球化与个体化的结合,引发了"第二次现代性"的挑战,同时也推动国际社会进入了一个全新的进程,即"世界主义化"。

(一)启蒙运动与个体化

对贝克来说,启蒙运动不仅仅是发生在欧洲17、18世纪时的一系列重大事件,同时也是一种目的性"进程",这一进程的核心在于将人的自由理性置于"神"之上的地位。③ 在启蒙运动的进程中,人成了世俗的人,相较于宗教的界定和局限,人们对世俗社会中呈现出的"真理"和"美好"表现出了更大的意愿。其中,包括了两个关键性概念。第一,挑战权威。个体化彻底改变了宗教信仰的传统观念,原有的继承性集体认同转变为个体意识下的个体选择,启蒙运动的个体化进程消融掉了宗教的传统权威和等级体系,从而确

---

① [德]乌尔里希·贝克:《世界主义的观点:战争即和平》,杨祖群译,华东师范大学出版社,2008年,第153页。

② Ulrich Beck and Natan Sznaider, "Unpacking Cosmopolitanism for the Social Sciences: A Research Agenda", *British Journal of Sociology*, 2004, p. 392.

③ Ulrich Beck, "Understanding the Real Europe," *Dissent*, Vol. 50, No. 3, 2003, p. 33.

保“每个人拥有自己的上帝”[①]。也就是说，在贝克看来，启蒙运动中的个体化既不提倡维持一些形式上的“真理”，包括宗教领域及世俗领域，同时也没有对“真理”提出拒绝，其核心的意义在于，怀疑了“真理”所拥有的绝对地位。

其次，贝克给出了启蒙运动的第二个关键性概念：化解冲突。贝克指出，当宗教脱离建制禁锢成为私人事务之后，人们便会重塑先前存在的宗教世界观，个人不再受宗教集体性的限制，消融着种族及国别的分歧，实现着复合性的宗教身份。这种宗教中提倡的对“上帝”的个体化解释在世俗社会中表现为个体化的社会过程，即个体在面对传统权威时维护自治权利的过程。[②] 类似于复合性的宗教身份，个体的社会身份也随着个体意识的转变，溶解着种族、宗教及政治的边界，以至于将自己曝光在了不同的社会组织中，不仅实现了“自我”身份的多元化，同时也将“他者”的身份吸纳到自己的身份之中。[③] 无论是宗教领域还是世俗领域的个体化，都打破了传统中对绝对真理的捍卫，这种个体化意识的觉醒不仅丰富了个体的社会经验，同时也在无意中化解了社群之间潜在的暴力冲突。[④]

（二）全球化与世界主义化

如果说启蒙运动带来了社会个体意识的觉醒，那么全球化则将个体意识带入全球层面，全球化开启的再一次“启蒙运动”承认了社会性个体意识的存在。贝克将这一现实进程称为“经验性世界主义”。[⑤]

首先，全球化将个体意识的适用范围拓展至全球社会层面，提供了世界主义化的理论基础。在贝克看来，某种程度上存在着一种平庸的、日常的以及被迫的世界主义化现象，这一现象开始于与社会因素相关联的全球化现

① Susan Ossman, “Beck's Cosmopolitan Vision or Plays on the Nation”, *Ethnos*, Vol. 71, No. 4, 2006, p. 561.

② Susan Ossman, “Beck's Cosmopolitan Vision or Plays on the Nation”, *Ethnos*, Vol. 71, No. 4, 2006, p. 561.

③ Michael Leahy, “Ulrich Beck's Cosmopolitanisation Thesis: A Philosophical Critique”, *Australian Journal of Political Science*, Vol. 48, No. 2, 2013, p. 162.

④ Michael Leahy, “Ulrich Beck's Cosmopolitanisation Thesis: A Philosophical Critique”, *Australian Journal of Political Science*, Vol. 48, No. 2, 2013, p. 155.

⑤ Ulrich Beck and Natan Sznaider, “Unpacking Cosmopolitanism for the Social Sciences: A Research Agenda”, *British Journal of Sociology*, 2004, p. 388.

象的出现。[①] 全球化在实践层面上促进了个体的流散范围,促进了政治、经济和文化的跨边界联系,促进了个体身份及生活方式的多元混合;在精神层面上,继承自启蒙运动时期的个体化意识在全球化的助力下突破了宗教界限,发展成为一种社会性精神力量,强化着对传统意识和权威的抵御,具体表现为对“民族主义”集体意识的藐视。事实上,当今世界与个体的联系越来越紧密,全球性自然灾害及环境的恶化,人员流动以及社会关系的跨国性,以及无法预知的全球性威胁、恐怖主义,这些全球性事件打破了传统的阶级、民族或国家界限。它们带来了一种全新的分配逻辑:面对一系列的全球性问题,无论是富裕地区,还是贫穷地区,无论是权势阶级,还是普通民众,所有人都在所难免。这些全球性议题对世界上每个人的健康、财产和利益产生了威胁,因此这些都是世界性的个体议题。传统权威受到质疑,“集体主义”对个体的照顾与扶持在当代社会中一定程度上失去了意义。因此,个体需要自力更生地面对未来的风险、机会和挑战,也因此个体才更加关注自己的时间、空间及生活要求。这就是贝克所谓的“为自己而活”[②]的人生愿望。在当代,强调个体化的“为自己而活”不仅仅是一种生存策略,更成为一种价值理性,它接近于“一种精神和力量的世界”[③],成为任何其他价值追求的评判标准。

其次,全球性个体化意识化解了现代社会中的观念冲突,提供了世界主义化的现实基础。贝克认为,全球化“是一种非线性的、辩证的进程,在这一进程中,全球化和地方化并不是对立的两极,而是相互交合的”[④]。在世界主义化意义上而言,全球化转变了人们的日常意识和身份特征。世界主义化包含着我们将自我界定为“内在的他者”,即“亦此亦彼”原则。正如贝克所

---

① Robert Fine, “Cosmopolitanism: A Social Science Research Agenda”, in Gerard Delanty, ed., *Handbook of Contemporary European Social Theory*, Routledge Press, 2006, p.245.

② [德]乌尔里希·贝克等:《个体化》,李荣山、范譞、张惠强译,北京大学出版社,2011 年,第 62 页。

③ Charles Taylor, *A Secular Age*, Harvard University Press, 2007, p.27.

④ Ulrich Beck,“The Cosmopolitan Society and Its Enemies”, *Theory, Culture and Society*, Vol.19, No.1,2009, p17.

言:“非常遥远的‘他者’距离‘自我’认知也非常近。”[①]贝克将这一命题称之为“对话式思维”(dialogical imagination),它“相当于在个体活动中竞争双方共存的生活方式,这使得个体生活注定要进行比较、反省、批判、理解、融合矛盾”[②]。这种“对话式思维”克服了“线性思维”(monological imagination)中对“他者差异性”(the otherness of the other)的排斥。[③] 不同于“线性思维”强调的对立、差异,“对话式思维”采用了一种“世界性视角”,强调了“个体选择性的生活和理性模式,包括了对他者差异性的接受”[④]。

最后,全球性威胁将个体带入了世界主义化进程中。贝克认为,现代性生产方式的全球化发展在带来全球性生态问题的同时,也衍生出了无意识的副产品:世界风险社会。国际犯罪、恐怖主义、人权、战争,以及大规模杀伤性武器等问题逐渐变得全球性,并且要求全球性回应;全球性不平等以及贫困成为主要问题;世界经济已经被新自由主义和资本流动构建成全球化的经济,并且赋予了世界经济更大的相互依赖和不稳定性特征。这些全球性公共问题引导出一种共同体或共同命运的世界性意识。同时,跨国性迁移以及文化交流导致了个体对跨国性身份的感知,从而巩固了全球公民意识。正如贝克所言:“威胁的跨国性意味着人类会首次经历共同的命运……这导致了日常性的世界意识,这种意识甚至超越了人、动物和植物之间的界限。威胁构建了社会,全球性威胁构建了全球性社会。”[⑤]全球性威胁以及世界风险需要全球性合作予以解决。个体面临生存威胁,而国家却没有能力保护自己的国民。这些威胁的影响以及起因的全球性,决定了要采取广泛的合作形式,不仅包含国家间合作,还包括世界每个个体参与的全球公民社会、全球公民运动等,共同解决此类问题。所以对这些问题的跨国性回应促

---

① Ulrich Beck, “We Do Not Live in An Age of Cosmopolitanism But in An Age of Cosmopolitisation: The ‘Global Other’ Is in Our Midst”, *Irish Journal of Sociology*, Vol. 19, No. 1, 2001, p. 23.

② Ulrich Beck, “The Cosmopolitan Society and Its Enemies”, *Theory, Culture and Society*, Vol. 19, No. 1, 2009, p. 18.

③ Ulrich Beck, “The Cosmopolitan Society and Its Enemies”, *Theory, Culture and Society*, Vol. 19, No. 1, 2009, p. 24.

④ Ulrich Beck, “The Cosmopolitan Society and Its Enemies”, *Theory, Culture and Society*, Vol. 19, No. 1, 2009, p. 24.

⑤ [德]乌尔里希·贝克:《什么是全球化?》,常和芳译,华东师范大学出版社,2008年,第43页。

使个体成为世界社会参与的成员，在一定程度上实现了个体自身的世界主义化进程。

三、世界主义理论的规范性内容：方法论世界主义

全球性问题的出现引发了个体意识从宗教领域向全球社会领域的扩展，从而在不同程度上溶解了不同国别、种族、文化之间的社会和政治分歧。实践层面上的这种“平庸的世界主义”现象的出现必然会对“全球性问题在个体意识层面消融分歧”产生更加规范性的影响，因此贝克认为，在理论层面上应该对现代的方法论民族主义思维方式进行修订，“‘把社会置于民族国家之下’将会造成一种不利的影响……对我而言，世界主义化理论就是一种方法论概念，帮助克服方法论民族主义，并且建立起一种审视新的社会冲突、探讨第二次现代性的动力与结构的分析框架”[①]。

（一）对民族主义与方法论民族主义的批判

首先，民族主义已经变得退化且不平等。在贝克看来，就目前而言，民族主义催生和再造了全球以及欧洲的不平等，并且为这种不平等寻找了各种理由。[②] 民族国家是无法在经济的连续性冲击中保护自身的，在全球化时代，资本战略从来不从民族国家的视角来衡量政治和市场，因此民族国家对市场进行政治干预的作用越来越小，在确保竞争优势面前民族国家变得软弱无力。[③] 民族主义的退化和不平等在欧债危机中尤为明显。由于民族国家没有采取协调一致的行动，原本几个欧盟国家的主权债务危机逐渐波及整个欧洲，演变成了一场无法控制的经济海啸，欧洲诸民族国家需要为这次危机负担原罪。用贝克的话来说，欧债危机遇上政治的无人区，最终事与愿违地波及多数欧洲成员国。

其次，方法论民族主义不再适应世界主义化的国际社会。贝克对民族主义更加激进的批判体现在其对方法论民族主义的批判上，他认为，在现代

---

① Ulrich Beck and Natan Sznaider, “Unpacking Cosmopolitanism for the Social Sciences: A Research Agenda”, *British Journal of Sociology*, 2004, p. 381.

② Yishai Blank,”The Reality of Cosmopolitanism”, in Ulrich Beck ed., *Pioneer in Cosmopolitan Sociology and Risk Societ*,Springer Press, 2014. p. 67.

③ ［德］乌尔里希·贝克：《全球化时代的权力与反权力》，蒋仁祥、胡颐译，广西师范大学出版社，2004 年，第 131 页。

化进程的数百年中,民族主义以“对立”与“分类”的思维俘获了社会科学的分析方式。人类最基本的单元以民族范围来定义:家庭、性别、宗教、国家、政治、民主、偏好,等等,我们的法律以及行政体系规范着这些基层单元,并且这些基层单元由社会科学予以研究放大。[①] 然而如果揭开“社会科学与民族主义必然相关”的欺骗性外表就会发现,当今世界的边界已然模糊不清。生态退化、经济危机以及大规模杀伤性武器等全球性问题需要全球性的解决方案,单一的民族国家不再适合解决此类问题,人类需要一个全球性的治理体系。这种全球性治理体系主张所有参与者平等,人权概念普遍化,主张全球公民意识和全球价值成为全球合作的社会和文化基础。方法论民族主义中界定的“自我”与“他者”的对立,无法实现当今全球社会要求的平等与合作。

因此对贝克而言,方法论民族主义极其有害并不仅仅因为它公然的为国家保护主义以及全球不平等辩护,而是在于它的意识形态和支配地位:民族主义定义并固化了当今社会的科学和理论框架,固化了思想和知识的二元论和基本概念——国家与国际、我们和他们、少数和多数,等等。方法论民族主义作为一种意识形态不仅限制了人类的猜想和愿望,同时更重要的是也限制了人类获取知识以及认识现实的能力。当今社会的数据、统计、分类以及概念都开始于民族主义视角。因此,要将人类以及社会科学从民族主义意识形态的观察视角中解放出来,代之以世界主义或者方法论世界主义。

(二)方法论世界主义

正如上文所言,在进行实证研究时,贝克区分了“积极的世界主义”和“消极的世界主义”。也就是说,他已经注意到了人类生活方式正变得越来越世界主义化,而这一经验性证据也为社会科学研究范式的转向提供了依据,即从“方法论民族主义”转为“方法论世界主义”。

首先,方法论世界主义包含有国家的视角,并同时扩展了国家视角。方

① Yishai Blank, “The Reality of Cosmopolitanism”, in Ulrich Beck ed., *Pioneer in Cosmopolitan Sociology and Risk Societ*, Springer Press, 2014, p. 68.

法论世界主义主张研究者聚焦于边界差异已然模糊不清且相互交织的中立空间之中;方法论世界主义主张研究国家与国家之间,伴随着世界主义化的跨地区、地区—全球,跨国家,国家—全球以及全球—全球的关系模式。[①] 在这里,贝克并没有否认将国家作为方法论世界主义的分析单位。贝克解释道,“社会科学存在着参与者和观察者之间方法论思维的不一致……因此,方法论民族主义需要进行概念上的自我超越和经验上的自我修正,这正好为以后以国家主义的概念框架实证性的探索跨国化、世界主义化以及再民族化的形式提供了出发点”[②]。

其次,方法论世界主义否定了现代政治合作中的“分裂”特征。在现代政治承诺中,国家与国家之间的合作其本质是分裂的政治组织间的并列存在,甚至有学者将国际合作定义为“通过其他方式而继续的战争”[③]。在方法论民族主义的理念中,爱国主义以及国家利益超越了任何其他的道德原则,要求成员对一种特定的历史性共同体的集体性效忠。因此,在现代国际社会中,如果民族国家的利益受到阻碍或损害,国际合作往往无法继续。这是因为,民族国家之间的联合是基于特定的“民族和文化身份”,而“民族和文化身份”产生了纳粹主义和法西斯主义;即使“看似良性的伊斯兰和西方之间的‘文明对话’都是误导性的,因为它解释了作为‘相互彼此独立’的实体已经‘相互渗透’了”[④]。比如,贝克提出,方法论世界主义揭示了方法论民族主义无法解释的“欧洲人出现”这一现实,也就是说,欧洲各国的公民作为“欧洲人”统一起来了,“方法论民族主义否认了欧洲的经验性现实,即欧洲已经是一个多样化的联合体”。[⑤] 如何理解这一联合体?如果这一联合体被看作是一种实践性成果,那么它就不仅仅是以多样性为特征的现代合作性

---

① [德]乌尔里希·贝克:《世界主义的观点:战争即和平》,杨祖群译,华东师范大学出版社,2008年,第99~100页。

② [德]乌尔里希·贝克:《世界主义的观点:战争即和平》,杨祖群译,华东师范大学出版社,2008年,第121页。

③ Alasdair MacIntyre, *After Virtue: A Study in Moral Theory*, University of Notre Dame Press, 1981, p.253.

④ Ulrich Beck, “Understanding the Real Europe,” *Dissent*, Vol.50, No.3, 2003, p.33.

⑤ Ulrich Beck, “Understanding the Real Europe,” *Dissent*, Vol.50, No.3, 2003, p.36.

政治。欧盟政治集团的成员资格通常意味着其承诺建立的联合体形式要高于一般性国际合作的基础层次，所以贝克认为欧盟的成立在一定程度上实现了世界主义化的规范性要求。而这一要求的突出特点表现为，对现代性政治承诺中"分裂"内涵的否定。

因此，可以说贝克寄希望于方法论世界主义不仅可以揭示欧盟究竟是一种什么样的经验性联合体存在，同时也希望欧洲的这种联合可以成为一种具有世界性普遍意义的特殊联合，从而构建出与民族国家联合完全相反的"欧洲式联合"。

方法论世界主义包含了对"他者"的接受，而这充分打乱了传统社会科学中对"身份"的假设和界定。然而贝克提出的这种新范式却是一种着眼于未来的界定，在现实中并不存在一种"改变了自我意识以至于'我们'将'他者'包容到'自我'的身份中"的融合。贝克更完整的观点是，从方法论民族主义向方法论世界主义的转变可以被接受，至少是可能的（当然，这需要比较乐观的态度）。[①] 但这一转变还未发生。

综上所述，贝克的世界主义化理论看起来似乎是在诉说，一个人的世界观与其所处世界现实之间认知的不一致。在贝克看来，不仅个体的社会理论无法摆脱感官的限制，同时个体经验上的自反性能力也未能脱离现代性规范下的方法论民族主义的限制。个体必须反复地提醒自己，即使在探索国家或地区，他也需要以更加广阔和世界性的视角进行分析。但是个体真的可以假设成为世界主义化的主体吗？当我们仍然背负于某种民族或社群成员身份时，我们如何假设自己与民族国家或所处社群是分离的？我们如何将自己摆脱于民族国家的边界？当我们开始以世界主义的观点构筑全球图景时，这些问题便会不断地出现。贝克在关于欧洲的论述中，提及了个体可以在多大程度上理解民族和地区的局限。

世界主义在欧洲文明和欧洲意识中是一个至关重要的主题，并且超越了全球实践。坚持方法论世界主义，便有可能摆脱国家主义视角中以自我

① Ulrich Beck and Natna Sznaider, "Unpacking Cosmopolitanism for the Social Sciences: A Research Agenda", *British Journal of Sociology*, 2004, p. 391.

为中心的观念及受方法论民族主义影响的迟钝的思想和行为，并且因此启发人类关注世界生活和世界体系中存在的真实的、内部的世界主义化。[①] 总体而言，贝克将他的实践性认知服务于规范性进程的构建，以方法论世界主义的思维分析并克服了当今世界中的种族、宗教和政治分歧。因此，贝克的世界主义化理论寻求的并不是功利性地保护大多数人的利益不受确定性风险的威胁，而是在寻求全人类在未来世界实现生存乃至繁荣的一个条件。

第三节　戴维·赫尔德与世界主义民主

戴维·赫尔德（David Held，1951—2019）是英国著名的政治学、国际关系学和全球学专家，毕业于麻省理工学院，自1976年起先后在剑桥大学、威尔士大学、英国开放大学、伦敦政治经济学院等多所高校任教。2012年起，赫尔德担任杜伦大学全球政治研究所所长，并在1984年与吉登斯共同创办了政体出版社（Polity Press）。赫尔德研究旨趣广泛，涉及民主理论与实践、国家与公民社会建设、伊斯兰文明与宗教文化、全球化与全球治理等众多问题。代表性著作包括《民主的模式》（1987）、《民主与全球秩序》（1995）、全球大变革（1999）、《世界主义：一种辩护》（2003）、《世界主义：理想与现实》（2010）、《困局：为何全球合作在我们急需时失败?》（2013）等。自20世纪90年代中叶，赫尔德在反思传统民主模式失效的基础上，结合后现代性与全球时代的诸多特征，提出了颇具争议的世界主义民主构想，成为当代西方世界主义思想研究的重点板块。

从类别上来看，世界主义民主，包括后来的2.0版本——世界主义社会民主都属于政治世界主义的研究范畴。政治世界主义是世界主义研究中最为传统的形式之一，塞缪尔·谢夫勒（Samuel Scheffer）将世界主义划分为两个研究的领域：第一，世界主义关注正义实施的法则与程序；第二，世界主义

---

① ［德］乌尔里希·贝克：《世界主义的观点：战争即和平》，杨祖群译，华东师范大学出版社，2008年，第3页。

关注一种文化规约。[①] 当代政治世界主义往往从反思新一轮全球化浪潮中国家作用的视角出发，研究传统国家解构后的世界秩序形势。世界主义民主从对传统民主模式的反思出发，研究在全球化深度发展的今天，脱胎于西方民主制度之上的世界主义民主制度在全球的可适用性。

一、对民主模式的反思

赫尔德关于世界主义的研究源自对传统民主模式的反思，其希望能够将民主原则或社会民主体系从地区和国家层面拓展到区域和全球层面，以此更好地适应冷战后当代全球化的挑战。赫尔德在《民主与全球秩序》一书中将自己对于传统民主模式的理解，以及对于世界主义民主的展望归结于对全球治理的现实和未来指向的一种探索之上。[②] 这一点在其 2010 年的《世界主义：理想与现实》一书中表现得更加突出。

赫尔德最早关于民主问题的讨论应当追溯到《民主的模式》一书，该书于 20 世纪 80 年代发表，在世界范围内引起广泛的反响。他基于二战后世界范围内民主运动以及对传统西方民主反思的逻辑，结合 70 年代以来全球化背景下涌现的全球问题和全球治理的诉求，提出了重塑传统民主的研究思路。后此书经过几次再版，已经超出了原先讨论的观点。正如赫尔德在 1995 年撰文中指出："我们不能脱离民主来讨论问题。这意味着我们需要对传统的民主模式进行调整与改革。而这些调整与改革的背景正是由于冷战结束后世界秩序重组和变动中国际秩序所提出的新的诉求。"[③]根据赫尔德的理解，传统政治学上民族国家及由国家所组成的"国家间体系"构成了当代国际关系、国际秩序的基本范式。传统的治理规则被禁锢在国家体系为核心的地缘治理模式之中，而这种模式难以提供国际政治协调和变化的民主机制。特别是 70 年代以来的全球化进程以及世界各国对于应对各类全球

① 亦有人将其翻译为政治领域的世界主义和文化领域的世界主义。Samuel Scheffler, *Boundaries and Allegiance: Problems of Justice and Responsibility in Liberal Though*, Oxford University Press, 2001, p. 112.

② David Held, *Democracy and the Global Order: From the Modern States to Cosmopolitanism Governance*, Polity Press, 1995, p. 279.

③ Daniele Archibugi and David Held, eds., *Cosmopolitan Democracy: An Agenda for a New World Order*, Polity Press, 1995, pp. 96–97.

事务的参与不断加深，全球相互依赖达到了前所未有的水平。

传统的政治模式在应对一些全球性事务过程中出现了解释力不足的现象。“国家的主权已经发生了转变。传统主权已经被一种没有边界的、不可分割的、排外的公共权力形式所取代，这种权力形式体现在单个的国家之中，体现在多重的并往往是共同的权力中心的体系中，也体现在权力的重合领域中。”①这种全球化所带来的民主模式的调整基于全球化与传统民主模式的五大张力：②

第一，国际关系范式转变背后的深层次原因就在于国家在国际体系中所起的作用正在发生微妙的变化。主权国家逐渐无法成为其参与的各类事务的绝对政策制定和执行者。这意味着无论主权国家是否愿意，一旦主权国家参与到全球化进程之中，他们就必须接受上述事实。

第二，我们再也不能做出以下的假设，即将有效的政治权力和民族国家（民族政府）完全地等同起来。在一些地区和全球事务上，国家必须与其他行为体共享或协商政治权威，从而实现有效的治理。

第三，尽管国家的主权并未消散，但各国在行使主权方面正发生着悄然的变化。一些源自国际社会的管制和治理的机制不断融入原先隶属于主权国家的治理模式之中。

第四，全球公共物品的需求日增、全球公共利益的不断强化导致了多边行动逐渐成为共识，并反作用于国内事务之上。例如在一些涉及全球关切的议题，如全球气候变暖、遏制恐怖主义、预防全球性金融危机等问题上，多边行动成为主流，并影响到国内政策的制定。

第五，国内事务和国际事务已经不再有明显的界限。国家主动或被动地将国内、国际事务糅合到国家治理的整体过程之中。

由此可见，赫尔德对于民主问题的反思，在延伸至国际（全球）领域之时，实际就是对延续了300多年之久的威斯特伐利亚体系所构筑的主权属

---

① ［英］戴维·赫尔德、托尼·麦克格鲁：《全球化与反全球化》，陈志刚译，社会科学文献出版社，2004年，第111页。

② David Held, *Cosmopolitanism: Ideals and Realities*, Polity Press, 2010, pp. 36 – 39.

性、国家间关系和国际体系的一种反思。

与同时代亨廷顿(Samuel Huntington)、弗朗西斯·福山(Francis Fukuyama)观点有着明显不同的是,赫尔德并不认为西式民主一定能够适用于变化中的世界。尤其是全球化所带来的现代性的民主困境,更值得我们思考的是民主在全球范围内运转的可能性。作为西方民主基底的现代民族国家已经和全球时代的后现代性出现了裂痕,虽然政治共同体和国家仍旧很重要,但其重要性已经不是唯一和排他的。① 在每个国家的发展轨迹都相互交错的全球环境中,各国都必须重新审视传统"国家理性"的局部性、片面性和有限性。如何适应新的时代背景对于国家变革所提出的诉求,不仅是各国政府所应该思考的时代命题,而且也关系到每个个体乃至人类整体的前途和命运。在赫尔德看来,判断一个国家是否能够适应全球时代的使命与要求,不再局限于国家能否像过去一样提供国内的公共管制、自由平等和社会正义,而且要将其拓展到更为广阔的国际层面,去研究国家在保障全球正义、提供全球公共物品、建立道德、政治和命运共同体上的价值与能力。而这些都必须基于一种新的准则,即世界主义的准则。

二、从自主性原则到世界主义准则

为了详尽地阐述世界主义民主理论,赫尔德做了大量的理论上的铺陈工作。首先,他回溯了现代国家的形成,由此归纳出四种现代国家形式:立宪国家、自由主义国家、自由主义民主国和一党制政体。而这四种国家形式都无法解决全球化时代民主在全球范围内遭遇的困境。因为就这四种民族国家而言,其合法性是通过军事、组织和协调等活动,慢慢获得了组织良好的市民团体的积极配合与支持,从而逐渐形成的。这种合法性背后的制度框架实质上满足了对于共同体内所有成员平等地施加限制和赋予权利。然而这个过程却很难在全球范围内展开。其次,对西方国家而言,其现在自由民主制度的核心是自主性原则,这种自主性原则意味着人民可以自觉地推理,自由地思考和自决,包括人民在公共领域或私人领域中作为自己生活的

---

① [英]戴维·赫尔德:《全球盟约:华盛顿共识与社会民主》,周军华译,社会科学文献出版社,2005年,第238页。

主宰者和创造者而行动的能力，对不同路线进行协商、判断、选择和行动的能力。[①] 只有基于自主性原则所形成的自由民主制度，才能促使人民获得决定自己的行动以及证明自己行为的正当性，使人们有能力在各种替代性政治安排中做出选择。这种自主性设想类似于罗尔斯的“无知之幕”，不仅能够划定人民的权利，同样也能给定人民的义务与责任。基于自主性原则的承诺，在当前国际体系和制度面前，我们要努力寻求建立一个由民主国家和民主社会基于共同同意基础上的国际民主共同体，要求国家和社会能够在其边界内和跨越边界的行动时遵守国际公法，以此来建立一种民主的世界主义秩序。由此，赫尔德将问题的重点，由国内层面的自主性原则拓展到了全球层面的自主性原则，也就是一种世界主义准则上来。

赫尔德对于世界主义的看法基本上延续了博格和贝茨等人的观点。在他看来，世界主义在历史上经历了三个主要的发展阶段：第一阶段为斯多葛学派的世界主义思想时期，该学派的哲学家试图在以人类出身为界限的城邦政治之外，寻找一个能够促成人类和谐共生的共同体。第二阶段为启蒙时期的世界主义。这一阶段的思想家多数围绕是否能建立一个世界国家以及世界公民身份来研究世界主义，而这个时期最具代表性的学者当属伊曼努尔·康德。第三阶段就是以博格、贝茨、巴里(Brain Barry)为代表，以道德世界主义为基础所复兴的当代世界主义。[②] 在博格世界主义三原则基础上，赫尔德将其对于世界主义的理解内化为三点：第一，与博格和贝茨的观点相同，世界主义关注的最终极单元是个体的命运，并非国家或者任何一种其他类型的行为体；第二，平等的价值观念应当得到每个人的认可和尊重；第三，原则一和原则二中强调的平等的价值观念和所有人相互承认的原则，应当不偏不倚地应用于整个世界。[③] 这三点也可以简要地概括为：平等的个体主义(egalitarian individualism)，相互承认(reciprocal recognition)和不偏不倚的

---

① [英]戴维·赫尔德：《民主与全球秩序：从现代国家到世界主义治理》，胡伟等译，上海人民出版社，2003年，第155～163页。

② David Held, *Cosmopolitanism: Ideals and Realities*, Polity Press, 2010, pp. 39－44.

③ David Held and Mathias Koenig－Archibugi, eds., *Taming Globalization: Frontiers of Governance*, Polity Press, 2003, pp. 169－170.

理性主义(impartial reasoning)三个层面。在赫尔德看来,这三点原则围绕的核心关键词仍旧是不偏不倚(impartial),只有坚持了不偏不倚,才能在判断行为是否符合道德和正义标准时行之有效。

关于传统民主困境的问题,赫尔德认为一方面全球政治、经济、文化以及环境政策能够产生超国家的影响;另一方面,国家和政府处于一种复杂的全球政治和区域政治网络之中。此外全球公共物品的生产、流通和分配,也需要在全球、区域和国家之间的协调和组织。然而这一进程虽然增强了不同层次间行为体的互动,却也削弱了国家的控制力,进而造成了国家政治决策的动机、条件、制度和组织环境的改变,也加深了全球层面的民主赤字。[①]那么如何弥补这种全球层面的民主赤字呢？赫尔德在《全球盟约》一书提出了坚持世界主义的"八原则",分别是:①平等的价值与尊严;②主观能动性;③个体责任和义务;④同意;⑤公共事务须通过投票程序集体决策;⑥包容性和从属性;⑦避免严重伤害;⑧可持续性。[②] 这几项原则相互联系又各有侧重,保证了每个人在"道德领域"都具有同等的重要性。这八项原则并没有否认地方和国家政治的重要性,而是把它作为全球层面制度建设的重要内容。在这一基础上,赫尔德建议创造能够与主权国家并存的新政治机构,如具有全球决策功能的国际组织,以解决主权国家不能有效解决的跨国和全球事务。[③]

三、世界主义民主的主要内容、核心特征与发展目标

世界主义民主的发展过程基本上可以划分为两个阶段:第一阶段,立足于对传统民主模式的反思和世界范围内自由主义民主的运转,赫尔德提出了世界主义民主的治理模式;第二阶段,在批判性思考"华盛顿共识"以及当

---

① 王金良:《理想遭遇现实——评戴维·赫尔德〈世界主义:观念与现实〉》,《国外理论动态》,2013年第7期。

② [英]戴维·赫尔德:《全球盟约:华盛顿共识与社会民主》,周军华译,社会科学文献出版社,2005年,第229页。原文为:(1) equal worth and dignity; (2) active agency; (3) personal responsibility and accountability; (4) consent; (5) collective decision - making about public matters through voting procedures; (6) inclusiveness and subsidiarity; (7) avoidance of serious harm; (8) sustainability.

③ 王金良:《理想遭遇现实——评戴维·赫尔德的〈世界主义:观念与现实〉》,《国外理论动态》,2013年第7期。

代全球治理的困境基础上，赫尔德又提出了世界主义社会民主议程的治理模式。这两种模式都建立在自由主义的世界主义观念基础上，都主张将民主原则从国内层面扩展到区域和全球层面，从而更好地适应全球化的挑战。①

在《民主的模式》一书中，赫尔德对于世界主义民主进行了初步的阐发。他认为，国家的民主体制如果想要在当代得以维持和发展，就必须提出一种世界主义民主。② 其围绕的核心问题是"在全球化背景下民主只有在地区的、国家的、区域的和全球的维度上进行重新配置，民主的合法性才能实现"③。这一模式的建立至少要满足两个必要的制度基础：第一，世界主义民主模式的前提是建立地区性议会，并在地区议会已经存在的地方（如欧洲议会）进一步加强其作用，目的是使地区性议会所做的决定被原则上承认为地区性管理和国际性管理的独立的合法性来源。第二，在保留全民公决可能性的同时，国际政府组织应当接受公众的监督，包括建立民选的监督委员会等，以此来保证这些机构在施行全球事务时的民主化。④

基于此，赫尔德给定了关于世界主义民主的主要内容，包括：第一，行政管理能力和独立的政治资源在地区和全球层面得到发展；第二，民主制度在地区和全球层面得到巩固和发展；第三，世界主义民主的理念的基础在于承认民族国家的权威，认为民族国家仍然有存在的必要和发展的意义，同时又承认国家的权威要受到制约。⑤ 在这个方面，赫尔德主张建立一个新的政治机构，并将这个机构与国家体系并行，而这一机构所要解决的不仅是新民主模式下国家之间的关系问题，还要在地区和全球层面提供个体参与决策和展开监督的渠道。

---

① 李途、谭树林：《戴维·赫尔德的全球社会民主理论：价值取向与路径选择》，《当代世界与社会主义》，2014年第2期。

② ［英］戴维·赫尔德：《民主与全球秩序：从现代国家到世界主义治理》，胡伟等译，上海人民出版社，2003年，第159页。

③ 王晶宇：《从自由主义民主到世界主义民主：评戴维·赫尔德〈民主与全球秩序：从现代国家到世界主义治理〉》，《河北法学》，2007年第6期。

④ ［英］戴维·赫尔德：《民主的模式》，燕继荣等译，中央编译出版社，2004年，第445页。

⑤ 安康康：《戴维·赫尔德的世界主义民主理论探析》，新疆大学硕士学位论文，2012年，第17～18页。

根据赫尔德的分析，为了使世界主义民主模式能够超越当前民主模式的缺陷，而又不至于陷入“乌托邦”式的幻想，必须满足如下要求，构建如下特征：①全球秩序由多种多样、重叠交错的权力网络组成，从而构成了不同民族和国家之间相互联系的不同的权力系统；②所有的社群和团体所具有的自决能力能够通过承认自主性原则和特定类别的权利与义务而加以具体化；③法律原则被广泛采用，基于这一原则的相关标准是一视同仁的，不会有特权的存在；④处在各个地方与各种层次上的法律制定和法律执行，能够在这一框架内得以发展；⑤集体性优先考虑的方案立足于对于自决的捍卫、政治行动共同结构的创立以及对于民主之善的维护；⑥有关生产、分配、资源利用的运作模式必须倒向民主进程和政治行动的共同框架，而且要与之相得益彰，这构成了实现社会正义的决定性原则；⑦争端的解决必须贯之以非强制性原则；⑧人们可以享有与其相关的形形色色共同体的成员地位，并有途径进行各种形式的政治参与。[①] 这八点要求与特征立足西方自由主义制度，不仅构想了世界主义民主模式中国家为代表的社群组织的地位和作用，也直接赋予了个体的权利、约束了其行为。当然，从这些核心特征可以看出，赫尔德关于世界主义的论述已经不再仅限于政治领域，其思想已经将“社会要素”视作改革上一版本世界主义民主模式的方向。

世界主义的社会民主与世界主义民主模式一脉相承，从本质上来看，这种世界主义的社会民主是促进国际法规则的基础，是全球治理实现透明化、负责制和民主化的基础，同样也是在多层次保护和革新的共同体中维护社会正义的基础。[②] 赫尔德给出了其短期和长期的发展目标：从短期来看，首先需要在政体和治理方面做出调整，包括改革联合国安理会、创立联合国第二院（由国际制宪会议而产生）、政治区域化得以提升、运用跨国全民公决、设立强制司法权、建立区域和全球层面的协调性经济机构、建立负责任的国际军事力量等。而在经济社会发展和市民社会建设方面，在短期内应该提

---

① ［英］戴维·赫尔德：《民主与全球秩序：从现代国家到世界主义治理》，胡伟等译，上海人民出版社，2003年，第286页。

② ［英］戴维·赫尔德：《全球盟约：华盛顿共识与社会民主》，周军华译，社会科学文献出版社，2005年，第218页。

升非国家、非市场的解决方案，在经济生活中进行民主尝试，严格限制传媒、资讯等机构的私人所有权，帮助最弱势群体保护和表达权益，等等。从长期来看，政体和治理环节必须依托世界主义民主法并创立公共问题的边界法庭、尽可能将政治利益和经济利益相分离、协商代表大会和选举的过程由公共财政负担、建立国际刑事法院、重新确立国际机构和区域机构的负责关系以及实现非军事化和超越战争体系等。在经济和市民社会领域，创立多种自我管理的社团，增强多部门的经济所有权的多元化、通过公共决策及政府决策来确定社会框架的投资优先顺序，以及保障所有成年人的基本收入，等等。[①] 这一看似“乌托邦”的计划的根本贯彻之道就是要提供充足的全球公共物品。

由于赫尔德将自由主义民主由单一的国内层面拓展到了包括地区、国家、区域和全球层面，这一民主模式就面临诸多挑战：如何理解不同层面管辖权之间的关系？如何弥合团体间的利益冲突？如何协调具有重叠管辖权的机构之间发生的冲突？赫尔德认为解决这些问题的关键是坚持一种世界主义的主权观。这种主权观在解决争端时采取的是非强制性原则，保留武力作为集体行动的最后手段。世界主义民主所主张的武力一定是在所有形式的谈判和制裁已经用尽，在国际民主受到严重威胁，暴政体制严重威胁到国际社会的安宁与和平的条件下方可使用。也就是说，世界主义民主的后盾虽然有军事力量为代表的强制力作为支持，但赫尔德还是希望能够从对抗的状态过渡到竞争的状态，在全球层面上通过更大范围、更深层次、更宽领域的合作与对话来解决争端和冲突。此外，赫尔德还倡议建立政治集团的联盟来保障和推进全球社会民主的议程。这一联盟核心成分包括：通过主要欧洲国家创建的多边体制、创建快速反应部队和欧洲共同防御力量、美国必须接受多边机构和国际体制的约束、向发展中国家提供援助和投资、通过正义框架约束国际非政府组织、提供为国际公民服务的核心公共物品、培养开放的区域主义形式和区域治理结构，以及提升各国政府对于全球共同

① ［英］戴维·赫尔德：《民主与全球秩序：从现代国家到世界主义治理》，周军华译，社会科学文献出版社，2005 年，第 293～294 页。

利益的共识等。[①] 这一规划的贯彻和实施不仅将会促进全球范围内的法治、政治平等和全球正义,而且对于提升经济效率、保持全球生态平衡和实现全球社会团结、全球共同体的建设都大有裨益。

总之,世界主义民主模式一经提出便引起了国内外学界的广泛关注,同时也面临多学科研究者的挑战。安东尼·麦克格鲁(Anthony McGrew)在评价世界主义民主模式时指出:"在某种程度上,(世界主义民主模式)在现实主义和世界主义中选择了一条中间道路,一方面它将治理和民主政治扩展到了国家之外的更广泛层次,另一方面它洞察了当代自由主义全球治理的起源、形式、逻辑和缺陷。"[②]阿奇布吉(Daniele Archibugi)也评价世界主义民主的构想不失为通往世界主义正义与世界主义法的可行之道。[③] 也有学者发出了不同的声音。布莱恩·罗博(Brain Roper)认为世界主义民主模式所设想的世界范围内的社会民主、世界主义法以及联合的世界公民社会实际上借鉴了马克思主义的共产主义社会设想,从这个意义上来说,世界主义民主与其说是对于传统西方民主的修正,不如说是以全球性的社会主义(global socialism)来替代全球性的资本主义(global capitalism)。[④] 南京大学李途、谭树林认为全球社会民主的世界主义治理理论在规范价值和制度设计方面均存在缺陷,例如在如何应对集体行动的逻辑等问题上没有给予正面回应,会有将这一模式流于形式的可能。[⑤] 毫无疑问,赫尔德世界主义民主模式从今天看来似乎颇具理想主义的情怀,如他提出的包括建立全球刑事法庭、履行国际强制司法权、组建全球快速反应部队等思想,在短期内很难实现,但是启发了当前包括联合国在内的国际组织的改革。世界主义民主模式的提出

---

① [英]戴维·赫尔德:《全球盟约:华盛顿共识与社会民主》,周军华译,社会科学文献出版社,2005 年,第 219 ~223 页。

② [英]戴维·赫尔德、安东尼·麦克格鲁:《治理全球化:权力、权威与全球治理》,曹荣湘等译,社会科学文献出版社,2004 年,第 417 页。

③ Daniele Archibugi and Martin Kohler, *Re – imaging Political Community: Studies in Cosmopolitan Democracy*, Polity Press,1998, p. 3.

④ Brian Roper, "Reform – ism on A Global Scale? A Critical Examination of David Held's Advocacy of Cosmopolitan Social Democracy", *Capital & Class*, Vol. 35, Issue 2, p. 252.

⑤ 李途、谭树林:《戴维·赫尔德的全球社会民主理论:价值取向与路径选择》,《当代世界与社会主义》,2014 年第 2 期。

也并非纯粹的学术空谈，而是建立在欧洲一体化和欧盟实践发展的基础上的。特别是2008年金融危机以来，当全球化和一体化遭遇困境，国际社会出现了包括极端民族主义、民粹主义和孤立主义思潮之时，世界主义民主模式更具有其独特的反思性和启发性。

2013年以后，赫尔德在世界主义民主模式理论的基础上，将更多的精力投入全球治理的困境与突破的研究方向之上，更加注重实践层面全球治理机制、合作模式和治理方案的探究。其研究的问题领域已经从过去的国际法、民主制度变迁扩展到包括环境治理、南北合作、新兴国家与国际秩序等多个问题领域。当然，赫尔德并没有抛弃世界主义民主模式中所倡导的理想模式，而是将世界主义的规范与现实的全球治理更加贴切地糅合起来。这也成为赫尔德世界主义思想的新元素。

第四节　玛莎·努斯鲍姆与世界公民教育

玛莎·努斯鲍姆（Martha Nussbaum，1947— ），当代美国最具影响力的哲学家之一，新斯多葛学派代表人物。努斯鲍姆研究兴趣广泛，涉及古希腊哲学、女性主义、动物正义等多个问题领域。1994年，她在《爱国主义与世界主义》一文中提出重新审视爱国主义和世界主义的关系，引发了学术界广泛的讨论。在世界主义研究中，她还倡导通过教育的方式培育世界公民，倡导对他者的关注。努斯鲍姆的思想在多个世界主义研究领域都具有较强的启示意义。

一、兼顾爱国主义的世界主义

爱国主义与世界主义看似矛盾，实际上具有深层次的一致性。早在努斯鲍姆之前就有学者针对两者的关系进行过深入探讨。法国社会学家涂尔干曾表示，爱国主义显然是能够把个人与某一国家维系起来的全部观念和感受，然而人们往往误以为国家是人类组织的最高形式，而忽视国家之上的社会乃至世界的存在。这也就割裂了国家与个人、国家与社会、个人与社会之间的关系。[①] 涂尔干主张调和这两个观念,将“国家理想”与“人类理想”糅合起来[②],进而建设一个真正的“公民国家”[③]。因此,爱国主义与世界主义的关系就在于辨明“人性是否应当从属于国家”以及“世界主义是否应当具有民族身份”两个中心问题。

在上述两个问题上,努斯鲍姆明确指出,一个人在何处出生,拥有何种国籍和民族身份是一个偶然性事件。我们不应让民族、阶级甚至性别的差异成为阻碍与其他人类同胞组建关系的障碍。无论我们身处何处,都应当以基本的情感、理性和道德给予整个人类以尊重和忠诚。[④] 但对于他者的关怀的最终目的并非是要建立一个世界城邦,而是要构筑人性为基础的“道德共同体”[⑤]。她在点评斯多葛学派世界主义思想时指出:“我们首先要效忠的,不是任何形式的政府,也不是暂时的权力,而是所有人的人性构成的道德共同体……一个人无论何种行为,都应当尊重每一个人的理性和道德选择,不论这个人身处何地、社会地位高低或是何种性别。”[⑥]由此可见,努斯鲍姆从斯多葛学派的思想中阐释了世界主义之于民族主义,就是将这种爱国的忠诚,转移到对全世界(全人类)的忠诚之中。那么由此所形成的世界公民意识也将会与整个世界的发展休戚与共。这是爱国的世界主义的第一层内涵,即世界主义在内在价值上高于爱国主义,也就意味着人性应当从属于一种道德观,而非政治观,因此人性不应简单地从属于国家。

然而在爱国情感和世界主义关怀之间,努斯鲍姆并没有否认对国家和民族认同的重要性,而是表示“我们不必放弃基于种族、性别和宗教的特殊

① [法]爱弥尔·涂尔干:《职业伦理与公民道德》,渠东、付德根译,上海人民出版社,2001 年,第 78 页。

② [法]埃弥尔·涂尔干:《职业伦理与公民道德》,渠东、付德根译,上海人民出版社,2001 年,第 79 页。

③ Warren Schmaus. *Rethinking Durkhein and His Tradition*, Cambridge University Press, 2004, p. 2.

④ Martha Nussbaum, “Patriotism and Cosmopolitanism”, in Garrett Wallace Brown and David Held, *The Cosmopolitanism Reader*, Polity Press, 2010. p. 157.

⑤ 康德将这种道德共同体称作“终极王国”。参见 Howard Caygill, *A Kant Dictionary*, Blackwell Press, 1995.

⑥ Martha Nussbaum, *Cultivating Humanity: A Critical Defense of Reform in Liberal Education*, Harvard University Press, 2000, pp. 59 – 61.

情感与身份,我们可以认为我们就是由这些身份构成的。但我们同时也应当努力使全人类都成为我们沟通和对话的核心议题,把各自孤立的政治环环相扣,以此赋予人性以特殊的关怀与尊重"①。在她看来,因为人们出生于某一地区、拥有某种国籍是一个偶然性事件,这种偶然性塑造了属于每个个体的独特身份。参考古希腊哲学家希罗克洛斯(Hierocles)同心圆理论,②努斯鲍姆提出了"关注之圈"(circle of concern)"的设想,认为在一个人的"关注之圈"范围内的事物和人才会成为情感的对象,人们将无形中赋予其重要性。③ 世界主义并非主张去打破这种"圈子",而是希望将所有人都纳入我们对话和关心的社群之中,从而构建一个彼此关爱和相互尊重的社会。由此可以解答第二个问题,即世界主义不可避免地具有一定的民族身份,但不局限于这种民族身份。爱国的世界主义并不否认个体所具有的特殊标签,但更加重视超出这种标签之上的人类共有属性。

由此可见,努斯鲍姆的世界主义思想可以被概括为一种"兼顾爱国主义的世界主义"。世界主义希望将人们对民族和国家的忠诚转移到整个人类之中。在爱国主义和世界主义之间,世界主义具有优先性,但同时也要兼顾爱国主义。实际上,在努斯鲍姆的理论逻辑中,世界主义所反对的并非爱国主义,而是极端的、褊狭的民族主义。

二、世界公民教育

世界公民教育并非努斯鲍姆的原创。第欧根尼是有记载最早提出"世界公民"概念的哲学家,他主张通过人性的追溯来达到良善的生活。塞涅卡(Lucius Annaeus Seneca)认为人们可以按照共有人性最大限度地追求美好

---

① Martha C. Nussbaum, "Patriotism and Cosmopolitanism", in Garrett Wallace Brown and David Held, *The Cosmopolitanism Reader*, Polity Press, 2010. p. 158.

② 同心圆理论认为,个体自我位于正中央,由内向外依次是直系亲属、家族成员、乡亲邻里、同宗同祖之人、同城居民、邻城居民、本国所有公民,最外层也是最大的圆包含着整个人类。认为一个完备的人会尽量将不同圈层的人都拉向圆心,尽力去吸纳他们。See Leonidas Konstantakos, On Stoic Cosmopolitanism: A Response to Nussbaum's Patriotism and Cosmopolitanism. *PROMETEUS* – Ano 8 – Número 17 – Janeiro – Junho/2015 – E – ISSN: 2176 – 5960. p. 54.

③ Martha Nussbaum, *Anger and Forgiveness: Resentment, Generosity and Justice*. Oxford University Press, 2016, pp. 16 – 17.

的生活,并将同胞的关系扩展到整个世界。① 捷克学者夸美纽斯(Johann Amos Comenius)从教育学角度提出"泛智"思想,以巩固世界公民教育的基础,认为人本教育、世界和平的教育和世界视角的培养是世界公民教育的必要课程。② 哈贝马斯也从继承和反思康德的世界公民教育思想的视角提出了"世界公民社会"和"世界公民权"的思想。③ 而根据奥特弗利德·赫费(Otfried Haffe)的区分,世界公民教育主要从三个维度上展开:从个人维度而言,世界公民教育是要培养拥有自由思想和行动的公民;在国家维度上,拥有特定国家的身份属性、遵守一国内的法律制度以及享有平等的权利和义务,这些都构成了世界公民的基础;在全球(世界)维度上,"世界公民"是公民的权利与自由在世界范围内的延展,从而能够真正地理解全球事务,且对本国的政治选择负责。④

正如康德所言,公民状态是后天学习而逐渐形成的,世界主义公民教育的基本价值就在于启蒙人类平等地走向世界。早在1994年《爱国主义与世界主义》一文中,努斯鲍姆就对人们往往持有较强的国家认同而忽视超出国家边界之外的博爱精神提出过质疑。针对这一现象,她提出要通过一种新的教育模式——世界主义教育来加以调整。⑤ 这种教育的目的基本分为三个层次:第一,使人们认识到个体与国家之间的关系;第二,使人们对世界性的正义和理性共同体保持基本忠诚,以此来规避狭隘国家主义的危险;⑥第三,使他们认识到第欧根尼所提出的"世界公民"(kosmou politês)的观念是有持续性价值的。而推进这种教育的四种方式分别为:其一,通过世界主义教育,

---

① Massimo La Torre, "Global Citizenship? Political Rights under Imperial Conditions," *Ratio Juris*, Vol. 18, No. 2, 2005, p. 243.

② Derek Heater, "*World Citizenship and Government: Cosmopolitan ideas in the History of Western Political Thought*, Palgrave Macmillan Press, 1996, pp. 61 – 65.

③ 艾四林、王贵贤、马超:《民主、正义与全球化——哈贝马斯政治哲学研究》,北京大学出版社,2010年,第160~166页。

④ 沈国琴:《奥特弗利德·赫费的世界公民理论探析》,《西北工业大学学报》(社会科学版),2008年第4期。

⑤ Martha Nussbaum, "Patriotism and Cosmopolitanism", in Garrett Wallace Brown and David Held, *The Cosmopolitanism Reader*, Polity Press, 2010. pp. 156 – 157.

⑥ 努斯鲍姆认为这种危险主要体现为沙文主义和排外情绪。

我们更详尽地了解我们自己；其二，我们努力推进那些需要国际合作的问题的解决；其三，我们认识到对于世界其他地方的道德责任是真实的，否则就将会被忽视；其四，尽管国界具有道德上的随意性，但对于超越国界且值得捍卫的差异性价值，我们仍需在观点上保持始终如一。①

世界主义教育的目的是为了培育世界公民，使人们不以自己的出生或所属的群体来界定自我身份（至少并不总是这样），而是以更加普遍的关切定义自我。在此后的著作中，努斯鲍姆更加侧重于世界公民教育的视角，试图让所有个体都能将关注和尊重人类视为自我身份定位的核心要素，并将这种成员内的磋商与道德关注落实到政治民主化的进程之中。② 根据联合国教科文组织关于世界公民的定义，真正的世界公民须遵循三点准则："培养和平、人权和民主的具体实施进程之中所必需的价值观；不仅仅只强调认知学习，还要重视情感和行为的学习；学做世界公民，是以把共同的价值观念和知识应用于实践为基础的。"③努斯鲍姆认为我们每个人都能够通过世界主义教育的形式，更好地理解自我，从而认识到我们之于世界上其他人所负有的一种道德义务。这将有助于我们解决那些需要依赖于国际合作才能够解决的全球性问题。

为避免世界主义公民教育流于形式，努斯鲍姆认为世界公民的培养应当注重三方面的学习：第一，世界公民教育需要重点学习本国宗教和历史；第二，世界公民教育需要包容多元文化，即对少数族裔和种族、同性恋群体、社会的弱势群体也有一定的了解；第三，世界公民教育要对其他文化以及本国的族裔、种族和宗教少数派予以同情和了解。通过以上三个方面的教育，可以提高受众三个方面的能力：其一是对自己以及自己的传统进行批判性审视的能力。就是要教会世界公民对现状的反思和批判的审视，从而为人类带来思想上的自由活力。其二是培养相互认可和互相关心的能力。通过

① Martha Nussbaum, "Patriotism and Cosmopolitanism", in Garrett Wallace Brown and David Held, *The Cosmopolitanism Reader*, Polity Press, 2010. pp. 159 – 161.

② Angela Taraborrelli, *Contemporary Cosmopolitanism*, Bloomsbury Press, 2015, p. 28.

③ 赵中建选编：《全球教育发展的研究热点：90 年代来自联合国教科文组织的报告》，教育科学出版社，1992 年，第 335 页。

这种能力的培养,使世界公民都能跳出狭隘的特殊身份,从而对其他国家同胞抱有同样的关怀。其三是叙事想象力。[①] 在具体的"课程安排"上,努斯鲍姆提出了包括培养多元文化认同、尊重不同宗教传统、学习世界历史等基本知识、提高外语水平、设置世界公民共同课程等多种切实的措施,[②]以避免世界公民教育沦为一纸空文。

玛莎·努斯鲍姆从人性角度阐述了其世界主义的构想。她的世界主义紧扣住世界主义三原则中的个体优先性,始终将个人的利益、尊严和价值置于世界主义思想架构的首位。基于个体价值的实践与国际人权的保护受到了联合国等众多国际组织的认同,她所提出的多元能力理论不仅成为世界主义思想实践的有效工具,而且也成为国际社会开展人权事务的重要准绳。

当然,也有学者针对努斯鲍姆的世界主义思想提出了质疑。美国政治学者艾米·古特曼(Amy Gutmann)认为努斯鲍姆理解的爱国主义和世界主义的平衡太过理想化,只有先存在一个世界政治实体,才有可能成为真正的世界公民。[③] 谢夫勒也对爱国主义和世界主义之间的平衡表达过自己的担忧。他指出,自由主义包含了三种价值之间的张力,它们是自主性(即对自由的某些核心关注)、忠诚(即最丰富的社群生活以及对它的责任)、道德平等(即拥有平等价值或平等尊严的人的观念)。[④] 实际上,这里讨论的就是一种对人类的普遍义务与忠诚和人们对于某一特定社群的义务与忠诚之间的撕裂关系。史蒂芬·内桑森(Stephen Nathanson)表示二者之间的张力必然会在某一天造成这种和谐状态的崩溃。[⑤] 世界主义和爱国主义(民族主义)

---

① 这里提及的叙事想象力,是指一种能够展开换位思考,理解他人立场,明白一个人在与自己不同生活环境中将会产生不同的情感、渴望的一种观察力。华蓉娟:《人类命运共同体视域下"世界公民"教育研究》,华南理工大学硕士学位论文,2016 年,第 31 ~ 32 页。

② [美]玛莎·努斯鲍姆:《功利教育批判:为什么民主需要人文教育》,肖聿译,新华出版社,2007 年,第 101 ~ 120 页。

③ Amy Gutmann, "Democratic Citizenship", in Joshua Cohen, ed., *For Love of Country. Debating the Limiting of Patriotism*, Beacon Press, 1996, pp. 66 – 71.

④ Samuel Scheffler, *Boundaries and Allegiance: Problems of Justice and Responsibility in Liberal Thought*, Oxford University Press, 2002, p. 76.

⑤ Stephen Nathanson, "In Defense of 'Moderate Patriotism'," *Ethics*, Vol. 99. Issue. 3, 1989, pp. 535 – 552.

如何共融也将成为世界主义学者深入讨论的一大难题。

第五节　奎迈·安东尼·阿皮亚与有根基的世界主义

奎迈·安东尼·阿皮亚(Kwame Anthony Appiah, 1954—)是美国政治哲学家、文化理论家和小说家。自剑桥大学毕业以来,阿皮亚先后在康奈尔大学、哈佛大学、耶鲁大学等学校任教,现为纽约大学文学与科学学院教授。他的研究涉及政治和道德理论、语言与思想的哲学、非洲知识史等多个领域。2010 年他入选《外交政策》杂志全球顶尖思想者榜单,2012 年被美国总统奥巴马授予国家人文奖章。其代表作包括《荣誉法则:道德革命是如何发生的》《世界主义:陌生人世界里的道德规范》《认同伦理学》等。他特殊的族裔身份和家庭成长背景塑造了其颇具世界主义思想的人格。他出生于英国伦敦,生长于加纳库玛西,其父亲是加纳阿桑特地区的律师、外交官和政治家,其母亲是艺术史学家、作家。阿皮亚曾提到,其父亲临终前告诉他和家人:"要记住,你们都是世界公民。"[①]这些观念深刻影响了阿皮亚的思想。他曾多次表示,我既是所在区域的一分子,又是更为宽泛人类社会的一分子。作为当代西方最具影响力的世界主义学者之一,阿皮亚从伦理和道德的视角出发,阐释世界主义在不同文化根基中所具有的独特魅力,这也成为后来的研究者将其视作文化世界主义者的关键标识。[②]

早在 20 世纪 90 年代,阿皮亚在反思新一轮全球化和冷战后世界民主发展的新趋向后,提出了有根基的世界主义(rooted cosmopolitanism)。不同于道德或政治世界主义,文化世界主义属于此次世界主义复兴浪潮中的新成果。塞缪尔·谢夫勒(Samuel Scheffler)将这种文化的世界主义归纳为"个体身份认同的流动性",提出人们具备这样一种能力,能够从多元的文化来源

---

① [美]奎迈·安东尼·阿皮亚:《世界主义——陌生人世界里的道德规范》,苗华建译,中央编译出版社,2012 年,第 11 页。

② Angela Taraborrelli, *Contemporary Cosmopolitanism*, Bloomsbury Press, 2011, pp. 102 – 110.

中找到并丰富属于他们的一种新的身份认知。① 文化世界主义往往反对将人类的繁荣归结于一成不变的公民身份、僵化的文化社群和由一些异质性结构所造就的特定的生活方式。② 归结起来，文化世界主义主要有以下三个方面的特征：第一，文化世界主义强调了个体身份的流动性，并主张这种身份是有多种多样的文化所塑造的；③第二，文化世界主义并不必然要求我们放弃特殊忠诚，“一种站得住脚的世界主义，首先应该严肃认真对待社群内人类的生活价值，特殊人群生命的价值”；④第三，文化世界主义内在地肯定了多元文化的重要性，但在何种程度上保护多元文化，特别是少数族群文化，学界还存在分歧。⑤ 综上所述，作为文化世界主义代表的有根基的世界主义，阿皮亚的思想必然承载着个体价值、文化认同、身份认同等独具特色的社会理念。

一、文化多元主义和传统个体主义的反思

阿皮亚的世界主义思想脱胎于当代全球化的发展背景和文化态势。立足自由主义和个体主义的世界主义必须面对全球化背景下文化多元主义(multiculturalism)的挑战。早在20世纪80年代末，罗马俱乐部创始人贝恰(Aurelio Peccei)就曾提出“人类现在的危机，不在人的本性，而是一种‘文化的’危机……人为了坚持其卓越性而做的任何事情，同时还企图把人为达到其目的的选择的任何手段合理化”⑥。在当代，这种文化的危机不仅仅表现在人类按照自己的需求扩大自己的意愿，而且表现在一种多样需求的背后——文化多元主义带来的冲突矛盾及其磨合问题。阿皮亚在《世界主义》

---

① Samuel Scheffler, *Boundries and Allegiance: Problems of Justice and Responsibility in Liberal Though*, Oxford University Press, 2002, p. 113.

② Chike Jeffers, “Appiah's Cosmopolitanism,” *The Southern Journal of Philosophy*, Volume 51, Issue. 4, 2013, p. 489.

③ Samuel Scheffler, *Boundaries and Allegiances: Problems of Justice and Responsibility in Liberal Thought*, Oxford University Press, 2002, p. 113.

④ [美]奎迈·安东尼·阿皮亚：《认同伦理学》，张容南译，译林出版社，2013年，第280页。

⑤ Will Kymlicka, “ Citizenship in an Era of Globalization”, in Garrett Wallace Brown and David Held , eds., *The Cosmopolitanism Reader*, Polity Press, 2010; Jeremy Waldron, “ Minority Cultures and the Cosmopolitan Alternative”, *Journal of Law Reform*, Vol. 25, No. 3 & 4, 1992, pp. 751 – 793.

⑥ [日]池田大作、[意]奥锐里欧·贝恰：《二十一世纪的警钟》，卞立强译，中国国际广播出版社，1988年，第19～20页。

一书中曾指出世界上不同地区、不同文化背景的不同人对于世界的看法具有多样性。就像是镜子的碎片可以反映出不同的影像，我们在一个特定的时间和地点都会发现真理或真相的局部，却难以完全掌握。无论是对个体或者由个体组成的社群而言，将我们看到的那面镜子所反映的“真相”视作全部，而忽视了世界上的其他“镜子”，会对我们所希望了解的事情产生巨大的谬误。因此，为了适应文化多样性的问题，阿皮亚主张我们应当像当地人一样去思考，这样才能排除由于我们对于一些事物的不理解而造成的误解。要求我们要立足事物产生的文化背景和历史环境，从而去接受它的异质性，以此更好地包容万物。“宽容意味着如果别人有着与我们不同的看法，我们如何以尊重的态度与之互动。甚至于我们可以从不同意我们观点的人那里学到很多有用的东西。”①

与前文政治世界主义学者关于全球化背景下国家属性的讨论类似，阿皮亚也试图像贝克和吉登斯一样从现代性出发反思国家。在这个问题上，他着重辨析了社群主义与个体主义的差异。他认为，社群主义的谬误在于，它始终将他们所看待的一个国家或者其他形式的社群组织视作他们道德评判的最终单元。在社群主义者看来，个体归属于一定群体，是对一定群体价值取向的承认。② 社群主义否认了不同社群之间对话、沟通的可能性和必要性，过分强调了社群之间的差异，认为隶属于各个不同社群的个体无法实现多样化的发展，人们的理念和意志必须依从于社群。然而在阿皮亚看来，由于现代政治理论的道德基础是与伦理的个人主义相一致，③那么将某一特定社群看作是最终关怀的对象，似乎就很难将社群外的成员涵盖到社群福祉所能够企及的地方。而世界主义看重人类的多样性，因为它使人类的行动力得以可能，一些文化多样性对人们的限制更多，而非赋权更多。世界主义之所以高度地赞扬文化的多样性，在于它使得人类的选择成为可能。然而更加值得关注的是人类的尊严和个体的自主性，世界主义从不要求其他人

① ［美］奎迈·安东尼·阿皮亚：《世界主义——陌生人世界里的道德规范》，苗华建译，中央编译出版社，2012 年，第 219 页。

② 孙恺临、李淑梅：《阿皮亚的个性与认同思想研究》，《教学与研究》，2017 年第 1 期。

③ ［美］奎迈·安东尼·阿皮亚：《认同伦理学》，张容南译，译林出版社，2013 年，第 275 页。

以牺牲他们的个人自主性为代价来维护多样性。

为了更好地解释这种文化多元主义影响下的个体主义，阿皮亚将个体主义划分为实质的个体主义(substantial individualism)和伦理的个体主义(ethical individualism)。[①] 他认为传统的个体主义是一种实质的个体主义，即是从原子式的个体出发，将人权等同于个体的权利而非社群的权利。尽管这种个体主义受到了西方传统自由主义学者的广泛赞同，但在实际应用中往往受到了多种文化、宗教信仰以及全球化背景下多元价值体系的挑战，这种实质的个体主义在实践中变得困难重重。相反，阿皮亚主张一种伦理的个体主义，这种个体主义继承和发展了前者，认为捍卫个体权利不仅仅考虑狭隘的人权，而且要关注个体所处的社群和特殊的身份背景。换言之，阿皮亚主张的伦理的个体主义承认了世界的多重价值，坚持了文化的多样性，对于打破传统的多元认同障碍大有裨益。因为一旦伦理关注的不再仅仅是个体的人，而且能够综合处理个体与他人、群体、国家乃至世界的关系，那么这种伦理一方面能够平等地尊重和对待每一个人，另一方面又不会放弃个体基于多元身份背景下的特殊需求与爱好。

二、伦理认同:有根基的世界主义的理论渊源

为了更好地解释传统个体主义的缺陷，阿皮亚指出当前人类关注的核心已经不再是单纯的物质满足，而是一种多层次、宽领域的需求，包括文化、价值观上的追求。受哈贝马斯的影响，阿皮亚将这种个体的需求扩展为对个人“兴趣”的追求，认为这更能够体现人的自由性。多样化的个体兴趣取决于多样化的社会环境，而这种多样的环境客观上又塑造了身处不同身份背景下的个体。因此认同困境成为超越传统个体主义缺陷所不得不面对的核心话题，也成为有根基世界主义能够“落地化”的理论源泉。

阿皮亚曾指出，世界主义最大的难点并不是如何去实现一个世界城邦

---

① [美]奎迈·安东尼·阿皮亚:《认同伦理学》，张容南译，译林出版社，2013 年，第 102 页。这一观点类似于阿皮亚关于身份认同的两重维度的概念，他将身份认同分解为两个维度，第一维度是集体维度(collective dimension)，第二维度是个体维度(personal dimension)。相比较个体维度的身份认同，他更加赞同集体维度的认同。因为在他看来，在这个维度上个体主义的价值体现在两个方面，第一取决于个体如何评判他们各自的生活；第二，他者对于个体生活的评判同样被纳入价值标准之中。

或是成为世界公民，而是如何处理世界主义中的个人认同与爱国主义、文化异质性之间的关系问题。根据托马斯·博格提出的三原则中关于个体主义的阐述，“道德关怀的终极对象是个人，而不是‘家族、部落、种族、文化或宗教群体、民族或国家’”①，这些只是间接地、凭借其个别成员成为道德关切的单元。然而这种个体主义显然与爱国主义及其文化认同之间存在着张力。有学者认为世界主义者往往优先考虑个体利益，因此他们往往是无根的（rootless）、不忠诚的甚至是肤浅的人类。② 具体来说，这种文化上的多元主义设想的是一种静态的文化认同，并不适合个体和集体身份在实际状况中出现的复杂结合。③ 也就是说，文化的异质性最终会导致我们很难在个体身份和集体身份之间找到平衡。从而使得大多数受到全球相互联系所带来复合影响的个体各类社会关系相互重合，无法绘制出世界主义的同心圆。④

为了更好地阐述这个问题，阿皮亚引入了罗伯特·德沃金（Robert Dworkin）关于“道德”和“伦理”的关系论证的理论：“道德处理的是我们亏欠别人什么，而伦理处理的是什么样的生活对我们而言是值得过的好生活。”⑤道德表达的是一种“是否”的关系，而伦理表达的是一种“应当如何”的关系。按照阿皮亚的说法，伦理的关注和约束来自我的个性（individuality），而道德的关注和约束来自我的人格（personhood）。⑥ 阿皮亚将世界主义视为一种伦理而非道德，道德强调了每个人对他人的责任和义务，而伦理则是在更广泛的层面上探讨善的实现，也就是如何创造和界定自己的生活，以及如何在此基础上界定与他人的关系。回归到身份认同的问题上，阿皮亚指出每个人都有两个维度的身份认同：集体维度的身份认同和个体化维度的身份认同。这其中，个体化维度认同并不是一种社群主义的，并不依赖于特定的标签，

---

① Thomas Pogge, “Cosmopolitanism”, in Robert E. Goodin, Philip Pettit and Thomas Pogge, eds., *A Companion to Comtemporary Political Philosophy*, Blackwell Publishing, 2007, p.316.

② Catherine Lu, “The One and Many Faces of Cosmopolitanism, *The Journal of Political Philosophy*”, Vol.8, No.2, 2000, pp.244 – 257.

③ Angela Taraborrelli, *Contemporary Cosmopolitanism*, Bloomsbury Press, 2011, p.89.

④ Bruno Latour, *Reassembling the Social: An Introduction to Actor – Network – Theory*, Oxford University Press, 2005, pp.194 – 202.

⑤ ［美］奎迈·安东尼·阿皮亚：《认同伦理学》，张容南译，译林出版社，2013 年，第 290 页。

⑥ ［美］奎迈·安东尼·阿皮亚：《认同伦理学》，张容南译，译林出版社，2013 年，第 292 页。

而是依靠个体理性的判断来找寻一种身份定位。这实际上与集体维度的认同并不排斥，对于任何一个生活在这个世界上的人来说，集体身份认同都会给人带来一种潜移默化的影响。因此，我们所需要的世界主义需要关照社群中的特殊义务，从而建立起与个体具有紧密联系他人之间的亲密关系。与此同时，我们又要将这种关怀推广到更广泛的陌生人之中，从而在实现特殊责任的基础上，构建一种混合式的价值理论：既容纳伦理义务，又涵盖道德义务。这并不是要将所谓对于世界的忠诚和对于地方的忠诚完全对立起来。①

此外，阿皮亚也指出，伦理和道德关系的讨论要规避两个问题：第一是我们不必始终要在满足道德义务基础上再去考虑伦理的义务；第二，道德和伦理之间的关系并不能和强制与自愿画上等号。② 对前者而言，一般意义上的确道德义务会约束伦理义务，但并不意味着普遍的道德义务必须总是优先于伦理义务。对后者来说，尽管伦理是一个更宽泛的概念，但这并不等同于这是一种自愿性的义务。在阿皮亚看来，“伦理义务”比“道德义务”更能为人们所接受。因为前者可以为不同的制度和秩序提供一种普遍的规则，同时也能让更多人拥有归属感和认同感。从伦理的角度来说，每个人都希望成为一个自由的人，并过上美好的生活。伦理上的这种诉求所产生的义务，并不要求所有人都去遵循一种具有偏私性的道德规范，而是在关照他人的同时，去认真思考如何创造自己的生活，这构成了一切伦理活动的起点。③

总而言之，阿皮亚在伦理和道德义务的问题上，认为伦理回应的是我们想要成为什么样的人的个人概念，而道德主要围绕社会正义的问题，即秩序良好的社会、正义的国家、自由治理的理想等。④ 这二者并不矛盾，但是在这二者之间，阿皮亚选择了伦理，是因为它调和了忠诚和不偏不倚之间的关系。这里的忠诚很大程度上依赖于道德义务的实现。因此，世界主义语境下的伦理讨论的是人与人相处的规则，以及创造美好（善）的生活的方式。

---

① ［美］奎迈·安东尼·阿皮亚：《认同伦理学》，张容南译，译林出版社，2013 年，第 305 页。

② ［美］奎迈·安东尼·阿皮亚：《认同伦理学》，张容南译，译林出版社，2013 年，第 294 页。

③ Kwame Anthony Appiah, *Experiments in Ethics*, Harvard University Press, 2008, pp. 202 – 203.

④ ［美］奎迈·安东尼·阿皮亚：《认同伦理学》，张容南译，译林出版社，2013 年，第 292 页。

而道德主要关注的是道德活动或道德活动主体自身行为之应当。

三、有根基的世界主义:民族文化与世界文化的整合

加拿大政治学者罗伯特·西伯雷(Robert Sibley)曾经写道:“世界主义作为一种道德追求,将我们具体关注的范围,扩展到遥远的、一般意义上的‘别人’。并且,我们被告知,他们是我们的地球邻居。”他还写道:“这种观念可能给予我们一种温暖而模糊的感受,但是,它绝对不会驱使我们发动一场战争。”[①]这里蕴含的意思是,世界主义的道德判断,要求我们像对待邻居那样,去对待地球上的任何人。阿皮亚的世界主义思想也是建立在思考人与人,特别是与世界其他地区的“陌生人”(stranger)之间的关系问题上的。“世界主义就是处理我们如何与陌生人在这个世界上相处、共存的伦理学。”[②]阿皮亚反复强调世界主义并不是一种抽象的原则,而是一种伦理上的实践。既然希望世界主义落地化,那就必须放弃极端世界主义完全抛弃国家这样的特殊界限的做法,推广一种有根基的世界主义。这种世界主义就是一种建立在塑造普遍性和合法性基础之上,兼顾一定程度特殊性(partiality)的世界主义。这里的“根基”(root)包含了多个方面的含义:家庭、友谊、爱、经历,等等。[③] 他反对将道德世界主义和文化世界主义进行严格的区分,认为道德世界主义为人们树立了一种普遍性和不偏不倚的道德标准,而文化世界主义是将这些标准普及到那些来自异乡的陌生人。[④] 一旦我们需要与来自不同的政治或民族共同体的人相处,那么我们所订立的那些标准就会变得不再适用,就需要同他们进行对话从而形成一种更具普遍性和普适性的新准则。因此,有根基的世界主义一方面坚持了传统道德世界主义的价值准则,另一方面又兼顾了多元文化造就的独特身份。

---

① Robert Sibley, “Globalization and the Meaning of Canadian Life”, *Canadian Review of Books*, Vol. 28, 2000.

② [美]奎迈·安东尼·阿皮亚:《世界主义——陌生人世界里的道德规范》,苗华建译,中央编译出版社,2012 年,第 236 页。

③ [美]奎迈·安东尼·阿皮亚:《认同伦理学》,张容南译,译林出版社,2013 年,第 271 页。

④ Simon Caney, *Justice Beyond Borders: A Global Political Theory*, Oxford University Press, 2005, p. 6.

理解有根基的世界主义，必须回应的便是爱国主义、民族主义和世界主义[①]的关系问题。在阿皮亚看来，爱国主义和民族主义不能简单地等同起来，因为世界主义和爱国主义同属于一种情感表达(sentiment)而非一种意识形态(ideology)，这就不会错误地将爱国主义视作民族主义或将民族主义视作爱国主义。因为世界主义者并非"无情无义"，并不否认个体对于自己国家、民族和文化的忠诚，而是希望能够告诫人们，这种忠诚并不是一成不变的，而且应当受到道德的规约。"我所要捍卫的弱势的世界主义版本并不试图摧毁爱国主义，或者将'真实的'忠诚与'不真实的'忠诚区别开来……一种值得追求的世界主义形式不用反思性地赞美人类的差异，但它不能对它从事的挑战无动于衷。真正能够站得住脚的世界主义首先应该严肃认真对待在赋予这些生活重要性的社群内人类生活的价值，特殊人类生命的价值，人民为自己创造的生活的价值。"[②]阿皮亚并不反对将政治思想中看似矛盾的观念糅合到世界主义思想之中。例如个体与集体、自我与他者、普遍性与特殊性等。在阿皮亚看来，这些观念实际上是辩证法上互为前提的单位，缺乏了集体的个体、缺乏了他者的自我、缺乏了特殊性的普遍性往往都会陷入一种极度抽象且难以琢磨的形而上学的怪圈。他认为这些观念互为前提，即在普遍价值的基础上去探讨个人生活，在关注他者权益基础上去关心自我权益，才能真正实现世界主义的目标。因此，传统世界主义所主张的普遍主义、个人主义与爱国主义相辅相成，构成了阿皮亚世界主义观的三重维度。

与努斯鲍姆相同的是，阿皮亚同样反对将民族主义和世界主义置于完全对立的两个层面。"世界主义和民族主义肩并肩紧密地站立在一起已经很久了。"[③]在他看来，"地方主义是通向普遍的理想、普遍的目标的工具。这种对民族的辩护既诉诸假想的世界主义者，也诉诸假想的民族主义者，统一

---

① 阿皮亚在这里所希望讨论的世界主义主要针对了其个体主义和普遍主义的两个侧面。

② [美]奎迈·安东尼·阿皮亚:《认同伦理学》，张容南译，译林出版社，2013 年，第 279 ~ 280 页。

③ Friedrich Meinecke, *Cosmopolitanism and the National State*, Princeton University Press, 1970, p. 94.

于他们共享的人本主义"[①]。换言之,两者为了实现人类的权益,在这条本质道路上是步履一致的。因此国家一定程度上也成为追求共同之善的支点。地方性的要求本身是好的,它并不会和世界主义的要求相违背,因为他们所认同的主体都是希望过上更好生活的人,而每个人都希望能够得到平等的对待,从而获得尊重并享有美好的生活。[②]

在对待当代民族国家的态度上,阿皮亚在《世界主义》一书中明确反对建立"世界政府"或"世界城邦"。他认为,虽然人类在可能的情况下,每个人都有权利提出要求,每个人的基本需求都必须得到满足,每个人的能力应当得到充分的发挥,每个人也应免受某种伤害的侵袭。然而保障这样的诉求不在于世界政府,而在于民族国家。因为一个全球性的政府,至少有三个明显的劣势:第一,它容易积累无法控制的力量,从而构成巨大的伤害;第二,它可能漠视区域性要求;第三,它几乎肯定会减少机构设置的多样化、试验性与灵活性。[③] 阿皮亚主张世界主义是一种用以处理人与人之间、国家与国家之间、我们与世界其他民众之间的一种伦理责任(ethical commitment),但这种责任并不是让我们亲疏不分,相反我们只有在清醒地分辨了亲疏、远近,自我和他者之后,才能更加合理地去捍卫这种责任。[④] 作为世界公民并不需要放弃个人特殊的身份认同,不应抛弃这个人出生以来自带的国籍、民族和其他社群身份。相反,世界主义的伦理规则恰恰是建立在这些具体身份的基础之上的,一旦如一些极端世界主义者般放弃了对于自己家庭、亲属、社区和国家的忠诚,忽视了对于亲人和同胞的关心,则会真正成为一个老无所依的漂泊者。

阿皮亚解释道,世界主义所关注的并不是抽象的人性,而是具体的个人,因此以捍卫人性中的规则为借口漠视个人特殊身份下所拥有的亲人、朋友和社群,是一种非常愚蠢的做法。一个世界主义者应该是一个认为世界

---

① [美]奎迈·安东尼·阿皮亚:《认同伦理学》,张容南译,译林出版社,2013 年,第 303 页。

② 孙守飞:《现时代中的区隔、错置与误读》,《中国图书评论》,2014 年第 1 期。

③ [美]奎迈·安东尼·阿皮亚:《世界主义——陌生人世界里的道德规范》,苗华建译,中央编译出版社,2012 年,第 245 ~ 246 页。

④ 张春洁:《民族世界主义?——评阿皮亚,〈世界主义——陌生人世界里的道德规范〉》,《中国图书评论》,2013 年第 10 期。

是我们共享的家乡，会产生某种像“地球村”这样自我意识的人。① 世界主义者将世界看作我们的共同家园，并不等同于建立一个世界政府，国家的边界虽然在当今正在消解，但其仍旧是构建世界主义伦理和保证文化多样性必不可少的因素。②

在如何实现世界主义思想“落地化”的问题上，阿皮亚认为既然世界主义观念是围绕“个人”这一核心观念展开的，那么世界主义思想的落地化，同样也需要从个人利益的角度进行延展。他反复强调国家对于公民的责任问题，认为虽然联合国人权组织、儿童基金会、乐施会等组织能够起到保护和发展人权的作用，但归根到底，个人权益的保障必须由社会和国家（政府）共同完成。因此，更加根本的责任并不在于这些社会团体或是个体，而是他们所处的国家和政府。所以要支持他人生活在民主国家的权利，支持他人在边界之内和边界之外进行联合的丰富可能性，尽管他们也是爱国公民，而作为世界主义者，他们可以为他们自身的权利呐喊。③

有学者称阿皮亚在1997年发表的“世界主义的爱国者”有力地佐证了努斯鲍姆关于世界主义与爱国主义二者关系的论述。④ 美国历史学家戴维·霍林格（David Hollinger）甚至直接将努斯鲍姆和阿皮亚所提出的世界主义称作“新世界主义”（new cosmopolitanism），⑤以此与传统的语境相区别。实际上，有根基的世界主义从本质上也是在回答世界主义与本土“特殊标签”之间的关系问题。无论是爱国主义也好，还是地域性文化也好，都似乎处于世界主义这一具有普适性价值的对立面。与有根的世界主义提法类似的还包括“本土的世界主义”（vernacular cosmopolitanism）、⑥“当地的世界主义”（lo-

---

① ［美］奎迈·安东尼·阿皮亚：《认同伦理学》，张容南译，译林出版社，2013年，第273页。

② 巩国莹：《阿皮亚的世界主义思想研究》，《商丘师范学院学报》，2013年第2期。

③ ［美］奎迈·安东尼·阿皮亚：《认同伦理学》，张容南译，译林出版社，2013年，第310页。

④ Richard Werbner, "Responding to Rooted Cosmopolitanism: Patriots, Ethnics and the Public Good in Botswana", in Pnina Werbner, ed., *Anthropology and the New Cosmopolitanism: Rooted, Feminist and Vernacular Perspectives*, Berg Press, 2008, p. 179.

⑤ David Hollinger, "Not Universalists, Not Pluralists: The New Cosmopolitans Find Their Own Way", in Steven Vertovec and Robin Cohen, eds., *Conceiving Cosmopolitanism: Theory, Context and Practice*, Oxford University Press, 2003, p. 237.

⑥ 张颂仁、陈光兴：《全球化与纠结：霍米·巴巴读本》，上海人民出版社，2013年。

cal cosmopolitanism)、[①]局部的世界主义(partial cosmopolitanism)[②]等。

第六节 基于全球正义的世界主义

全球正义是当今国际学术界的热点问题之一。正如塞缪尔·谢夫勒所言,对很多政治哲学家来说,世界主义就是一个关于"公平正义"的问题。[③]全球正义与国际正义是有所关联又有所区别的两个概念。根据《斯坦福哲学百科全书》的划分,国际正义将民族或国家视作核心的单元,主要研究的是国际体系中民族或国家所取得的正义与关怀;而全球正义则并不立足某一民族或国家,而是将人类纳入正义考察的全部范围。[④]《全球学百科全书》认为全球正义的前提是所有的个体都能够确保其作为人类共同体中一员的人权得到基本的保障。[⑤] 从一般意义而言,全球正义是国内正义的一种延伸和扩展,而这种延伸并非机械地由国内正义成为一种国际正义,而是突破了传统国界的限制,具有一种哲学上的普遍主义、平等主义和个体主义的关怀。全球正义所宣扬的基本理念也从对一国国民的关注扩展到了对世界上每一个人都应当获得平等的伦理关怀,无关他的民族、国籍、信仰、种族等,从而一视同仁地对待每一个人。全球正义是针对罗尔斯《正义论》的反思,结合20世纪70年代以来全球化共识性、并发性的突出特点所涌现出的新议题。它所涉及的内容包括国际秩序的基础、国际机构的设置原则、全球共同安全、全球分配正义、全球秩序、人道主义干预、全球化再平衡等多个议题领域。这些问题显然是任何一个国家都无力单独应对,却又不得不面对的重

---

① Kristof Van Assche and Petruta Teampau, *Local Cosmopolitanism: Imagining and (Re-)Making Privileged Places*, Springer International Publishing, 2015, pp. 117-131.

② Tina Steiner, "Translating between India and Tanzania: Sophia Mustafa's Partical Cosmopolitanism", *Research in African Literature*, Vol. 42, Issue. 3, 2011, pp. 132-146.

③ Samuel Scheffler, "Conceptions of Cosmopolitanism", in Boundaries and Allegiances, ed., *Problem of Justice and Responsibility in Liberal Thought*, Oxford University Press, 2001, pp. 111-118.

④ Gillian Brock, *Global Justice*, first published on Mar. 6, 2015, in *Stanford Encyclopedia of Philosophy*, eds. by Edward N. Zalta, Uri Nodelman, etc. The Metaphysics Research Lab, 2017.

⑤ Helmut Anheier and Mark Juergensmeyer, eds., *Encyclopedia of Global Studies*, SAGE Publications, 2012, p. 700.

大问题。同时,这些议题也直接关系到各国外交政策的合法性与正当性,对于构筑各国在国际事务中的话语体系具有重要意义。

从理论视域来看,全球正义议题是正义问题,或称国内正义问题在全球范围内的延伸。无论是古希腊先哲亚里士多德或是中世纪的托马斯·阿奎那都对正义问题有独到见解。1971 年罗尔斯的《正义论》出版,通过一个假想性的思想实验,主张通过制度设计层面来解决社会正义问题,运用差别原则给予那些出身和天赋方面具有差异的不利者以最大的优惠,从而保障他们的最基本权益,缩小与出身较好、天赋较高的人的鸿沟。随后,围绕罗尔斯的《正义论》,正义问题逐渐成为海内外学界共同关注的焦点话题。除此之外,已故的著名古典自由主义学者罗伯特·诺齐克(Robert Nozick)所主张的持有正义(justice in holdings)、普林斯顿大学政治学教授迈克尔·沃尔泽(Michael Walser)所提出的多元主义正义观(plural justice theory)都带有相当程度世界主义的色彩,他们的一些研究也成为全球正义议题的重要借鉴。

从全球问题和全球治理的视域来看,全球正义研究的兴起也有其深刻的时代背景。全球正义问题最早是伴随着全球贫困问题而生的。世界性的贫富差距不仅仅在全球层面,而且在许多国家内也纷纷出现。中产阶级的扁平化、贫富差距进一步扩大、失业人口逐渐增加,这些普遍性的社会现象不仅发生在广大发展中国家,而且也成为一些中高等发达国家的顽疾。此外,全球正义议题的兴起还与冷战结束后的国际体系有着很大的关联。两极格局瓦解造成了国际社会权力结构的相对真空,随着新一轮全球化浪潮和全球相互依赖的不断紧密,一些全球性事务不仅没有得到妥善的解决,反而给国际社会带来了巨大的隐患。例如,美苏冷战结束带来的权力真空状况滋长了西亚的恐怖主义,包括基地组织在内的一些暴力、恐怖主义团体严重威胁到了该地区人民乃至世界其他地区的和平与安全。技术革命带来经济和科技领域的迅速腾飞,然而其负效应导致了包括全球气候变暖、全球公域污染、资源过度消耗等多个亟待解决的重要议题。而在这些全球性问题面前,传统的治理模式往往让人们望而却步,难以形成有效的全球合作。以上这些都让道德哲学家、政治家开始重新思考正义议题在全球范围内的作用与影响。

一、约翰·罗尔斯与《万民法》

毫无疑问,在正义问题上最具发言权的首推美国政治哲学家约翰·罗尔斯(John Rawls,1921—2002)。罗尔斯是20世纪美国最为著名的哲学家、理论家和思想家之一,也是西方新自然法学派的主要代表。罗尔斯生前曾先后在普林斯顿大学、康奈尔大学、麻省理工学院和哈佛大学任教。虽然他的著作数量不多,但每一部专著都堪称精品。他的代表作《正义论》更是成为20世纪下半叶伦理学、政治哲学领域最重要的理论著作。1998—1999年,罗尔斯在《正义论》的基础上推出了《万民法》一书,把国内正义原则扩展到国际正义,"为我们人类社会构想了一幅动人且是理想的生活图景"①。

罗尔斯在其《正义论》一书中从人类"原初状态"的假定出发,通过"无知之幕"②的设想,提出了用以调节人类社会生活基本结构的两条正义原则。其一是自由平等原则,即从自由主义理论出发,阐述人类对于其个人自由权利的基本诉求;其二是差别原则,着眼于不同个体的天赋、资源的道德任意性③,而将其民主的平等理论与右派的自由理论所区分。其中,第一原则包含三层含义:①在一个基本自由的体系中,人们都享有平等的基本自由权利;②这个权利有两个条件:权利持有者是自由和平等的、从事社会合作的公民,权利的界限在于不得侵犯他人同样的基本自由;③社会基本结构的制度安排体现和保证最低限度的基本自由,而不是最大限度、最广泛的基本自由。差别原则可以拆分为两个部分,分别是公平的机会平等原则与差别原则。其中机会平等意指每个人都允许依据规则去竞争以获取某种东西或权益。即每个人都有机会,且这种机会是开放的。而罗尔斯在这种传统阐释之上补充的是,每个人机会平等本身是很难实现的,因为个体存在着差异,

① Charles Beitz, "Rawls's Law of Peoples", *Ethics*, Vol. 110, No. 4, 2000, pp. 669 - 696.

② "无知之幕"意指在人们商量给予一个社会或一个组织里的不同角色的成员的正当对待时,最理想的方式是把大家聚集到一个幕布下,约定好每一个人都不知道自己会在走出这个幕布后将在社会/组织里处于什么样的角色,然后讨论针对某一个角色大家应该如何对待他。这样的好处是大家不会因为自己的既得利益而给出不公正的意见,从而保证将来最弱势的角色能得到最好的保护。这意味着可以保证参加者做出的选择不被他们的特殊利益和好处所歪曲,可以使他们公正客观地确定原则。

③ 道德任意性:是罗尔斯比较了多种关于正义的理论而提出的观点。认为在传统制度下根据出身等外在因素决定的人的发展前景、社会地位都是不公正、不公平的,具有一种道德上的任意性。

所以必须赋予所有人自由主义的机会平等，即起点上的平等。让人们在一开始就拥有大致相同的发展条件，从而使不同条件下的个体都能够最大限度发挥他们的天赋。[①]

在罗尔斯看来，一个正义的社会，个体在收入和财富上的分配不应当受到道德任意性的支配。例如，个体特殊的出身和能力不应被视为收入或财富不均的缘由。从正义的角度来看，如果个体并不受到他的出身和成长环境的影响，每个个体从根本上来看都是平等的，不应该受到外来道德偶然性的束缚。此外，差异原则还意味着，我们在寻求正义的过程中也有先后次序之分。我们首先应当遵循的是权利的平等原则。由于在实际中的差别是客观存在的，我们必须正视这种差异，那么就必须采用公平的手段来尽可能消除差别。罗尔斯指出平等原则和差别原则并不冲突，因为二者都符合社会正义的要求。[②] 二者的统一一方面可以促进人们之间合作的最大化并以此最大限度地争取利益，另一方面通过这一过程我们能够要求所有合理的诉求都能得到兼顾，并为这些要求者配置相应的应得利益。[③]

《万民法》是罗尔斯将正义理论进一步扩展的尝试。罗尔斯在该书序言中将其内容概括为"现实的乌托邦"(realistic utopia)。在《万民法》一书中，罗尔斯考察了作为公平的正义如何能够扩展到更广阔的国际法领域。他列举了五种类型的国际社会，[④]分别是：第一，合理的"自由人民"(reasonable liberal peoples)；第二是合宜人民(decent people)；[⑤]罗尔斯将前两类人民合称为"良序社会人民"(well - ordered peoples)；第三种为法外国家(outlaw states)；第四种为负担不利条件的社会(societies burdened by unfavorable con-

① John Rawls, *Political Liberalism*, Columbia University Press, 1996, pp. 320 - 322.

② [美]约翰·罗尔斯：《正义论》，何怀宏等译，中国社会科学出版社，2001 年，第 62 ~ 65 页。

③ 这一点并不意味着罗尔斯希望通过补偿的方式来弥合个体间的差异。差别原则存在的价值并不是要在根本上消除这种不平等的存在，而是希望能够将天赋存在的先天差异视为一类共有财产，通过个体共享发挥整体效用。

④ [美]约翰·罗尔斯：《万民法》，张晓晖、李仁良等译，吉林人民出版社，2001 年，引言第 4 页。

⑤ 一种合宜人民的基本结构，即是一种合宜人民的基本结构——合宜的协商等机制(decent consultation hierarchy)，该制度下的人民可称为"合宜等级制人民"(decent hierarchical peoples)。

ditions);最后一种为仁慈专制主义(benevolent absolutisms)社会。[①] 当处于良序社会之中,全部政治、经济与社会制度都应按照社会公平正义的原则去设计、建立和执行,而且全体社会成员都应当遵循这一原则。在这样的正义社会中,能够实现人们之间的合作共赢,社会公民可以寻求利益的共同点,在正义的范围内实现自己的利益。与康德类似,罗尔斯认为国际层面正义问题的解决依托于建立一个社会世界这样世界性的政治组织,这个社会世界并不是国家间的联盟,而是人民社会的联盟。它由有理性且享有自由平等的人民所组成的社会联合,其中不仅包含了"自由人民",也包含了"合宜人民"。

在罗尔斯看来,国际社会的分配正义要求首先消除一国内部不平等的现象,控制贫富悬殊造成对穷人的不公正待遇,并且尽可能在政治制度的框架内实现机会的均等化。[②] 在此基础上,组织良序的社会对于负担不利条件的社会应当给予援助,这种援助并不是盲目地针对所有贫困国家来开展,其评判的标准应当是这个国家有没有良好的社会结构和政治制度。"不平等的现象存在并不等同于永远的不正义。相反,正是由于某些不正义现象影响了社会的基本结构,从而导致了社会的失序和人民关系的紧张。"[③]因此,国际社会的分配正义所要消除的并不是贫困问题,而是希望能够消弭社会的不公正,进而帮助这些国家建立良序的社会制度。经济方面、制度方面援助的本质目的都是为了帮助那些失序国家完成制度转型,从而促进其内部社会正义的有效实现。

有学者质疑罗尔斯是否可以被称作一名世界主义者。罗尔斯自己曾拒绝将万民法的思想等同于一种世界主义方案,原因是他拒绝在全球范围内推行他平等主义的正义方案。但实际上,罗尔斯所采取的路径与康德,甚至哈贝马斯并无二致。克里斯・布朗(Chris Brown)就曾表示罗尔斯的万民法就是希望将法律所规约的相关关系拓展到所有人民、超国家权威和一种普

---

① 该社会尊重人权,但由于其社会成员在政治决策中被剥夺了有意义的角色,因此这种社会组织不够良好。

② [美]约翰・罗尔斯:《万民法》,张晓晖、李仁良等译,吉林人民出版社,2001 年,第 122 页。

③ [美]约翰・罗尔斯:《万民法》,张晓晖、李仁良等译,吉林人民出版社,2001 年,第 121 页。

世人权之中，[①]因此在这一点上，罗尔斯的万民法思想似乎与世界主义又不谋而合了。虽然罗尔斯本人并不反对在国际层面探讨正义实现的可能性，但在他本人看来，想要实现全球层面的分配正义或是在全球层面践行差别原则可谓是困难重重。罗尔斯的学生博格与贝茨并不认同罗尔斯将国际分配正义的目标设定为负担沉重的社会提供制度援助的做法，而是应该回归到一种对于最弱势群体的个体关怀之上。

罗尔斯在此后回应了两位学者的观点，指出良序社会对于负担沉重的社会的援助并非基于差异原则，而是将代际正义[②]中的储存原则[③]与援助进行了比较。他提出，经济差别并不能左右社会制度的正义性，不同代际间均需要为正义的社会制度贡献自己的部分，但仍需要上一辈对下一辈的理解。也就是说，罗尔斯在《正义论》中所倡导的自由平等、机会均等和扶助最小受惠者等原则仅在于处理同辈人之间的关系，而对于上下辈人之间仅有储存原则方可适用。罗尔斯这个观点是将组织良序的社会视作“上一辈”，而将负担沉重或失序的社会视作“后一辈”，这样虽然良序社会有义务帮助负担沉重的社会，但并非贝茨或博格口中的援助责任。因此，罗尔斯提出的分配正义更多的是采取各种手段（包括积极的和消极的），努力使负担沉重的社会进入组织良序的社会中来。此外，由于罗尔斯并不赞同世界政府的提案，而是主张一种人民社会的联盟，因此就缺乏了他所认为的构成社会正义主体的基本结构（basic structure），[④]在全球层面就是“全球基本结构”的缺失。

---

① Chris Brown, *Sovereignty*, *Rights and Justice*: *International Political Theory Today*, Polity Press, 2002, p. 178.

② 罗尔斯将“代际正义”称之为“将正义延伸到包括我们对未来各代人的义务”，根据《斯坦福哲学百科全书》的定义，代际正义是指当代人和后代人在利用自然资源、享受清洁环境、谋求生存与发展上权利均等。其实质是自然资源利益上的代际分配问题。后来扩展至当代人对后代人应尽的义务和责任。Lukas Meyer, Intergenerational Justice, first published on Apr, 3, 2003, in *Stanford Encyclopedia of Philosophy*, eds. by Edward N. Zalta, Uri Nodelman, etc. The Metaphysics Research Lab, 2017.

③ 储存原则又指正义的储存，核心思想是合理储存率的确定以及世代都要按既定储存率流传遗产，以维持代际平衡。这是代际间的一种相互理解，以便各自承担实现和维护正义社会所需负担的公平责任。参见杨通进：《罗尔斯代际正义理论与其一般正义论的矛盾与冲突》，《哲学动态》，2006 年第 8 期。

④ John Rawls's, " The Basic Structure as Subject" , in Alvin Goldman and Jaegwon Kim, eds., *Values and Morals*, Springer Press, 1978, pp. 47 – 71.

那么建立在这一结构基础上的全球经济、政治和社会制度即使能够形成，最终只能沦为国家霸权的工具。由于缺乏强制力与约束，在全球范围内推行分配正义和差别原则也是无法实现的。

虽然罗尔斯本人并不赞同世界主义者的称号，但毫无疑问其思想带有强烈世界主义正义的色彩，他将国内正义扩展到国际正义领域的做法也有着对于“普世价值”的追求。当然，针对罗尔斯“万民法”思想的质疑与批判声也不在少数。罗伯特·费因（Robert Fine）从三个方面表明了他的质疑：第一，在阐述万民法思想时，罗尔斯保留了以政治划界的公民身份，也就是说，罗尔斯依旧将他的 people 理念进行了严格的界定，缺乏一种更具普适性意义的人民观。第二，罗尔斯主张只有那些承认并捍卫人权的人才可以被称作人民，并特意区分了两类人，即自由人民（liberal people）和合宜人民（decent people）。然而这种划分的标准显然是孟德斯鸠、洛克以来的西方人权标准，很难具有真正的普遍价值。第三，罗尔斯在《万民法》一书中针对人民的界定紧密围绕他的人权观，但他又很难针对这种人权给出详细的界定。① 吉莉安·布洛克（Gillian Brock）同样针对“万民法”思想给出了回应，她指出，罗尔斯忽略了一个社会的不利状况在何种程度上可能是外部因素所造成的，也忽略了国家之间事实上存在着道德上相关的各种联系。特别是在全球合作体系逐渐受到更多国家的欢迎的背景下，仍旧将一些跨越国界问题的解决路径寄托于有边界的政治共同体，明显就是一种站不住脚的设想。② 此外，在阐述“人民”（people）这一概念时，罗尔斯又很难将民族和国家的界限范围有效区分，从而导致这一概念往往显得并不清晰。③ 还有学者认为罗尔斯排除其他社会经济平等的理由难以让人信服。④ 虽然罗尔斯的正义思想在面对全球正义领域出现的各种挑战时的确出现了解释力不足的现象，但不可否认，作为正义问题研究的先驱，罗尔斯思想中“现实的乌托

---

① Robert Fine, *Cosmopolitanism*, Routledge Press, 2007, pp. 62 – 67.

② Wilfried Hinsch, “Global Distributive Justice”, *Metaphilosophy*, Vol. 32, 2001, pp. 58 – 78.

③ Gillian Brock, “Recent Work on Rawls's Law of People: Critics versus Defenders”, *American Philosophical Quarterly*, Vol. 47, No. 1, 2010, pp. 89 – 91.

④ Thomas Pogge, *Realizing Rawls*, Cornell University Press, 1989; Kok – Chor Tan, *Tolerance, Diversity and Global Justice*, Penn State Press, 2000; Robert Fine, Cosmopolitanism, Routledge Press, 2007.

邦”不仅构筑了国内政治与全球政治彼此作用的桥梁,而且也启发了更多学者针对全球正义问题的再思考。

二、托马斯·博格与全球贫困治理

托马斯·博格(Thomas Pogge,1953—)师承约翰·罗尔斯,深受其正义思想的影响。早年博格的研究旨趣在康德的道德、哲学和心理学领域。1983 年起,博格先后在哥伦比亚大学、耶鲁大学任教,其研究逐渐聚焦于包括全球正义、全球贫困等多个议题。其主要著作包括:《实现罗尔斯》(1989)、《约翰·罗尔斯》(1989)、《世界贫困与人权》(2008)、《日常政治:在亲近穷人的言辞背后》(2010)等。

对于博格全球正义思想的研究,首先要回归博格的世界主义观。1992 年,博格在《世界主义与主权》一文中最早将世界主义的基本原则概括为三点,也成为后来学界最为认同的一种看法。这三条原则分别是:第一,个体主义(individualism),认为道德关怀的终极单位是个体,强调作为世界上每个原子的个人应当成为道德关怀的终极单位,并非传统社会政治关系中的家庭、族群、民族、文化或宗教团体等。人属于独立的道德领域,每个人都应被看作是值得平等尊重和对待的。第二,普世性(universality),认为平等的价值地位应当得到每个人的承认。即在普遍的道德领域内,每个人都应该拥有平等的地位,并同样将其他人视作基本的道德利益单位来加以尊重。第三,普遍性(generality),认为地位平等和相互认可需要个人权利得到公平对待,即基于所有的人都能依此行动的原则,无关民族、国籍或宗教信仰等。① 这三点原则不仅成为后来研究世界主义学者的标杆,而且也很好地阐释了围绕个体价值的自由主义的世界主义所希望阐述的主要内容。而在随后《世界主义:一种辩护》一文中,博格针对戴维·米勒和谢夫勒等人关于强势世界主义(strong cosmopolitanism)与弱势世界主义(weak cosmopolitanism)的批判,提出了“稳健(持中)的世界主义(intermediate cosmopolitanism)”。

根据谢夫勒的分析,世界主义所倡导的普遍性和普世性从本质上来讲是难以实现的。因为一个人很难在帮助与自己有关联的人和一个陌生人之

① Thomas Pogge, “Cosmopolitanism and Sovereignty”, *Ethics*, Vol. 103, No. 1, 1992, pp. 48 – 49.

间，去帮助陌生人而舍弃与自己有关联的人。[①] 然而博格认为谢夫勒的分析无形中缩小了对于特殊关系(special relationship)的理解。因为如果个体自由能够得到充分实现，那么特殊关系本质上来说是个体所做出的判断。因而这种特殊关系就不能简单等同于族群、民族或者国家这样的政治关系。博格举例认为一个人可以因为等待救助的人是自己的同胞而伸出援手，也可以因为这个人和自己同处于一个兴趣社团，或者长相俊美而施以援助。简言之，个体对于他者责任的问题不能够将特殊关系和民族或者国家的身份等同起来。那么一旦个体超越了这种谢夫勒式的狭隘认知，这个人对于他者的帮助就会依据此人是否属于急需得到救助来判断，那么就不存在所谓的陌生人的概念。[②] 稳健的世界主义在博格看来，并不是一个折中的方案，而是真正能够贯彻世界主义三原则中道德的普遍价值的"利刃"。

博格的正义观无不围绕世界主义的思想观念展开，在这一点上，显然博格与其师罗尔斯"分道扬镳"。他并不满足于罗尔斯仅仅将正义二原则限定在"自由合宜"国家的做法，而是将罗尔斯的正义二原则推向全球并认为这不仅是必然的，也是必需的。因此为了尝试打破国内正义的研究局限，博格倡导打破国家内部关系与国家之间关系二者之间在传统认识上存在的分割状态，从而将制度性的道德扩展到国际领域，也就是我们所熟知的全球正义。

为了论证这一问题，博格反思了启蒙时期以来的世界主义思想，特别是围绕康德的世界主义而展开的人权讨论。康德曾言："作为一个有理性的、属于理智世界的东西，人只能从自由的观念来思考他自己意志的因果性。自由即是理性在任何时候都不为感觉世界的原因所决定。"[③]根据康德对人的看法，博格提出自由的人彼此之间是处于平等状态的，无论其出生、国籍或其他特殊的身份标签，从而意味着始终要将他人作为一种"目的"而非"手

① Samuel Scheffler, *Boundaries and Allegiances*, Oxford University Press, 2001, p. 52.

② Thomas Pogge, "Cosmopolitanism: A Defence," *International Social and Political Philosophy*, Vol. 5, No. 3, 2002, pp. 86 – 91.

③ [德]伊曼努尔·康德:《道德形而上学原理》，苗力田译，上海世纪出版集团，2005 年，第 77 页。

段”。这一点显然与罗尔斯的设想不谋而合。稍有不同的是,博格并非先验论者,他认为罗尔斯的实验并非完全必需。世界主义之所以是正确且适用的,原因在于其坚持了一种基于所有人都一视同仁的社会正义观,而道德普遍主义一方面是世界主义在道德层面的普遍要求,①另一方面也表明了康德关于个体平等的看法可以在全世界范围内普及开来。“一种有关社会正义的道德观念是具有普遍性的,表现在:A. 它使所有人都服从于同样的道德原则体系;B. 这些道德原则面向所有人设定同样的基本道德收益和负担;C. 这些基本道德收益和负担是按照一般性原则来设定的,不会专断地赋予特定的人或者某些群体。”②在这一点上,博格无疑超越了他的老师罗尔斯,将这种正义理论的基底由原先国内层面自由主义和个体解放,扩展到了世界主义和道德普遍主义,从而能够将罗尔斯看似“不完全”的国内分配正义扩展到全球分配正义的层次。

博格认为全球范围内的分配正义至少应有三重要素:第一,这种分配正义应当直接将假设性契约运用于全球层次;第二,正义的关注者应当聚焦于整个世界;第三罗尔斯式的正义观必须以全球最弱势人群的状况作为评判制度的基础标准。③ 如果无法将罗尔斯的观点推广至全球范围,那么与天赋、种族、性别或社会地位相比,国籍事实上具有的更深层次的偶然性,同样会导致制度性的差异。④ 博格认为罗尔斯差别原则所直接导致的对待不同国家不同国籍的人所实施的差异性制度,出现了解释力不足的情况。在他看来,只有当全球范围的制度性不平等能使最少受惠者获得最大利益时,我们才能认为这一秩序是合理的。这并不意味着博格希望建立一个全球平均的世界,而是主张扩大原有的差别原则,合乎逻辑地推广到全球。⑤

---

① 博格关于世界主义三原则的论述,Thomas Pogge, “Cosmopolitanism and Sovereignty”, *Ethics*, Vol. 103, No. 1, 1992, pp. 48 – 49.

② [美]涛慕思·博格:《道德普遍主义和全球经济正义》,载于徐向东主编《全球正义》,浙江大学出版社,2011 年,第 158 页。

③ Thomas Pogge, *Realizing Rawles*, Cornell University Press, 1989, pp. 240 – 243.

④ 张旺:《世界主义的价值诉求——国际关系规范理论的视角》,《教学与研究》,2006 年第 12 期。

⑤ 常永强:《托马斯·博格全球正义理论的论证思路及其内在悖论》,《国外理论动态》,2014 年第 2 期。

为了修正罗尔斯差异原则的缺陷,博格提出了差别和补偿的概念,并认为这一概念可以很好地解释全球贫困治理的问题。在博格看来,造成全球贫困的原因不仅仅在于国内分配的非正义,更重要的是全球经济秩序造成的不平等。罗尔斯的分析思路出现了一些漏洞,表现在:第一,世界不同国家的贫困的因果关系并非罗尔斯所言是由自己造成的,因为各个国家的发展起点不同,造成这种差异一方面在于国内的腐败或其他社会问题,另一方面也是由一些历史错误[①]造成的;第二,各国都享有自然资源带来的福利,然而由于富裕国家和贫困国家在各方面的差距,贫困国家的人民并没有充分享受这种福利,而且被剥夺的部分也没有得到应有的补偿;第三,与罗尔斯割断本国和他国的界限不同的是,所有国家都处于同一个全球经济秩序之中,这意味着这种经济不平等的蔓延不仅会造成贫困国家的失序,而且会威胁到富裕国家。[②] 博格眼中全球经济失序的状况主要是由于富裕国家和贫困国家长期以来发展失调,或者说富裕国家未能对贫困国家采用差别原则、未尽到补偿义务所造成的。这里所说的差别和补偿已经不像是罗尔斯口中的带有正义色彩的观念,更多地已经成为一种富裕国家的义务。

博格的分析方法得到了世界上许多学者的赞同。彼得·辛格(Peter Singer)虽然并不认为援助应当被视作一种"义务",但他从道德角度肯定了博格的看法,认为富人对于穷人的救助是一件必须完成的任务,穷人有权利要求从富人那里得到援助,富人如果不在穷人急需援助时伸出援手,那么他们就在做一件道德上错误的事情。[③] 在国际社会,由于造成全球贫困问题不单单是一国的内部原因,还有历史因素的影响,并且制定国际经济秩序的富裕国家也未必全面考察了世界各国的发展状况,因此富裕国家有责任承担起对贫困国家援助的义务。在博格看来,这是一种制度性的消极义务。这种义务不仅是指在贫困国家爆发饥荒等严重贫困问题时,富裕国家提供的人道主义援助,更重要的是富裕国家帮助贫困国家免于贫困的潜在的、消极

---

① 博格所说的历史错误主要是指一些既成事实的历史进程,包括殖民、侵略或者战争等。

② [美]托马斯·博格:《康德、罗尔斯与全球正义》,刘莘、徐向东译,上海译文出版社,2010年,第429~430页。

③ Peter Singer, *One World: the Ethics of Globalization*, Yale University Press, 2004.

的义务。简言之,富裕国家有义务帮助贫困国家彻底摆脱贫困的状态。不仅如此,改革不合理的国际政治经济秩序也是解决全球贫困问题的题中应有之意。这里涉及很多细节方面的改革,涉及国际贸易规范、对外投资、跨国企业的贸易规则、国际借贷特权等方面。例如,在国际借贷特权上,博格设想做出如下具体的制度安排:第一,要以民主决议的形式约束贫困国家的当权者合理支出国际借贷。第二,成立一个专门考察国家民主制度的国际机构对借款国进行持续监督。第三,成立国际民主借贷保障基金以保障富裕国家借出的款项可以得到及时偿还,同时也保障借款国能够持续得到借贷从而实现内部的稳定。①

为了回应学者们关于全球资源分配不均的批评,②博格设想了一种全球资源红利的方案。③ 这一方案的基本理念是一国人民在本国领土上对全部自然资源具有完全的所有权和使用权,但该国人民必须对其开采的任何资源支付国际资源红利。这就意味着虽然某些自然资源处于某一特定的疆域或属于特定个体所有,但这些资源同样属于全体人类。那么世界其他地区的人民也有一定的享有开采这种资源的权利。基于主权原则,资源产出国及其人民可以不受限制地去开采这种资源,但基于人权原则,资源产出国及其人民必须与资源消费国及其人民一同分享这种资源带来的红利,共享这种经济收益。分配资源红利的方案是,在一个组织良序、正义的社会里,可以基于人口规模和人均购买力把全球资源红利的收益直接分配给这些国家和政府,用以保障所有人基本的生活需求,支持贫困地区的经济、教育和社会福利的发展,从而提高穷人的生活水平。这种援助不同于传统人道主义援助,全球红利方案是基于人权的基本权利,因此并没有政治、经济或者制度方面的附加条件。通过这一方案的运作,可以帮助一些国家和地区缓解

① Thomas Pogge, *World Poverty and Human Rights*: *Cosmopolitan Responsibilities and Reforms*. Polity Press, 2002, pp. 146 – 167.

② 这类批评者包括:Gillian Brock, *Taxation and Global Justice*: *Closing the Gap between Theory and Practice*, Blackwell Publishers, 2008; Tim Hayward, "Global Justice and the Distribution of Natural Resources," *Political Studies*, Vol. 54, Issue 2, 2006, pp. 349 – 369. Margaret Moore, "Natural Resources, Territorial Right and Global Distributive Justice", *Political Theory*, Vol. 40, Issue 1, 2012, pp. 84 – 107.

③ Thomas Pogge, "Allowing the Poor to Share the Earth", *Journal of Moral Philosophy*, Vol. 8, Issue 3, 2011, pp. 338 – 352.

贫困的状况，即使所在国家不作为，我们仍旧可以依托包括联合国机构或其他非政府组织来实现这一红利，因此这种红利所涵盖的必然是全球范围内所有的穷人和最不利者。

毫无疑问，托马斯·博格的全球正义思想是对于其师罗尔斯的继承、批判与发扬。在过去20多年间，博格始终坚持通过“推己及人”的手段，增强全球性制度的能力来推行全球正义。在治理全球贫困、资源浪费和人权事务上，博格都有一套颇具理想主义色彩的制度设计。当然，虽然博格已经对罗尔斯的思想进行了一定程度的扩展，但仍旧难以解释纷繁复杂的国际社会现象，在一些涉及主权和人权交错纵横的问题上，他的理论似乎总有着重人权而轻主权之嫌，在实践中往往又容易落到传统人道主义干涉的路径之中。

三、查尔斯·贝茨与全球分配正义

查尔斯·贝茨（Charles Beitz，1949— ），美国著名政治理论家、思想家，现任普林斯顿大学爱德华·斯坦福荣誉教授，研究领域包括国际政治理论、民主理论、人权理论和法律理论等多个方面。1987年以来，贝茨先后在贝尔弗科学与国际事务研究中心（The Belfer Center for Science and International Affairs）、哈佛大学、普林斯顿大学从事研究工作。2008年，贝茨当选为美国艺术与科学院院士。

自1975年发表了《正义与国际关系》（*Justice and International Relations*）一文以来，正义问题成为贝茨最为关注的研究视阈。在贝茨看来，正义问题所需要讨论的核心问题就是是否应当将《正义论》中的契约精神由国内层面推广到国际层面。其中，更重要的是思考富裕国家的公民是否有基于正义的义务去帮助穷人这一问题。显然这是对罗尔斯分配正义理论和差别原则的延展与推进。

与博格相似，查尔斯·贝茨也主张一种有限的世界主义（或称弱势的世界主义），并不赞同建立一种类似于国家体制的世界主义政府的方案。而与罗尔斯和哈贝马斯等人有所不同的是，贝茨认为法律世界主义的适用性有限，因为真正法律般的强制力很难达成。相反，一种社会正义的世界主义却充满了前景。因为这种世界主义并不直接要求制度应该如何设计，相反，它提供的仅仅是一种评价不同制度设计优劣与否的道德标准。在贝茨看来，正义只有回归到道德世界主义之上才真正能回归本来的价值，才能真正将所有人的价值纳入平等的道德关怀之中。社会正义的世界主义的一个核心特征是，它并不认为世界政府是全球分配正义得以存在的前提，而是认为，如果一项全球性的制度将世界上每个人的利益都平等地考虑进来，与之相关的正义原则就是世界主义的。①

基于社会正义的世界主义的观点，查尔斯·贝茨将罗尔斯的分配正义理论推广到了全球层面，在这一点上，贝茨受到罗尔斯的反驳。在1993年发表的《万民法》和随后的几篇论著中，罗尔斯提出"万民法的原则并没有分配正义的内容"，②认为差别原则在国际层面适用性有限。但贝茨坚持将这种原则拓展到全球层面，并提出了全球差别原则（global difference principle）。贝茨认为罗尔斯虽然在国内正义问题上的考虑较为周全，但忽视了自然资源在世界各地分配的偶然性特征，这种偶然性造成了人们在"初始状况"的差异。那些在"初始状况"下就由于资源分配而受益的国家和人民，有义务让世界其他国家和人民也同样的获益。"每一个个体对于资源的分享和占有方面都有平等的权益……资源的再分配原则将会在国际社会中发挥作用。"③如果坚持国际社会的差别原则，就可以将资源进行再分配，从而能够获得支持公正的社会制度和保障人权的社会基础。

在贝茨看来，罗尔斯的国内正义理论在国际社会上同样适用，只不过要进行细微的修正。其主要原因在于国际社会中每个国家从本质上来讲并不存在道德上的边界特征（即使各个国家的确有着疆域、主权等方面的政治边界），那么这就意味着一国国内公民享有的义务和权利在国际层面同样适用。在正义问题上可以解释为"无知之幕"应当从传统的公民身份延展到世界所有公民在内的公民身份上，也就是这一假定的背景应当是全世界所有

---

① 刘明：《世界主义与全球分配正义》，《学术探索》，2013年第5期。

② 李国维：《国家？民族？还是国族？——罗尔斯的民族理念及其超越》，《政治思想史》，2010年第2期。

③ Charles Beitz, "Justice and International Relations," *Philosophy & Public Affairs*, Vol. 4, No. 4, 1995, pp. 362 – 363.

个体。在这一点上,贝茨借用了世界主义关于个体是道德关怀最终单元的说法,认为全球差别原则应当适用于每一个个体,特别是要注重那些全球处境最差的个人。① 因此,贝茨重申了自己关于弱势世界主义的看法,认为从本质上来讲,民族国家并没有其道德上的意义,如果有也是当权者所强加的。虽然贝茨并不赞同世界政府,但在正义问题上,他仍旧坚持可以从道德世界主义的角度入手,分解原先由固定边界所造成的全球正义的"阿喀琉斯之踵"。

贝茨的全球分配正义思想一经提出便引发了学术界广泛讨论。贝茨和博格对于正义界限的分析,超出了罗尔斯社会正义的范畴,倡导一种全球正义的设想。反对的声音大多来源于社群主义者,他们反对超出国界范围去讨论正义问题。迈克尔·沃尔泽(Michael Walzer)声称,分配正义的这些义务只有在一个社群(或一个国家)的背景下才有意义,分配的物品是在这个社群中生存和分配的。而在世界主义者内部,对于全球分配正义的看法也不尽相同。例如,布洛克(Gillian Brock)将世界主义划分为"关系性世界主义"和"分配性世界主义",她认为罗尔斯、博格、贝茨等人均属于后者,而关系性世界主义关注的则是人们彼此间的平等地位、消除在尊重、认可和权利等方面的不平等。用布洛克自己的话来说,人们真正关心的并不是不计任何代价的平等,而是如何能够过上体面的生活。② 因此,即便在某些情况下,个体之间仍旧存在一些不平等的现象,但每个人能够发展技能并过上有尊严而快乐的生活,这样的选择也是可取的。在分配性世界主义内部,也有着强势世界主义(strong cosmopolitanism)与弱势世界主义(weak cosmopolitanism)之分。作为强势世界主义的代表,科克－肖·谭(Kok－Chor Tan)主张世界主义正义观就是一种强势的世界主义,他曾经表示,那种认为民族主义或爱国主义的立场可以影响全球正义之条款的观点就是对正义含义的扭

---

① [美]查尔斯·贝茨:《政治理论与国际关系》,丛占修译,上海译文出版社,2012 年,第 137 ~138 页。

② [新西兰]吉莉安·布洛克:《全球正义:世界主义的视角》,王珀、丁祎译,重庆出版社,2014 年,第 291 页。

曲。正义的概念和理念本身就排除了特殊的立场。[①] 从这个意义上来说，弱势世界主义仅能实现最低限度正义的做法，显然很难满足罗尔斯分配正义的初衷。因此他主张要超越国界去实现一种全球正义。亨利·苏（Henry Shue）在这个问题上更侧重于关注权利而非资源，尽管他承认了资源正义在实践全球正义上所起到的重要作用，但在他看来，如果不能保障个体的生命权和安全权，无法给人类最低限度人权提供必要的保障，即便是有办法实现资源的正义分配，也很难让人们摆脱不正义的状况。[②] 因此在以苏为代表的一些全球正义倡导者眼中，机械地将"正义二原则"由国内推向全球范围，而不是有针对性地对全球各地区、各国的基本情况进行更加详尽的调查，以及不对全球正义的价值内核进行更加深入的探讨，很容易使全球正义成为纯"乌托邦"式的设想，或是最后退回到国内正义的逻辑之中。

综上所述，查尔斯·贝茨掀起的全球分配正义的讨论不仅给人们思考全球正义问题开辟了新的思路，也在反思罗尔斯《正义论》和《万民法》思想上提供了新的路径。当然，也有大量学者针对这种建立在自由主义和个体主义基础上的世界主义正义观提出反驳，例如戴维·米勒、塞缪尔·谢夫勒等，他们主张国家是一个伦理共同体，因而对于公民的责任至关重要，甚至于超出了全球正义所主张的对于作为个体的人的责任。过分夸大全球正义在处理全球性事务和当代国际关系中的作用是不恰当也是不符合实际的。[③] 这些社群主义者（或称共同体主义者）认为忽略群体性的个体正义不仅是虚无缥缈的，而且是不值得我们去追求的。这些问题也成为世界主义与其他政治、哲学思想争论的焦点。

第七节　当代西方世界主义的评价与反思

毫无疑问，当代世界主义承袭了斯多葛学派世界主义和中世纪的世界

① ［美］科克-肖·谭：《没有国界的正义》，杨通进译，重庆出版社，2014 年，第 230 页。

② Henry Shue, *Basic Rights*, Princeton University Press, 1996, pp. 18 – 34, 65 – 78.

③ David Miller, *National Responsibility and Global Justice*, Oxford University Press, 2012; Samuel Scheffler, *Boundaries and Allegiance: Problems of Justice and Responsibility in Liberal Thought*. Oxford University Press, 2001.

主义思想,并将世界主义所倡导的“个体主义”“普遍性”“普世性”的观念与当代全球化背景下所产生的新领域、新问题和新视野结合起来。除上述学者外,还包括丹尼尔·阿奇布吉、布鲁斯·鲁宾斯(Bruce Robbins)、西蒙·卡尼(Simon Caney)、布莱恩·巴里(Brian Barry)等一大批西方政治哲学家、思想家投入对世界主义的研究之中。通过他们的研究,我们可以看出,当代世界主义的研究主要呈现以下五个特征:第一,当代世界主义坚持了传统世界主义以自由主义为基底、以个体价值为终极关怀的研究思路;第二,当代西方世界主义在继承康德世界主义思想时出现了分流,一部分学者支持并拥护康德的世界主义研究路径,如博格、贝茨等人,而另一部分学者超越了康德路径,开始寻求世界主义的新方向、新思维。如努斯鲍姆、赫尔德等人;第三,当代西方世界主义更加关注与正义有关的话题,并通过关于全球正义的阐述,超越了世界主义领域的“西方中心论”;第四,当代西方世界主义不仅是一种哲学上的世界观,更是一种指导当代全球治理实践,应对当代全球问题的现实的方法论;第五,从研究领域来看,当代西方世界主义已经不再局限于哲学领域关于道德意义上世界主义的研究,在研究视阈、研究方法等方面出现了多学科、跨学科的现象,世界主义不仅影响到政治和哲学研究领域,而且在人类学、社会学甚至是自然科学中都产生了回应。

当然,当代西方世界主义也存在着明显的缺陷和不足。首先,在解释现实世界出现的问题时,世界主义总显得高高在上,一些由西方国家社会制度衍生而来的世界主义观并没有很好地兼顾到广大发展中国家或地区的现状;其次,当代世界主义在应对某一复杂全球问题时,往往具有一定的滞后性,这就导致了在一些亟待解决的全球危机面前呈现解释力不足的现象;第三,扎根于西方自由主义理念之中的世界主义思想,在西方自由主义受到挑战之时,往往会显得力不从心。表现在极端民族主义、民粹主义和国家中心主义回潮之时,世界主义难以抵御这些传统现实主义思想的挑战;第四,在理论研究领域,世界主义似乎呈现出了“过犹不及”的反应,换言之,在不断扩展的世界主义议题面前,似乎有些议题已经超出或者难以用世界主义的思想来解释。例如努斯鲍姆所坚持的“动物正义”思想,希望能够将动物和人类一样看待。但这显然与世界主义所坚持的“个体主义”并不相符,在现实操作中也很难对人类和动物的权利一视同仁；最后，当代西方世界主义学者虽然已经尝试将世界主义和全球主义糅合，并提取当代全球化的新质。然而在这一点上，受制于"个体主义"的限制，许多学者不愿意从人类整体的视角去看待整个世界，而又重新将"整体主义"与"个体主义"割裂开来，特别是不愿意视整个人类视为一个主体，刻意将个体与人类割裂开来。这显然会导致在参与全球气候变暖治理、海洋生态保护、全球公域开发、遏制世界恐怖主义等诸多全球事务中陷入"西方中心"主义的逻辑中。

第五章　中华文明的世界主义思想

世界主义的思想源远流长,在西方古希腊犬儒主义和斯多葛学派的言谈著述之中,就论述了如何对待异乡人的世界主义伦理问题。世界主义理念强调的是世界公民的基本权利和责任,是一种超越国家、宗教、文化、种族及其他属性的哲学伦理。从宽泛的意义上说,世界主义是一种哲学理念、伦理诉求和社会理想。世界主义认为人类都属于同一个精神共同体、道德共同体或普遍共同体,所有人都是其中的平等成员,都享有平等的政治、社会与文化权利,以及同等的价值和道德地位,都是道德关怀的终极单位和最根本的价值目标,是普遍意义上的世界公民。①

在中华文明中,世界主义思想主要表现为大同世界思想、天下为公的愿景、和谐的天下秩序,以及反对专制的平等思想等方面。近代以来,中国陷入内外交困的危机之中。面对这种困局,进步的知识分子吸收了"天下为公""世界大同""王道"思想,并且借鉴了西学中的先进学说,形成了具有特色的大同思想。在当代中国的世界主义思想中,主要借鉴了中国传统思想、马克思主义理论以及实用主义和国际主义的外交思想。当代中国的世界主义思想影响了中国政府的内政外交理念,也影响了中国人看待外部世界的态度和方式。

① 蔡拓:《世界主义的理路与谱系》,《南开学报》(哲学社会科学版),2017 年第 6 期。

第一节　古代中华文明的世界主义思想

古代中华文明的世界主义思想，既源于自身的政治哲学和制度安排，也源于长久以来华夏与各民族的交往互动实践，以及反对君主专制的批判性观点。大同理想、仁政思想、天下观、王道论、平等观和义利观等都体现了世界主义的元素。有学者提出，中华文明的世界主义具有四大特征：一是宇宙主义的，二是和平主义的，三是文化主义的（即不以贫富、血统、区域分贵贱），四是不反国家主义、个人主义的。① 归纳来说，古代中华文明的世界主义思想主要表现在以下四个方面：

一、人人为公的"大同"思想

世界大同是中国传统思想主张的理想状态，是对未来美好社会的向往和憧憬。"世界大同、天下为公"是中国历代政治的崇高理想，也是士人大夫忧国忧民胸怀天下的政治追求。在春秋时期，中国古代诗歌《诗经》中就有关于"乐土""乐国""乐郊"理想社会的描述，提倡的是实现一种人与人和谐共处的社会秩序。儒家经典《礼记》曾描述过"大同社会"，对于理想社会进行了系统阐述："大道之行也，天下为公。选贤与能，讲信修睦。故人不独亲其亲，不独子其子，使老有所终，壮有所用，幼有所长，矜寡孤独废疾者皆有所养。男有分，女有归。货恶其弃于地也，不必藏于己；力恶其不出于身也，不必为己。是故谋闭而不兴，盗窃乱贼而不作。故外户而不闭，是谓大同。"②儒家思想认为，理想国是能够实现的，其主要依据一是从历史的经验看曾经有过理想的盛世；二是从人性看，只要诱导得当，是可以进入至善至美的境界的。③ 儒家的先王世界是一种理想王国，其中君爱民，民尊君，施仁政，薄税敛，行教化，轻刑罚，救孤贫，老安少怀，而道德则是这个世界的灵

① 张耀南：《中华文明的世界主义对于构建全球伦理可有之贡献》，《北京行政学院学报》，2003年第3期。

② 杨天宇：《礼记译注》（上），上海古籍出版社，2004年，第265页。

③ 刘泽华：《中国的王权主义：传统社会与思想特点考察》，上海人民出版社，2000年，第317页。

魂。[①] 这种人人为善、同心同德、和合共生的主张，既是一种状态也是一种选择。道家主张“小国寡民”，“小国寡民，使有什伯之器而不用，使民重死而不远徙，虽有舟舆，无所乘之，虽有甲兵，无所陈之，使民复结绳而用之，甘其食，美其服，安其居，乐其俗，邻国相望，鸡犬之声相闻，民至老死不相往来”[②]。这种无为而治的小国寡民模式并不是一种纯粹消极的避世观，而是一种强调以“以天下观天下”“以无事治天下”的思想。

墨子认为，“交相利”和“兼相爱”是人与人之间相处的基本原则，只有遵循这一原则，才能达到“一同天下之义”的大同境界。墨子生活于先秦战火纷飞之时，他认为天下之乱在于“异义”，“异义”导致“交相非”，“非”乃“爱”之大敌，“尚同”即为解决“异义”而提。他认为，如果人人“同义”，则天下太平，人人“异义”，则天下大乱。所谓“同义”，概为四点：反对暴力侵权；尚贤，反对攻战；主张人伦兼爱；敬奉鬼神。“非攻”是墨子学说中一个非常重要的内容，他认为不合义或利的任何犯规行为，皆可称之为“攻”，尤指不合义、利的非正义的战争。墨家的“兼爱、非攻”也是一种理想社会模式，所谓“天下兼相爱则治，交相恶则乱”[③]。一个社会只要做到人人互爱，众不劫寡，强不凌弱，富不侮贫，贵不傲贱，即可“视人之国，若视其国；视人之家，若视其家；视人之身，若视其身”[④]。以“相爱”消除“祸篡怨恨”，进而实现“天下太平”。

墨子提倡“兼”以代“别”。“别”即不等，“兼”即平等。“交别”在乎于等级间泾渭分明，“兼爱”在乎于人与人之间至少在精神层面及相处姿态上的平等。王权时代统治者无不强调“别”，而下层人民则要求“兼”，此乃历史中的两大潮流，墨子之“兼爱”主张显然代表了下层人民的立场与呼声。他主张“视人之国若其国”“天子一同天下之义”，反对“民所以别贵贱”，这是一种平等的朴素世界主义思想。墨子认为基于“血肉之亲”而“无故富贵”的世卿世禄制度，是产生暴王、暴政和造成社会国家危乱的根源。[⑤] 他认为：“察

---

① 刘泽华：《中国传统政治思想反思》，生活·读书·新知三联书店，1987 年，第 255 页。

② 崔仲平：《老子道德经译注》，黑龙江人民出版社，2003 年，第 81 ~ 82 页。

③ 吴毓江：《墨子校注》，中华书局，1993 年，第 155 页。

④ 吴毓江：《墨子校注》，中华书局，1993 年，第 159 页。

⑤ 侯外庐：《中国思想史纲》（上），中国青年出版社，1980 年，第 51 页。

天子之所以治天下者，何故之以也？曰：唯以其能一同天下之义，是以天下治。"[①]不难发现，墨子坚持的是一种公平的非偏狭的伦理道德。

晚清时期，太平天国运动也曾追求大同社会的政治理想。洪秀全是清末农民起义的领袖，早年从基督教信徒处得到一本名为《劝世良言》的中文布道书。日后，洪秀全结合基督教教义创立拜上帝教，利用传教的机会组织农民起义。"均贫富""等贵贱""均田免粮"历来是农民起义的口号，洪秀全又引入基督教的基本教义，提出"万国一家""天下为公"的平等观念。太平天国的"太平诏书"中有三篇文章，《原道醒世训》《原道救世歌》和《原道觉世训》。在《原道醒世训》中，洪秀全引用了儒学经典《礼运》中一段表述，向信徒们展示了所谓"大道之行"的理想社会，极具乌托邦色彩。他希望建立"天下为公"理想社会，即"天下多男子，尽是兄弟之辈，天下多女子，尽是姊妹之群"。洪秀全以《原道救世歌》布教，以基督教的十诫为本，倡导人与人之间和平向善，进而笼络人心，动员民众。洪秀全的创造性在于他借来了一个西方的上帝观念作为农民革命的思想理论基础。在《原道觉世训》中，洪秀全批判吸收了基督教的思想，并加注了符合中国传统社会特色的朴素平等的主张。他将民众与统治者对立起来，把人世间的统治者比喻为"老蛇""魔鬼"。除了"皇上帝"之外无神也，那么万姓同出一姓，一姓同出一祖，提出了"天下总一家，凡间皆兄弟"的简洁而粗浅的政治主张。

"人皆兄弟"原本是基督教的博爱观念，洪秀全注入经济平均主义和原始朴素的平等观，与传统农民革命不同的是，他充分利用了自己创造的拜上帝教的教义，宣传、发动、组织、领导农民革命起义。然而，与传统农民革命相同的是，太平天国仍然是一种具有明显等级倾向的专制统治。太平天国并没有也不能使整个社会从政权、族权、神权、夫权的"四条绳索"下真正解放出来。[②] 洪秀全自称天王，以上帝为天父，以耶稣为天兄，天王奉天父、天兄的命令进行统治。太平天国在永安封五军主将为王，后来不但滥封王，从高官到基层官员也得按照严格的等级赐封。

---

① 吴毓江：《墨子校注》，中华书局，1993 年，第 118 页。

② 李泽厚：《中国近代思想史论》，人民出版社，1979 年，第 19～24 页。

太平天国定都南京后，在洪秀全的主导下颁布了一个纲领性的文件《天朝田亩制度》。《天朝田亩制度》是太平天国具有空想色彩的世界主义主张，提出了“务使天下共享天父上主皇上帝大福，有田同耕，有饭同食，有衣同穿，有钱同使，无处不均匀，无人不饱暖也”[①]。这种“耕者有其田”的口号更加符合平均主义的理想诉求。天下所有的土地应该由所有人共同支配和使用，同时还应当考虑土地的肥沃程度进行合理的分配。

二、传统的“天下”观念

在中国传统政治思想中，“天下”是一个特指的概念，也是儒家思想人道秩序的核心概念。所谓“天下”，指的是超越地理、时间和空间限制的存在或价值，是中国古代思想中最具概括力和表现力的观念之一。天下以中国和九州为天下之疆域，以天命、君、民定天下之秩序，以大公为天下之根本，以五服与九服视天下之格局，以华夏与夷狄定天下之内外、远近，等等。[②] 天下观念意蕴丰富，具有中心并向外扩展的格局。《书・禹贡》中曾提出以“服制”为天下的政治设计，通过“五百里甸服”“五百里侯服”“五百里绥服”“五百里要服”“五百里荒服”划分出一个以“中国”为中心，不断向外拓展的天下。九州、八荒、四海、五岳等，这些词汇都代表了“天下”的部分内涵。同时，“天下”也是儒家思想推崇的一种政治统治秩序和理想。它与国家、社稷等词汇的含义相近，有时“天下”指的就是国家、社稷。《书・大禹谟》中有“奄有四海，为天下君”的表述，在《庄子・大宗师》《吕氏春秋》《礼记》等也反复出现“天下”的论述，表达了“天下为公”的观点。在这种“天下体系”中，天朝与夷狄之间的联系主要靠意识形态即所谓德来维系。这种“王道”的天朝礼治是通过册封、朝贡及礼法等制度形式，来实现和维持着“天下”体系。

“公私之辨”是中国古代政治思想史上的重要争论之一，先秦儒、道、墨、法诸子百家均有相应论述。所谓“天下为公”，指的是“天下乃天下之天下”的信念，天子位传贤不传子，唯其如此，天下才能不被私相授受。儒家思想

① 王崇武、黎世清：《太平天国史料译丛》(第1辑)，神州国光社，1954年，第100页。
② 梁治平：《“天下”的观念：从古代到现代》，《清华法学》，2016年第5期。

家坚持认为三皇五帝之时曾经形成了"圣王之制",这时"君位乃天下之公器",非为一朝一代所有,君权不可一家一姓独占,"选贤与能"是一个重要特征。天下非"一姓一家之私","天下为公者,天下之位传贤而不传子也",是儒家思想极为推崇的上古圣王的君位禅让制。《吕氏春秋·贵公》中的著名观点:"昔,先圣王之治天下也,必先公。公则天下平矣,平得于公","天下非一人之天下也,天下之天下也"。[①] 君主必须时时刻刻把天下公利摆在第一位,这既是公天下论合乎逻辑的推理,又是公天下论的主要政治功能。[②] 从纯粹逻辑上说,它否定了君主独占统治权的专制体制,否定了家天下。[③] 这里,天下为公既表达了一种依靠圣王、圣人而不是专制世袭"家天下"的畅想;也表达了为普天之下民众的利益而施政的要求。尽管中国不同思想家对"公天下"的理解不同,但最终实现"天下为公"的政治诉求却是一个基本共识。

中国古代思想家们历来推崇天下大一统的局面,重视王朝的正统地位问题。"夷夏之辨"是中国传统思想讨论中的一个重大问题,如何看待相异民族,如何处理相邻疆域之间的关系,是中央王朝面临的一个重大问题。西周末年,戎狄之族日益强大,华夷之论兴起。周穆王时代,祭公谋父曾言,周的先王失势后曾"自窜于戎、狄之间"[④]。晋惠公认为诸戎是"四岳之裔胄"[⑤],对这些民族应一视同仁。随着少数民族的逐渐崛起并能够入主中原,传统儒家的正统观念也随即开始受到冲击。金朝统治者和汉族士大夫纷纷鄙弃原来的华夷之分,开始论说非汉族王朝在中原统治的正统地位。[⑥] 如耶律楚材出身契丹贵族,而且又在非汉族的金朝做官,因此在他的思想体系中,一开始就没有华夷之分的思维局限。与同时代的人一样,耶律楚材也认为,在少数民族入主中原的问题上,只要他们实行中原传统的典章制度,民族间相互融合,一样可以成为正统,一样可以一统天下,一展太平。这在一

---

① 吕不韦:《吕氏春秋全译》,关贤柱等译注,贵州人民出版社,2009 年,第 23 ~ 24 页。

② 刘泽华主编:《公私观念与中国社会》,中国人民大学出版社,2003 年,第 291 页。

③ 刘泽华:《中国政治思想史》(第 3 卷),人民出版社,2008 年,第 177 页。

④ 尚学锋、夏德靠:《国语·周语》,中华书局,2007 年,第 3 页。

⑤ 张文学等:《五经四书全译》,中州出版社,1991 年,第 2362 页。

⑥ 孙晓春:《中国政治思想通史》(宋元卷),中国人民大学出版社,2014 年,第 362 页。

定程度上突破了民族藩篱，超越了族域隔阂。

有人指出，中国所谓的天下体系是一种等级制的统治工具。在这个天下体系中，居于依从地位的四夷是拱卫中央政权的屏障，与中央政权之间存在一种依附和服从关系，这个天下体系在理论上又被表述为“天下主义”。但从儒家的最高道德理想及政治追求“圣王”之道来看，中国的天下主义显然具有包容性的理想观念。正如美国学者列文森在谈及古代中国时所说，“早期的‘国’是一个权力体，与此相比较，天下则是一个价值体”[①]。相应地，传统的天下观，一般具有两个层面的含义，一方面是一种文明秩序的勾勒，另一方面则是一种对以大中华地区中原地带为中心的世界空间的想象。许纪霖认为，对传统的天下主义予以改造后，新天下主义则是去中心、去等级化的，是用普遍主义来平衡特殊主义，在人类共享普遍文明的基础上寻求新的普遍性。[②] 总之，中华文明以天下主义、普世主义、人类主义为传统，以人类整体价值为自我衡量的标尺，这是后世的世界主义思想的基本之意。

三、民贵君轻的仁政思想

源于《国语》的“和合”文化、儒家的“家国天下观”“仁者爱人”思想、墨家的“兼爱非攻”思想都有民贵君轻的论述。《国语·郑语》出现了“和合”一词，提出“契能和合五教，以保于百姓者也”。和合文化集中反映了古代中华文明思想中对于多元统一、和而不同以及协调共生的和谐社会秩序的追求。从《盘庚》篇的重民、周公的保民、孔子的爱民、孟子的民贵君轻论到荀子的君舟民水论，都有相关的论述。在先秦思想家看来，民在政治中地位大致经历了如下三个发展阶段：一是神是决定一切的，民是神的从属品；二是神、民结合，由民情见神意，神依民情定存亡；三是政在得民，民的背向决定着政治兴败。[③] 孟子提出了民贵君轻的著名命题，认为缺乏“不忍人之心”和不行仁政的君主，不配做民之父母。

在儒家的政治伦理中，“仁”占据了核心的位置，“仁者，人也”。仁具有

① ［美］列文森：《儒教中国及其现代命运》，郑大华译，中国社会科学出版社，2000年，第84页。

② 许纪霖、刘擎编：《新天下主义》，上海人民出版社，2015年，第3～26页。

③ 刘泽华：《中国传统政治思想反思》，生活·读书·新知三联书店，1987年，第100页。

世界主义的人文精神底蕴，要求原本是血亲之爱的兄弟关系亦被阐释为“四海之内皆兄弟”。仁是人性的具体体现，“仁者爱人”体现了维系和谐社会秩序的精神纽带，也是处理人与人、人与社会关系的最高标准。关于孔子的“仁者爱人”思想，所谓“爱人”也应该被理解为对于全体人（对于他人或者他者）的根本关切，而这一根本关切则表现为欲让他人作为他人而生。[①]《论语》上所说的仁，是中国文化由外向内的反省、自觉，以及由此反省、自觉而产生的对人对己的要求与努力的大标志，“爱人”乃是自反自觉的一个结果。[②]“家国天下”出于《大学》，是对正心、诚意、修身、齐家、治国、平天下思想的高度概括，其思想塑造了个体拥有的道德义务与社会义务，强调“独善其身、兼济天下”的个体价值性。孟子继承了孔子关于仁（爱人）的观点，并将其拓展。[③] 孟子认为，仁不仅包括双亲和亲人的爱，还是一种更普遍的爱，“以其所爱及其所不爱”，是指把爱的范围加以扩大，把对亲人的爱推及其他人，这是仁。相反，如果“以其所不爱及其所爱”则是不仁。不同于西方文明从原子式、自然法、个体权利的角度来论证世界主义思想的合理性，古代中华文明的“仁政”思想更多的是从维系社会情感、人际关系的角度出发来思考一种应然的和谐社会秩序的状态。

隋唐时期的“民本”思想是由先秦民本思想发展而来。隋炀帝杨广做过明确系统的阐释。[④] 在政治生活中，天下之民到底应该位居何处？隋炀帝的答案是：“民惟国本，本固邦宁”；“武有七德，先之以安民”；“昔者哲王之治天下也，其在爱民乎？既富而教，家给人足，故能丰淳俗厚，远至迩安。治定功成，率由斯道。”[⑤]唐太宗李世民认为，民养君、民择君以及民归于君，主张国以民为本。李世民关注民心，强调“以民为本”，并且以民本思想为原则，制定了一系列顺应民心的开明政策。

明代著名的思想家陆王心学之集大成者王阳明，提出了“万物一体”的

① 伍晓明：《“爱（与）（他）人”——重读孔子的“仁者爱人”》，《中国文化研究》，2003年第4期。

② 徐复观：《中国思想史论集续篇》，上海书店出版社，2004 年，第 235 页。

③ 陈来：《孟子的德性论》，《哲学研究》，2010 年第 5 期。

④ 张分田、张鸿、商爱玲：《中国政治思想通史》（隋唐卷），中国人民大学出版社，2014 年，第 328 ~ 329 页。

⑤ 《隋书》（卷三），中华书局，1973 年，第 59 ~ 76 页。

仁学思想。他的亲民与明明德思想主要体现他晚年之作《大学问》之中,他声称大人之学在于"明明德"、在"亲民"。那么如何明明德和亲民呢?他说:"明明德者,立其天地万物一体之体也;亲民者,达其天地万物一体之用也。"[①]王阳明认为,圣人能够以天地万物为一体,把天下视为一家,中国当成一人,这样才能修成内心的善良光明的德性。明德的主要内容就是"以万物为一体"之仁。而达成亲民更好实践仁的理念,做到亲吾之父,以及人之父,以及天下人之父,目的是实现仁与吾之父、人之父与天下人之父融为一体的结果。更有甚者,王阳明认为,无论是君臣、夫妇、朋友,还是山川、鬼神、鸟兽、草木,都体现为推己及人的仁爱秩序,由亲亲而仁民而爱物,从而达到以天地万物为一体的最高境界,也就是所谓的"尽性"。这种尽性有助于实现人之理的人,即"完人""圣人",得以"穷人之理""尽人之性"实现"至善",而至善者,明德、亲民之极则也。

四、反对专制的平等思想

等级制是君主专制政治体系最一般的结构形式,在这种政治体系中,君主等统治集团占据了金字塔式政治结构的顶端。在中国传统社会中,逐渐形成了要对君主的权力进行限制,要求平等的政治思想。武力是君主自然具有的特权,而道德是儒家约束君主的方法。[②] 尤其到了明清时期,政治思想家黄宗羲、顾炎武、王夫之等人的思想中,包含了"君臣平等"和"工商皆本"的政治主张。

春秋诸子皆讲礼,人们的一举一动应当符合礼法。"夫礼,国之纪也;亲,民之结也;善,德之建也。"[③]"礼,上下之纪,天地之经纬也,民之所以生也。"[④]于礼之意义,各家言论可谓大同小异,但于礼之缘起,诸子却各有主张。礼义对所有人是一律平等的,虽然人们对礼义的态度并不完全相同。礼是自然的秩序和规律,人顺应自然,也就应该顺乎礼。[⑤] 较之将礼神秘化,

---

① 王守仁:《王阳明全集》(下),上海古籍出版社,1992 年,第 968 页。

② [美]列文森:《儒教中国及其现代命运》,郑大华译,中国社会科学出版社,2000 年,第 200 页。

③ 尚学锋、夏德靠:《国语 · 晋语》,中华书局,2007 年,第 197 页。

④ 李学勤主编:《春秋左传正义 · 春秋左传注疏》,北京大学出版社,1999 年,第 1445 页。

⑤ 刘泽华:《中国政治思想通史》(先秦卷),中国人民大学出版社,2014 年,第 76 ~ 77 页。

把礼自然化是一种进步，体现出了人与人之间的平等与和谐的要求。在魏晋南北朝时期，崇奉老庄之学的名士以“越名教”为处事原则。嵇康的“至德之世”思想与阮籍的“太初”理想社会说，都反映了对现实的失望以及蔑弃礼法名教的平等思想。就个人与社会之间的关系来说，嵇康强调的第一个层次是“越名教而任自然”，第二个层次是“审贵贱而通物情”。[①] 作为一种为人处世的伦理道德，嵇康主张应该“越名教”，即人们应该顺着自己的自然本性生活。所谓“至德之世”，是指以基本的生理需要为满足，不羡慕荣华富贵，也不积敛财富，在大自然的恩赐下“浸育灵液；六合之内，沐浴鸿流，荡涤尘垢；群生安逸，自求多福”[②]，是一派安详、和谐的景象。阮籍所畅想的“太初”社会中，“明者不以智胜，暗者不以愚败；弱者不以迫畏，强者不以力尽”，人人相互关心，相处融洽，人们无欲无求。值得一提的是，东晋末期诗人陶渊明在其传世之作《桃花源记》中，表达了对于无剥削无压迫的美好生活的向往。在这个桃花源中，人们“不知有汉，无论魏晋”，是一个理想中人人安居乐业的大同社会。

泰州学派李贽受泰州学派创始人王艮平等观的影响，以其所特有之胆识直抒己见，在前人基础之上提出了凡圣无别的平等之论。李贽认为，人是天地的造物，在许多方面都有着共性。例如，“天下无一人不生知，无一物不生知，亦无一刻不生知者，但自不知耳，然又未尝不可使之知也”[③]。“是明德也，上与天同，下与地同，中与千圣万贤同，彼无加而我无损者也。”[④]意思是说，在人之“生知”与“明德”方面，人我之间并没有什么本质的差别。具体到圣人与凡民，李贽亦认为二者本无区别。正如他所言，“圣人之意若曰：尔勿以尊德性之人为异人也。彼其所为，亦不过众人之所能为而已”。“人皆可以为尧舜”是儒家政治思想的传统命题。这种“凡圣平等”的理念强调的只是在修习本性之德的道路上，凡民与圣人的起点是平等的。李贽的认识超

① 冯友兰：《中国哲学史新编》，人民出版社，2001 年，第 454 页。

② 戴明杨：《嵇康集校注》，人民文学出版社，1963 年，第 221 页。

③ 李贽：《焚书·答周西岩》，载于张建业主编：《李贽文集》（第 1 卷），社会科学文献出版社，2000 年，第 1 页。

④ 李贽：《续焚书·与马历山》，载于张建业主编：《李贽文集》（第 1 卷），社会科学文献出版社，2000 年，第 3 页。

越了传统的“起点平等”论，提出愚夫愚妇与圣人在本性及能力上的同一性，这种平等观较之传统认识更为彻底，在认知上突出了“凡圣平等”的必然性。[①]

黄宗羲、顾炎武、王夫之等思想大家以“公天下”批判暴君暴政。他们以公私之辨、天下国家之辨为立论基础，将“公天下”的命题发展到极致。如王夫之说，“以天下论者，必循天下之公，天下非一姓之私也”[②]。“不以一己之利为利，而使天下受其利，不以一己之害为害，而使天下释其害。”[③]在黄宗羲看来，国家最理想的君主典范就是“三代圣王”，只有他们才做到了“为万民，非为一姓”，其他君主不可与之相提并论。黄宗羲作《明夷待访录》，主张“天下为主，君为客”；以天下之法取代一家之法，治法先于治人；“公天下是非于学校”，学校不仅为养士而设，更应是弘扬公正之所。黄宗羲着意论述的人性论是“性善论”，它的内容基本沿袭了宋明时期儒家正统思想家一贯的看法，它的人格标本就是所谓的“圣贤”或“圣人”。[④] 顾炎武认为：“享天下之大福者，必先天下之大劳。宅天下之至贵者，必执天下之至贱。”[⑤]按照顾炎武的观点，无论庶民还是天子的人性都是自私的。在面临外来强敌时，民众效死据守，联合抗争，老百姓之所以这样并不是为了天子，而是为了私利。所以如果能够保护个人正当的私有利益，那么人们便会全力维护社会乃至国家的利益，最终成就“天子之公”。所谓自天下为家，各亲其亲，各子其子，那么也就达到了“合天下之私以成天下之公，此所以为王政也”[⑥]。

中华文明中的世界主义思想关乎人伦纲常，也思考了身、家、国和天下之间的和谐关系。无论是具有理想色彩的“大同”思想、儒家“天下”王道思想、“民贵君轻”的仁政思想，还是平等的政治伦理要求，都表现出了“世界主

---

① 葛荃：《中国政治思想通史》（明清卷），中国人民大学出版社，2014 年，第 215 ~ 216 页。

② 王夫之：《读通鉴论 · 叙论一》，《船山全书》（第 10 册），岳麓书社，1988 年，第 1175 页。

③ 黄宗羲：《黄宗羲全集》（第 1 册），浙江古籍出版社，2005 年，第 2 页。

④ 张师伟：《民本的极限：黄宗羲政治思想新论》，中国人民大学出版社，2004 年，第 115 页。

⑤ 顾炎武：《日知录 · 饭糗茹草》，载黄汝成集释：《日知录集释》（上），上海古籍出版社，2006 年，第 441 页。

⑥ 顾炎武：《日知录 · 言私其豵》，载黄汝成集释：《日知录集释》（上），上海古籍出版社，2006 年，第 148 页。

义”的情怀和目标，是中国版本的“世界主义”思想。

第二节　近现代中华文明的世界主义思想

近代百年是中国社会结构的重塑史，同时也是中国思想文化的流变史。一批具有世界主义意识和情怀的思想家、政治家在“救亡图存”的时代主旋律影响下，探索世界主义观照下的理想政治模型，如康有为的“大同社会”，梁启超的“世界主义的国家”等。近代中国的世界主义思想成为中国世界主义研究承上启下的重要一环，既承接了古代中华文明世界主义的大同、天下为公、仁者爱人思想，又吸收了西方自由、平等理念及世界主义研究的有益成果，形成了独具特色的世界主义思潮。

一、维新派“大同世界”的主张

近代中华文明的世界主义思想发端于戊戌变法时期，成长于辛亥革命时期，在新文化运动和五四运动期间迎来高潮。戊戌变法时期，中国在经历了中日战争的惨败之后，思想文化发生了比较大的转向，不再固守中外对立与对抗，希望打破中西藩篱，融合古今中西。随着中西文化的交流，中国传统文化中的“大同理想”也与西方世界主义思想相碰撞，激发出这一时期“大同理想”研究的复兴。甲午战争成为中国近代化的转折点，唤起了近代中国民族意识的觉醒。大量西方学说在此时传入中国，这种思想上的启蒙为近代中国世界主义思想的产生提供了理论参考。

晚清时期重要思想家康有为的《大同书》，是中国传统“大同理想”承上启下的代表之作。在继承儒家大同理想的基础上，他借鉴了西方的先进思想，对传统的大同社会思想进行了更为精细化、世界化的改造。康有为“大同社会”世界主义思想的基本逻辑是：破除国界，建立一个世界共同体，即所谓的“公政府”。他说：“削除邦国号域，各建自主州郡而统一于公政府……公政府既立，国界日除，君名日去，渐而大地合一，诸国改为州郡，而州郡统于全地公政府，由公民公举议员及行政官以统之。”①“于是，无邦国，无帝王，

① 康有为：《大同书》，辽宁人民出版社，1994 年，第 89 页。

人人相亲,人人平等,天下为公,是谓大同。此联合之太平世之制也。”[①]梁启超高度评价了《大同书》,称“有为其理想与今世所谓世界主义、社会主义者多合符契,而陈义之高且过之”。在康氏设想的大同之世,没有阶级、国家、性别、种族和文化压迫,一切平等,这是一种中西交融式的大同社会主张。实际上,这种大同就是一个在民主政府领导下的世界国,一个没有亲属、没有民族或阶级分别的社会。

从古至今,无论东西方国家,人们关注的永恒主题和向往的终极目标之一就是大同世界。近代以来,康有为的“大同社会”思想是具有中国元素的“乌托邦”政治思想。在《大同书》开篇,他就论述人类社会进化的根源“人有不忍之心”,开宗明义表达了世界主义的情怀,他谈道:“生于大地,则大地万国之人类,皆吾同胞之异体也,既与有知,则与有亲。”也就是说,康有为主张无论国籍、种族、民族、肤色和贫富贵贱的人都处于苦海之中,也都应该具有“不忍人之心”。“不忍人之心,仁也,电也,以太也,人人皆有之,故谓人性皆善。”[②]“既有此不忍人之心,发之于外,即为不忍人之政。”[③]

康有为断言,人的本性或人的生活之道的根本特征就是去苦求乐。人们生活于“乱世”之中,必然会遭遇种种“苦道”,去除这些苦难是人们寻求变革的动力。他把人间之苦归为六大类:人生之苦、天灾之苦、人道之苦、人治之苦、人情之苦、人所尊尚之苦。那么六大类苦之根源在哪儿呢?康有为认为,总诸苦之根源,皆因九界而已。“吾救苦之道,即在破除九界而已。”[④]所谓九界指的是,去国界合天地,去级界平民族,去种界同人类,去形界保独立,去家界为天民,去产界公生业,去乱界治太平,去类界爱众生,去苦界至极乐。康有为追求的理想,就是通过“去九界”之苦,从而实现无人间苦楚的“大同社会”。

康有为认为,国家是一切战争和人民疾苦的根源。凡此皆就文明之国

---

① 康有为:《大同书》,辽宁人民出版社,1994 年,第 89 页。

② 康有为:《孟子微》,载于姜义华、张荣华编校:《康有为全集》(第 5 集),中国人民大学出版社,2007 年,第 414 页。

③ 康有为:《孟子微》,载于姜义华、张荣华编校:《康有为全集》(第 5 集),中国人民大学出版社,2007 年,第 414 页。

④ 康有为:《大同书》,辽宁人民出版社,1994 年,第 66 页。

言之,兵祸之惨剧的根本原因是存在争地杀人的国家。[①] 在康有为的大同世界里,整个世界连为一体,国家边界将不复存在,军队、监狱等暴力机关也被取消。取而代之的是,全地球将按经纬各分为百度,东西南北相交织,构成一万个"度",每一可住人之度就是一个行政单位。在这些行政管理单位之上,可以建立一个统管的"全地大同公政府"。康有为明确指出,"全地大同公政府"是一种社会的经济文化管理机构,不是一个具有国家特性的世界政府。于是时,无邦国,无帝王,人人相亲,人人平等,天下为公,是谓大同。此联合之太平世之制也。[②] 除了国家的暴力机构如军队、司法和执法机构,"全地大同公政府"仍然设立其他公共管理的机构。至于公政府之时,天下统一,天下为公,何可复存此数万年至惨至毒至私之物如"国"字者哉。[③] 而"公政府"的管理者是由人民公选的智人、仁人来担任的。管理者只是一种职业,与民众之间是平等关系,没有任何上下级或隶属关系。这些议员代表了全世界人民的公共利益,每一年或者三年进行一次选举。管理者的决策遵循民主的原则,反对个人独裁,反对破坏民主。如果有人背离民主的决策,阴谋称帝王君长之尊号,皆为叛逆最大罪。尽管康有为的大同世界是一种不成熟的中西拼盘式的远景理想,但它反对封建专制制度的理念,是一种世界主义的政治伦理。

康有为进一步论证了"大同"世界的基本条件。他认为劳动和财产的社会公有制是"大同"世界的基础,工人劳动者享有崇高的社会地位。"大同"世界是建立在一个劳动集体的经济基础之上的。这时财产的所有权都是"公政府"所有:"凡农工商之业,必归之公","举天下之田地皆为公有","凡百工大小之制造厂铁道轮船皆归焉,不许有独人之私业","不得有私产之商,举全地之商业,皆归公政府商部统之"。生产、分配都是有计划的,"无重复之余货,无腐败之珍天物"。在这个大同世界中,达成了"天下为公,无有阶级,一切平等"的理想状态。

---

① 康有为:《大同书》,辽宁人民出版社,1994 年,第 85 页。

② 康有为:《大同书》,辽宁人民出版社,1994 年,第 89 页。

③ 康有为:《大同书》,辽宁人民出版社,1994 年,第 100 页。

在梁启超看来,大多数由西方国家传入中国的新思想和新理论,在诸子百家的哲学思想中都有过相近或相似的论述,而先秦政治思想家的观点具有更强烈的超国家主义色彩。先秦诸子忽略甚至是没有国家界限的概念,主张“视人之国若其国”。梁启超指出,中国向来具天下主义的传统,向往“全人类大团体”的理想。我们向来并不认国家为人类最高团体,所谓“修身齐家治国平天下”,身(个人)指的是基本单位,天下(世界)是团体的极量,家(家族)、国(国家)不过是团体组织中的一个过程。[①] 我国自春秋战国以来其政治思想有三大特色:曰世界主义,曰平民主义或民本主义,曰社会主义。[②] 也就是说,梁启超认为中国传统社会一直有个人主义和世界主义的传统,反而国家主义的思想较为薄弱。我国自春秋战国以还,学术勃兴,而所谓百家言者,盖罔不归宿于政治。尊古祟儒是梁启超“天下”主义的思想源泉,也是其政治理想的最终归宿。他指出,中国传统儒家经典《礼记·礼运》中包含了大同思想,天下为公是世界大同的超国家主张。所谓天下为公指的就是以全世界为政治对象,是一种超国家的设想。而“选贤与能”指的是不承认任何阶级之世袭政权,主张政府当由人民选举。“讲信修睦”则是人与人之间的相处,遵循以同情心和诚信为基础的伦理道德。在这个大同社会中,主张人们不独亲其亲,男女平等,没有私有财产制度,公平参与社会分工,劳动的目的是为了全社会的公益。

19 世纪中叶以后,深受儒家世界大同思想浸润的中国知识分子所思考的“国家”观念带有世界主义的深刻烙印。与康有为“根本取消国家”的主张不同,梁启超的世界主义是建立在国家主义之上的。他主张中国当自强,自强方能立足于世界,但各国当自强还只是第一步要求,第二步则要求在列国之上建立一个世界政府,使人人均得为“世界公民”。梁启超“国家的世界主义”实践的重要标志在于构建一种“世界主义的国家”,一种具有天下与国家相融合的世界化的国家之义。他强调,欲建设中国为“世界主义的国家”,需

① 梁启超:《欧游心影录》,载于吴松等校:《饮冰室文集点校》(第 6 集),云南教育出版社,2001 年,第 3558 页。

② 梁启超:《先秦政治思想》,东方出版社,1996 年,第 2 页。

要以保育政策、强有力之政府、政党内阁为手段,其“世界主义的国家”即“现代的国家”。

康有为和梁启超二人都以公羊学三世说为蓝本,吸收了西方的世界主义思想,对中国政治演变的规律进行了总结。康从《春秋公羊传》中提取了“三世”的概念,即“所见世”“所闻世”和“所传闻之世”,“据乱之后,易以升平、太平,小康之后,进以大同”。[①] 在康有为的三世说中,人类社会历史的进化是一个普遍规律。君主专制是“据乱世”,君主立宪是“升平世”,而后进一步到达民主的“太平世”,这是历史发展的基本规律。中国将与其他国家联合起来,形成天下一统,最终达到“太平世”或大同的状态,是历史发展的必然。康有为认为,在清朝专制统治下的中国仍处于“据乱世”,只有通过变法维新,实行君主立宪,才能迈进到“升平世”,最终达到“去国而世界合一之体”。从正面的意义上讲,康有为的三世进化论,打破了中国传统从乱到治再到乱的历史循环论,为变法维新提供了理论根据。

谭嗣同追求的是人人平等,人人自由,没有国家,没有战争的理想世界。显然,作为中国民主运动的先驱,谭嗣同有着世界主义的情怀。他认为,本无所谓国家边界的,国家边界只是在保护君主的私产。谭嗣同提倡:“《春秋》之义,天下一家,有分土,无分民。同生地球上,本无所谓国,谁复能此疆尔界,糜躯命以保国君之私产,而国遂以无权。”[②]“千里万里,一家一人。视其家,逆旅也;视其人,同胞也。”[③]在谭嗣同构想的太平世的人类社会中,只有天下之治而无国家之存在,同时人人生而自由,获得具有保障的权利。在这种以民主为基础的太平之世中,消除了战争,消除了人与人之间的猜忌和政治权谋,是一个以平等为基础的没有敌我之分的世界主义社会。谭嗣同借鉴了康有为以进化论为基础的大同世界思想,把自由平等作为社会进步的标志。在谭嗣同设想的太平世之中,人人都是自由平等的。“地球之治也,以有天下而无国也。”[④]人人能自由,是必为无国之民。“君主废,则贵贱

① 康有为:《大同书》,辽宁人民出版社,1994 年,第 10 页。
② 张岱年主编:《仁学:谭嗣同集》(下卷四十一),辽宁人民出版社,1994 年,第 95 页。
③ 张岱年主编:《仁学:谭嗣同集》(下卷四十一),辽宁人民出版社,1994 年,第 111 页。
④ 张岱年主编:《仁学:谭嗣同集》(下卷四十一),辽宁人民出版社,1994 年,第 111 页。

平;公理明,则贫富均。”[①]中国由当前的据乱世,经过变法改革,就进入到升平世。升平世的社会又称为“天统”,是一种空想的大同世界。

二、资产阶级革命派“天下大同”的政治追求

1911 年的辛亥革命结束了在中国延续数千年的君主专制统治,使民主共和的观念深入人心,人们迎来了真正意义上的思想解放。推动这一时期世界主义思想兴起的主要动力,主要源于辛亥革命前后资产阶级革命派的革命运动与思想主张。

孙中山的大同思想有两种诠释,一是“天下大同”,即国家消亡,各族人民都在世界大家庭内融合共存;二是“社会大同”,即在一国之内,实行“民有”“民享”“民治”的大同世界观。孙中山认为,世界主义是从民族主义思想中发展出来的,因此巩固民族主义是发展世界主义的条件。他强调,我们以后要讲世界主义一定要先讲民族主义,所谓欲平天下者先治其国。[②] 他主张在国家组成的小团体逐渐演化成大团体后,进而演化成世界唯一大国,从而消除国家。孙中山的“世界的国家”的具体架构可以用“民有、民治、民享”来进行概括。他认为“民有、民治、民享的意思,就是国家是人民所共有,政治是人民所共管,利益是人民所共享”,即“人民对于国家不只是共产,一切事权都是要共同的”。天下是天下人的天下,不得为私,社会为人民提供最大的福祉,人人同享幸福。孙中山提出的“民权主义”观点,代表了中国民主思想进入成熟时期。孙中山认为,国民革命是由平民革命以建立国民政府,“一国之人皆有自由、平等、博爱之精神,即皆负革命之责任”。民权由自由而产生,但关键是平等,民权主义提倡人民的政治地位是平等的,要打破君权,使得人人都平等。

孙中山认为,自由平等博爱是反对传统的等级制、世袭制的思想武器。不是少数英雄而是“全体国民”,不是改朝换代而是建立共和,不是君君、臣臣、父父、子子,而是自由、平等、博爱。借鉴历史进化论的思想,他把人类社

① 张岱年主编:《仁学:谭嗣同集》(下卷四十一),辽宁人民出版社,1994 年,第 111 页。

② 孙中山:《民族主义》,载于张磊主编:《孙中山文萃》(下卷),广东人民出版社,1996 年,第 781 页。

会大致分为四个时期:人类社会第一个时期是人同兽争时期;第二个时期是人同天争即神权时期;第三个时期人同人争,即君权时期;第四个时期是国内相争,即人民同君主相争,也就是所谓的民权时期。[①] 有人认为中国国民素质不够,尚未开化,因而只能采用君主制度而不宜主张民权。对此,孙中山并不赞同,他认为民权在中国的历史已经存在了很长时间,同时民权的政治体制也已经成为世界之潮流。

在中华民国成立初期,孙中山强调"五族共和"政治原则,主张在中国的五大族群汉、满、蒙、回、藏和谐相处,把中国的所有民族融成一个中华民族。从驱除鞑虏到"五族共和",是孙中山民族主义思想成熟的标志,表达了他希望建立"民族平等"的新国家的愿望。1912 年 1 月 1 日,孙中山在《临时大总统宣言书》中提道:"国家之本,在于人民。合汉、满、蒙、回、藏诸地为一国,即合汉、满,蒙、回、藏诸族为一人。"[②]孙中山用抽象的"王道"和"霸道"等概念来解释中国的世界主义主张,极为推崇儒家的仁义道德。孙中山的"大亚洲主义"并未局限于地域人种的狭隘概念,而是在世界政治中阐发宣示中国和亚洲的"王道"精神和规则。[③] 在孙中山看来,如果中国强盛起来,那么不但要恢复民族的地位,还应该对世界承担大责任。这个大责任就是济弱扶倾,对于弱小民族要扶持他,对于世界列强要抵抗他。[④] 不得不说,孙中山的民族主义主张具有浓厚的世界主义色彩,他希望看到在中国强大之日,也能够辅助弱小国家民族,以推动实现"世界大同"的人类宏愿。

在反思民族主义基础上,胡适提出了世界大同主义。他说的世界大同主义实际上是一种"世界的国家主义",是以世界主义来反抗强权,特别是反抗种族和国家压迫,即"自一家而至一族一乡,自一乡而至一邑一国。今人至于国而止,不知国之外更有人类,更有世界,稍进一步,即跻大同之城"[⑤]。胡适将中国的"道高于国"的传统观念与现代自由主义的准则结合起来,构

---

① 孙中山:《民族主义》,载于张磊主编:《孙中山文萃》(下卷),广东人民出版社,1996 年,第 815 页。

② 孙中山:《临时大总统宣言书》,载于《孙中山文集》(第 2 卷),中华书局,1982 年,第 2 页。

③ 李育民:《论孙中山的国际秩序观》,《史林》,2017 年第 3 期。

④ 孙中山:《民族主义》,《孙中山文萃》(下卷),广东人民出版社,1996 年,第 806 页。

⑤ 胡适:《胡适日记全编》(一),安徽教育出版社,2001 年,第 512 ~ 513 页。

成了以“世界的国家主义”为核心的大同学说。

三、早期社会主义思想中的世界主义主张

1911 年,在革命党人的领导下爆发了推翻清朝专制帝制、建立共和政体的辛亥革命。由于看到了维新派和资产阶级革命派思想的局限性,社会主义共产主义思想成为社会精英的选择。中国的有识之士开始寻找国家主义与世界主义的契合点,共产主义的思想符合这一需求。原先热衷于无政府主义理念的协会和组织,逐渐发生兴趣的转移,进而广泛发展成为马克思主义理论和社会主义理论的学习团体。中国早期共产主义者掀起了一场研究、传播马克思主义的思想运动,在这一过程中,李大钊和陈独秀成为提倡新文化,宣传马克思主义的旗手。

新文化运动时期,李大钊提倡的“新亚细亚主义”是一种朴素的世界主义思想。他认为,亚洲国家应该尊重各民族自决、平等联合,“把地域民族都化为民主的组织”,而不搞“排外主义”“闭锁主义”。[①] 他相信最善的“世界组织”都应该是自治的、民主化的、尊重个性的,这是世界主义思想的核心原则。凡是亚细亚的民族,被人吞并的都该解放,实行民族自决主义,然后结成一个大联合,与欧、美的联合鼎足而三,共同完成世界的联邦,益进人类的幸福。[②] 李大钊还主张积极创造一种世界的平民的新历史,这种未来的新生活、新社会,应是人类一体的生活,世界一家的社会。在这里,人类一方面获得了个性解放,一方面又实现了大同团结。现在世界进化的轨道,都是沿着一条线走,这条线就是达到世界大同的通衢,就是人类共同精神连贯的脉络。[③]

陈独秀认为,要融入这个世界,就必须顺应世界发展的潮流。陈独秀在1915 年《新青年》宣示杂志的六大宗旨的第四项就是“世界的而非锁国的”,表现出强烈的世界主义精神。“海陆交通,朝夕千里。古之所谓绝国,今视之若在户庭。举凡一国之经济政治状态有所变更,其影响率被于世界,不啻

---

① 李大钊:《再论新亚细亚主义》,载于《李大钊全集》(第 3 卷),人民出版社,2006 年,第 76 页。

② 李大钊:《大亚细亚主义与新亚细亚主义》,载于《李大钊全集》(第 2 卷),人民出版社,2006 年,269 ~ 272 页。

③ 李大钊:《平民主义》,载于《李大钊全集》(第 4 卷),人民出版社,2006 年,第 114 页。

牵一发而动全身也。”他提出，“国民而无世界智识，其国将何以图存于世界之中？”①五四运动之后，陈独秀曾多次表达了否定国家的观点。在理论上陈独秀已经接受了马克思主义的革命原则，并利用马克思主义的基本原理发表言论。

瞿秋白的世界主义是无国界、无阶级的，但这并不意味着无政府。原有的国家政府仍然可以存在，而且还可以担负地方政府的职能，只不过在它之上还存有更大的政府——世界政府。瞿秋白主张人类“无阶级、无国界的共产主义社会”，主张劳动者建立“联邦国家”。② 国家将其原来所拥有的部分职能转让给世界政府，正如国民个人组建政府时，将一部分的权利转让给政府一样，这样国民其实并不丧失基本的人权。他认为，人类从必然世界跃入自由世界，其目标就是社会主义的文明。社会主义的文明不但是自由的世界，而且还是正义的世界，真美的世界。③ 由个性而阶级而人类，由无意识而有意识，成为群众的实际运动，这样开始从“必然世界”进于“自由世界”的伟业。④

四、其他思想观点

梁漱溟认为，人类文化分为三种完全不同的路向：“以意欲向前要求为其根本精神”的西洋文化，“以意欲自为、调和、持中为其根本精神”的中国文化，“以意欲反身向后要求为其根本精神”的印度文化。⑤ 梁漱溟逐渐发现中国传统儒家哲学具有和谐的理念，而这样的理念领先于西方工业化城市化的掠夺性的理念。同时，梁漱溟也认为，当时中国社会组织构造已完全崩溃解体，必须尝试走另一条道路。乡村建设为中国民族自救运动之最后觉悟，将以完成过去维新运动、革命运动所未了之任务。从某种程度上看，乡建思想的形成过程即是梁漱溟寻找并实践“孔子生活”的过程。⑥ 一个由乡村发展而来的新世界，要比一个从城市发展而来的新世界，更快且更乐意地被人

① 陈独秀：《敬告青年》，载于《青年杂志》，1915 年第 1 卷第 1 号。
② 瞿秋白：《瞿秋白文集》（第 1 卷），人民文学出版社，1987 年，第 460 页。
③ 瞿秋白：《现代文明的问题与社会主义》，人民出版社，1985 年，第 109 页。
④ 瞿秋白：《现代文明的问题与社会主义》，人民出版社，1985 年，第 128 页。
⑤ 梁漱溟：《东西文化及其哲学》，商务印书馆，1999 年，第 63～72 页。
⑥ 夏士清：《梁漱溟生命化儒学对其乡村建设思想的影响》，《深圳大学学报》，1992 年第 2 期。

们当作中国式的天堂所接受。[①] 梁漱溟的真正目的是，通过国之根本的乡村建设完成救亡自强的国家建设，所以乡村建设，实非建设乡村，而意在整个中国社会之建设，或可云一种建国运动。[②] 梁漱溟认为，近代以来，中国乡村传统秩序已经遭受到严重的破坏，同时新的社会秩序又未能建立起来。中国新生活的源泉必须到农村去寻找，只有农村出现了新生，中国才会新生。[③] 以全民主义为原则，以伦理为本，以教养为用，以民生为目标，才能构建新的社会秩序。著名历史学家傅斯年认为，民主是改造社会的新潮流，也是改革以士兵为压迫工具的旧社会，主要可以通过两个方面改造："第一，破除社会里的各种阶级；第二，大家对于社会，总要效劳。效的劳平等，受社会的报酬也平等。"[④]他也赞同通过"所有限制武备，组织国际法庭，以便代替'武力解决'"的方案，人类社会最终实现胡适所说"平和大同盟"的理想。[⑤]

在民国时期，刘师培、吴稚晖等人是无政府主义思想的旗手。在刘师培看来，人类社会到处存在着压迫和不平等，其根本原因就是国家和政府。人压迫人的主要根源是政府制度，无论何种形式的政府制度都不可避免地会蜕化为统治者对被统治者的压迫工具。他以所谓个人苦乐均等分配为原则，要求泯灭分工，提出人人做工，做农，做兵，主张不要政府，包括反对共和政制，认为社会解放重于政治斗争。按照这一构想，地球上的人类将被组织成许多小的"自由联合体"。每个自由联合体由一千人组成。[⑥] 刘师培对传统土地制度和社会结构的压迫和剥削性质进行了道德谴责，号召农民起来推翻地主所有制。他断言，如果在未来人们将有希望生活于一个没有统治的正义社会，那么自私自利的动机必须被根除。[⑦] 在无政府主义者看来，无政府主义是一种反对所有权力的思想，尤其是一切权力依附的制度，如反对

---

① ［德］鲍吾刚：《中国人的幸福观》，严蓓雯等译，江苏人民出版社，2009年，第364页。

② 《梁漱溟全集》（第2卷），山东人民出版社，2005年，第161页

③ 纪文勋：《现代中国的思想冲突》，山西人民出版社，1989年，第211页。

④ 欧阳哲生主编：《傅斯年全集》（第1卷），湖南教育出版社，2003年，第97页。

⑤ 欧阳哲生主编：《傅斯年全集》（第1卷），湖南教育出版社，2003年，第102页。

⑥ 《中民资料丛书》（第6辑），载于《中国初期社会主义文献集》复印件，8号，第27页。

⑦ 刘师培：《非兵非财论》，转引自张枬、王忍之主编：《辛亥革命前十年间时论选集》，生活·读书·新知三联书店，1960年，第900~904页。

资本制度，否定私有财产制等。

刘师培既重视国学也提倡西学，其政治思想颇具特色。刘师培的种族民族主义也是在传统思想和西方文化渊源的交汇影响下发展起来的。刘师培保留了儒家自我修养的伦理观念，同时也吸收了西方个人自由和权利的自由概念。在刘师培无政府主义的社会理想中，理想社会被看作一种预想的人类活动的创造。与康有为希望建立一个由世界政府主持的未来普遍共同体不同的是，刘师培的未来社会理想则采取无政府的形式。①

为了实现统一的世界主义社会，无政府主义者大都成了世界语的热情提倡者。刘师培、吴稚晖、张继和刘师复都是世界语的提倡者，也曾大力向社会推广世界语。在他们看来，全世界的人们都使用同一种世界语，就会消除民族、种族乃至文化的差异，最终消除国家之间的冲突之源，甚至为消除国家奠定基础。世界语是中立的，对任何人都一视同仁。无政府主义者希望以世界语为工具，破除种族、国家界限，实现永久和平。由于其在实践上的局限性，无政府主义发展得非常快但又很快被其他思想所取代。清末民国是中国现代化意识萌发的时期，思想家们既借鉴中国传统的政治思想，也吸收了西方的国家理论、民主理论以及世界主义理论，形成了中西融合的世界主义思想。

第三节　当代中华文明的世界主义思想

当代中华文明的世界主义思想是在综合中华传统文明成果和马克思主义、社会主义的世界主义思想的基础上，总结不断深入发展的全球化与中国政治实践的经验而产生的。这一时期中国的世界主义思想也经历了从“以中国的视角看世界”到“以世界的视角看世界”的转换过程，是中华文明世界主义思想发展的关键环节与最新成果。具体来说，当代中华文明的世界主义思想包含三个构成部分：冷战结束前后两个时代的中国世界主义思想和

① ［美］张灏：《危机中的中国知识分子：寻求秩序与意义，1890—1911》，高力克等译，山西人民出版社，1988 年，第 246 ~ 247 页。

当代中国学术界主流的世界主义思想。

一、以毛泽东同志为主要代表的中国共产党人的世界革命思想

美苏冷战时期,恰逢新中国成立发展的关键节点。由于新生的中国整体实力偏弱,不可避免地受到当时超级大国的强烈影响。这种影响不只体现在中国的外交政策,更是塑造了当时中国领导人的世界主义思想价值观。毛泽东的世界主义思想主要体现在其对世界革命具体内容的变化上。在革命早期,毛泽东就提出“与全世界解放的民族携手”之口号。抗日战争全面爆发后,他将中国革命与世界革命紧密联系起来,提出建立“抗日国际统一战线”的主张。根据具体历史环境的发展,毛泽东的世界革命思想鲜明体现为两个阶段。

第一阶段是新中国成立后至20世纪50年代末。新中国建立初期,以毛泽东同志为主要代表的中国共产党人基本上认可“中国革命是世界革命一部分”的看法,认为中国革命的成功很大程度上要归功于苏联和共产国际的支持,强调“今天开辟外交战线首先要认清敌友”。在这种判断的指导下,同时也基于中国革命利益和未来国家利益的考虑,中国共产党采取对苏联“一边倒”的战略,同苏联结成了战略同盟。新中国成立初毛泽东在时代判断上采取了与苏联基本一致的立场,中国与苏联结成亲密盟友并热情支持其他国家的革命运动。当时的国际共产主义运动也正处于高涨的态势,世界力量对比正朝着有利于人民革命事业的方向发展。毛泽东的世界主义思想主要体现于国际主义思想、世界革命思想和对外援助思想。毛泽东革命时期的革命国际主义,则把无产阶级革命尤其是被压迫民族的解放运动视为世界整体革命的有机部分,只要全世界人民团结起来,帝国主义一定会灭亡。新中国成立后的战略国际主义以反对世界霸权为标志,也体现出当代中国世界主义思想的内容,最大限度联合一切力量反对霸权并给予力所能及的援助。①

随着国际环境的变化,中国国力的上升,中国对世界革命的热情逐渐高涨,对周边国家的革命运动也给予了应有的援助。这一时期的世界主义思

① 彭涛、尹占文:《毛泽东的国际主义思想研究》,《毛泽东思想研究》,2014年第1期。

想本质是一种国际理想主义，毛泽东认为中国的无产阶级是世界整体革命的有机部分，只要全世界人民团结起来，革命尤其是被压迫民族的解放运动一定会胜利，帝国主义一定会灭亡。[①] 这一阶段的中国不仅大力支持世界人民为争取民族独立和解放的正义斗争，还遵循国际主义提供经济援助，帮助他们发展经济。[②]

第二阶段是20世纪60年代至70年代初期。这一时期的毛泽东等中国共产党领导人认为苏联实行修正主义，谋求与美国共同主宰世界，实际上已沦为社会帝国主义国家，不能再领导国际共产主义运动。中国应主动承担世界革命中心的任务，大力促成一场新的世界革命的高潮，缓解帝国主义的战争压力和威胁。基于此，中国不再强调维护世界和平的外交目标，对外关系中“革命不输出”的原则逐渐被放弃，激进的世界革命思潮逐渐抬头，外交目的逐渐演变为在全世界范围内推进反帝反修的“世界革命”。当时的中国基于国内革命的经验，号召亚非拉的落后国家也进行革命，走“广大农村”包围“世界城市”的道路。中国外交也因此面临一个空前孤立的局面，“不但没有一个国家同中国建交，而且中国的外交关系处于中断”，原先行之有效的国际统一战线的政策也被逐渐放弃。[③]

二、以邓小平同志为主要代表的中国共产党人的世界主义思想

以邓小平同志为主要代表的中国共产党人在继承毛泽东外交思想的同时，根据对形势和任务做出新判断，不断进行思想创新。这一时期，中国共产党人的世界主义思想主要包含如下内容：

一是明确中国的国际定位。邓小平根据二战以后世界政治和国际力量的变化特点，论证出国际政治中的积极因素是第三世界的兴起，并明确提出国际关系中不应再以意识形态作为国家集团阵营的划分标准。中国和所有第三世界国家的命运是共同的，中国永远不会称霸，永远不会欺负别人，永

---

① 彭涛、尹占文：《毛泽东的国际主义思想研究》，《毛泽东思想研究》，2014年第1期。

② 张郁慧：《国际主义在中国外交中的变化及原因》，《哈尔滨工业大学学报》（社会科学版），2006年第1期。

③ 吴立斌：《简论毛泽东的“世界革命”战略》，《福建党史月刊》，2010年第12期。

远站在第三世界一边。[①] 中国的外交任务是要同第三世界国家联合起来，共同发展、共同努力奋斗，共同反对霸权主义、维护世界和平，尽力支持一切被压迫民族的独立和解放斗争。邓小平等党中央领导人对当时国际政治形势的分析是以服从于中国国家根本利益为大前提，以此淡化国际关系中的意识形态对立，并以实际务实的态度处理中国与世界的复杂关系，推动多极国际新秩序与新格局的形成。

二是调整中国的外交方略。以邓小平同志为主要代表的中国共产党人的世界主义思想更集中体现在中国外交方略的改变上。中国逐渐放弃以往的世界革命方略，不再只强调政治上、意识形态上的攻势，而是重视经济、科技在国家综合国力发展中的地位，并将自身实力的发展与自己的国际作用和影响更客观地联系起来。在这个前提下，中国的外交策略放弃了敌视与对抗，向着对话与合作方向转变。中国的对外政策确定为努力为改革开放和现代化建设争取有利的国际环境，为世界和平与发展做出自己应有的贡献。中国在对待现代国际经济制度上开始向着积极的姿态转变，并逐渐由过去置身于国际体制之外，向加入或进行合作的态势转变，重视利用现有的国际制度和国际惯例，不仅要融入世界，更要成为世界发展的一面旗帜。

三是重新定义国际利益。邓小平时代的全球化已经发展成熟，世界经济的市场作用已使得各国在经济和科技等方面的竞争与国家命运息息相关，紧靠单纯的国家利己行为越来越难以保卫国家主权和安全。这一时期的国际利益集中体现在寻求人类和平和共同发展两大问题中，公正合理的国际秩序有利于维护和平与发展，各种国际斗争和民族矛盾都围绕这一问题而展开。这一现状决定中国的国际利益不再主要是推动全世界的民族革命，中国在国际主义上的贡献不能再仅局限于国家之间的政治支持和提供无偿援助。中国具有大体量、多人口的特点，自身的发展和稳定有助于解决世界贫困与发展的难题。可以说，中国的发展就是和平力量的发展，可以代表一部分国际社会的共同利益。

---

① 《邓小平文选》（第三卷），人民出版社，1993 年，第 56 ~ 57 页。

三、冷战后时代中国的世界主义思想

冷战后世界进入全球化时代,随之而来的全球性问题也大量爆发。这个时代更加需要世界主义思想,需要有效的全球治理。与冷战时期不同,中国在冷战后时代的综合国力不断上升,国际话语权日益增大。这个时期中国开始重点关注全球性议题,并基于本国文化传统、马克思主义思想、现实政治实践经验等因素提出不少含有世界主义内核的理念。

(一)"和合"理念

"和合"理念是中华传统文化与人文精神的精髓,是中国古代先哲们大量观察和探索自然界与人类社会普遍存在的和合现象,提出的促进事物发展和新事物产生的理念。蔡方鹿认为,和合的"和"指和谐、和平、祥和;而"合"指结合、融合、合作,在承认不同事物之矛盾、差异的前提下,把彼此不同的事物统一于相互依存的和合体中,并在不同事物发展的过程中,吸取各个事物优长并克服其短,使之达到最佳组合,由此促进新事物的产生,推动事物的发展。[①] 具有中国思想根源与丰富外交实践的"和合主义"价值范式,为国家间认同提供了理论指导。和合主义所追求的是创造一种体现类价值的国际交往行为以促进国际合作,这对开创国家间认同新维度有着重要意义。[②] "和合"理念不仅限于阐述人与人之间的关系,也包括国与国、人与社会、人与自然的范畴,这些概念及彼此间的联系都可以用"和而不同"来加以概括。"和合"理念下的中国式世界主义思想可以为不同国家间认同建构提供理论指导,消解彼此间的认同冲突,打造真正的人类命运共同体。[③]

(二)和谐世界理论

和谐思想也根源于中华民族的优良传统与中华传统文化精髓,和谐社会与和谐世界理论的提出,都是对和谐思想的继承与发展,是和谐思想在当今世界的现实运用。和谐世界理论也是推进现代化建设,积极参与全球治

---

① 蔡方鹿:《中华和合文化研究及其时代意义》,《社会科学研究》,1997 年第 6 期。

② 余潇枫、张泰琦:《"和合主义":建构"国家间认同"的价值范式——以"一带一路"沿线国家为例》,《西北师范大学学报》,2015 年第 6 期。

③ 余潇枫、张泰琦:《"和合主义":建构"国家间认同"的价值范式——以"一带一路"沿线国家为例》,《西北师范大学学报》,2015 年第 6 期。

理的新理论主要组成部分。

中国政府提出建设“和谐世界”的主张不仅源于中国人民的特有的情感和文化，更源于中国对国际形势和国情的把握。当今世界的客观现实是多种社会制度、多种意识形态必然并存。不同意识形态、不同国家制度，必然有不同的国家利益，国家利益间的差异也必然决定国家与国家之间存在斗争的空间，但这种斗争早已不是矛盾的主要方面，斗争不能掩盖合作的需要。可以说，和谐世界理论是中国共产党对 21 世纪国际与国内形势新变化提出的新世界发展观，也是国内和谐社会建设经验的总结和提升。2005 年 9 月 14 日，胡锦涛在联合国成立 60 周年会议上发表题为《努力建设持久和平、共同繁荣的和谐世界》的讲话，向全世界提出了构建“和谐世界”的倡议。在这次讲话中，胡锦涛从四个方面阐释和谐世界战略：一是坚持多边主义；二是坚持经济上互利合作；三是维护文明多样性；四是推进联合国改革。

和谐世界理论的提出表明中国决心始终走和平发展道路，表达自身维护世界和平和坚持世界和谐发展的积极态度，不仅符合当今时代发展的要求，也符合世界各国的根本利益。可以说，这一具有中国特色的新型世界发展观，是中国对外关系史与当代中华文明世界主义思想的重要理论突破。

（三）人类命运共同体的世界主义思想

人类命运共同体思想具有独特的中华文化内涵，是对中华优秀传统文化的继承和发扬。首先，“人类命运共同体”与中国的“和文化”一脉相承。和合文化集中反映了古代中华文明思想中对于多元统一、和而不同、协调共生的和谐社会秩序的追求。同时，在传统儒家看来，从最小的共同体家庭到最大的共同体国家，是“同构”的，而共同体内的“仁者爱人”思想，也是处理人与人、人与社会关系的最高标准。人类命运共同体与中国传统“和文化”在世界及人类如何存在、如何发展的观点上具有相似性。它既显示了当代中国理念与“和文化”理念的一脉相承性，又具有当代世界和平发展的现实所需要的适应性。其次，人类命运共同体与中国的天下观具有一致性。人类命运共同体概念既是对古代中国天下观的继承，同时也是对其的超越和发展，它批判吸收儒家“天下主义”的协和万邦思想和天下大同理想，也自觉摒弃了传统的“华夏中心主义”的局限。中国的世界主义行为主体的身份是可变的,没有绝对的他者,只有相对的我人,它的特性是包容的,而非排斥的;关系具有可转化性;转化的路径是文化的,依靠的是吸引力和感召力;转变的方式是自愿的,而非强制的;天下可以和为一家,这是中国世界主义的最终理想。①

人类命运共同体思想更是对西方主客体思维的超越。西方世界主义思想更多的是关怀以个人主义为核心的世界主义,缺乏对人类整体命运的关怀。人类命运共同体则是对全人类成员都视为同袍的一种亲人般的关怀,不仅超越了西方世界主义思想高度,不单纯是个人权利为核心的全球主义观,而且是主张人类整体主义的全球主义观。人类命运共同体的中枢价值从个体主义的世界主义提升为全球主义的世界主义,把人类共同体从国家公民组成的国家共同体的国际体系提升为不同类别的国家组成的地区联盟共同体,最后提升为全人类同呼吸共命运的人类命运共同体。

人类命运共同体的提出既是服务于中国外交战略发展的需要,也是世界各国走出现代性困境和化解全球性共同危机的建设性方案。人类命运共同体是以全球问题为现实前提和理论逻辑起点;是以加强全球治理、全球法治为使命和以提高全球公民素质、建设全球伦理、履行全球责任的思想体系;是以实现世界和平、消弭各种战争为己任的社会运动;是以合作共赢的互惠行动、繁荣经济市场和文化市场、净化政治氛围和反对政治贪污及主张公正廉洁、实现人民福祉和世界大同为指向的终极目标。

四、当代中国学术界的世界主义思想

当代中国学术界也推出了世界主义的新见解和新思想。这些思想将会成为当代中华文明世界主义思想的重要元素,启迪后续的世界主义思潮研究。具有代表性的观点主要包括以下四种:

(一)"天下体系"思想

"天下体系"是对中国历史上已有的世界主义政治思想的浓缩与总结,是克服当前国际无政府状态的另一条思路。"天下体系"思想的代表学者是

① 任晓:《论中国的世界主义——对外关系思想和制度研究之二》,《世界经济与政治》,2014年第8期。

赵汀阳，他关于"天下体系"的观点在国内外产生广泛的影响。柯岚安（William Callahan）认为，天下是一种从真正"无外"的全球视角看待世界问题和世界秩序的方式，天下体系没有"外部（outside）"，包括所有人；天下是一种"无外"的世界秩序和世界制度。① 赵汀阳则认为，"天下体系"思想的重要贡献是其超越亚历山大·温特提出的无政府状态"三种文化"，并创造了第四种文化，即"化敌为友"。"化敌为友"是中国的天下世界观的基本精神，只有化敌为友才是唯一能够经得起普遍模仿的正确策略。② "天下体系"在哲学层面满足制度最大化和普遍化的原则，在思想上以其"无外"的包容性而具有先天优越性；它从天下去理解世界，以"世界"为思考单位，意在超越民族、国家思维，创造世界新理念和世界制度，被称作当今最新的世界和平论。

（二）"新天下主义"与"新世界主义"

无论是清末民国时期的思想家，还是当代新儒家的学者，都曾致力于充实天下的内涵，使其与世界政治格局相融合。正如梁启超所言，中华文明的政治思想有三大特色：世界主义、平民主义或民本主义、社会主义，虽不敢谓为我国人所单独发明，然而最少亦必为率先发明者之一。③ 新天下主义和新世界主义思想是当代中国学者许纪霖和刘擎分别提出的世界主义理念。许纪霖认为，新天下主义是对民族主义与传统天下主义的双重超越，一方面要把天下主义的普世性承接下来，这是因为中国的传统不是特殊主义，而是普遍主义，包含人类主义的普遍价值；另一方面，传统的天下主义有华夏中心和等级化的弊端，不符合当今民族和国家一律平等的原则，新天下主义试图在民族主义的主权平等的基础上，继承天下主义的普世主义。④ 新天下主义和新世界主义是一套价值各自表述的关系，二者相互联系又有所区分。刘云霞认为，新天下主义抛弃了传统天下主义的中心化和等级化倾向，克服民族国家利益至上的狭隘立场，以"承认的政治"为原则，建立一种新的天下之

---

① 柯岚安、徐进：《天下观的现实意义》，《跨文化对话》，2011 年 1 期。

② 赵汀阳：《天下体系的一个简要表述》，《世界经济与政治》，2008 年第 10 期。

③ 梁启超：《先秦政治思想史》，东方出版社，1996 年，第 2 页。

④ 许纪霖：《新天下主义：对民族主义与传统天下主义的双重超越》，《探索与争鸣》，2016 年第 5 期。

普遍性。[①] 白永瑞认为，许纪霖的新天下主义体现为一种复合型网络，“即在民族国家同一性原理的基础上，结合中华帝国，（尤其是清帝国）尊重弹性与多样性的多重体制经验的秩序。这一秩序是‘共享的普遍性’在国际社会中的具体体现”[②]。古代中国人的夷夏之辨不是固态化的种族观念，而是一个相对的、可打通、可转化的文化概念。[③] 中国是一个世界性大国，理应对世界承担责任，成为“新天下主义”的倡导者。与传统天下主义相比，新天下主义具有去中心、去等级化的特点，具有一种新的普遍性之天下的特点。[④] 当代新儒家以及其他学者强调了当代天下主义理想中的普遍主义属性，认为仁爱是新天下主义的重要规范性价值。在价值立场上，新天下主义秉持人类和平、合作共赢与共同发展的理想。由于强调各个文明和民族文化之间的遵循平等与尊重原则，传统的“天下”思想获得了新生。

新世界主义同新天下主义存在极大的相似性。刘擎认为，天下理想中内涵的普遍主义，包括仁爱的价值是新世界主义的重要的规范性价值，而新世界主义需要返回“cosmopolitan”原初的意义，即源自地方的普遍性论述汇聚而成的普遍主义，才是新世界主义的基础。在规范意义上，新世界主义强调作为世界秩序之规范性基础的普遍性原则，是在各民族文化之间的遵循平等与尊重原则前提下的相互对话中建构而生。[⑤] 新世界主义拒绝各种傲慢的文明中心论，警惕其潜在的帝国企图，将各种非历史化的“普遍主义”自我断言重新置于“历史化”的批判之中，努力打破各种文明中心论的霸权地位。[⑥] 李筠认为，新世界特指目前正在形成过程中的“与中国相互形塑的”的世界，需要在与世界的遭遇中以搭建一个沟通的平台为目的去营造一个友好、充满善意的接口。[⑦] 当代中国学术界两支重要的世界主义思想——新天下主义和新世界主义是在全球化与中国崛起的背景下，思考人与人的关系，

---

① 刘云霞：《在儒家思想的烛照中转身——评〈新天下主义〉》，《出版广角》，2015 年第 8 期。

② 白永瑞：《从核心现场重思“新的普遍”：评论“新天下主义”》，《开放时代》，2016 年第 1 期。

③ 许纪霖：《家国天下》，上海人民出版社，2017 年，第 438 页。

④ 许纪霖：《家国天下》，上海人民出版社，2017 年，第 441 页。

⑤ 刘擎：《重建全球想象：从“天下”理想走向新世界主义》，《学术月刊》，2015 年第 8 期。

⑥ 刘擎：《重建全球想象：从“天下”理想走向新世界主义》，《学术月刊》，2015 年第 8 期。

⑦ 高全喜等：《文明、宪法与新世界主义》，《苏州大学学报》（法学版），2015 年第 2 期。

思考未来中国秩序和世界秩序的关系。

（三）“类哲学”的世界主义思想

“类哲学”是由中国学者高清海提出的世界主义的哲学理念。全球化时代下的人类发展必然要面对共同的命运，这就要求哲学“对人和人类社会有一个总体的、本质的、更符合于时代发展精神的理解”①。高清海认为，这其中首要的任务就是破除以往认识人的方式和业已习惯的物种观念，而要以“类”的观点和方式去理解人的本性。根据张曙光的总结，所谓“类主体”的类是“作为普遍的‘类属性’与‘全人类’的统一，是在自由发展的个人中所体现的具体普遍性”，一方面，类本位是人作为类存在物的内在必然性所使然，另一方面，它又必须凭借人自身能力的发展及其创造出的特定历史条件，因而必须经过一个否定之否定的漫长历史过程。② 陆杰荣指出：“作为哲学维度的类哲学的思考方式使我们可以从全新的理论视野去考察哲学发展的逻辑，去挖掘马克思哲学的真义，去思考人自身发展过程，去构想未来人类的发展前景。”③韩国学者韩相震等认为，高清海的“类哲学”概念提供了一种来自中国的世界主义模式，“类”意识是一种全面向宇宙开放的自我意识，在这种意识的指导下，人们能够实现宇宙生命整体的利益，能够防范全球风险，推动团结的世界共同体的产生。④

（四）“全球主义”的世界主义思想

“全球主义”是当代中国学者蔡拓提出并大力倡导的世界主义思想。蔡拓领导的科研团队不仅在努力完善这一思想体系，并在此基础上推动全新的“全球学”学科建设，致力于深化全球治理理论的研究。全球主义本身是一种区别于国家主义的世界整体论和人类中心论的文化意识、社会主张、行为规范。全球主义既是一种思维方式，也是一种付之行动的主张和构建现实的规范，它指向社会实践，并积极介入社会现实的整合，而无论是指导思

---

① 高清海：《人的类生命、类本性与“类哲学”》，《东北史地》，1997 年第 2 期。

② 张曙光：《“类哲学”与“人类命运共同体”》，《吉林大学社会科学学报》，2015 年第 1 期。

③ 陆杰荣：《类哲学：哲学维度的思考方式》，《学术月刊》，1997 年第 3 期。

④ 韩相震、元永浩：《一种来自中国的世界主义的模式——作为“宇宙生命主体”的高清海先生的“类存在”概念》，《吉林大学社会科学学报》，2015 年第 1 期。

想还是行为规范，全球主义都要求摆脱国家中心论的束缚，代之以人类中心论、世界整体论。正如蔡拓教授所强调的："全球主义的兴起是当代的一个基本事实，其根源在于世界各国的相互依存。而这种内在的高度相关性首先是市场经济向全球扩张的必然逻辑，其次是人类物质文明迅速发展，特别是通信、交通的革命性变革的结果。"[①]就理论基点和根源而言，从个体主义走向全球主义，从个体本位走向人类本位，这是当代世界主义的新内涵、新面目。[②] 所谓全球主义的世界主义，指的是强调和重视个人聚合的整体——人类的独立价值、利益及其作用，认为人类是新的独立的主体，整体性的人类是道德与价值的新的本体。[③] 俞可平指出，全球化时代，我们更要习惯于"从世界的眼光看中国"，全球主义思想倡导"全球意识、全球思维、全球认同和全球价值"。[④] 吴志成认为，"伴随人类对全球化、全球问题、全球治理的认知与探索，长期以来一直坚守的国家中心主义的研究传统和理论框架在不同程度上限制着人们的思考方式和研究视野"，全球主义的新理论范式自然就提上日程。[⑤]

全球主义在应对全球问题、推进全球治理上也具有强烈的现实意义。一方面，全球主义可以弥补当前国家主义的不足，民族国家可以以全球主义的价值观和利益观实现自我革新，自觉约束狭隘的民族利益和主权利益诉求，使之与全人类共同利益相契合，自觉认同主权的相对性，自觉认同人类共同事务治理的国际规范，主动担当起全球治理的责任。另一方面，虽然全球主义是一种区别于国家主义的世界整体论和人类中心论的文化意识、社会主张、行为规范，但其却有助于实现全球利益与国家利益的协调。在全球化使各国相互依存日益紧密的背景下，国家利益至上的思维与理念受到质疑与挑战，片面追求一国利益最大化几乎成为不可能。世界上的很多问题都需要通过协商、对话，甚至妥协、让步才能解决，共存共赢已成为时代的新

① 蔡拓：《全球主义与国家主义》，《中国社会科学》，2000 年第 3 期。

② 蔡拓：《世界主义的新视角：从个体主义走向全球主义》，《世界经济与政治》，2017 年第 9 期。

③ 蔡拓：《世界主义的新视角：从个体主义走向全球主义》，《世界经济与政治》，2017 年第 9 期。

④ 俞可平：《如何推进全球学研究》，《国际政治研究》，2015 年第 4 期。

⑤ 吴志成：《全球学研究的中国应答》，《国际政治研究》，2015 年第 4 期。

理念与新选择。

第四节　中华文明的世界主义思想的反思与价值

中国传统社会政治思想的形成和延续,有着现实的政治经济根源。几千年来,中国都以农业生产为基础,建立了地域辽阔、统治高效、制度健全和高度文明的王朝政权。长期以来,尽管中国对外交往范围比较广泛,但比较密集的交往对象还是东亚和东南亚国家。在这种相对封闭自成一体的儒家文明圈里,中国成为周边国家竞相学习的中心。虽然也曾经受北方游牧民族的冲击,甚至被取而代之,但中国仍形成了强大的统治工具。尽管中国历经王朝的更迭,但以士族精英为统治阶层,以小农经济为基础,以氏族宗亲为纽带的政治经济结构却非常稳定。在很大程度上,这是由中国独具特色的以儒家为核心意识形态所决定的。

从哲学上看,中国传统的儒家思想丰富而成熟,但它强调社会的稳定、人际的和谐,强调君君、臣臣、父父、子子的等级秩序,认为每个人都应该正其名、安其分、尽其力,忽视个人具有特殊性的权利。同时,中国传统政治思想中也蕴含着深刻的男尊女卑思想,它的重点在维护男权社会的统治和家族血缘的延续,限制了女性的思想和自由。从这个意义说,明清以及后来民国时期思想界里出现一批反对专制、集体性以及秩序性的思想家,强调不分贵贱、人人平等、性本善的思想观点,都与西方世界主义思想的核心主张相近。近代中华文明世界主义思想的兴起与发展,既受到外来思潮的影响,也与当时时代背景有着深刻的联系。人们或多或少地希望通过运用世界主义来改变国民意识,建设民族国家,因此带有强烈的“救亡图存”的意识。建立在自由、平等、民主、和平等观念基础之上,人们提出了诸多理想型政治构想,其中包含了空想社会主义、无政府主义、工团主义、乡村建设以及新儒家等多种思潮。进一步来说,中国当代对于世界主义思想的介绍和研究,不仅仅是出于对人类普遍价值的认同,更多的是对数千年沉淀的大同社会思想的怀念和肯定。

与西方世界主义思想不同的是,中华文明中的世界主义思想有着更广泛的内涵。就其内涵来讲,世界主义是一个舶来词,它与中国传统的天下、大同等哲学思想有一些差别。中国传统既非极端的个体主义型,也非极端的集体主义型,而毋宁近于社群式的。① 中国传统思想中的协和万邦的天下观、美好的天下为公与世界大同政治思想,博大的家国天下情怀,以及和谐的天人合一思想,都体现了中国版本的世界主义思想。在传统儒家思想中,推崇"心正而后身修,身修而后家齐,家齐而后国治,国治而后天下平"。从个人修为到维护家庭,从治理国家到"无外"的"王道天下",都表现出了中国的放眼世界的天下情怀。此外,在利他道德性上,中国也形成了独具特色的世界主义伦理。中国传统"仁者爱人""泛爱众""君子""四海之内皆兄弟"思想的逻辑发展,与儒家文化追求的以仁为基础的礼仪观是一致的。抛开其原有的历史局限性,充实其对现代社会与未来社会的深刻内涵,仍然是现代人类需要奋力追求的一种崇高理想。从宽泛的意义上讲,儒家的"天道"就是一种和谐的社会秩序,其最根本的原则是以"仁""礼"和"孝"为核心的人伦关系,强调亲疏远近以及由近及远的道德秩序。从近代中国学者世界主义的研究中可以看出,中国人对于理想社会、自由平等的追求已经从朦胧、粗疏走向具体和精密,从古代的朴素主义走向现代的现实主义和理想主义。近代以来,诸如康有为的"大同社会"、谭嗣同的"无家无国"、孙中山的"天下大同"、梁启超的"世界主义国家",以及瞿秋白的"无产阶级的联邦国"等观点,都有"去国家"的色彩。对于当代混乱而危险的国家间政治来说,中华文明中的世界主义思想无疑是有借鉴意义的。

在西方,当代世界主义主要关注的是自由主义的世界主义思想。他们的研究主要集中在世界主义法、世界主义民主以及全球公民社会等领域。世界主义思想具有复杂性和多样性的特点,显然关于非西方尤其是中华文明中世界主义思想的研究尚未获得广泛的关注。自先秦到当代,儒家强调主体自觉、道德自由,道家追求自然而然,禅宗强调主体自觉、精神自由等,而近代的自由主义强调个人自由、基本权利、理性自主等,展现了现代性。但中国传统文化中的自由思想有助于弥补西方政治自由主义的很多不足,

---

① 余英时:《中国思想传统及其现代变迁》,广西师范大学出版社,2014 年,第 81 页。

在现代社会具有重要价值。无论是清末民国时期的思想家，还是当代新儒学的代表人物，都看到了以西方为模板的“国家”的自私性等重大缺陷，他们挖掘了中华文明中具有世界主义色彩的理论和观点，认为这是救治世界的良药。

中华文明中的世界主义思想，就是构筑民众“安居乐业”、众邦“和而不同”的“君子世界”，追求普世性的价值认同和“互惠共享”，主张“以和为贵”“化干戈为玉帛”，其最高理想是怀柔天下以建立普适性的世界伦理共同体。中华文明中的“大同思想”“天下观”“仁政”“平等”思想，及至清末民国时期所掀起的大同社会等革命思想，以及当代中国政府以及知识分子所倡导的世界主义主张和观点，为人类走向公平正义的理想社会做出了极富历史厚重感的指引。可以说，对于当前人类命运共同体以及全人类共同发展的政治实践来说，中华文明的世界主义思想仍然可以提供有益的理论指引和启示。

第六章　印度文明的世界主义思想

世界主义是一种基于人类整体视角探寻个体价值的哲学和思想学说，其价值要素和思想智慧覆盖了人类不同文明的各个历史时期。作为世界文明源头之一的非西方板块，印度古代发达的哲学宗教体系和近现代形成的独特话语经验孕育了丰富的世界主义思想和价值要素。

因此，从印度文明的古代、近现代和当代的历史发展脉络出发，本章分别对围绕“梵我同一”的个体平等观念进行论述的印度古代朴素世界主义思想，基于人类普遍价值理念设计和探讨世界主义社会理想模式的印度近现代世界主义思想，以及总结后殖民理论经验和对西方中心视角的世界主义话语进行反思的印度当代世界主义思想进行探讨和论述，以呈现印度文明世界主义思想的发展脉络。

第一节　印度文明世界主义思想概述

印度文明在世界文明史上独树一帜，其思想独特而深邃。印度文明在其历史发展长河中孕育了丰富的世界主义思想。从历史的视野来看，印度文明世界主义思想的演进经历了萌芽、发展和完善三个鲜明的历史阶段。从上古时期《吠陀经》到中古时期的商羯罗哲学是印度世界主义思想的萌芽阶段，其所展现的是一种偏重哲学与宗教色彩的朴素世界主义要素。从英国殖民统治印度的19世纪到印度独立是印度世界主义思想的发展阶段，在吸收借鉴西方现代启蒙思想的基础上，印度世界主义思想开始对于人类未来发展模式进行探讨和思索。而从20世纪80年代至今是印度世界主义思想的完善阶段,它站在反思西方普遍主义语境的视角上论证了诸多具有非西方色彩的世界主义价值要素,印度世界主义思想进一步走向规范化。

一、古代世界主义思想:哲学与宗教色彩浓厚

古印度通常把哲学称作"见",始脱于对"梵"的认识和理解,是关于哲学的学说或体系,也被称为"探究的学问"。从它的源头吠陀时期(公元前20世纪至公元前6—前5世纪)算起,古代印度哲学的发展大致经历了吠陀时期、史诗时期、经书时期和吠檀多时期四大阶段。其中,在卷帙浩繁的印度哲学经典中具有世界主义思想价值的要素集中表现在两大方面,一为自我,二为平等。自我是对个体价值的强调,涉及在"梵我"关系中如何彰显个人的意义,"平等"是对人与人、人与社会关系的应有认知,继而突出一种在梵天框架下普遍的博爱精神。

一般而言,"梵"(brahman)的概念,一般理解为一种普遍道德秩序,它是印度宗教哲学以及构建社会和政治结构的基本来源,可视为印度世界主义思想的源头。在《吠陀经》中,从"梵"的概念引申出发论述了对生命意义的追寻以及人与自然之间的关系,进而铺开了印度朴素的世界主义思想的画幅。同时,印度哲学中"法"(dharma)的概念,一般可指生命与宇宙的规则,也被视为古印度世界主义的最终理想,在印度哲学与宗教著作中多有体现,并深深影响了千年来印度的社会、政治与道德传统。① 此外,《薄伽梵歌》所提倡的实现个体与普遍平等的"三德"伦理道德观与商羯罗为吠檀多经典哲学注释中关于反对种姓压迫、倡导个体价值的论述,也生发出具有朴素世界主义色彩的诸多要素。

二、近现代世界主义思想:探讨未来社会模式与人类最终命运

这一时期,印度世界主义思想集中展现了一种对未来社会模式和人类命运走向的思索,在突出探讨未来人类社会模式和框架的过程中,诸如"普遍价值观念""人类宗教"与"人类统一的理想"等涵盖着政治世界主义和规范世界主义的理念应运而生。可以说,一种具有世界主义理想范式的印度

---

① Gerard Delanty, ed., *Routledge Handbook of Cosmopolitanism Studies*, Routledge Press, 2012, pp. 463 - 477.

世界主义观在近现代初步形成。

19世纪是印度民族主义开始觉醒的时期,也是长久沉寂的印度哲学发展的又一次启蒙时期。以1828年罗姆莫罕·罗易创立梵社为标志,印度哲学家与社会改革家在结合印度传统哲学思想与现代西方知识的基础上,开始逐步进行对印度社会的未来与人类如何走向统一的思考。这一时期印度文明世界主义思想的特征,一方面表现为在继承《奥义书》、吠檀多哲学的基础上,大量吸取西方哲学和科学思想;另一方面,表现为与印度的社会政治、伦理思想的紧密结合,理论服务于实践。

在这一时期,印度哲学家与社会改革家更加重视从人的权利、人的平等性和人的普世价值来阐述他们的世界主义理想。例如,罗姆莫罕·罗易的普遍和平等价值理念,奥罗宾多关于人与人、国家与国家的人类统一学说以及泰戈尔论述的追求人类与世界合为一体的和谐统一性观点。诸如此类的观点都反映了近现代印度哲学家与社会改革家对于丰富世界主义思想方面所做出的贡献。

三、当代世界主义思想:本土性、开放性与多元性的非西方分析视角

当代印度的世界主义思想体现了一种反思西方普遍主义的独特分析视角,通过世界主义思想要素与现实的结合,形成了一种立足本土性、开放性与多元性的非西方视角分析世界主义的框架与体系。

当代世界主义的主流思想研究大都是在西方语境下进行的,从对斯多葛学派的个人主义学说、康德的世界公民理念,再到托马斯·博格的世界主义三原则与戴维·赫尔德的世界主义民主理念,世界主义所描绘的是一幅西方语境下的画卷。而事实上,具有普遍性与多元性特征的世界主义思想不应该仅有一种解释路径,它是面向世界的、开放的学术思想与政治实践,需从人类整体的框架来重构世界主义。

关于当代世界主义的概念与特征,印度学者倡导世界主义具有开放性、本土性与多元性的特征。世界主义者不应该将世界主义的概念予以标准化,特别是在我们仍没有完全确定世界主义理论内涵的情况下。世界主义的概念应该是开放的,它是一个具体化的概念,而不应是被任何社会或学说

预先假定。[①] 同时,以霍米·巴巴为代表,当代印度学者在思考世界主义思想时更加关注本土化和少数者的视角。印度本土的世界主义思想更多地对当代世界主义发展与全球问题下国家与公民之间的关系构建进行了反思。世界主义精神的核心是用多元视角和少数者的眼光来衡量全球发展,其对自由平等的追求尤其强调人人有权保持“平等的个性”。[②] 并且,当代印度世界主义注重以本土化和少数人的视角来观察西方语境之外的世界主义,继而寻求的是一种在全球视野观照下的新世界主义思想观。

第二节　古代印度的世界主义价值要素

印度古代世界主义价值要素有着深厚的哲学基础,其源头可以追溯到公元前20世纪的吠陀时代。如汤用彤先生所述,“印度学说宗派极杂。然其要义,其问题,约有共同之事三:一曰业报轮回,二曰解脱之道,三曰人我问题”[③]。以《奥义书》为发端至印度古代哲学发展的顶峰商羯罗时代,在浩如烟海的印度古代典籍中,在关于“轮回”“解脱”和“人我”问题的认识中,孕育了丰富的具有世界主义价值要素的哲学思想和观点。

一、《奥义书》的梵我思想

论及印度哲学的正统,首推《奥义书》。《奥义书》(梵文为 upanisad),原意为近坐,是专门讲解《吠陀》本集的哲学。《奥义书》是印度哲学脱离宗教文献的开端,是印度最早的哲学典籍。一般认为《奥义书》产生于公元前8—前7世纪左右,目前公认产生于吠陀时代的《奥义书》共有13种,但其核心内容是一以贯之的,即探讨世界的终极原因和人的本质。其中,关于个体终极价值的论述和对伦理上的道德规范的强调萌发了具有朴素世界主义向度的思想观点。

---

① Sheldon I·Pollock et al., eds., “Cosmopolitanisms”, *Public Culture*, Vol. 12, No. 3, 2000, pp. 1 -3.

② 张颂仁、陈光兴、高士明主编:《全球化与纠结:霍米·巴巴读本》,上海人民出版社,2013年,第10~12页。

③ 汤用彤:《印度哲学史略》,武汉大学出版社,2008年,第2页。

（一）个体的终极价值

个体价值具有第一性是世界主义思想的核心要义，这与《奥义书》的基本主张很类似，“梵”和“自我”是《奥义书》中的两个最为重要的概念，一定程度而言，《奥义书》就是论证梵与自我关系的哲学。

在《奥义书》中，“梵”在一般意义上被当作宇宙的本原，生命的根本，所有事物存在的原因。它的本性被归结为不依赖人们认识而存在的一种“识”“智”“知”“有”以及“喜乐”。[①]“梵”一词在印度宗教和哲学中处于最高地位，是个体、自然的本原，也是一切宇宙和社会秩序的源头，体现着最高意志。

“自我”，又称之为“阿特曼”“阿提茫”，在《梨俱吠陀》中指为世界之原质，或个人之生命。[②]《奥义书》中则将“阿特曼”转化为“自我”，并作为与梵对应的一对概念进行阐释。“自我者，乃人类固定不变之本质，永驻妙乐，如无梦眠，虽彼实无知而实知之。”[③]

《奥义书》充分肯定“自我”的个体价值，在《奥义书》的创世说中，世界最初的唯一存在是自我，由自我创造出世界万物，这个自我也就是梵。[④]《奥义书》将梵与我的概念等同起来，把自我视为万物内在的神妙力量，宇宙统一的原理，自我有真我和命我，大我和小我之分。《奥义书》以确认梵为最高真实，并建立起一个梵我同一（brahmātmaik - yam）的哲学体系，将其视为个体价值与人生的最高目的。如有：“这就我心中的灵魂，小于米粒或麦粒，或芥子，或黍，或黍子核；这个我心中的灵魂，大于天，大于地，大于空，大于万有世界。”[⑤]

在梵我同一的体系中，梵作为外在的和宇宙终极原因与作为内在的、人的本质的自我是具有同一性的，即“我是梵”（Atam brahmā asmi）。梵成为自我概念实现和证悟的最终目的，因而作为个体价值的最高性原则被确立

① 黄心川：《印度哲学通史》，大象出版社，2014 年，第 54 ~ 55 页。
② 汤用彤：《印度哲学史略》，武汉大学出版社，2008 年，第 22 页。
③ 汤用彤：《印度哲学史略》，武汉大学出版社，2008 年，第 22 页。
④ ［古印度］《奥义书》，黄宝生译，商务印书馆，2012 年，第 6 页。
⑤ 黄心川：《印度哲学通史》，大象出版社，2014 年，第 56 页。

下来。

在《奥义书》中，将作为最高宇宙和道德秩序的梵寄托于自我之内，将自我脱离出本体，进而表现为一种内外明澈的存在。二者表现为“梵是我”与“我是梵”的辩证关系，正所谓“彼神秘之原体，世界以之为精魄。彼乃真实，彼乃自我，彼是汝”[①]。《奥义书》关于梵我关系的论述，实际上是生发出一种具有世界主义观照下“我即世界”的对个体终极价值的追求。在“梵我同一”框架下，代表个体价值的“自我”作为“人类固定不变之本质”被突出出来，它具有的普遍性和独立性特征激发出一种“人本主义”的关怀。需要指出一点，受时代背景所限，“梵我同一”中作为个体的我并不具有当代世界主义的普遍性，而是特指婆罗门和刹帝利两大种姓，但这并不妨碍《奥义书》中对个体终极价值的肯定。

（二）伦理上的道德规范

《奥义书》所确立的伦理上的道德规范源自它的轮回解脱观。《奥义书》有两大主旨，一是讲“梵我同一”，二为解脱观。解脱观的主要内容是：每一个人的灵魂在死后可以在另一个躯壳里复活，一个人重新转世的形态，首先取决于他过去本人的行为——业（羯磨，karma）。[②] 业是轮回解脱的主要依据，其概念最早见于《大森林奥义书》中哲学家耶若婆佉（又译雅若洼基夜）的一段话：

> 问：“雅若洼基夜！有人于此而死矣，其语言归于火，气归于风，眼归于月，耳归于方，身归于地，魂归于空，毛归于草，发归于木，精血归于水，——斯人复何如耶？”
>
> 二人者，（携手）出而论之。所谈者，业也；所颂者业也。人唯以善业而善，以恶业而恶矣。[③]

---

① 汤用彤：《印度哲学史略》，武汉大学出版社，2008 年，第 23 页。

② 黄心川：《印度哲学通史》，大象出版社，2014 年，第 59 ~ 60 页。

③ 《五十奥义书》，徐梵澄译，中国社会科学出版社，1984 年，第 577 页。

《奥义书》中对于轮回和业关系的阐述主要有三点:第一,人死之后其灵魂将归于空界;第二,人死之后,何去何从决定于他的业;第三,业分为善恶两种,这是生死轮回流转之因,生前行善业即得善报,行恶业即得恶报。①

印度哲学信奉轮回说和来世说,这早在吠陀时期就已有之。行善业会获得进入"光明道"或"组乘道"的果报,而行恶业则会"人入冥幽,大黑暗投"。② 因此,从解脱和轮回的角度说,《奥义书》敦促人们在现世遵守伦理道德规范,继而积攒善业实现来世的果报。

而就如何造就善业获取解脱,《奥义书》指出,要依赖对"梵我同一"的证悟和现世的修行。从获取解脱和果报轮回的角度出发,善业的修行之道规定了人们需要遵守的道德规范。它涵盖苦行、布施、正行、不杀生、实语、禁欲、同情七个方面。③

由此可见,作为积累善业获取解脱的重要步骤,《奥义书》所规定的修行之道强调崇尚伦理道德规范的重要性。如在《大森林奥义书》中提到,人们处理现实生活要遵循获取善业的三 DA 原则,分别为自制(Damyata)、施舍(Datta)和仁慈(Dayadhvam)④。即人们唯有自我克制、向他人施舍、仁慈地处理社会关系方能获取解脱之道。善业的修行之道的三 DA 原则也逐步为后世宗教和哲学流派所吸纳改造,成为具有世界主义萌芽的印度社会伦理与道德规范的主要渊源。

基于对业的概念的阐述,《奥义书》确立了它在现世中的伦理道德规范价值,即人们应通过自制、施舍和仁慈及其他修行获取善业。善成为规范个人道德与社会关系行为准绳。通过对轮回解脱说的宣扬,《奥义书》规定了何为善业及修行之道,客观上建立了一条规范人际关系与社会秩序的隐性的但普适的社会道德伦理。在研读《奥义书》中善业的概念及修行之道时,自制的概念反映了个体权利的普遍性,施舍的概念则反映了一种对权利保障最低限度的道德关怀,而仁慈的概念则是体现了包容精神,三者联系在一

① 孙晶:《印度吠檀多哲学史》(上卷),中国社会科学出版社,2013 年,第 82 页。

② 《五十奥义书》,徐梵澄译,中国社会科学出版,1984 年,第 622 页。

③ 黄心川:《印度哲学通史》,大象出版社,2014 年,第 60 页。

④ [古印度]《奥义书》,黄宝生译,商务印书馆,2012 年,第 95 ~ 96 页。

起可以清晰地感受到《奥义书》中关于伦理上的道德规范的论述是与道德世界主义的价值理念紧密相连的。

二、《薄伽梵歌》中的个体观和平等观

《薄伽梵歌》(又译《神歌》,Bhagavadgītā),是印度史诗《摩诃婆罗多》中的第六篇《毗湿摩》的第23章到40章,共18段偈颂。《薄伽梵歌》成书年份大约是公元前4—前3世纪,相传是印度三相神之一的护持之神毗湿奴的神谕。《薄伽梵歌》产生的背景是在俱卢族和般度族大战的前一天,般度族的阿周那自省同族互相残杀,放弃投入战斗。而大神毗湿奴化身黑天开导他,向阿周那阐明达到人生最高目的的解脱的三条道路,分别是"业瑜伽""智瑜伽"和"信瑜伽",解除他心中的种种疑虑。① 二人的对话构成了《薄伽梵歌》,集中反映了该时期印度王族阶层在正义、怜悯与权力、利益之间所呈现的世界观和道德伦理观。

《薄伽梵歌》在印度哲学史上具有重要的地位,作为中古时代具有承上启下作用的教典,《薄伽梵歌》开创了信奉黑天崇拜的虔信运动,与《奥义书》和《梵经》并称吠檀多哲学的三大原典,也被后世称为印度的圣经。

(一)对个体价值观念的丰富和发展

在印度,世界主义的思想基础源自对作为宇宙秩序"梵"的证悟。《薄伽梵歌》继承和发展了《奥义书》中关于个体终极价值的论述,论证了梵我与自身的合规律性和合目的性,倡导对于个体价值而言,人生的目的是通过心灵的修行达到自我的永恒自由,无拘无束的精神境界。

在《薄伽梵歌》的哲学体系中,作为毗湿奴化身的黑天被视为"至高原人",是神我,是至高的自我灵魂和绝对精神,代表着宇宙秩序。神我具有三种层次,第一是最高我,这是永恒的;此外还有一个不灭的我和一个易变的我。②

《薄伽梵歌》有曰:这世上有两种人,可灭者和不灭者,可灭者是一切众生,不灭者是不变者。还有一种至高原人,被称作至高的自我,这位永恒的

---

① [古印度]毗耶娑:《薄伽梵歌》,黄宝生译,商务印书馆,2010年,译者前言Ⅴ-Ⅵ页。

② 孙晶:《印度吠檀多哲学史》(上卷),中国社会科学出版社,2013年,第117页。

自在者,进入三界,维持三界。我超越可灭者,也高于可灭者,在世界上和吠陀中,被称作至高原人。①

其中不灭者指自我,即与原质并列的宇宙原理神我,它是"万物的终极",它与最高我在本性上保持着统一性。变易可灭的神我,也称为"有命我",它是多,被包含在万有之中。不灭者(高级原人)是居于身体之中的,它在本性上与最高原人是同质的,这才是真正的宇宙本体原理,它是超越一切的。自我是神的永恒的部分,由知而达到与神的同一;从而再无生灭。②

从神我、原人、高级原人和至高原人的概念论述中,《薄伽梵歌》进一步突出了个体价值在印度哲学"梵我"体系中的终极性,即个体通过对"至高原人"的证悟,获取真正的知识,实现解脱。作为宇宙原理的神我具有指引作用,它是人在个体价值上终极性的体现。个体与梵天之间的关系表现为:宇宙包括自然和社会,而人是宇宙的一分子,人要生存,就要行动。行动受"自我"(精神或思想)指导,而且必须符合客观规律,这便是"梵我同一"。③马克斯·韦伯指出,《薄伽梵歌》对人作为个体价值的强调,揭示了古代具备人文主义知识教养的骑士高傲的伦理,即"我告诉你们这个神圣的秘密:没有什么比人更尊贵"④。

在立论基础上,当代世界主义倡导的个体价值遵循着一种权利路径和正义路径,这是自然法在西方政治哲学的延伸。在古代印度宗教哲学中占有极大篇幅的"个体价值"的论述则是一种哲学思辨,是一种在精神层次关于梵与我关系的论述。在关于我的论述上,《薄伽梵歌》吸纳了《奥义书》的一元论和数论哲学思想,丰富和发展了"梵我同一"论,提出了神我说、三德说和原质说。如果说自然法和权利正义论为世界主义的个体价值提供了政治现实层面的合法性,那么以《薄伽梵歌》为代表的印度哲学则为世界主义的个体价值塑造了一种在精神灵魂层面的独特内核。

① [古印度]毗耶娑:《薄伽梵歌》,黄宝生译,商务印书馆,2010年,第141~142页。

② 孙晶:《印度吠檀多哲学史》(上卷),中国社会科学出版社,2013年,第117~119页。

③ [古印度]毗耶娑:《薄伽梵歌》,黄宝生译,商务印书馆,2010年,译者前言Ⅴ-Ⅵ页。

④ [德]马克斯·韦伯:《印度的宗教:印度教与佛教》,康乐、简惠美译,广西师范大学出版社,2010年,第254页。

(二)多元视角的哲学观

世界主义立足个体价值,强调对不同文明、地域、种族的多元文明、文化持一种开放、包容的态度。世界主义的分析视野坚信文明、文化是处于变动中的,应该坚持一种多元的分析视角。从哲学分析的视角出发,《薄伽梵歌》在认识论上与世界主义存在着相似性。《薄伽梵歌》反对二元论,而倡导超越二元的多元视角来分析问题,即假定现实世界建立在多样性的基础之上。

在《薄伽梵歌疏》中,商羯罗指出《薄伽梵歌》主要论述的是:只有通过正确的知识才能获得解脱,而知识与宗教义务的实践结合并不能使人获得解脱……只有在无明的阶段,所有的义务职责才对人们有益,但在智慧的阶段却不能如此。当梵我同一的知识产生并去除无明时,所有二元的看法就全部被终止,而二元的看法是由行为的实践及行为的职责所事先假定的,义务职责的实践本身不能使人解脱。[①] 进一步,商羯罗对《薄伽梵歌》的第 18 章第 67 节进行了讨论,试图证明所有义务职责预先假定了现象世界的多样性,而这是由于无明所产生,获得唯一实在的梵的正确的圣者再也没有可实践的义务职责。因此,最后的解脱是被产生的,它不是经由真实知识与义务职责的实践共同结合而产生,而只能由真实的知识产生。[②]

需要说明的是,《薄伽梵歌》中认识世界多样性的预先假定是从本体论和认识论的纯粹哲学视角来指导如何进行瑜伽修行实现获取知识,达到无明的解脱状态的一种理论依托,它与当代世界主义所倡导的文化多样性和包容性是存在差别的。但是《薄伽梵歌》为我们提供了一种多样性世界观的哲学思维方式,即印度哲学不否认在“梵我”的证悟过程中现象世界的多样性,而是强调在多样性的现象世界中去证悟真实的知识。当代印度世界主义的一大特点就是反对将世界主义的概念与标准予以先验化,而是将世界主义置于不同的文化、文明之中去修正和检验,从而在多元包容的路径中寻求世界主义的内涵。可以说,《薄伽梵歌》关于世界多样性的假定为印度世界主义的发展提供了哲学论证上的依托。

---

① 孙晶:《印度吠檀多哲学史》(上卷),中国社会科学出版社,2013 年,第 98 ~ 99 页。

② 孙晶:《印度吠檀多哲学史》(上卷),中国社会科学出版社,2013 年,第 99 页。

（三）宽容博爱的平等观

从道德规范的视角出发，世界主义既符合政治哲学的范式，也符合社会伦理的范式。作为一种社会伦理观，在世界主义发展的历史长河中，蕴含着丰富的关于真、善、美、平等、正义等指导人们行为的社会规范准则。与世界主义立足于普遍理性而赋予每个人平等性原则相一致，《薄伽梵歌》从梵我观念出发，论证了一种博爱的、宽容（指权利的普遍性）的平等观。在《薄伽梵歌》中，平等是重要的美德。有曰：

> 立足自我，平等看待苦和乐，平等看待土块、石头和金子，同样看待可爱和不可爱，同样对待责备和赞美。等同荣誉和耻辱，等同朋友和敌人，弃绝一切举动，这就是超越三性。①

《薄伽梵歌》肯定一种基于宽容与博爱的平等价值观念。它的理论基础最终归结于梵我观念。吠檀多派的梵我观认为，每个人的自我都是一样平等的；万物之中可见自我，自我之中也见万物。因此，由于自我的本质都是一样的，那么，无论是婆罗门也好，还是狗也好，本质都是同一的，都与本来就是平等的梵的本质是一致的。因此，吠檀多派的梵我观提倡的就是博爱主义，通过自己的类推及至于对他人的爱，对一切万物的幸福都表示欢喜。②

在《薄伽梵歌》中平等观可以分为三个层次：内在的层次、外在的层次以及最高的层次。《薄伽梵歌》有曰：

> 自我接受瑜伽约束，在自我中看到众生，在众生中看到自我，无论何处，一视同仁。他以自我作比照，无论苦乐，一视同仁。③
>
> 他们的心安于平等，在这世就征服造化；梵无缺陷，等同一切，所以他们立足梵中。④

---

① ［古印度］毗耶娑：《薄伽梵歌》，黄宝生译，商务印书馆，2010 年，第 136～137 页。

② 孙晶：《印度吠檀多哲学史》（上卷），中国社会科学出版社，2013 年，第 139～140 页。

③ ［古印度］毗耶娑：《薄伽梵歌》，黄宝生译，商务印书馆，2010 年，第 66～67 页。

④ ［古印度］毗耶娑：《薄伽梵歌》，黄宝生译，商务印书馆，2010 年，第 58 页。

> 智者对痛苦和快乐，一视同仁，通向永恒；人中雄牛啊！这些东西，不会引起他们烦闷。①

第一种内在的层次就是个人心灵上的平等，平等看待苦乐、毁誉，保持一种心理上的平静。第二种是外在的层次，即平等地对待他人。无论好人坏人、敌人朋友，都同等对待，以自我同质同源为理论基础。最后一个层次也是最高的层次，它超越了三德（善性、忧性和暗性），达到了自我与梵的合一，这也是获得了解脱的最后解脱。②《薄伽梵歌》的平等观立足三个层次而极具宽容性，体现了一种现世内的伦理。如马克斯·韦伯的评价：印度的“宽容”基于一切伦理与救赎诫命的相对化。在《薄伽梵歌》中的现世内的伦理中，它是一种真实不二的、“有机论”的伦理，即有机的相对化。所谓有机的相对化，并不只是按照种姓的归属来进行，而且也根据个人所追求的救赎目标而定。因此，宽容不再是消极的，而是积极的，相对且分等次地评价各种最相对立的行为准则，并承认各个生活领域之伦理的固有法则性及其同等的固有价值，并深深地渗透到感情生活中。③

《薄伽梵歌》显示了一种“终极关怀单位的每个人的地位都是平等的”普世性原则。在旨在实现解脱的终极目标下，由本心到推己及人再上升到对万物，展现了一种身份和关系的平等观，并将这种平等寄托于对自我与梵的同质同源的证悟中，是一种宽容的、博爱的平等价值。可以说，《薄伽梵歌》超越了基于身份关系的世界主义平等观，对平等原则的价值性提出了更高的层次要求，即一种在解脱之意下对心灵上的平等与对万物共同幸福的追求。

三、《梵经》与商羯罗的个体价值观念

自《薄伽梵歌》之后，吠檀多哲学逐步取代弥漫差哲学，开始成为印度的主流哲学流派。吠檀多哲学（被喻为“吠陀”的终结），以《奥义书》的中心哲

---

① ［古印度］毗耶娑：《薄伽梵歌》，黄宝生译，商务印书馆，2010 年，第 17 页。

② 孙晶：《印度吠檀多哲学史》（上卷），中国社会科学出版社，2013 年，第 140 页。

③ 马克斯·韦伯：《印度的宗教：印度教与佛教》，康乐、简惠美译，广西师范大学出版社，2010 年，第 257 页。

学概念“梵”为研究对象，将《奥义书》《薄伽梵歌》和《梵经》奉为吠檀多三经，承认三者的绝对权威。作为一种独立系统的哲学体系，吠檀多哲学建立于公元1世纪前后，之后成为在印度居于统治地位的哲学思想体系，其中《梵经》为吠檀多派的根本经典，而商羯罗则是吠檀多哲学的集大成者。

（一）《梵经》中的世界主义要素

《梵经》，又称《吠檀多经》，相传作者为跋达罗衍那，成书时间大约为公元200年至450年。据统计，《梵经》共555经，分4编16章，分别是“论世界最高的原理梵”“对其他各个学派的论难”“论梵与个体灵魂的关系，认识的根源”以及“论亲证梵所得的结果”，是当时婆罗门哲学思想的总汇。[①]《梵经》是吠檀多派的最根本经典，后世不同哲学流派均对《梵经》进行注疏，阐明自己的思想主张，共同构成了吠檀多哲学的基础。

个体价值，是古代印度世界主义最为突出的要素。在对个体价值进行形而上的论述中，《梵经》提出了与梵（最高我）不同的个我存在的独立性问题。二者是根源和派生物的关系，即最高我是根源，个我是梵的派生物。[②]个我也被称为“身我”或“生命我”，个我是身体独具的，是一切生命的原则。个我以知性或精神为本质，是认识的主体，也是活动的主体。个我是梵的一部分，它与梵有着部分与全体，或者蕴含与被蕴含的关系，这种关系决定了梵与个我相同的方面。但梵与个我也有着不同的方面，梵不能感受苦乐，而个我能感受苦乐。梵与个我的关系好比灯和灯光，或者太阳和反映在水面上的太阳影子。[③]

乔荼波陀在《圣教论》中有曰：形式作用与名称，诚然处处皆有异，但其空间无差别，个我之论亦如此。[④]

因此，《梵经》在肯定“梵我同一”的第一价值位阶时，即肯定个体的终极价值的同时，突出了“自我”在感受和表现上不同之处，将人的主观意识抽象上升到客观精神，进一步指出，人们的心就是客观的梵。从目的论上，特别

---

① 黄心川：《印度哲学通史》，大象出版社，2014年，第396～397页。
② 孙晶：《印度吠檀多哲学史》（上卷），中国社会科学出版社，2013年，第149页。
③ 黄心川：《印度哲学通史》，大象出版社，2014年，第398页。
④ 孙晶：《印度吠檀多哲学史》（上卷），中国社会科学出版社，2013年，第188页。

强调个人的自我解脱，认为通过个我潜在能力的获得便可达到“喜乐”的理想境界。《梵经》在梵、我的论述中，发展了我源于梵，但不同于梵的价值表现，突出了个体在感受方面的多重性，进一步论证了世界主义所强调的关于个体的价值性和多样性方面的特质。

（二）商羯罗的个体价值观念

商羯罗（Śankara，生平一说为公元788—820年，另一说为公元700—750年），印度中世纪吠檀多哲学的集大成者，著名的不二一元论哲学家。通过对吠檀多哲学经典的注疏，商羯罗建立起完善的吠檀多哲学和神学体系，主要著作有《〈奥义书〉注疏》《薄伽梵歌注》《梵经注》和《示教千则》。

商羯罗充分展现了对个体价值性的论证，商羯罗明确指出，梵的本质是一种意识，但不是主观意识，它不是客观世界，而是一种宇宙精神、宇宙内在的自我。于是梵就是最高我，梵我同一是其自身的同一。[①] 在论证“我即是梵”的基础上，商羯罗提出了“上梵”和“下梵”的概念，上梵为无属性、无差别、无限制的梵；下梵为有限制的、有差别的并为属性所限的梵。前者是非经验的和非现象的，后者则是经验的和现象的，下梵是主观化了的上梵。[②] 商羯罗以此对个体价值的普遍性和多样性进行了区分。

商羯罗从“汝即那”的梵我关系出发，论证了梵与我之间的普遍性和多样性（差别性）。所谓普遍性，是指个体在价值位阶上是一致的，是最高的，即每个个体的道德身份和价值性源于梵，与梵相一致。关于个体自我性所具有的普遍性，商羯罗给出了被印度哲学视为天启圣句的“我即是梵”的论断，即个我将最终归于阿特曼，实现梵我本质同一的证悟。

有曰：我所确立（阿特曼），理论以及“汝即那”，否认“汝等”类属性，犹如绳蛇之观念。[③] 又有曰：光明内我（阿特曼）；（间接）由“我”词来表；也即所说“汝即有”。如此结果为解脱。[④]

所谓自我价值多样性，商羯罗指出每个个体的表现形式是多样的，是不

① 孙晶：《印度吠檀多哲学史》（上卷），中国社会科学出版社，2013年，第190页。

② 黄心川：《印度哲学通史》，大象出版社，2014年，第405页。

③ ［古印度］商羯罗：《示教千则》，孙晶译，商务印书馆，2012年，第254页。

④ ［古印度］商羯罗：《示教千则》，孙晶译，商务印书馆，2012年，第303页。

同的,即每个我是"梵"的不同映射,而有分别。它是一种商羯罗所描述的"我们自己的阿特曼,就是我们内官的目击者"的形式,又与最高我同一。

有曰:个人自我,无始已有。一切个人自我各各存在。依胜义谛,我本即梵,但囿于限制,而与梵分别……个体之自我,遂与遍满之精神为一矣。知自我则得解脱,此自我原非他,即吾人知识之主,因此不能为根索取。①

为此,从"汝即那"的价值同一性出发,商羯罗提倡一种无差别的解脱之道。商羯罗认为在"梵"之下,每个个体的价值是无差别而平等的,不会因为执行祭式的等级不同而有分别。如商羯罗所言:"差别观是被禁止的,如果理解到了阿特曼与最高阿特曼是同一性的话,就应该知道这些(祭式)是禁止的。(它们)不会使其获得阿特曼与最高阿特曼的同一观。因此由于持差别观便会认为二者是相异的。"②

至商羯罗止,印度古代哲学对于世界主义核心要素的个体价值的源头性问题正式完成了系统性的论证。西方世界主义从自然理性出发论证了个体价值的普遍性,而印度哲学则从一种心灵信仰追求的角度构筑了个体价值的最高性和普遍性。作为个体,人的一切活动受到"梵"的指引,在寻找证悟和解脱的过程中,人的价值性与梵是一致的,即梵是一种"最高我"在本我上的映射。同时,梵作为一种终极的宇宙秩序,它具有唯一性,正是唯一性驱使价值理念追求上具有一种涵盖所有人在内,无差别的普遍性。即在"梵我同一"的哲学论证过程中,虽然每个个体在身份、性别、地域、习俗上存在多样性和差异性的特征,但在价值基点上,他们是普遍的、普适的、共同的而无差别。同时,在证悟"梵我"的过程中,古代印度哲学充分肯定人在社会生活行动中的伦理道德规范,个体的行动要由"本心"到"推己及人"再上升到对"万物",积极行善、践行平等,展现了一种积极的世界主义道德伦理观念。

第三节　近现代印度的世界主义理想

印度的近现代时期是以 1828 年印度启蒙思想家与宗教改革家罗易创立

① 汤用彤:《印度哲学史略》,武汉大学出版社,2008 年,第 148~153 页。

② 孙晶:《印度吠檀多哲学史》(上卷),中国社会科学出版社,2013 年,第 273 页。

的梵社为起点，以1947年印度独立为终点。这一时期，在西方思想涌入与本土社会转型的过程中，印度文明的世界主义开始走出朴素或生发性的探讨范围，而进入了一种相对系统的思考阶段，设想与探讨一种符合世界主义价值要素的社会理想模式，突出一种涵盖所有人受益的社会平等意识和社会实践成为近现代印度世界主义思想的主要关注点，并衍生出一种宗教世界主义的独特范式。其中比较有代表性的人物有近代印度之父罗姆莫罕·罗易、印度伟大诗人罗·泰戈尔以及被喻为圣哲的室利·奥罗宾多。

一、罗姆莫罕·罗易的普遍和平等价值理念

罗姆莫罕·罗易(Rammohan Roy,1772—1833)，近代印度伟大的启蒙思想家、宗教和社会改革家、新吠檀多哲学和印度宗教改革的开创者。罗易是印度跨入近现代的引路人和改革者，西方将他描绘成印度文艺复兴的开创者，罗易也被人尊称为“近代印度之父”。

18世纪末至19世纪初，印度处于英国的殖民统治中，也处于政治社会改革运动的前夜，一股印度本土的“文艺复兴运动”思潮迅速扩散开来。在这种时代背景下，罗易在充分吸收借鉴传统吠檀多哲学、伊斯兰教、基督教以及西方现代哲学的基础上，建立了新吠檀多哲学。罗易的哲学和社会伦理思想中包含着丰富的世界主义价值要素。他倡导一种建立在平等基础上的普遍价值观念，并将个体价值的实现从自我修行的证悟中解脱出来，而致力于参与社会服务，强调个体价值的平等性与个人承担推动社会进步的义务责任是罗易的世界主义思想的集中反映。

(一)人的普遍价值理念

在罗易的哲学思想体系形成过程中，继承自古希腊斯多葛学派的西方的个体理性、自由、平等以及正义的价值理念对罗易影响甚大，他是第一批试图将个体理性和自由价值观念在印度进行推广的人之一。[①] 在宗教改革运动中，罗易倡导人的信仰行为和社会行为要超越宗教等级的限制，在实现证悟的过程中，人人享有一种平等的、普遍性的价值关怀，并要积极承担相

---

① Sudhir Chandra, “Relevance of Raja Rammohan Roy: Some Moral Implications, *Economic and Political Weekly*”, Vol. 9, No. 21, 1974, pp. 823 - 825.

应的社会责任。超越宗教和种姓制度的限制、赋予每个人拥有普遍的价值与权利,是罗易推行印度宗教改革运动的精神内核。

罗易将人的普遍价值理念同作为终极存在的梵联系起来,指出基于人类理性的个体普遍价值理念就是梵在现实世界的映射。人的普遍价值是规范整个宇宙运行的指导原则,也是每个人灵魂上的寄托,而实现每个人普遍价值的存在方式,是人类彼此间的善行和宽容。①

同时,罗易坚信人性中存在某种先天的价值,它能够驱使人们相信真理、践行自己的价值和追求整个社会福祉的实现。虽然他是个吠檀多哲学信奉者,但更加强调根植于人性的普遍价值理念。当二者发生冲突时,罗易坚定地选择后者。他指出:"如果人类继续生存下去的话,人类的本性就是享受社会的幸福和完美的思维欢乐,人类有理由反对任何有损于社会福祉、贬低人类理智的宗教制度,国家制度或政治制度。"②

此外,罗易认为人的普遍价值的实现在于积极承担人的世俗义务和社会责任,他积极倡导人的行动目的是推动整个人类社会的进步,这是推动个人所具有的普遍价值实现的最终目的和归宿。罗易强调人履行世俗义务和社会职责的重要性,并认为认真履行自己的社会义务和职责是道德修炼的核心。要履行吠陀所要求的各种善行,多做善事在证悟最高精神存在的过程中,应受到极大的重视。③ 由此可见,罗易将人的普遍价值理念从修行证悟中解放出发,将个体普遍价值的实现解构为一种个人平等价值受到社会尊重和人人致力于承担社会责任、推动社会整体进步的现实路径,实现了个人价值的个体性与社会普遍性的结合。

(二)跨越种姓的平等价值理念

种姓制度是印度社会根深蒂固的一种等级制度,长期被视为阻碍社会进步、压迫人性的工具。而作为近现代印度启蒙运动的领导者,罗易从哲学

① Brian Hatcher, "Remembering Rammohan: An Essay on the (Re -) emergence of Modern Hinduism", *History of Religions*, Vol. 46, No. 1, 2006, pp. 57 - 59.

② Thomas Pantham, Kenneth Deustch, eds., *Political Thought in Modern India*, SAGE Publication, 1986, p. 39.

③ Bruce Roberston, *Raja Rammohan Ray—The Father of Modern India*, Oxford University Press, 1995, p. 92.

的高度论证了种姓制度的不合理性,突出一种跨越种姓的平等价值理念。

罗易反对古代吠檀多把对梵的证悟或对神的敬拜分成许多等级的观点,主张对梵的证悟过程应该是开放的,不分种姓与信仰,对于每个人而言都是平等和一视同仁的,它是每个人具有的平等的且普遍的价值权利。他认为,不可言表的最高存在——梵是任何人都可以崇拜的,不依靠什么种姓,也不依靠什么生活阶段和修炼状态。不仅印度教徒可以崇拜,而且非印度教徒也可以崇拜。证悟梵的过程是每个人都应追去的最高境界。[①]

构建和推行平等的价值理念,首要在于改革等级森严的种姓制度。罗易将种姓制度看作印度社会弊病的根源,并指出种姓之间的歧视是不合理的,是造成印度社会分裂的根本原因……神并没有制定各种种姓之间的差别法则,我们自己分裂许多种姓,就是我们缺乏统一的原因。[②] 他从对梵的证悟出发,强调既然梵我是同一的,那么个体的价值与权利也是同一的,因此要打破种姓制度的藩篱,消除对差异的歧视,去追寻一种跨越种姓的,视所有人在权利上均为平等的价值理念。

更近一步,罗易将个人视为构成社会的基本单元,个人的义务在于推动社会实现一种整体性的进步。自此,个人的个体价值性将反映为社会价值的普适性,从而使得二者在价值维度上实现统一。[③] 他坚信,人类从属于一个伟大的家庭,不同的国家、社会和部落对于人类整体而言,不过是树枝和主干的关系。[④] 人类应该将实现全人类的共同幸福作为价值归宿和行动目标。可以说,罗易阐述的社会伦理思想将个人的个体价值性和人类社会的普遍价值性实现了有机的结合,展现了嵌入在世界主义价值核心的个体价值权利的普遍性和普适性原则。

---

① 朱明忠:《印度吠檀多哲学史》(下卷),中国社会科学出版社,2013 年,第 26 ~27 页。

② Donald Bishop, "Thinkers of the India Renaissance", *Philosophy East and West*, Vol. 36, No. 4, 1986, p. 21.

③ Sudhir Chandra, "Relevance of Raja Rammohan Roy: Some Moral Implications", *Economic and Political Weekly*, Vol. 9, No. 21, 1974, pp. 823 -825.

④ Srinivas Aravamudan, *Guru English: South Asian Religion in a Cosmopolitan Language*, Penguin Books, 2007, p. 11.

二、罗·泰戈尔的人性观与人类最终命运思想

罗宾德拉纳特·泰戈尔(Rabindranath Tagore, 1861—1941),印度现代伟大的诗人、文学家和哲学家,亚洲第一个诺贝尔文学奖获得者。同时,泰戈尔也是现代印度著名的社会活动家。泰戈尔一生写了大量颇具影响力的诗歌和散文,被尊称为印度的“诗哲”。代表著作有《人生的亲证》《吉檀迦利》《民族主义》《飞鸟集》《人的宗教》《家与世界》等。

泰戈尔的哲学思想中所蕴含的世界主义思想要素主要体现为:一是关于人性的赞美,二是探究人与自然的关系,三是关于人类的最终命运的描述。这些思想展现了泰戈尔对人性价值推崇的世界主义情怀,对一种世界主义范式的人类未来美好蓝图的乐观憧憬。

(一)对人性的赞美

作为近现代印度最为伟大的诗人之一,泰戈尔的诗歌饱含着一种乐观的世界主义情怀,展现了对人性的美好、人性乐观精神的赞美,以及对个人追逐平等、真理、自由和幸福权利的美好向往。如在《吉檀迦利》中,泰戈尔这样赞美人性生命的伟大:

> 我生命的生命,我要保持我的躯体永远纯洁,因为我知道你的生命的摩抚,接触着我的四肢。我要永远从我的心思中屏除虚伪,因为我知道你就是那在我心中燃起理智之火的真理。我要从我心中驱走一切的丑恶,使我的爱开花,因为我知道你在我的心宫深处安设了座位。我要努力在我的行为上表现你,因为我知道你的威力,给我力量来行动。①

同时,泰戈尔在诗中激情地表达人性在呼唤自由与享受快乐方面的天赋权利:

> 在断念屏欲之中,我不需要拯救。在万千欢愉的约束里我感到了自由的拥抱。你不断地在我的瓦罐里满满地斟上不同颜色不同芬芳的

① [印度]泰戈尔:《吉檀迦利》,冰心译,外语教学与研究出版社,2010年,第8~9页。

新酒。我的世界,将以你的火焰点上他的万盏不同的明灯,安放在你庙宇的坛前。不,我永不会关上我感觉的门户。视、听、触的快乐会含带着你的快乐。是的,我的一切幻想会燃烧成快乐的光明,我的一切愿望将结成爱的果实。①

泰戈尔将真善美视为人性的集中表现,也是人性的本质。他指出,作为艺术准绳的真善美虽然在形式上有所区别,但在内容和本质上是一致的,它们都反映了无限人格的至上目的。他写道:“美的形象是善的完美形象,善的形象是美的完美本质。”②真是表现事物的本质和规律,善是指客观事物对人的作用,美是人的本质的对象化。真善美是结合在同一个人身上的。③ 泰戈尔认为,“艺术的任务是要建立人的真正世界——真理和美活生生的世界”④。

泰戈尔对人性的赞美源于其对人性解放的深刻理解。在泰戈尔的哲学体系中,人处于核心的位置,他写道:“他(人)既是大地之子,又是上天的后嗣”⑤。泰戈尔认为,人性是有限性和无限性的集合,个体灵魂或人在它的本质中是无限,而在它的表现中则是有限。个体灵魂或人的精神有着两个方面:一方面是独立于神的,另一方面是统一于神的。泰戈尔认为,正是使人与神相结合的“内部自我”才能够使人们英勇无畏地战胜各种痛苦,投身于火的考验,为了胜利向前发展。⑥ 因此,人是“无限-有限的存在”,人的“有限存在”是指人的生理和心理的机能,所谓“无限的存在”指的是普遍性(universal)或超越性(surplus),即在人内部寓居的神性,它包括不朽性、创造性、能动性和喜乐等。⑦ 正是人性中所包含的无限性,人性中的真善美才得以

---

① [印度]泰戈尔:《吉檀迦利》,冰心译,外语教学与研究出版社,2010 年,第 154 ~ 155 页。

② [印度]泰戈尔:《美感》,转引自黄心川:《印度哲学通史》,大象出版社,2014 年,第 613 页。

③ 黄心川:《印度哲学通史》,大象出版社,2014 年,第 613 页。

④ [印度]泰戈尔:《论人格》,第 31 页,转引自黄心川:《印度哲学通史》,大象出版社,2014 年,第 613 页。

⑤ [印度]巴萨特·库马尔·拉尔:《印度现代哲学》,朱明忠译,商务印书馆,1991 年,第 79 页。

⑥ [印度]巴萨特·库马尔·拉尔:《印度现代哲学》,朱明忠译,商务印书馆,1991 年,第 83 页。

⑦ 黄心川:《印度哲学通史》,大象出版社,2014 年,第 607 页。

表达。

世界主义思想的基点是个人价值，而泰戈尔认为个人价值的诉求与表现是孕育在人性所具备的无限性之中的，即人性的“无限自我”的反映。那么如何从“无限自我”联系到个人价值的至上性。泰戈尔认为，人的“无限自我”是存在于人体内的“神性”，是与宇宙最高本体梵或神相沟通的桥梁，它使人具有一种强烈的超越自身的愿望，不断地推动人超越有限的自我，超越物质状态，向精神状态发展。同时，正是有了“无限自我”，人才具有极大的创造力。它是人内部的艺术家，不仅有创造新事物的能力，而且有表达新概念的能力，以及各种新颖和独特的想象力。①

（二）人与自然的关系

探讨人与自然的关系问题是泰戈尔哲学思想的重要组成部分。从某种意义上而言，泰戈尔的人生观、世界观以及人类未来社会理想形成的源头都可以追溯到他对人与自然关系的认知上。

首先，通过比较印度文明和希腊文明在认识自然与人关系上的异同，泰戈尔认为印度人在源头上有着对于亲近自然的向往。在他看来，“在印度，文明的诞生是始于森林，这种起源和环境形成了与众不同的特质。印度的文明被大自然的浩大生命所包围，由它提供食物和衣服，而且在各方面与大自然保持最密切、最经常的交流”②。因此，人与自然从来不是继承自希腊文明的西方征服和开拓的关系，而是如泰戈尔所说的“任何东西在印度人看来都具有精神的意义”③，即人与大自然也保持着一种和谐统一的关系，二者在精神上是相通的，人与自然是交流和沟通的关系。

其次，泰戈尔从吠檀多的角度阐述人与自然的和谐关系。从梵我同一的最高性出发，他指出，梵潜居于万事万物之中，作为它们的精神本质，梵也潜居于人体之中。人与宇宙、人与自然万物在精神本质上就是同一的。人与宇宙和自然，在先天本质上，就是和谐的、统一的、紧密相连的。④ 人的无

① 朱明忠：《印度吠檀多哲学史》（下卷），中国社会科学出版社，2013 年，第 169 ~ 170 页。
② ［印度］泰戈尔：《人生的亲证》，宫静译，商务印书馆，1992 年，第 3 页。
③ ［印度］泰戈尔：《人生的亲证》，宫静译，商务印书馆，1992 年，第 5 页。
④ 朱明忠：《印度吠檀多哲学史》（下卷），中国社会科学出版社，2013 年，第 165 ~ 166 页。

限自我与自然环境在本质上是同一的，是梵的显现物，因此它们之间有一种天然的亲缘关系和感情。因此，泰戈尔总结说："人的灵魂意识和宇宙是根本统一的……印度人强调个人与宇宙之间的和谐……对于他们来说，人与自然的和谐是伟大的事实。"①

最后，在人与自然的问题上，泰戈尔剖析了西方文明的征服自然观在加剧人与人之间冲突，人与自然关系紧张方面具有的局限性，指出塑造人与自然之间的亲缘关系是实现人类社会和谐共处的必经之路。可以说，在印度文明的世界主义思想发展进程中，泰戈尔从人与自然的统一、同一的关系角度较为完整地回答了人与自然关系的应然状态，为我们理解世界主义价值下的全球环境与气候问题提供了哲学层面上的积极参照。

（三）反思民族主义的人类最终命运

在泰戈尔的世界主义思想中，关于人类命运的探讨占据重要位置，从反思民族主义和探讨人际关系的角度，他对人类的最终命运做了清晰的表述。

泰戈尔关于人类的最终命运的描述是建立在对民族主义反思的基础之上的。他在《民族主义》一书中，通过考察日本、西方和印度的民族主义现象和问题提出了一个终极性的问题，即每一个民族都一定要弄清楚自己的使命是什么。民族主义的滥用对世界和人类而言是巨大的威胁，我们需要拥抱一种面向世界和人类的世界主义情怀或国际主义情怀。

关于民族的产生与民族主义的形成，泰戈尔认为，民族主义并不是人类生活的理想形式，并指出："民族就是全体居民为了机械目的组织起来的那种政治与经济的结合。这样的社会没有长远的目的，它本身就是目的。它以惊人的速度越出它的界限，驱使它邻近的所有社会贪婪地追求物质繁荣，结果互相妒忌，互相惧怕对方变得强大。这时它再也不能遏制自己，因为竞争愈演愈烈，组织发展得愈加庞大，自私自利取得了至高无上的地位。它利用人的贪欲和恐惧，在社会上占据了越来越大的地盘，终于成为社会的统治力量。"②

---

① ［印度］泰戈尔：《人生的亲证》，宫静译，商务印书馆，1992 年，第 4 ~ 9 页。

② ［印度］泰戈尔：《民族主义》，谭仁侠译，商务印书馆，1986 年，第 4 ~ 5 页。

另一方面，随着民族主义走向制度化并深入影响到个人社会生活的方方面面，泰戈尔认为，作为一种工具的民族主义会极大地压缩个人在感性和道德上的诉求空间，甚至压灭人性，这与人类的最终命运存在着巨大的张力。

泰戈尔指出："当这个组织（民族主义下的制度工具）的发动机开始变得庞大，而构成这个组织的人变成这个机器的部件的时候，作为个人的人就不复存在，一切都成为由这部机器的人类部件所实现的一种智慧的运转，不存在任何怜惜或道义上的责任。可能发生的是，人的道义本性试图通过这个装置为自己申辩，但是一整套绳索和滑轮在叽嘎作响，人类的内心的力量湮没在人类自动机的运转中，道义上的目的只能艰难地获得某种畸形的结果。"①在对人类最终命运的描绘中，泰戈尔并不信任相应的制度性工具，而是将解决出路转向构建和谐的人际关系层面。

泰戈尔关于人类的最终命运的描述建立在人与人，特别是与陌生人，其他种族、族群之间形成一种信任、友善关系的基础之上。关于人性与人际关系，他并不否认人的自私性，但是紧迫的现实要求人类的关系走向合作与和谐而不是竞争与战争，这要求承认种族的多样性，并且不同的种族都需要亲密地联合起来。泰戈尔认为拥有爱的道义力量和精神团结的眼光的人，对异族人的敌对感情最少并且能够设身处地对别人有同情心的人，这将是在我们面临的这个时代最适合占有永久地位的人。②

在人际关系或人与社会关系方面，泰戈尔倡导从个体理性走向与陌生人和谐共处的普遍关系理性，并倡导人类之间的相亲相爱，将成为一名"世界工作者"视为人类奋斗的目标，进而使得全人类步入理想社会。他认为只有在不同人、不同种族的平等亲近相处过程中，人类才能摆脱民族主义的弊端，获取精神层面的解放，实现人与自然、人与人和谐共生的最终命运。

关于人性的探讨居于泰戈尔哲学体系的核心位置，也是他乐观世界主义思想的集中展现。从对人性的赞美出发，泰戈尔突出人性所具有的无限

① ［印度］泰戈尔：《民族主义》，谭仁侠译，商务印书馆，1986 年，第 6 页。

② ［印度］泰戈尔：《民族主义》，谭仁侠译，商务印书馆，1986 年，第 53 页。

性特征，这种无限性集中表达了人类所具有的真善美价值的至高性；从对人与自然关系的探讨，泰戈尔论证了人类社会走向和谐统一在于亲近自然，改变西方的征服自然观，寻求人与自然的安宁共处；从论述人类的最终命运出发，泰戈尔反思了民族主义的局限性，呼吁为了人类我们应当挺身而出，对所有的人发出警告：这种民族主义是一种席卷当今人类世界并吞噬它的道德活力的残酷瘟疫。[①] 继而，基于真善美的人类观，泰戈尔积极地宣扬人类之间的平等与博爱，唤醒人性中的美好价值，倡导一种与陌生人和谐相处的普遍关系理想，对人类的最终命运与理想社会进行了描绘，展现了面向世界和人类的世界主义情怀。

三、室利·奥罗宾多的精神进化论与人类统一理想

室利·奥罗宾多（Sri Aurobindo，1872—1950），本名奥罗宾多·高士（Aurobindo Ghose），是世界上具有广泛影响力的哲学家、瑜伽士、宗教领袖、诗人以及政治改革家，以“精神进化论”（亦称为“整体吠檀多论”）和“整体瑜伽论”而闻名于世，他被印度人尊称为“圣哲”。哲学著作有《神圣人生论》（*The Life Divine*）、《社会进化论》（*The Human Cycle*）、《人类统一的理想》（*The Ideal of Human Unity*）、《瑜伽论》（*The Synthesis of Yoga*）等。

作为“精神进化论”哲学的创立者，奥罗宾多的哲学思想深邃，他立足个人的精神进化论、社会进化理论以及人类统一理想，试图通过自我完善、净化心灵、促进人类精神进化的手段实现其人类统一、世界大同的伟大理想，探究一种将政治世界主义与伦理世界主义进行融合的未来世界模式，展现了一幅具有浓郁世界主义色彩的未来社会图景。

（一）立足个人，走向神圣人生的精神进化论

精神进化论是一种以个人为参照物，以梵为原点和终点的哲学体系。一种杂糅西方个人主义的理性精神和东方“梵我同一”的个体精神追求的个人中心主义是奥罗宾多精神进化论的价值依托，发掘自身的真善美、释放个人的天性、实现个人的自由和人际间的平等是走向神圣人生，实现个人精神和人类社会整体进化的重要步骤。

---

① ［印度］泰戈尔：《民族主义》，谭仁侠译，商务印书馆，1986年，第8页。

奥罗宾多认为，人的“自我”来自代表最高真善美的宇宙精神本体——梵，因此“自我”也具有真善美的本性。人的一切道德活动，乃是要寻求和解释自身内在的“自我”，使自己天生固有的真善美本性显现出来。[①]个人是“集体的细胞”，是“社会基础的基础”，生命的最初触动是个体的。建立家庭、社会和民族生活是为了更大地满足个人生命的一种手段。[②] 人类精神统一的关键是“胞与之爱”，“自由和平等的联合只能依靠人类胞与之爱的力量才能达到，而不能建立在其他之上……自由、平等、联合是精神的永久属性”[③]。

世界主义的目标是追求实现个人自我价值和人类的整体价值，而奥罗宾多的精神进化论倡导人们追求一种“神圣人生”境界的实现，二者在价值性上存在着契合之处，即人与人之间因彼此的“自我”具有同一性，所以人与人虽然存在差异，但在价值目标上具有统一性、相互性与和谐性。为实现这个价值目标，精神进化论关注两个层次：第一个层次是实现个人的整体完善，第二个层次是实现人类的整体完善。

在奥罗宾多看来，社会的完善必须具备两个条件：一个是自由，即人有自由按照自己理智所支配下的欲望，去发展自己，完善人生，满足心理的要求、情感和生命的需要以及肉体的生存。同时，在一个社会中要保障个人的自由，也要保障集合体，如国家和民族的自由[④]；二是和谐，一个完善的社会光有自由是不够的，还必须使人与人、国家与国家之间的各种力量保持和谐统一。自由与和谐是保持社会完善的两个必不可少的原则。自由的原则，在一个社会统一体中是维护个人或国家个性差异的必要保证；和谐的原则，乃是在保证个人和国家自由的前提下维护社会统一的根本条件。[⑤] 在社会进化以实现人类整体完善的过程中，个人、国家、(人类)社会三者的关系性问题尤为重要，为促进三者的圆满发展，奥罗宾多提出了一种“社会发展法

① 朱明忠：《印度吠檀多哲学史》(下卷)，中国社会科学出版社，2013 年，第 136 ~ 137 页。

② [印度]奥罗宾多：《人类循环》，转引自黄心川：《印度哲学通史》，大象出版社，2014 年，第 563 页。

③ [印度]奥罗宾多：《人类循环》，转引自黄心川：《印度哲学通史》，大象出版社，2014 年，第 570 页。

④ Aurobindo Ghose, *The Human Cycle*, Sri Aurobindo Ashram, 1949, p. 64.

⑤ 朱明忠：《大家精要：奥罗宾多》，云南教育出版社，2009 年，第 108 页。

则”作为实现人类整体完善的主要路径，其内容包括[①]：

> 对于个人来说，通过内部的自由发展来完善自己的个性，同时尊重和帮助他人同样的发展，从中得到裨益。个人的法则是使自己的生活与社会集合体的生活协调一致，并把自己作为一种增长的和完善的力量贡献给人类。
>
> 对于国家来说，通过其内部的自由发展来完善自己，而且尊重并帮助其他国家的发展，亦从中受到裨益。国家的法则是以自身的生活与人类的生活相协调，并将自己作为一种增长的和完善的力量倾注于人类。
>
> 对于人类来说，乃至充分利用所有个人、国家和社会集团的自由发展及其成果，继续向上进化。有朝一日，人类将真正地成为一个神圣的家庭，尊重并帮助组成它的个人和集体的自由成长和活动，以便从中获得助益。

奥罗宾多的“精神进化论”最终实现目标是个人转化为“精神化的人”，人类进入“精神化的社会”，这被他视为人类最好的社会形式。在这个社会中，人与人在共同的精神基础上达到统一，每个人都将有充裕的时间按自己的本性实现内向发展，享受最大限度的工作愉快和真正富足、美好的生活。国家与国家之间也在同一精神的基础上达到统一，互相尊重、互相帮助、平等互利。[②] 奥罗宾多将“精神化的社会”视为一种符合世界主义理想的时代图景，人和人、人与国家、国家与国家的关系问题也因此才能得以完美地解决。

（二）人类统一理想

在回答个人和人类的进化走向何处的问题后，奥罗宾多回归到现实世

---

① Aurobindo Ghose, *The Human Cycle*, Pondicherry, Sri Aurobindo Ashram, 1949, pp. 39 – 40、p. 84.

② Aurobindo Ghose, *The Human Cycle*, Pondicherry, Sri Aurobindo Ashram, 1949, pp. 318 – 319.

界,指出现实世界所存在的种种矛盾,其根源在于个人与集合体关于利益分配和自由权利保障方面的内在矛盾。尤其是国家无法调节个体利益的满足与个体权利自由的平衡之间的矛盾问题。为此,奥罗宾多认为,要通过建立一个“人类统一”的社会来消解个人与集合体之间的内在矛盾,以实现全体人类走向联合。

第一,奥罗宾多的未来人类统一理想社会模式在经济和政治层面上突出个人所能享有“满足”和“自由”的权利和保障。个人的价值和权利是构建人类统一理想的基础。人类统一的问题应该站在理性和完善的道德基础上来看待,即在承认全人类的自然大联合有权存在的基础上,尊重个人的自由和自由成长的权利,并为其提供所需要的秩序、帮助及合作。[①] 在政治层面要尊重个人的权利、平等及自由,避免一切倾轧、对抗及战争。根据自愿和互助的原则,建立民族乃至世界的联盟,实现人类统一的理想。[②]

第二,在人类统一的理想中,个人、集合体和人类的关系问题居于核心位置,只有兼顾三者的共同利益,人类统一的理想才有实现的可能。因此,奥罗宾多指出:“人类统一进程的实现,将遵循一个总的原则,即个人与个人之间、个人与集体之间、集体与集体之间、小集体与人类整体、人类的共同生活及其意识与个人和集体的自由发展之间相互影响,相互转化的原则。”[③]

具体而言,人类统一理想包括三条核心原则:①在未来统一的社会中,尊重个人的自由和发展必须与尊重国家的统一和完善相和谐。②尊重国家的自由和发展必须与尊重国家的统一和完善相和谐。③人类统一的实现,只需要靠道德和精神的手段,不需要用政治和经济的手段。[④] 按照奥罗宾多的原则,未来社会将是一个既保持人类圆满统一,又保持个人和集合体的差异性;既保障人类整体的秩序,又保障个人和集合体充分自由的理想社会。关于世界主义所追求的个体主义的普遍性、普适性和差异性、多样性将在整体统一与个体差异、整体秩序与个体自由的人类统一理性社会中得以实现。

---

① Aurobindo Ghose, *The Ideal of Human Unity*, Sri Aurobindo Ashram, 1950, p. 21.

② 黄心川:《印度哲学通史》,大象出版社,2014 年,第 570 页。

③ Aurobindo Ghose, *The Ideal of Human Unity*, Sri Aurobindo Ashram, 1950, p. 180.

④ 朱明忠:《印度吠檀多哲学史》(下卷),中国社会科学出版社,2013 年,第 154 页。

第三,相对于以一种“世界国家”(在中央集权和统一的原则基础上建立一个世界国家)的形式,奥罗宾多更加倾向于成立一种“世界联盟”(既有精神统一,又保持各自特点)来实现人类的统一,即未来世界的模式应该是一种类似康德的世界联邦共同体的世界联盟,而不是一部分政治世界主义者所强调的世界国家或世界帝国。

作为人类统一的实现方式,世界联盟以保障个人权利和价值为核心要素,因此,它坚持一种覆盖全体的、自由灵活的组织形式,以赋予每个人、每个民族充分的自由权、自决权和发展权。按照奥罗宾多的设想,世界联盟具有四个特点。其一,联盟的各个成员国是在自愿原则的基础上组织起来的,各个国家都有追求统一、要求合作的共同愿望和情感。其二,在联盟中每个国家都享有充分的民族自决权利,每一个组成单位都有内部自由发展的权利。其三,联盟内的共同事务只能靠共同协商的办法来解决,通过协商不仅能消除政治的分歧,还能调整经济的关系。其四,联盟不是依靠政治、经济及行政的手段施行形式上的统一,而是通过道德和精神的手段来保证各个民族在心理、情感及精神上的统一。①

综上,奥罗宾多的世界主义思想集中展现为两个方面。一方面是突出个体主义,他强调实现个体完善和根植于个体的人类完善是我们应共同追求的目标,进一步确立了个人主义的优先地位,并将其视为道德或伦理世界主义范式的直接体现。另一方面,人类统一的世界联盟的观点展现了一种具有共同体主义色彩的世界主义观念。在芝诺的“世界城邦”、但丁的“世界帝国”和康德的“和平联盟”之外,为政治世界主义的完善提供了一种世界联盟的实现路径。此外,奥罗宾多提出的“人类宗教”概念,其将个人价值提升到神圣的地位,要求全体国家和人类共同充分承认和尊重个人感情、价值和权利的观点也为当代世界主义的辨析提供了一个新的领域视角,即在道德世界主义、伦理世界主义、政治世界主义、制度世界主义、法律世界主义、文化世界主义、经济世界主义等领域之外,一种将个人价值和个人理想视为首要维度的宗教世界主义的分析视角呼之欲出。

---

① 朱明忠:《大家精要:奥罗宾多》,云南教育出版社,2009 年,第 133 ~ 134 页。

第四节　当代印度的世界主义思想

作为后殖民理论、后现代主义与批判理论的重要场域，当代印度的世界主义思想展现了一种立足于非西方话语与反思西方普遍主义的独特分析视角，形成了一种具有本土性、开放性与多元性特征的世界主义话语体系。以霍米·巴巴、迪佩什·查卡拉巴提和苏达尚·帕德马纳班为代表，他们为当代世界主义价值的完善和拓展提供了丰富的印度话语和理论给养。

一、霍米·巴巴的世界主义思想

霍米·巴巴(Homi K Bhabha,1949—)，出生于印度孟买的一个商人家庭，属于印度少数族裔的帕西族人，是袄教徒的一支。他青少年时期在孟买长大，之后分别于1970年和1990年在孟买大学和牛津大学基督教堂学院获得英语专业学士学位和文学博士学位。霍米·巴巴在学界赞誉斐然，他与爱德华·萨义德和佳亚特里·斯皮瓦克并称为后殖民理论研究的"神圣三位一体"。

霍米·巴巴著有大量探索殖民和后殖民理论、混杂性文化变迁与文化权力话语以及世界主义、精神分析和其他主题的著作与论文集。代表性著作有《民族与叙事》(*Nation and Narration*)、《文化的定位》(*The Location of Culture*)、《世界主义》论文集(*Cosmopolitanisms*)、《爱德华·萨义德:继续对话》(*Edward Said Continuing the Conversation*)、《解构法农》(*Framing Fanon*)、《黑人学者与印度公主》(*The Black Savant and the Dark Princess*)、《全球化与纠结》(*Globalization and Ambivalence*)和《全球的尺度》(*A Global Measure*)。霍米·巴巴的学术成果为全球化时代下的后殖民理论研究与文学批评提供了广阔的讨论空间，同时为我们分析后殖民语境与状态提供了有别于西方－东方二元对立的讨论框架，这对于研究非西方语境下的世界主义价值颇具增益。

(一)混杂的世界主义

"混杂性"(hybridity)概念是霍米·巴巴在后殖民主义研究中提出的重要概念。他认为真实的世界主义具有混杂性的特征，是一种包括多中心的，不同文化彼此混杂的一种状态。霍米·巴巴的混杂性理论关注的是基于后殖民语境下的不同文化在全球化背景下如何相处的策略问题。他的世界主义观特别注重不同文化的相互关系、相互作用及相互转化。在分析世界主义观照下的不同文化的关系时,他反对西方主流语境中的"文化多样性"的提法,并指出这将不同文化之间的关系予以"位置化",而混杂的世界主义的重要特征则是倡导"文化差异"(cultural difference)而非主张"文化多样性"(cultural diversity)。

霍米·巴巴将文化多样性解构为一种将非西方文化予以位置化的普遍主义的另类表达方式,其本质体现了一种相对主义或分离主义的倾向。文化多样性的前提假定是将盎格鲁-撒克逊文化置于优先(或优越)的位置,并将其他非西方文化放在对立面,通过表面上的包容来显示自身文化的普世性,其背后则是将西方文化与非西方文化的差异明确位置化。因此,文化多样性的概念极有可能导致不同文化走向封闭性、相对性、同质性。

霍米·巴巴认为文化多样的概念源于自由主义主导下的多元文化主义观,并将多元主义比喻为各种文化杂乱拼接而成的"大被子",它的发声逻辑与其说强调彼此的差异,不如说是更加热衷于在差异中选取某一标准将其同化,这造就了对权力差异、文化异质、利益冲突等种种问题的忽视。① 而文化差异则不然,文化差异强调不同文化的模糊却又真实的边界性,它不支持文化多样性下的本质主义。霍米·巴巴指出:"文化差异所关注的是文化权威性处于矛盾/杂糅状态的问题并论证所谓的文化优越性是某种文化在分离的过程中自身的企图。文化差异的阐释反对形成独一无二的文化权威及掩盖其之下的同质性的文化符号与话语,它质疑相对主义的划分,即过去、现在、传统、现代……所有文化系统和表述都是在相互暧昧、彼此混杂矛盾的阐释空间中被建构的。所以那种霸权式文化所主张的存在着一种处于最高等级的原初性的、纯洁性的文化是不成立的。"②

---

① Homi Bhabha, "Speaking of Postcoloniality", in the Continuous Present: A Conversation, in David Theo Goldberg and Ato Quayson, eds., *Relocating Postcolonialism*, Wiley - Blackwell Press, 2002, pp. 15 - 46.

② Homi Bhabha, *The Location of Culture*, Routledge Press, 1994, pp. 35 - 37.

因此，在混杂性的基础上，霍米·巴巴认为，世界主义研究要跳出康德式的特定世界主义的范畴。[①] 他追求一种在多文化背景之下的无处是中心，中心又无处不在的状态，从而跳脱出从西方中心去认知边缘文化的路径，使得对非西方文化的解构从边缘的位置走向一个多中心的文化世界。文化的差异为不同文化圈的交流、协商、翻译、转化创造空间。文化差异的概念破除了关于西方普遍主义文化掩盖下的本质主义，而不同文化在各自的边界可以实现交互与重设，每个个体都可以找到文化的归宿，每种文化也可以找到彼此的载体，不同文化之间在开放、包容的状态中相互影响，继而形成一种"个体——人类"都可以找到契合点的混杂性文化，并在混杂的世界主义语境中寻找本土化世界主义的实践可能。

（二）本土的世界主义

本土的世界主义（vernacular cosmopolitanism）是霍米·巴巴世界主义观的另一重要内涵。本土化（vernacularization）一词对应西方化（westernization），指的是由现代化及全球化所带来的一种葛兰西式的文化霸权（cultural hegemony），它并非仅与本土处于一种对话关系中，而是处在边界之上、边界之间，将全球性世界主义的远距离行动引入本土这块已被移位了的地域。[②]

就范式对应而言，本土的世界主义是霍米·巴巴对于玛莎·努斯鲍姆（Martha C. Nussbaum）的同心圆的世界主义观点的回应。努斯鲍姆在《爱国主义与世界主义》一文中指出，强调国家主义下的普遍主义是不现实的，借助于国家或民族内化世界主义的一些原则是不够的，世界主义的实践应该是寻找一个中心立场，这个中心立场首先要忠于对于所有人群均适用的好的道德价值，并可以超越种种内部的、外部的差异性。[③] 而霍米·巴巴则对努斯鲍姆突出超越差异性的世界主义思想表达了深深的担忧。

霍米·巴巴将努斯鲍姆的世界主义范式界定为一种充满普遍主义色彩

---

① 一定程度上而言，康德的世界主义内涵缺乏对非西方文化成分的调解和融入，仅是一种世界主义的欧洲中心版本。

② Homi Bhabha, "Unsatisfied: Notes on Vernacular Cosmopolitanism", in Gregory Castle, ed., *Postcolonial Discourses: An Anthology*, Wiley - Blackwell Press, 2001, pp. 39 - 48.

③ Martha C. Nussbaum, "Patriotism and Cosmopolitanism," in Garrett Wallace Brown and David Held, eds., The Cosmopolitanism Reader, Polity Press, 2010, pp. 155 - 156.

的同心圆结构(concentric circle)的中心想象。在努斯鲍姆的同心圆结构中,具有世界公民意识的个人居于中心,然后拓展到家庭、族群、社群,最后归属于人类整体的圆环之中,其中处于中心的个人则是具有良性和善行的具有最终决定权的城市同胞们(fellow city dwellers)。霍米·巴巴对于如何在全球维度界定由谁充当处于中心的城市同胞,或构成城市同胞的资格的良性和善行的标准如何确定的问题表示了质疑。他认为,努斯鲍姆设想的那些具有世界主义公民特征的人群,实际上是将生活在本土的数量巨大的移民、难民和饱受贫困、疾病和性别歧视等现实问题困扰的弱势群体和处于社会边缘的人们排除在外了,而正是这些属于"例外"的人群构成了世界主义的边界。①

同时,霍米·巴巴一再强调,西方普遍主义不是理解当代世界主义的正确方式。世界主义应由不同的中心构成,并且每个中心都具有独特的价值,世界主义真正的共性正是在不同中心的自然而然的交往过程中才得以实现。多样性本身就是一种普遍主义,孕育在世界-本土的连接过程中,世界主义既是一种理论,也是现实人物的生活经验。②

可以说,本土的世界主义打破了西方将世界主义与普遍主义联系在一起的桎梏,它不以普遍主义为标榜,不以模式、价值的普遍性为超越目标,强烈地认识到了我们实际上处于一个支离破碎的世界结构之中,充斥着分裂,缺乏权威性文化认同。它是居于边缘地带与本土的后殖民空间中,应对不同文化的断裂与混杂,寻找解决本地人、少数人的文化话语缺失及应对贫困发展的一种可能。对此,霍米·巴巴欣赏一种"既本土又世界主义"的政治,即其倡导的本土化世界主义,世界主义不是从一个中心向外辐射的文化圈,相反,中心到处都是,也没有哪个地方是什么周围的边线。这最终说明,我们本来已经是且一直是世界主义者,只是我们也许没有意识到罢了。世界

① Homi Bhabha, "Unpacking My Library Again", *The Journal of the Midwest Modern Language Association*, Vol. 28, No. 1, Identities, 1995, pp. 5-18.

② Carol Breckenridge et al., eds., *Cosmopolitanism*, Duke University Press, 2002, p. 12.

主义并不仅仅是一种观念,而是存在的无限途径。①

简言之,霍米·巴巴的本土化世界主义思想为看待全球化下的现实提供了一个崭新的视角。本土化的世界主义抛弃了同心圆式的分析框架,将更多的关注放在普遍和中心之外的边界和边缘当中,世界主义不再是纽约式现代化成果的逐一复制,而是色彩缤纷的不同文化的共塑。世界主义文化是开放和包容的,培育当代世界主义离不开对本土边缘文化的遭遇和在不同本土文化的边界处的碰撞与转换的梳理。因此,本土化世界主义不是单中心的,而是多中心的,生活在后殖民社会、边缘地带的那些具有差异性的个体和群体也构成了一个个世界主义的中心地带。本土化的世界主义没有中心,中心却又无处不在。在破除相对主义的过程中寻求差异与平等的平衡。

正如霍米·巴巴所言:"本土世界主义者倡导平等权中的差异的实现,作为发展中族群与团体的必经过程,重点不在于对出身和身份进行认可鉴定,而更多地在于政治实践和伦理选择……本土世界主义者代表一种政治进程,致力于实现民主管理的共同目标,而非简单地认可已有的边缘政治实体和身份。"②

(三)关注少数族的世界主义

关于少数族(minoritarian, minority)的界定,霍米·巴巴认为有两层含义。第一层含义为字面含义,即少数族首先是指某个社会中在数量上少于其他社群与群体,如生活在民族国家中的少数族裔人群。霍米·巴巴所在的帕西族就是印度典型的少数族,数量上的稀少常常导致他们的政治生活与社会生活空间受到多数人主导安排下的管理机制的忽略。少数族的第二层含义为社会中缺少表达"权利"与"话语"的少数者,即被社会的主流与权威所排斥在外的群体。从这一层次理解,少数族不等同于在数量上具有少数地位,比如妇女,仅仅看数量,妇女或许是多数族,但如果她们的利益被主

---

① Sheldon Pollock et al., "Cosmopolitanisms", *Public Culture*, Vol. 12, No. 3, 2000, pp. 577–589.

② 张颂仁、陈光兴、高士明主编:《全球化与纠结:霍米·巴巴读本》,上海人民出版社,2013年,第10~12页。

流的权力结构和表意体系边缘化了,那就是少数族。[①] 同样,少数族也意指那些生活在边缘地带的第三世界的底层移民、黑奴后裔、难民、流浪汉、非法劳工以及无家可归的人群,正是这类人群的生活空间才能使得我们更为全面与细致地思考全球化下的世界。

对于少数族而言,他们实际上处于一种“内部的局外人”的身份,即虽然少数族的生活方式集中在一个国家或社群的内部,但他们的文化与社会空间是被主流权威排斥在外的,并时常受到来自意图捞取政治资本的政客们所煽动的民族主义、民粹主义以及排外主义的威胁。对于少数族的生活状态,霍米·巴巴在评析汉娜·阿伦特“拥有权利之权利”[②]的概念时指出,不论是过去殖民地的受奴役者和被压迫者,还是我们现代多元文化社会中的移民、难民、少数族,他们都没有多少选择,只能居住在一个“文化之间”的世界,他们同时“既是此又是彼”,或者既非此又非彼,身陷于文化翻译的动荡而痛苦的过程之中。[③]

霍米·巴巴强调,如何对待少数族、如何尊重与接纳少数族的文化差异、如何释放少数族在我们共同的社会生活空间的活力,将是培育具有世界主义视野公民的关键步骤。他认为,在这个全球化的世界中,我们要扮演的是负责任的世界公民的角色,要去共同构建一种具有包容性、尊重差异、抵制压迫和同化的文化;我们在追求自己权利的同时,更要尊重他人的公民权和人权,而不是将他人视为异己(aliens)。只有当我们尊重那些居于我们中间的“有差异的文化和社群”的叙述权时,才能够将家园与世界真正连接起来。[④]

总之,少数族的视野与世界主义的混杂性、本土的世界主义思想一脉相

---

① Andrew Edgar, eds., *Cultural Theory: The Key Concepts*, Routledge Press, 2002, p. 240.

② “权利之权利”被解释为“只有成千上百万因新的全球政治境遇而丧失且不能再次取得这些权利的人出现的时候,我们才开始意识到拥有权利之权利的存在”,Hannah Arendt, *The Origins of Totalitarianism*, Harcourt Brace Jovanovitch Press,1973, p. 297。

③ [美]霍米·巴巴:《一个全球性尺度》,2002 年 6 月在清华大学的演讲词,转引自生安锋:《霍米·巴巴的后殖民理论研究》,北京大学出版社,2011 年,第 95 页。

④ [美]霍米·巴巴:《一个全球性尺度》,2002 年 6 月在清华大学的演讲词,转引自生安锋:《霍米·巴巴的后殖民理论研究》,北京大学出版社,2011 年,第 136 页。

承，三者互为支撑与补充，共同构成了霍米·巴巴世界主义思想的整体框架。处于不同文化边界缝隙中的少数族实际上扮演了文化交融者的角色，他们的流动驱动着不同文化之间的杂糅，他们代表一种不同于规范化世界主义的未来走向，塑造了一种无边界的世界主义的可能性。从他们身上，我们可以明显地感受到"家园即世界、世界即家园"的烙印。他们摆脱了民族主义、普遍主义范式的桎梏，少数族，这个以个体为自身文化的载体，在不同文化差异的碰撞之中，相互理解、包容、共存，为我们展现了一个文化色彩缤纷的世界主义实现路径的巨大潜力和活力。

二、迪佩什·查卡拉巴提的世界主义思想

迪佩什·查卡拉巴提（Dipesh Chakrabarty，1948— ），1948 年出生于加尔各答，印度著名历史学家、后殖民理论学家和庶民研究专家，现为芝加哥大学历史及南亚语言文明系教授。查卡拉巴提的研究集中于现代南亚历史与后殖民理论、庶民文化与少数民族史、去殖民化与世界主义研究。查卡拉巴提开创了印度庶民学研究，并创办了在当代后殖民理论研究中极具影响力的《庶民研究》期刊（*Subaltern Studies*）。查卡拉巴提在后殖民历史与文化领域赞誉斐然，分别于 2004 年和 2007 年当选美国艺术与科学研究院院士和荣获国际研究联合大会"杰出学者奖"。

其代表性著作有《将欧洲地方化：后殖民思想与历史差异》（*Provincializing Europe*：*Postcolonial Thought and Historical Difference*）、《现代性的居所：庶民研究文集》（*Habitations of Modernity*：*Essays in the Wake of Subaltern Studies*）、主编《世界主义》（*Cosmopolitanism*）、《从殖民到后殖民：转型中的印度和巴基斯坦》（*From the Colonial to the Postcolonial*：*India and Pakistan in Transition*）。

（一）开放性的世界主义思想

查卡拉巴提认为世界主义思想的核心特征在于开放性。所谓世界主义的开放性，一是指研究领域的开放性，二是指研究视野的开放性。一般而言，从希腊的斯多葛学派延续至今的世界主义思想因其所强调的个体权利、价值和政治理想模式而被视为政治哲学的研究范畴。而事实上，世界主义可以视为超越特定社会结构的一种思想观点，它不局限于政治学科，与文

学、艺术史、南亚史研究、人类学等学科同样联系密切。世界主义的研究视野是开放的,查卡拉巴提认为,将某一思想研究视野设定在一种所谓的"纯粹领域"(white cube)中是经不起推敲的,是一种来自欧美的幻想。作为一种全球性的实践要对多元异质性持一种开放和拥抱的态度,而不是去消解它。[①] 开放性的世界主义指向基于我们有着不同的历史,我们如何在承认差异的前提下寻求共性。[②]

虽然从古希腊的斯多葛学派到近代的康德,世界主义思想的历史延伸有一个清晰的谱系,但是就知识体系的成熟性而言,世界主义仍不是一个已知和成熟的知识实体。在知识语境上,它仍需要相关研究者去进行更详细的描述。与概念化、权威化世界主义的内涵相对,查卡拉巴提坚信秉持一个开放的态度将更有助于我们从全球的视野来理解和思考世界主义。他指出:"取而代之的是,世界主义不仅不需要在内容及实践角色上予以明确的概念化,特别是应该避免陷入精确定性化的桎梏,在我们看来,明确地指定世界主义的概念所形成的理论将绝对是一个不成体系的框架。"[③]

世界主义开放性特征源于与世界主义高度相关的政治实践进程及二者的相互作用。世界主义具有双重属性,它是一种理论思潮,也是一种政治实践。正如查卡拉巴提所说:"正是由于如何实现世界主义政治实践的不确定性反馈了现有学术研究所存在的问题。作为一个历史类型,世界主义的概念应该是开放性的,而不应该被假定预设为某一特定的社会模式与知识体系。"[④]

在查卡拉巴提的世界主义观中,具体化(embodiment)是开放性世界主义的重要表现。世界主义的概念是基于开放性的基础而不断具体化的,它既涵盖过去,也同时处于有待扩展及完善的阶段。此处和彼处、内部和外部的变化都是研判世界主义的重要依据,欧美经验只构成世界主义思想体系的

---

① Dipesh Chakrabarty's Conference Statement, *World Art: Art History and Global Practice*, Northwestern University, May 2008, pp. 23 – 24.

② 张颂仁、陈光兴、高士明主编:《从西天到中土:印中社会思想对话》,上海人民出版社,2014年,第286~287页。

③ Carol Breckenridge et al., eds., *Cosmopolitanism*, Duke University Press, 2002, p. 1.

④ Carol Breckenridge et al., eds., *Cosmopolitanism*, Duke University Press, 2002, p. 1.

一部分,而世界主义不应受限于这一种分析路径的指引,世界主义的研判是多路径、多渠道的。查卡拉巴提强调现实中的世界政治具有某种不可通约性,他要求我们跳出既有的知识范围,而世界政治发展本身没有给予我们任何可以用来对它们进行评价的、统一的和规范化的视野。新的理论需要与那些在政治领域具有主导地位的西方政治话语相互竞争,以展现当代政治在西方普遍主义外衣下的多样性特征,从而我们才能让一个如此多元以至于不会为单一的定义所穷尽的当下成型。① 对于世界主义而言,在开放性与具体化的语境中,世界主义的思想研究与政治实践二者的互动作用更为加强了,包括将世界主义作为一种历史现象进行新的描述,以及作为一种理论框架所可能产生的新的实践,同时新的全球实践对于理解世界主义理论与历史也会进行更好的补充。

(二)世界主义的另一面:民族主义、现代性与文化多元主义

查卡拉巴提在有关世界主义思想的论述中,将如何看待民族主义、全球化与文化多元主义之间的关系视为引领一种可调适的世界主义政治实践进程中的另一重要领域。民族主义、全球化与文化多元主义是当今世界的三大论争主题,三者的关系并不是割裂的,它们与冷战结束后日益流行的普遍主义思潮和现代性理论高度相关,共同构成了解构当代世界主义思潮所不可或缺的政治标签。

探讨世界主义,绕不开民族主义。以个体价值为内核的世界主义在某种程度上是与以社群价值为导向的民族主义不相容的。当代世界主义思潮的滥觞更多的是基于对现代民族主义的反思。20 世纪初与 20 世纪末世界秩序的动荡,使得人们更加认识到内嵌于追求共同认同而要求共同领土的民族主义的巨大破坏力。在这一过程中,西化与反西化的张力运动愈演愈烈,基于西方化的优缺点所产生的文化冲突成为非西方民族主义的一大特有现象。如查卡拉巴提所言:“一方面,许多人在文化上失去了本土性,在文化属性上形成了一种所谓随波逐流的独特现象,另一方面,将西方经验从所

① Dipesh Chakrabarty, “Where Is the Now?”, *Critical Inquiry*, Vol. 30, No. 2, 2004, pp. 458 – 462.

谓的传统中破除出去的运动也在如火如荼地进行。”①

民族主义追求的是一种想象认同的集合。在想象的空间里存在四种要素:家园、界限、领土和根,这些想象要素与地理空间并非紧密联系的。在查卡拉巴提看来,事实上,将家园等想象的概念视为现实或真实的是十分脆弱的,正如后现代批判理论所言,民族主义的一大误区就是将家园、界限等现象的概念予以具体化、固定化,而这绝非是现实的真实反映。查卡拉巴提将其称之为欧洲帝国主义解体与第三世界国家独立浪潮的产物——让所有人相信民族国家是最值得追求的政治社群形式。② 在民族主义的界限之外,关于“国—家”的认同是脆弱和不堪一击的,当我们在迷思用何种理论解构混乱的现实时,世界主义提供了一种非民族主义的思索路径。此外,全球化的拓展深深地改变了现代民族主义的思考方式,查卡拉巴提认为:“随着移民化、媒介化与资本流动化等全球化特征不断加深,仍囿于文化与认同坚守的民族主义已经成为一种过时的意识形态,尽管它在影响历史进程方面仍保持巨大影响力……另一方面,西方现代化逐步演变为一种标准化,而在标准化外衣的掩盖下充斥着彼此不满、分裂的声音,这对组织人类生活而言是灾难性的。”③

从文化的语境来看待现代性,世界主义将二元性视为现代性所衍生的一大弊端。继而,查卡拉巴提将世界主义描绘为一个具有多中心且无处不在的框架,它包含但不限于西方现代性的文化多样性视野。正如查卡拉巴提所言:“我们这个时代的世界主义所反映的并不是诸如理性、普适性、进步性那些资本主义式的美好标签,也不是国家迷思中所描绘的世界公民的愿景。事实上,今天的世界主义者往往是现代性的牺牲品,是资本化上升流动失败的衍生物,他们被剥夺了享有由国家归属感所带来的舒适生活与风俗习惯的权利。难民、侨民、移民和流亡者成为世界主义共同体的构成主体。

---

① Carol Breckenridge et al., eds., *Cosmopolitanism*, Duke University Press, 2002, p. 2.

② Dipesh Chakrabarty, “Postcoloniality and the Artifice of History: Who Speaks for ‘Indian’ Pasts?”, *Representations*, Vol. 37, Special Issue: Imperial Fantasies and Postcolonical Histories, 1992, pp. 18 – 19.

③ Carol Breckenridge et al., eds., *Cosmopolitanism*, Duke University Press, 2002, p. 3.

而在西方，对这类人群的文化多元的差异承认，往往被定义为牺牲者以及多元文化主义所产生的负效应，进而被‘仁慈’地将其固定在民族国家框架中的边缘位置。”①

此外，与女性主义等批判理论对由西方主导的普遍主义话语表示质疑的观点相类似，当代世界主义对于非西方的生活模式与历史的多元性也未予以充足的重视，即当代世界主义需要立足明晰民族主义、现代化与文化多元主义在非西方文明传播过程中展现其“独特性”。对此，查卡拉巴提提出了两个重要的问题。第一是关于个体的身份问题，在全球化与文化多元的背景下，如何发展基于世界公民观念的世界主义？谁具有世界公民身份？世界公民身份是普遍性共同框架的必要组成部分吗？世界主义者所关注的是否也必须是公民意识形态所强调的个体利益、个人意愿和价值的特质？第二个问题则是关于个体的价值问题，众所周知，世界主义强调个体价值在权利上的优先地位，那么如果世界主义寻求跳脱出西方的视角，而面向更宏大的视野，我们怎样才能在更大的框架下界定权利的界限，而不是把权利的伸张继续局限在家庭、社群或民族国家的框架内部？②

在民族主义、现代化与文化多元主义构成了多维度的世界现实的背景下，世界主义的概念需要能够提供一个空间：一方面，使得全球化与民族主义的弊端得以控制；另一方面，将生活在民族国家界限之内的个体和生活在界限之外的个体共同视为世界主义者的一部分，并拓展到关于普遍主义与文化多元主义的讨论与应对之中，进而实现对历史与文化转型语境的解释。

（三）从普遍主义到地方化：世界主义的多中心与多样性

从全球视野出发，肇始于西方的世界主义事实上具有多中心与多样性的特征。不同文明与地域在其文化演变过程中都孕育了丰富的世界主义要素，当代世界主义的政治实践需要一种由普遍主义到多中心的回归。

首先，世界主义的多中心和多样性的观点源于查卡拉巴提对于新自由主义范式的反思。他认为，新自由主义的世界主义观的基础是建立在将个

① Carol Breckenridge et al., eds., *Cosmopolitanism*, Duke University Press, 2002, p.6.

② Carol Breckenridge et al., eds., *Cosmopolitanism*, Duke University Press, 2002, p.9.

体视为跨文化交往的抽象单元之上的,而此种抽象单元源自西方对个体平等权利的塑造与解释。新自由主义开始以一种更为夸张的方式将对平等的追求塑造为一种普世规范,而对这种普世规范的解释则牢牢建立在以民族为中心的狭隘主义基础之上。① 这种将根植于西方政治社会的权利平等价值推向普遍化的做法,也引发了将全球化视为新殖民化的争论和全球性与地方性紧张关系的对立。

其次,在现实维度,世界主义是一个杂糅的范畴,需要从不同历史、文化和地理的视角来扩充对世界主义的理解。就世界主义而言,我们需要跳出西方哲学的关注焦点而去从更宏大的历史背景中探寻世界主义的历史与现实实践。如查卡拉巴提所言,世界主义不仅仅是一种观念,也是包含无限可能的方式,在时间和空间的维度,它是不受限制的。世界主义是跨学科的,文学、语言、建筑、历史、城市研究、艺术史、政治哲学、人类学等都有助于扩展理解世界主义的广度。②

关于探讨多样性世界主义的可能性,查卡拉巴提提出了“将欧洲地方化”(provinvializing Europe)的策略。他认为欧洲或西方只是一个由其宗教、共同体、民族话语所构建的对象,但却被视为比其他地区的宗教、共同体、民族在经济和政治上更为优越,西方话语普遍存在着一种“特殊化”的冲动。③ 所以,对于欧美以外地区的解释必须依托于其自身历史发展的经验、轨迹当中,不能够简化地、偏狭地以欧美经验来丈量、解释自身。因此,对于根植于不同文明之间的政治与文化研究,完全以欧美经验为蓝本难以行得通,也不能有效地解释本土化和地方化的实践进程,并且就全球性的角度而言,欧洲“世界化”下的现代化也难以应对全人类所共同面临的全球性问题。

查卡拉巴提认为,在民族主义(本土主义)与欧美中心的世界主义之间才是多中心世界主义的活动空间。从理解世界主义的多中心性、跳出欧美中心普遍主义桎梏的角度而言,查卡拉巴提的“欧洲地方化”项目包含:第

---

① Carol Breckenridge et al., eds., *Cosmopolitanism*, Duke University Press, 2002, pp. 4 – 5.

② Carol Breckenridge et al., eds., *Cosmopolitanism*, Duke University Press, 2002, p. 12.

③ Dipesh Chakrabarty, *Provincializing Europe: Postcolonial Thought and Historical Difference*, Princeton University Press, 2000, p. 3.

一,欧洲对"现代"一词的攫取是在全球历史的一个片段中所讲述的自己的故事,而其欧洲帝国主义故事是这个全球历史不可分割的一部分,即在世界主义研究中,欧洲经验只是作为一个中心而存在;第二,理解将某个版本的欧洲经验与"现代性"画等号,这不仅仅是欧洲人的杰作,第三世界的民族主义,尤其是他们的现代化意识形态几乎扮演了同等重要的角色,对此,理解现代性对非西方世界主义的解构与影响依然十分重要。① 通过对欧洲进行地方化的研究,将欧洲作为全球的一个片段,使得我们将研究视野转置于西方之外的学术、思想、理论资源,从而建立一条联通本土与世界、西方与东方的世界主义叙事桥梁。

从普遍主义到地方化、从开放性到多中心,查卡拉巴提的世界主义思想深深地植根于对现代性、文化多元主义、民族主义的反思之中。在全球性问题日益严峻的当代,我们显然需要一种对人类社会更为丰富的视野来面对查卡拉巴提所言的共性的事业(project of commonality),而共性的事业的成功需要建立在不同文明、不同地域、不同种族、不同宗教能够在差异中寻求共性的前提上。实践证明,淡化差异、寻求统一的新自由主义和突出差异、强调特殊的民族主义和文化相对主义都只会造成世界的割裂和动荡。在此之间,查卡拉巴提的开放性、多中心世界主义提供了一种具有全球视野的包容差异、培育共性的理论途径。

三、苏达尚·帕德马纳班的世界主义思想

苏达尚·帕德马纳班(Sudarsan Padmanabhan),当代世界主义思想研究的印度代表学者。帕德马纳班在1990—2005年分别于印度希伯主教学院获得物理学学士学位、在印度国立大学获得哲学硕士学位、在南佛罗里达大学获得哲学博士学位,现为印度理工学院人类与社会中心副教授。

苏达尚·帕德马纳班的主要研究领域为社会与政治系统、公民社会、印度哲学文化和世界主义研究,其代表著作有《全球时代的政治与世界主义》

---

① Dipesh Chakrabarty, "Postcoloniality and the Artifice of History: Who Speaks for 'Indian' Pasts?", *Representations*, Vol. 37, Special Issue: Imperial Funtasies and Postcdonial Histories, 1992, p. 23.

(*Politics and Cosmopolitanism in a Global Age*)、《民主的困境:欧洲与印度的文化多元性》(*The Democratic Predicament*:*Cultural Diversity in Europe and India*)、《怀疑主义、现代性与批判理论》(*Skepticism*, *Modernity and Critical Theory*)。在世界主义思想研究方面,帕德马纳班从印度传统哲学文化中汲取营养,并结合全球化时代下的印度社会发展与全球治理实践的反思,突出一种兼具本土性与多元统一的世界主义印度话语。

(一)印度世界主义要素的源头:梵的秩序观

在思想源头上,帕德马纳班认为印度的世界主义思想源自"梵"的宇宙道德秩序观。在印度最古老的宗教典籍《梨俱吠陀》中,梵的概念首次出现。至晚约两千年前,依托梵的概念而建立起的哲学与宗教体系(吠檀多哲学和婆罗门教)成为贯穿印度政治、社会、文化的渊源(formal language)。[①] 梵,意为宇宙终极的道德秩序,在印度宗教哲学体系中享有着与西方上帝相类似的地位,被理解为掌控人与自然、人与人关系的道德秩序和力量之源,后也被引申为终极道德秩序和正义秩序。在人际关系上,建立在梵基础上的道德秩序认为个人应该不断追求幸福的实现,并且个人所追求的幸福不应该仅仅局限为我们的至亲好友之间,而是以实现全体人类的共同幸福为己任。[②]

尽管在婆罗门教发展的同时期,还有许多其他的哲学宗教流派存在,诸如佛教、耆那教在发展最初均拒绝梵的话语体系,但在之后的历史演进过程中,却不约而同地接受和吸纳了梵的思想,在坚守普遍道德秩序和人生幸福目标的同时,也展现了世界主义要素多元性的一面。在梵的道德终极秩序之下,印度对待文化、语言、宗教以及传统是尤为包容的,正因如此,可以说印度形成了一种独特的世界主义性质的文化。如布洛克所言,正因梵作为话语体系在印度哲学体系等级秩序中的独占性,作为彰显本土主义的印度世界主义话语体系才得以获得充足的发展空间,印度世界主义的多元性与

① Sheldon Pollock, *The Language of Gods in the World of Men*: *Sanskrit*, *Culture*, *and Power in Premodern India*, University of California Press, 2006, p. 55.

② Gerard Delanty, ed., *Routledge Handbook of Cosmopolitanism Studies*, Routledge Press, 2012, pp. 464 - 465.

本土性特征与其存在直接的联系。①

在“梵”的话语体系中，作为社会秩序法则的“法”的概念集中反映了印度世界主义的社会理想。法的概念源于梵，被视为符合梵指示的终极道德秩序法则，它包括权利、义务、法律、行为美德以及正确的生活方式。② 相较于梵更多被引申为一种宇宙层面上的抽象道德秩序，法在价值位阶上则表示为继承自梵的、一种世俗的、人间的道德行为规范。在规范语境的话语下，法作为接受梵指引的社会道德秩序，构成了贯穿印度历史的社会根基。

在个体价值层面，梵的道德秩序观认为追求幸福是每个人所固有的权利，它涵盖对所有人生活在和平、繁荣和幸福环境的向往。简言之，以“梵我同一”观为根基，并在吸纳佛教、耆那教等非正统婆罗门教关于人生目的的教义的基础之上，古代印度的世界主义要素关于个人权利和人生目标关系的理解，可以表述为：

1. 生命、生活之权利对于每个人是与生俱来的。

2. 非暴力原则是践行社会关系，实现神圣人生的必经之路。

3. 通过道德和精神修炼，人们可以克服人生的种种困难，实现人生的自由。③

按照帕德马纳班的理解，19—20 世纪是印度社会逐步向现代化转型时期。随着个体意识的觉醒，作为规范社会秩序的法开始更加关注个体层面，形成了一种强调自我治理、自我管理的个人权利主张（Swaraj）。它通常被表述为自我管理的权利，强调遵循自己的天性和才能应成为每个人在社会生活的行为准则以及每个印度人为实现国家社会幸福所担负的责任义务，是每个印度人拥有的天赋之权。④ 可以说，作为印度传统文化载体的梵的话语

① Gerard Delanty, ed., *Routledge Handbook of Cosmopolitanism Studies*, Routledge Press, 2012, pp. 55 – 57.

② 关于“法”的概念解释参见：*The Concise Oxford Dictionary of World Religions*, https://www.encyclopedia.com/philosophy – and – religion/eastern – religions/hinduism/dharma#1.

③ Gerard Delanty, ed., *Routledge Handbook of Cosmopolitanism Studies*, Routledge Press, 2012, p. 467.

④ Gerard Delanty, ed., *Routledge Handbook of Cosmopolitanism Studies*, Routledge Press, 2012, pp. 464 – 466.

体系塑造的道德秩序观在近现代印度社会转型过程中发挥了重要作用，它不仅推动了这一时期印度各种社会、宗教和政治革新运动，并且孕育了以罗易等为代表的近现代印度世界主义话语，展现了一种强调人人享受平权利以及所有人实现普遍之爱，建立超越国家界限的世界共同体的崇高理想。

（二）世界主义的印度话语：本土主义与多元统一性

对于世界主义的印度话语而言，本土主义与多元统一是最突出的特征。帕德马纳班认为，印度的世界主义话语一方面是世界主义范式的，但又具有鲜明的当地化或本土化特征，是一种本土化的世界主义或世界主义的地方化，二者是一种对唱式的（antistrophical）、辩证的关系。①

首先，帕德马纳班认为，探寻印度的世界主义要素或话语，区别于西方话语的本土主义（vernacular）是其一大突出特征。印度的本土主义不仅源于后殖民时代印度社会形成了一系列具有本土性特征的事物与现象，而且具有极强的历史继承性和延续性。印度世界主义的本土话语源于印度悠久而丰富的宗教哲学历史。远古的《奥义书》、六派哲学、两大史诗；中古的吠檀多哲学、巴克提运动；近古的伊斯兰教的渗透等共同塑造了印度世界主义的本土话语。② 多元的习俗、信仰、社会组织行为以及国家世俗观念均在印度世界主义思想形成过程中扮演了重要角色。最终，在当代印度的世界主义语境中，类似于程序正义和实体正义的评判政治行为、制度本身的正当性（Neeti，被理解为正义）以及衡量社会总体公正的价值判断（Nyaya，被理解为公平）成为协调多重因素之间的关系、构建社会秩序过程中讨论的焦点，不断调适世界主义与印度本土主义的复杂关系。③

按照帕德马纳班的观点，在应然层面，正义（Neeti）和公平（Nyaya）议题是印度衍生的本土世界主义的价值目标，而作为在实然层面上的表现，二者表现为印度社会争取平等和社会民主的一系列运动和政治实践，尤其是处

① Gerard Delanty, ed., *Routledge Handbook of Cosmopolitanism Studies*, Routledge Press, 2012, p.463.

② Sonika Gupta and Sudarsan Padmanabhan, *Politics and Cosmopolitanism in a Global Age*, Routledge Press, 2014, pp.237－238.

③ Sonika Gupta and Sudarsan Padmanabhan, *Politics and Cosmopolitanism in a Global Age*, Routledge Press, 2014, pp.248－250.

于权力劣势地位的阶层和少数族裔开始不断主张其所具有的个体性权利所带来的新改变。[①] 需要指出的是,帕德马纳班所言明的当下印度世界主义与本土主义的张力运动是以制度合法性为主要着眼点的,突出制度世界主义或政治世界主义在印度的具体应用中所显现的独特之处。这与霍米·巴巴所探讨的文化层面上的印度世界主义的本土性存在着明显的差别。

基于此,帕德马纳班认为,对于后殖民时代的印度而言,在吸纳西方民主制度的基础之上思索社会、政治、法律制度的世界主义范式并非是一件难以完成的任务,其中的关键在于如何拓展本土性利益和价值的实现渠道。如阿玛蒂亚·森所言:“制度层面上,印度吸纳英国的自由民主制度只是程序性正义的翻版,而对实现实体正义的能力构建问题却在主观上被忽略掉了,而赋予公平的实质性行为能力是印度世界主义实践中的重要一环。”[②]因此,当源自罗尔斯的正义准则在印度难以为继时,帕德马纳班的世界主义更倾向于在印度本土话语中寻求实现公平与正义的可能性。事实上,在像印度这样的不对称的社会政治制度中,现阶段所缺乏的是如何将世界主义的正义原则贯穿到政府治理、公共服务、社会沟通等诸多方面,并达成某种一致性的共识。因此从另一个视角而言,印度本土主义的世界主义的目的是构建一种建立在人类尊严和个体权利之上的,能够保障程序正当性和价值正义性的概念,以平衡个人权利、国家权力、社会公正三者的关系。

其次,帕德马纳班突出世界主义的多元统一性特征。多元统一性的观念已经渗透在对印度传统文化的理解中,并深深影响了当代印度的政治、社会以及文化构成。关于多元统一性的观念最早可以追溯到印度哲学的源头《梨俱吠陀》,该书将人类生活的世界被描绘为真实且唯一的,这符合世界的普遍性特征。但如何描述和解释世界的真实性和唯一性的方式确是多种多样的,并不囿于一种方式。[③] 基于多元统一性的印度世界主义话语,也是双

---

① Sonika Gupta and Sudarsan Padmanabhan, *Politics and Cosmopolitanism in a Global Age*, Routledge Press, 2014, p. 249.

② Amartya Sen, *The Idea of Justice*, Belknap Press, 2009, pp. 253 – 259.

③ Gerard Delanty, ed., *Routledge Handbook of Cosmopolitanism Studies*, Routledge Press, 2012, p. 463.

向的，是一种辩证基础上的多元性的统一。

关于世界主义的多元统一性特征，帕德马纳班表达了一种类似于“想象的共同体”的观点。即在后殖民时代，印度次大陆所建立的政体、文化、社会乃至语言都是由想象所塑造的，这种想象产生于世界主义和本土主义的不断竞争与对话的过程之中，尤其是信仰领域“梵我同一”的一元性与世俗社会的多种本土话语传统的杂糅共同塑造了当代印度思辨的独特之处——多元统一性，这也是印度世界主义的显著特征，并体现在印度的宗教、社会、文化以及政治制度之中。

广义而言，印度的多样性文化在印度形成一系列的政治、文化、经济以及社会制度性安排过程中发挥了提供协调和塑造认同的重要作用。正是在文化层面上的多样性，使得印度被视为是一个传统性、现代性和后现代性三个截然迥异的因素得以达成某种均衡的社会，这为世界主义的政治实践提供了广阔的空间。[①] 在这一过程中，印度的世界主义话语从“梵我同一”塑造的统一世界体系向更为多元视角的、民主的和对话式的本土化世界主义完成了转变。这使得在规范意义上，印度的世界主义更具有开放性和发展活力。一方面，印度的世界主义拥抱文化的多元性，发展路径的多样性，使得印度的世界主义不局限于某种标准和前提的先验假设而陷入视野的狭隘化；另一方面，印度的世界主义坚守建立在尊重个人价值权利之上的全人类普遍道德秩序，展现了世界主义在人类整体面前的普遍性和普适性。当然，帕德马纳班清醒地认识到印度的世界主义思想更多是文化层面的，要在政治领域形成所谓的制度化，则可能需要漫长的时间来演变。[②]

（三）审思当代世界主义

在描绘印度世界主义相对于西方世界主义的独特性之外，帕德马纳班对全球化背景下的世界主义发展状况予以了重要关切。帕德马纳班认为，当代世界主义思潮的复兴是建立在西方宏大的叙事基础之上的，其来源是

---

① Gerard Delanty, *Community*, Routledge Press, 2010, p. 20.

② Sonika Gupta and Sudarsan Padmanabhan, *Politics and Cosmopolitanism in a Global Age*, Routledge Press, 2014, p. 242.

斯多葛学派、中世纪基督教神学、康德以及当代兴起的道德世界主义、政治世界主义和文化世界主义等，都是欧洲中心路径的折射。①

帕德马纳班认为，在新自由主义语境下，从道德世界主义向政治世界主义的过渡本质上是有问题的，前者固有的由普遍主义塑造的政治共识相结合，使得世界主义思想对于西方之外的话语产生了严重的排斥性。事实上，新自由主义语境下的世界主义是一个历史性的话语，是关于西方现代性和殖民性形成的道德话语的历史叙事。② 因此，作为一种拥抱人类整体价值的思想学说，如何能够在真正意义上涵盖多元性，并在规范语境上展现非西方文明板块的世界主义要素，是当代世界主义面临的重要问题，它直接决定了当代世界主义的核心要素指向何处。

在帕德马纳班看来，当代的世界主义实践是以全球政治的性质和方向发生变革性的转变为前提的，它包括三大假设。第一，全球化不可扭转地改变了世界政治的关注核心，随着环境问题、传染病、金融的全球性流动以及国际移民彰显出愈来愈多地全球性特征，这些问题的凸显超越了领土政治的空间性，即国内决策难以实现对全球性问题的有效应对。第二，在地球村的时代，个体公民身份超越单一的国家或民族认同而具备了混杂性特征。更进一步，关于全球社会的变革方面，一种观点认为全球社会将走向不断提升的同质化，另一种观点认为两极化的加剧会引发更为激烈的文明冲突，还有一种观点认为不同文化之间将出现持续混杂化的趋势；而后现代世界主义则认为不同文化之间既非同质，也非异质，而是一种反身相关（reflexive interrelation）的关系，全球文化呈现的是一种多元统一的态势。③ 第三，世界主义实践与全球机制制度的演变相结合，在个人权利话语的背景下，世界主义

---

① Sonika Gupta and Sudarsan Padmanabhan, *Politics and Cosmopolitanism in a Global Age*, Routledge Press, 2014, p. 235.

② Sonika Gupta and Sudarsan Padmanabhan, *Politics and Cosmopolitanism in a Global Age*, Routledge Press, 2014, pp. 4 – 5.

③ Gerard Delanty, ed., *Routledge Handbook of Cosmopolitanism Studies*, Routledge Press, 2012, p. 463.

实践正在建立起跨越国界的、坚实的全球机制体系。[①]

基于上述对全球政治变迁的本质和方向的认识，世界主义为重新界定超越领土政治的政治社会的根基提供了有力的论据。在具体的政治实践层面，世界主义具有启迪性的普遍价值意义。世界主义的普遍性价值源于以人类为整体的共性，这种共性拓展了公民身份和自我认同并超越领土政治，这将有助于重塑全球政治社会的性质和基石。作为道德话语，世界主义为所有人的包容平等提供了一个模板。它将处于不同权利和生活状态的个人置于政治和道德关注的中心位置。作为一种政治话语，世界主义从人类整体价值的面度看待不同的公民身份，而非将其视为一种偏狭性、特殊性的政治和文化的身份认同。

总体说来，作为非西方历史语境与后殖民主义批判的重要场域，探寻印度文化、宗教、政治与社会中的世界主义要素可以丰富世界主义的西方叙事框架，也有助于检验世界主义在与西方迥异的印度次大陆的多元文化、宗教和种姓制度对话中扮演的角色。[②] 就印度的世界主义要素而言，它不是孤立存在的，而是形成于诸多本土化和地方化的多元文化相互碰撞、对话和争论的过程之中。正因如此，一种兼具世界性和本土性的世界主义话语在印度文化和社会中逐渐地显现出来，并参与印度社会、政治、经济和文化领域的塑造过程，成为理解前殖民时代与后殖民时代的印度文化和社会变迁的重要基点。

第五节　评价与反思：当代语境下印度世界主义思想的贡献

从学理上而言，世界主义既是一种思想谱系，又是一种关切现实的价值性实践，对世界主义的理解和分析路径应避免单一化倾向。尤其随着全球

① Sonika Gupta and Sudarsan Padmanabhan, *Politics and Cosmopolitanism in a Global Age*, Routledge Press, 2014, p. 12.

② Gerard Delanty, ed., *Rouledge Handbook of Cosmopolitanism Studies*, Routledge Press, 2012, pp. 4 – 5.

化进程的不断加深,世界主义更应该回归到人类整体性和全球性的立足点。因此,世界主义的内涵和边界也需要从西方内部不断转向西方之外寻求丰富和拓展。作为一种理论范式和文化经验总结,印度文明的世界主义思想尤其是其当代世界主义话语,从非西方的视角为世界主义价值的辨析和完善提供了重要的历史、文化和发展经验上的借鉴。

在绵延几千年的历史发展进程中,印度文明为世界主义思想的追溯与探索提供了丰富的给养。在印度包罗万象的宗教和哲学典籍中,立足"梵我"的个体观、宽容观、平等观构成了世界主义思想要素中最为突出的特征。至近现代,随着民族主义的兴起和西方现代化思想的传播,印度的世界主义思想不再局限于形而上的宗教与哲学领域,转向与印度社会变革相联系,开始对未来世界模式与人类的最终命运进行了初步探讨。在全球化蓬勃发展的当代,印度的世界主义思想呈现出了一种不同于西方话语体系的新特点。兼具东西方文化背景的印度学者在反思现代性和后殖民主义的过程中对西方普遍主义语境下的世界主义观提出了挑战,转而提倡一种能够更加展现本土性、开放性、少数族群体与第三世界视角的世界主义范式。

站在全球性的高度来看,印度世界主义思想具有突出的理论意义和实践价值。一方面,通过对本土宗教和哲学营养的汲取,印度世界主义思想在价值基点上扩充了世界主义个体权利观、平等观和普遍主义观。一般而言,西方世界主义将自然权利、个体理性视为价值根基,而印度世界主义思想则在梵和法的框架下突出自我修炼的"梵我"个体意识观和遵循"三德"的崇尚平等博爱的普遍道德观。另一方面,印度世界主义思想跳出了康德式的特定世界主义的范畴,展现了对非西方的文化和发展经验所进行的调解和融入,强调避免世界主义理论研究陷入"西方中心主义"的范式。简言之,印度世界主义思想在实践基点上追求一种多文化背景之下的无处是中心、中心又无处不在的状态,世界主义的实践既在此处,又在彼处,而西方同心圆路径并不是实现世界主义的唯一方式。即如帕德马纳班所言:"世界主义要求的个体主义须建立在多元主义之上,它在不同的文化语境中有着不同的表现,对此,世界主义必须明确为非西方文化提供话语空间。"①

总体来说,随着全球主义的不断兴起,世界主义在理论基点上更加面向全球性和人类整体性,继而西方普遍主义范式无论在政治、社会还是文化层面均与世界主义的现实实践是不适应的,展现非西方话语与要素成为全球化时代实现世界主义发展的必然需求。在此背景下,印度世界主义思想内涵的开放性、本土性、多中心性特征为当代世界主义的探索提供了一条不同于西方的分析路径和价值模式。在印度话语的世界主义构建中,不同形式的世界主义实践可以在各自的边界内部和相互之间实现交互与重设,每个个体都可以找到其在文化上的归宿,每种世界主义文化也可以找到彼此的载体,多中心的世界主义的现实实践在多元、开放、包容的过程下相互影响。我们有理由期待印度话语能够在"个体—人类"框架内找到饱含世界主义价值的新契合点,在人类整体框架下为推动非西方世界主义的发展提供新的智力资源。

① Sonika Gupta and Sudarsan Padmanabhan, *Politics and Cosmopolitanism in a Global Age*, Routledge Press, 2014, p. 5.

第七章　伊斯兰文明的世界主义思想

伊斯兰文明中包含着和平、正义、公正的价值取向，与西方文明、中华文明、印度文明的世界主义价值具有相通之处，伊斯兰文明中蕴含的世界主义价值取向有助于为伊斯兰文明的未来发展提供价值借鉴与指引。本章通过对教派林立的伊斯兰文明思想史进行梳理，力图勾勒出其中世界主义思想的历史脉络和核心要义。

第一节　伊斯兰文明的世界主义思想概述

伊斯兰文明具有多重价值。伊斯兰文明的世界主义与西方文明的世界主义价值相比，具有较强的宗教色彩。因此，本节立足宗教世界主义，从研究视角和核心要义两个层面对伊斯兰文明的世界主义思想进行概述。

一、伊斯兰文明世界主义的研究视角：宗教世界主义

相较于经典世界主义研究，宗教世界主义并不具有系统性的研究体系，其思想散见于不同宗教的发展历程中。如早期基督教在犹太人斐洛(Philo)和罗马的斯多葛学派哲学家塞涅卡(Seneca)的影响下，吸取了斯多葛学派的世界主义观点，从宗教上对世界主义思想加以改造，发展成宗教形态的世界主义，即基督教世界主义。基督教世界主义承认上帝计划中有外邦人的位置，并将世界理性、道与上帝混为一体，认为上帝是全人类的上帝，上帝之

爱、上帝之救赎惠及众人。[①] 再如,从什叶派伊斯兰教中衍生出来的巴哈伊教是当代新兴宗教,它所宣扬的“地球乃一国,万众皆其民”“人类一体,天下一家”思想具有较强的世界主义烙印,其世界主义主张具有“天下大同”的色彩,因此也被称为“大同教”。[②] 法国学者奥利佛·罗伊(Oliver Roy)在其所著的《全球化伊斯兰教》(*Globalized Islam*)中[③]也认为伊斯兰教是一种普世意义的宗教。伊斯兰教在全球化下可以超越文化界限而发挥作用。由此可见,大多数世界性宗教都具有宗教世界主义的色彩,并用宗教语言表达出世界大同、广施博爱,人类共同幸福的世界主义主张。

然而当前西方世界主义研究却很少提及宗教世界主义。宗教世界主义研究受到冷落的原因在于,它虽具有宗教色彩的世界大同意味,但同时也具有较强的社群主义色彩,从而与西方文明中的主流世界主义思想有明显差别。西方文明中的主流世界主义思想强调人类整体意义上的普遍主义和最终实现个人自由的个体主义。如影响最为广泛的道德世界主义认为,世界上的每个人,尽管其公民身份、国籍、宗教身份等有差别,但作为道德关怀的终极单元的全球个体,都有权获得平等的权利。西方文明世界主义中的普遍性意味着每个活着的个人,而非贵族、某一种族或穆斯林等群体,具有平等地享有道德关怀终极单元的地位。平等主义意味着个人对所有人而非对本国国民或相同宗教的人群具有普遍性的责任与义务、平等的道德价值与道德权利。按照博格道德世界主义的观念,基督教、伊斯兰教、佛教等虽然是没有国家界限的世界宗教,但宗教群体作为特殊群体是被排除在强调个人主义、普遍性、普适性的世界主义之外的。

当然,西方文明中的主流世界主义思想并不能代表所有的世界主义思想。如科克-肖·谭(Kok-Chor Tan)在《没有国界的正义:世界主义、民族

---

① 厉永平:《浅论早期基督教世界主义》,《松辽学刊》,1993年第1期;[英]约翰·德雷恩:《新约概论》,胡青译,北京大学出版社,2005年,第322~323页;[德]汉斯·约纳斯:《诺斯替宗教:异乡神的信息与基督教的开端》,张新樟译,上海三联书店,2006年,第14页。

② 金宜久:《巴哈教的世界主义》,《世界宗教研究》,1997年第2期;蔡德贵:《巴哈伊信仰的世界主义》,《中国社会科学院研究生院学报》,2005年第6期。

③ [美]阿皮亚:《世界主义——陌生人世界里的道德规范》,苗华建译,中央编译出版社,2012年,第208~209页。

主义与爱国主义》中指出，合理的民族主义与世界主义之间具有相容性，世界主义正义与自由主义的民族主义也不是相互矛盾的。[①] 在接受“人们对本国人负有特殊义务”的爱国主义理想时，也不危及世界主义正义对全球平等主义的追求。戴维·米勒（David Miller）也认为应捍卫弱式世界主义，反对强式世界主义。吉莉安·布洛克发展了关于全球正义的世界主义模型，并为民族主义的合理形态和其他合理认同如宗教等保留了空间。[②]

由此可见，宗教世界主义仍然具有存在价值。在真实的世界领域中，特殊的归属和承诺使普通人的生活具有价值和意义。在很大意义上，个人受到关怀从而产生的个人认同主要依赖于国家认同、民族认同、宗教认同，依赖于文化、宗教、民族所产生的归属感。因此现实的世界主义应该是温和世界主义，即承认价值多元主义，承认某些只适用于个别社会内部的正义标准。这正是宗教世界主义所追求的价值空间，即关注个体的人与整体的人类（宗教），并将其作为最根本的价值目标和道德关怀的终极单元。

二、伊斯兰文明世界主义的核心要义

宗教世界主义认为，应当深刻地将自己如整个人类般视为一个内在的整体，既强调把个体的人视为道德关怀的终极单位，也强调把宗教中的人-神关系中的所有人作为终极单位，而非仅针对自己的民族同胞或和自己生活在相同地域的人。基于这种价值理念，伊斯兰文明世界主义的核心要义可以归纳为以下五个方面：

第一，人类兄弟平等关系。作为一种朴素和实用的宗教，绝大多数伊斯兰教派认为全世界穆斯林皆为兄弟。如在“乌玛”中，穆斯林成员以共同的宗教信仰为纽带，彼此视同手足，不分贵贱，地位平等。而伊斯兰文明世界主义显然超越了宗教内部的兄弟关系，包含更为广泛的人类兄弟平等关系。

第二，和平观念。根据波斯文原著《教款捷要》一书的解释，要求穆斯林本着信仰原则所应尽之义务共有七项，其中第七项就是和解纷争，谋世界和

---

① ［美］科克-肖·谭：《没有国界的正义：世界主义、民族主义与爱国主义》，杨通进译，重庆出版社，2014年，第1~9页。

② ［新西兰］吉莉安·布洛克：《全球正义：世界主义的视角》，王珀、丁祎译，重庆出版社，2014年，第4页。

平。如哈什密从《古兰经》中的经文中解读穆圣传教策略的历史背景，从而认为和平是伊斯兰的基本教义。① 在伊斯兰文明世界主义的核心要义中，和平理念是其应有之义。

第三，正义、公正与宽恕的宗教伦理。《古兰经》对人与真主、人与人之间的关系提供了基本的正义准则，其中提及正义的论述达百次之多。② 此后不同时期的学者又从不同的角度对正义进行了阐释。③ 由此可见，正义、公正等宗教伦理是伊斯兰教的重要价值取向，也构成了伊斯兰世界主义的重要维度。

第四，探讨个人尊严与人类最终命运。伊斯兰教的最终趋向是探讨人类最终命运，其最终目的是实现个体宗教意义上的自由。如约旦阿卜杜拉二世曾强调伊斯兰价值观主张每个人的平等和尊严，认为攻击基督教和少数族裔社区的行为是反人类反伊斯兰的行为，④这些都是伊斯兰文明世界主义的不可或缺的要义。

第五，宗教自由和宗教宽容观念。伊斯兰文明世界主义思想关注的中心是强调实现不偏不倚的多元主义与和谐状态，其实质就是宗教自由和宗教宽容。如“中间主义”的代表人物格尔达威强调中正和谐，公正宽容，其根源于悠久的伊斯兰文化和宗教传统。⑤

在伊斯兰文明世界主义的核心要义中，有些学者可能担心伊斯兰宗教群体的特殊责任优先性会妨碍世界责任。但事实上，世界上同一种宗教内部联系并不像想象中那样紧密。个体的特殊责任更多地针对身边的人，因为即使信仰同种宗教（甚至不同教派还有矛盾），但个体仍然不会对那些我们并不知道、也不亲近的同种宗教的人负有责任。⑥ 因此，伊斯兰文明的世

---

① Sohail Hashmi, “Interpreting the Islamic Ethics of War and Peace”, in Terry Nardin, ed., *The Ethics of War and Peace Religious and Secular Perspectives*, Princeton University Press, 1996, pp. 146 – 166.

② 王宇洁：《论伊斯兰教正义观》，《西北第二民族学院学报》，2007 年第 3 期。

③ Majid Khadduri, *The Islamic Conception of Justice*, Johns Hopkins University Press, 1984, p. 7.

④ 周少青：《宗教共存与相互尊重是防范宗教极端主义的关键》，《中国民族报》，2015 年 3 月 24 日。

⑤ 丁俊：《盖尔达维的中间主义思想研究》，《阿拉伯世界研究》，2009 年第 3 期。

⑥ ［美］科克 – 肖 · 谭：《没有国界的正义：世界主义、民族主义与爱国主义》，杨军进译，重庆出版社，2014 年，前言第 3 页。

界主义作为一种宗教世界主义，其核心要义凸显出宗教世界主义的特性，即具有一定的社群主义色彩，但究其本质，仍具有较强的普遍性价值取向，关注宗教个体的基本权利和义务，力图实现宗教群体内（外）的公平、正义，属于世界主义思想的范畴。

第二节　古代伊斯兰文明中的世界主义思想

世界主义意味着人类对待他人拥有同等的道德和政治义务，意味着所有人类都能享有一种理性能力并因此在自然法中成为世界共同体的一员。基于这种道德和义务出发的世界主义思想不仅存在于西方文明中，在源远流长的伊斯兰文明中同样有所体现。研究伊斯兰社会和伊斯兰思潮的历史演变发展，就要从古代伊斯兰世界主义思想的诞生为起点。本节重点选取了伊斯兰文明发展历史中具有代表性的教派学派中的世界主义思想进行阐释，选取的原则是代表性、影响力和传承性。

伊斯兰文化及哲学的神圣经典是《古兰经》。在《古兰经》宗教哲理的引导下，伊斯兰文化及哲学逐渐形成。在中世纪，伊斯兰哲学保存并发展了古希腊哲学，古希腊时期的斯多葛学派也随之传入伊斯兰文明的哲学体系中。在古代伊斯兰文明的众多教派学派中，影响较大、体现世界主义思想核心价值较多的教派学派有阿拉伯亚里士多德学派、穆尔太齐赖派、正统苏菲主义等（参见表7－1）。

表7－1　古代伊斯兰文明中的世界主义理论简谱

教派学派	代表人物	关注重点
侯凯玛派（阿拉伯亚里士多德学派）	伊本·路世德、法拉比等	平等、理想国
穆尔太齐赖派	贾希兹	公正、自由
正统苏菲主义	安萨里	人主合一、宗教宽容

注：本表中派别摘自中国伊斯兰百科全书编委会编：《中国伊斯兰百科全书》，四川辞书出版社，2007年。

一、阿拉伯亚里士多德派的世界主义思想

阿拉伯亚里士多德派以东方逍遥派著称，其著名思想家包括法拉比（Al – Farabi，872—950）、伊本·西那（Ibn Sina，980—1037）、伊本·图菲勒（Ibn Tufail，1110—1185）、伊本·路世德（Ibn Rushd，1126—1198）等。该派继承了希腊和希腊化时期的哲学遗产，从而形成了富有古希腊哲学意蕴的伊斯兰哲学派别。其社会政治思想与柏拉图的《理想国》、亚里士多德的《政治学》等著作有着内在的联系。[①] 从世界主义思想角度看，阿拉伯亚里士多德派的宽容、正义、公正观念与世界主义思想元素有一定的关联性，为近现代伊斯兰思想中世界主义发展奠定了基础。

（一）平等的理想国：阿拉伯亚里士多德派思想的世界主义元素

在欧洲基督教神学占据统治地位时，具有自由主义精神的伊斯兰哲学通过注释、翻译和出版亚里士多德的著作，给西方思想提供了新鲜血液。这些思想包括道德伦理层面的公平、正义、平等，也包括政治制度层面的贤人政治等。如伊本·赫勒敦（Ibn Khaldun，1332—1406）的思想是在自然法的框架中发展起来的，他认为中世纪自然法的宗旨是在社会生活中建立普遍的正义，其概念范围包括安全、幸福、公正等。这些伦理道德层面的正义、公正、平等理念与早期的世界主义思想元素有相似之处。

第一，美德之城理论。东方逍遥派的社会政治学说以伦理观点批判现实政治法律的不完善，并把自己的理论原则基础建立在分析现实和认知人的自然本性上，从而提出了建构美德之城的理想。如法拉比在《幸福之路》中认为，政治的目的是获得幸福，美德是获得幸福所必不可少的品质。基于此，法拉比提出了美德之城理论，认为一个人为获得完美的美德，需要有周围的人群，需要同他们联合在一起。每个美德之城或完善之城的居民都应具有四种美德，即理论美德、思维美德、伦理美德、实践美德。在美德之城中，道德宗教在城中居统治地位，城邦事务的管理者由哲学家智者担任。[②]

---

① 王家瑛：《伊斯兰文化哲学史》，宗教文化出版社，2007 年，第 360 页。

② 李振中：《法拉比哲学思想简介》，《回族研究》，2002 年第 1 期。

再如伊本·西那提出了正义之城的理论,①认为伊斯兰宗教的出路在于用理性改造人与社会,宗教信条在其中发挥辅助作用。他认为,个人由于自然的本性需要寻求幸福,政治社会的形成与存在就是这种自然的也是必然的共同协作的结果。人的完善需要做到智慧或道德上的完善,而非与真主合一的宗教神秘主义的完善。② 在正义的名义下,保护人民福利是最重要的宗旨,这种社会秩序的根本在于持久性与稳定性。只有依据正义与实践理性的原则实行领导,社会才能持久与稳定。

第二,宇宙一元论。宇宙一元论认为,世界的最高统一是统一于真主的本原中。真主象征着存在与统一,他在合乎规律的世界秩序性与和谐中表现出自己的美。在宗教框架下,东方逍遥派认为世界体系所固有的逻各斯维护了世界秩序。如伊本·路世德在《哲学家的矛盾》中认为,领悟一切存在的东西,它的理性正是一切事物都具有的和谐和秩序,而这种秩序和和谐为具有秩序与和谐的、存在于万物中的、哲学家称之为本性的能动力量所理解。③ 由此可见,在阿拉伯亚里士多德派看来,由于真主主导着世界,因此世界中的伦理价值如自由、平等都在真主掌控之中。

此外,阿拉伯亚里士多德派认为在真主主导的世界中,个体具有能动性。如伊本·西那认为,真主的旨意不能直接传递到不断变化的、形形色色的现实世界,真主不参与个别的运动和发展,个体具有自主意识。阿拉伯亚里士多德派还认为,认识造物主是神学的对象和任务,现实世界才是人们认识的对象,在认识现实世界的过程中,个体具有自由的意志。如法拉比认为,人能够通过感觉认识客观世界。伊本·西那也认为,人具有认识客观事物的感知能力和理智能力。在《医经》和《认识论》中,西那强调了理性与实验、逻辑思维与感性经验统一的准则,认为只有理性和实际运用结合的科学和哲学,才是能动的有价值的东西。④ 个体能够通过理性和感性,最终实现

---

① 王家瑛:《伊斯兰文化哲学史》,宗教文化出版社,2007 年,第 360 ~ 371 页。

② [阿拉伯]伊本·西那:《论灵魂》,王太庆译,商务印书馆,2015 年,第 90 ~ 123 页。

③ 刘相安:《伊本·路世德的哲学思想》,《哲学研究》,1982 年第 6 期;王家瑛:《伊斯兰文化哲学史》,宗教文化出版社,2007 年,第 390 ~ 391 页。

④ Gabriel Lahood, *A Comparative Analysis of the Concept of Agency in Aristotle and Avicenna*, University Microfilms International Press, 1986, pp. 134 – 156.

自身的自由意志。

总体而言,阿拉伯亚里士多德派道德伦理思想中的美德之城、正义之城理想以及阐明个体自由价值的哲学考量具有一定的社会进步性,但仍然是碎片化、非系统化的世界主义思想元素,没能上升到世界主义价值层面。

(二)法拉比的世界主义思想

法拉比(Al - Farabi,872—950)作为阿拉伯亚里士多德学派的代表,是阿拉伯帝国阿拔斯朝的著名思想家、哲学家、医学家、数学家、语言学家。他认为哲学的宗旨就是追求幸福,其人道主义倾向在东方逍遥派哲学中占有主导地位。在伊斯兰哲学发展上,他校对了亚里士多德的著作,并将其翻译为阿拉伯文,被称为阿拉伯世界的亚里士多德。① 法拉比的哲学思想涉及面非常广,其中与世界主义思想相关的观点是美德之城理想社会的观点,主要体现在《完美城邦》《幸福之路》等书及文章中。

第一,公正的美德之城。法拉比的美德之城的观点类似于柏拉图的理想国。法拉比认为人是社会动物,需要通过社交活动建立人与人之间的联系。最理想的社会是人人都具有美德,共同组织起来,通过共同努力,实现个体的真正幸福。因此,他认为培育美德是政治的最终目的,只有个体实现各种美德,才能够达到真正的幸福。为此,他勾勒出一个叫美德之城的理想社会。在这个社会中,个体通过合作最终获得幸福。个体能够认识到什么是美德,知道什么是最大的幸福,并懂得去争取幸福。在此基础上,这种理想社会可以实现个体的真正自由。此外,在美德之城中,统治者也是兼具才能、德行与勤奋的先哲,他需要具备十二种特性,②并能够通过制定法律律条最终实现社会正义。统治者的美德最终使得城邦能够长治久安。

第二,世界完美社会形态。法拉比对完美城邦的理解具有世界主义色彩。在《完美城邦》的第五部分的第十五章中,他指出,完美社会的形态有三种,分别包括了大型的完美城邦、中等规模的完美城邦和小型的完美城邦。在大型的完美城邦中,完美社会可以是当前世界中所有社会的联盟。在中

① 蔡德贵:《阿拉伯哲学家法拉比》,《新疆大学学报》,1987 年第 3 期。

② 马俊峰:《法拉比和他的政治哲学思想》,《西北民族学院学报》,2002 年第 3 期。

型的完美城邦中,完美社会是当前世界中的一个国家。在小型的完美城邦中,完美社会是当前世界国家中一个城市的联盟。而这三种类型的城邦具有包含关系,最终构成了世界。[①] 在此基础上,法拉比综合了亚里士多德与新柏拉图主义的思想,认为世界完美社会形态是必然的存在,其必然性来自其社会合作。[②]

从法拉比的观点中可以看出,美德之城只是法拉比对于理想社会的蓝图,并不是具有现实意义的城邦,换句话说,他的政治理想社会只是为伊斯兰国家的政治实践提供参考。但需要注意的是,法拉比将理想社会形态上升到世界层面,并没有局限在国家城邦的范畴中。而且在理想社会中,法拉比提出的理想社会的本意是为实现伊斯兰国家政治实践,但在理论上,他并没有对国家内部的民众进行区分,而是认为在美德之城中人人都应建立社会联系,这种不分彼此的个体自由思想与世界主义价值元素具有一定的相似性。

二、穆尔太齐赖派的世界主义思想

穆尔太齐赖派(8—12 世纪)最初是由一批志同道合者发起,团结一致宣传和捍卫伊斯兰教的宗教派别。他们在政治斗争和宗教问题上持中立态度,其早期原则是远离政治,专心于宗教功修和宗教宣传。但后来该派逐渐介入政治,并对拒绝认可《古兰经》被造说的人进行异端审判。

(一)公正、自由:穆尔太齐赖派的世界主义思想元素

穆尔太齐赖派作为宗教思想的“分离者”,其思想中具有一定的绝对主义的偏激色彩,缺乏世界主义思想的开放性和包容性,但其强调理性,强调人的自由,对人的主体性、自主性行为的阐释,符合世界主义的“个体价值”的意义。

第一,强调公正。穆尔太齐赖派将真主看作是公正的,并把公正作为该派信仰基础的重要组成部分。[③] 首先,穆尔太齐赖派认为,事物均有善恶之

---

① ［阿拉伯］法拉比:《论完美城邦》,董修元译,华东师范大学出版社,2016 年,第 65 ~ 72 页。

② 王家瑛:《伊斯兰文化哲学史》,宗教文化出版社,2007 年,第 414 页。

③ ［埃及］艾哈迈德·爱敏:《阿拉伯-伊斯兰文化史》(第八册),史希同等译,商务印书馆,2007 年,第 76 页。

分，人的理智可以分辨。因此在真主派遣的使者出现之前或之后，人都应该为自己的行为负责。人自身可以分辨出正义、诚实的优秀品质。其次，穆尔太齐赖派认为，真主创造了圣贤哲人，这些人受到真主的指引，最终能完成真主的意愿。真主是至贤者，圣哲体现出真主的意愿。再次，人的行动自由，在对自己行动负责的前提下，真主可以对人的功过进行赏罚，但不需要对个体的行为负责。最后，穆尔太齐赖派认为，不信正道者的不信，并不是真主的意愿。真主喜悦人们信正道。对于顺从者，真主会加以赏赐，对于反叛者，真主会加以惩罚。由此可见，真主设定了公正，所以按照公正原则对待顺从者、反叛者、信士与不信正道者。

第二，强调人的自由。穆尔太齐赖派认为，首先，人的行为是新生的，是由行为实施者创造的，并非真主的造化。如贾希兹认为，人的行为是由环境和遗传造成的，人的行为除了意念都是自然活动在人身上的表现。[①] 这种解释就表明，除真主之外，人类具有选择自己行为的能力，人类的行为是人类自己创造的。其次，个人要对自己的行为负责，真主并没有责成信士必须信奉伊斯兰教，人的行为是自主选择的，真主通过赏罚引导信教。最后，人可以根据自己选择的行为的善恶公正地接受赏罚。

总之，穆尔太齐赖派在教义基础上，广泛采纳了希腊哲学的精髓，高举思想复兴的大旗，用理性来判断圣训的真伪、衡量纯粹的宗教信仰，推动了伊斯兰文化的整体发展，其强调的公正、人的自由的理念与世界主义有一定的关联性。但宗教中除理性外，还含有感情、心理、文化等多种因素，穆尔太齐赖派将理性等同真理的思想具有一定的价值偏颇。

（二）贾希兹的世界主义思想

穆尔太齐赖派在发展过程中，经历了倭马亚王朝和阿巴斯王朝时期，由于对教义解释的不同，内部分化分裂严重。其中，贾希兹（Jāhiz，775—868）是穆尔太齐赖派阿巴斯王朝时期巴士拉派的代表人物，也是阿拉伯散文和讽刺文学的奠基者，著述有《吝啬鬼们》《动物志》《论分离》《政权与人的道

① ［埃及］艾哈迈德·爱敏：《阿拉伯-伊斯兰文化史》（第八册），史希同等译，商务印书馆，2007年，第6～15页。

德》《司法与总督》等。在宗教哲学思想上,贾希兹重视人的理性,反对无休止的暴力,其思想具有世界主义的和平、平等、理性等价值元素。

第一,提倡平等价值。贾希兹强调不同民族之间的平等,认为阿拉伯人和非阿拉伯人之间在资格上是平等的。例如在先知的出身问题上,他认为先知不一定出身于阿拉伯人中,也可能出现在非阿拉伯人中。此外,他还反对歧视有色人种的观点,并认为所有人种的智力水平都是相当的,即使一个阿比西尼亚的奴隶也有资格成为哈里发。① 在他看来,如果一位信仰伊斯兰教的信徒,相信真主不能为肉眼所见,且是正义的,这样的人只要把这种信仰付诸实践,就是真正的穆斯林。②

第二,重视人的自由价值。贾希兹重视人的理性,认为人的价值在于自由意志。他主张人们以理性来认识社会,根据个人意志做出自己的决定。决定是心灵的一种倾向,心灵既然知道,意识到它将要做的事,就可以在这一方面而不是另一方面采取行为。但这种人的自由价值的实践是在宗教框架中进行的,贾希兹认为谁不认知真主的法,就不可能顺从真主,人能够有自由的意志行为,是在真主的统辖之内。

对于穆尔太齐赖派的评价是多向度的。在宗教哲学思想上,有些思想家认为其过于强调理性原则,有悖伊斯兰教所倡导的天启与理性并重的中正准则,理性高于信仰,就是对天启价值的否定。然而,从世界主义思想价值的角度看,穆尔太齐赖派推崇对个体的关注与重视理性原则,是对宗教社群主义价值的超越,这些价值取向与世界主义思想的基本元素有一定的相似性。

三、正统苏菲主义的世界主义思想

"苏菲"一词的说法很多,如"苏法"(阿拉伯语音译,穆罕默德时代部落名,该部落苦行禁欲,虔诚礼拜,与世隔绝)、"萨法"(阿拉伯语音译,意为洁净、纯正)、"苏非耶"(希腊语,意为智慧)、"苏夫"(阿拉伯语音译,意为羊毛)。苏菲主义的根本在于潜心拜主、寂灭于主,弃绝尘世,禁欲苦行,舍弃

---

① 曹亚斌:《贾希兹政治思想及其中的世界主义要素》,载于《"世界主义思想及其当代价值"学术研讨会会议论文集》,2017 年,第 99 页。

② 王家瑛:《伊斯兰文化哲学史》,宗教文化出版社,2007 年,第 81 页。

一些享乐、金钱和名望,隐居独修拜主。[①] 因此苏菲主义者很少依靠逻辑理性,而更依赖体验和直觉。在苏菲主义中还渗透有基督教元素、佛教元素、新柏拉图主义元素等,如“寂灭”就是佛教古老思想“涅槃”的表达,具有宗教混合主义的色彩。

(一)人主合一:苏菲主义的世界主义元素

苏菲主义强调直觉和体验,在其内心深处,世界就是真主。只有人主合一,世界主义愿景才有可能实现。

第一,万有单一论。[②] 苏菲主义者很早就提出了万有单一论的思想,意思是世界与真主同一,真主就是世界,世界就是真主。但万有单一派(合一派)与入化派之间还存在细微差异。哈拉智(al – Hallaj,857—922)所称的入化,是指真主与人身合二为一。而万有单一派伊本·法里德(Ibn Farid,1181—1235)否认哈拉智的入化说,被称为单一派或统一派或合一派,即认为真主与世界统一,世界是一元存在。伊本·阿拉比(Ibn 'Arabī,1165—1240)在其苏菲神秘主义宗教哲学巨著《智慧的珍宝》和《麦加的启示》中也认为,所有存在本原上是一,真主是所有存在或实体的唯一本原或原因。世界、宇宙的存在正是基于真主的“遍在性”,真主与世界乃至宇宙之间的同一性是基于真主的存在与本质、实体与属性之间的同一性。世界、宇宙只是他的属性的光照或显现造物主的有目的的创造行为,也就是造物主下降显现为万物的过程。[③] 由此可见,在正统苏菲主义看来,世界上的所有善恶、正义、平等等价值都是由真主所决定的。

第二,宗教宽容。在万有单一论思想基础上,苏菲主义者对不同宗教持最为宽容的态度。在他们看来,宗教差异只是表面上的差异,其本质和核心都是为求主道,爱主目的一致,只是方法不同而已。如伊本·阿拉比、哲拉鲁丁·鲁米(Jalal al – Din al – Rumi,1207—1273)以及伊本·法里德(1181—

---

① Arthur John Arberry, *Sufism: An Account of The Mystics of Islam*, Courier Corporalion, 2013, pp. 30 – 36.

② [埃及]艾哈迈德·爱敏:《阿拉伯–伊斯兰文化史》(第八册),史希同等译,商务印书馆,2007 年,第 156 ~ 159 页。

③ 王家瑛:《伊斯兰文化哲学史》,宗教文化出版社,2007 年,第 452 页。

1235)《长塔伊亚特》里的诗句:“每种宗教,即使表面有所不同,但都揭示而来真理的某个侧面。信士和异教徒没有本质上的区别,犹太教、基督教、拜火教以及拜物教,他们在崇拜一个神灵上是一致的。”①

由此可见,苏菲神秘主义对世界的认知具有浓厚的宗教色彩。在宗教宽容方面,早期的苏菲主义强调不同宗教本质的一致性,具有宗教普世主义色彩,与世界主义思想有一定的相通之处。

(二)安萨里的世界主义思想

安萨里(al-Ghazzali,1058—1111)作为苏菲主义的集大成者,精通伊斯兰教法学及其原理,他将教法学、苏菲主义、哲学紧密融合在一起,用希腊逻辑思辨的方法,去伪存真,全面摒弃了苏菲神秘主义的泛神论观点,论证了正统教义。他的代表性著述有《宗教学科的复兴》《哲学家的矛盾》《古兰经的精神实质》《心灵的发现》等。②

第一,强调社会的自然性。安萨里认为,社会的形成是依赖于人的自然性,而人的自然性需要通过社会合作得以实现。在社会生活中,个体通过各种各样的社会合作实现人的自然性。当社会出现矛盾时,需要通过各种努力,使矛盾趋于和谐。此外,在安萨里看来,社会通过个体合作,最终扩展至世界,而世界都在真主掌握中。安萨里在《逊尼派穆斯林的信条》《永恒论》中将真主作为“万物所依赖者”,具有“独一”“元一”“永恒”“永存”性,真主就是世界“全知,可洞察天地,知之无不微,无微不知之”。③ 在《宗教学科的复兴》一书中,他采取中庸之道,对苏菲主义中的泛神论思想以及漠视教法规定、忽视伊斯兰教基本信仰的倾向进行批判,从而调和了理性主义与苏菲主义的关系,并通过苏菲主义建立了个体与真主和穆圣,也就是世界之间的正统联系。

第二,重视自我完善和个人幸福。安萨里从道德伦理的角度,主张“处

① [埃及]艾哈迈德·爱敏:《阿拉伯-伊斯兰文化史》(第八册),史希同等译,商务印书馆,2007年,第160页。

② 丁俊:《伊斯兰文明的反思与重构——当代伊斯兰中间主义思潮研究》,中国社会科学出版社,2016年,第40页。

③ [埃及]艾哈迈德·爱敏:《阿拉伯-伊斯兰文化史》(第八册),史希同等译,商务印书馆,2007年,第84~87页。

理万事以适中”的中正思想。[①] 在这种理念指引下，安萨里勇敢抨击社会不公正和弊端。在道德伦理层面，安萨里强调追求个人或特定团体的心理满足、自我完善与个人幸福。他认为，人的行为是建立在道德基础上的，道德是评判行为的基本标准。个体的所有行为都应在道德规范的统辖之内。为此，他在《宗教学科的复兴》中对宗教功修、信仰、人际关系、生活礼节、心灵的医治等各个方面对个体道德行为进行指引。安萨里提出，认识自己的不足、培养自知精神是个体实现幸福的关键。他认为，个体可以通过与智者为伍，与虔诚的、行为端正的朋友交往，乐于听取并接受反对派的意见，广泛地与他人接触、交往等行为进行自我完善。[②]

由此可见，苏菲派作为古典至当代最重要的宗教派别之一，其宗教哲学思想中隐约闪现出世界主义价值元素，但基本没有超越宗教框架。即使像安萨里这样的集大成者，也很少关注非大众的、社会的完善与幸福，[③]而是停留在个体价值层面。这种个体价值与世界主义的个体自由价值倾向有一定关联性，为近现代伊斯兰文明的世界主义发展提供了相应的基础。如近现代时期的巴布派和当代的巴哈伊派就从苏菲主义泛神论及神秘主义的神爱论、完人论思想中得到启发。

总体而言，早期的伊斯兰世界已经分裂出许多派系，如伊拉克、印度、波斯等地区的什叶派，埃及、伊朗的逊尼派，西班牙地区的艾什尔里派等，各派学说纷争四起，沙斐仪教法学派与哈乃斐教法学派，马图里迪派与艾什尔里派，逊尼派与穆尔太齐赖派、什叶派之间的分歧和争论都已到了狂热甚至极端的地步。[④] 在各派的相互指控和批判中，哲理辨析占据了重要地位，如穆尔太齐赖派更关注哲学意义上的公正、自由等问题，伊斯玛仪派早期采用极端宗派主义手段，后又宣扬人间兄弟情谊，而不追究其种族、阶层及宗教差异的立场，从而使其主张在不同宗教、阶层和党派间得到广泛传播（该派后

---

① 丁俊：《伊斯兰文明的反思与重构——当代伊斯兰中间主义思潮研究》，中国社会科学出版社，2016 年，第 41 页。

② 蔡伟良：《法拉比、安萨里的社会政治观和伦理思想》，《阿拉伯世界》，1990 年第 4 期。

③ 潘世昌：《安萨里—在赞美与批评之间》，《世界宗教研究》，2013 年第 4 期。

④ ［埃及］艾哈迈德·爱敏：《阿拉伯-伊斯兰文化史》（第 8 册），纳忠译，商务印书馆，2007 年，第 102 页。

来演化为近代伊斯兰教派别巴布派,又从巴布教派中衍生出具有世界主义色彩的新兴宗教巴哈伊教)。而对于伊斯兰教的世界性空间的扩展,与世界其他宗教或地域之间的交流沟通占据次要位置。在教义意义上,早期伊斯兰教的重点在于逐渐扩大伊斯兰信徒的数量,惩罚反叛者。有些教派将不承认伊斯兰教义的人攻击为异端,认同教义呈现出非此即彼的逻辑。但大多数教派对于异教徒或引导加入,或援引真主奖惩,从而使伊斯兰教教众规模逐渐扩大,并努力维系内部紧密团结关系,对外一致抗敌。因此,古代伊斯兰教的世界主义思想元素往往是支离破碎的,并没有空间意义上的联系,也很难有成系统的思想体系。

第三节 近现代伊斯兰社会运动中的世界主义思想

近代伊斯兰文明世界被西方帝国或瓜分,或缝合在一起。伊斯兰知识精英为振兴伊斯兰文明,在帝国主义时代不断重新塑造伊斯兰的文化世界。当地方性的局部联合已不能振兴伊斯兰世界时,精英分子们开始在帝国主义网络中扩大伊斯兰的世界性联系,即帝国网络最终导致一个泛伊斯兰全球公共领域的形成,泛伊斯兰世界得以兴起。在近现代,欧洲帝国的工具轮船、电报、印刷机的快速流通使泛伊斯兰复兴观念在伊斯兰世界成为可能。①这种带有世界性的宗教扩张观念中含有一定的世界主义元素,其中近现代伊斯兰世界主义思潮的代表主要有泛伊斯兰主义、伊斯兰现代主义、巴布派等(参见表7-2)。

表7-2 近现代伊斯兰文明中的世界主义理论简谱

教派学派	代表人物	关注重点
泛伊斯兰主义思潮	哲马鲁丁·阿富汗尼	统一、团结、自我意识

① Seema Alavi, *Muslim Cosmopolitanism in the Age of Empire* , Harvard University Press, 2015, pp. 1-30.

续表

教派学派	代表人物	关注重点
伊斯兰现代主义	印度的赛义德·艾哈迈德汗、穆罕默德·伊克巴尔、埃及的穆罕默德·阿布笃	开放、民主、自由、平等
巴布派	赛义德·阿里·穆罕默德	铲除人间不平,建立平等、公正与幸福的“正义王国”,提倡个人道德和友爱精神

注:本表中派别摘自中国伊斯兰百科全书编委会编:《中国伊斯兰百科全书》,四川辞书出版社,2007 年。

一、泛伊斯兰主义运动中的世界主义思想

泛伊斯兰主义观念之所以能得以传播,除伊斯兰世界的政治发展问题外,也具有自身的普遍伦理和道德观念向世界传播的价值所在。基于伊斯兰教义和伊斯兰文明复兴的公共责任,泛伊斯兰主义在 19 世纪帝国主义的政治和经济框架中不断发酵。虽然在近代,伊斯兰世界一直受到帝国主义严格的经济、文化控制,但泛伊斯兰主义政治精英带着既定的政治利益和社会利益,突破帝国主义的重重限制,在近现代伊斯兰文化空间中,为世界主义思想的发展开发出一个狭窄的空间。①

(一)团结与自我意识:泛伊斯兰主义思潮中的世界主义元素

泛伊斯兰主义兴起于 19 世纪后半叶,面对西方政治、经济、文化的强势地位,伊斯兰社会中的有志之士号召伊斯兰国家联合起来,团结统一。这种团结统一超越了单一国家、单一民族的范畴,具有世界主义的价值元素。

第一,在世界范围内宣传自由、平等思想。建立在共同宗教信仰基础上的泛伊斯兰世界的统一、团结,从表面上看是世界穆斯林的多民族联合,并没有关涉到其他民族。但事实上,泛伊斯兰主义的发展宣扬了伊斯兰文化中的自由、平等思想,促进了伊斯兰世界与其他世界之间的交流沟通,最终促进了世界上不同民族在自由、平等基础之上的合作与发展。而且在此基础上,世界穆斯林的多民族联合、联盟的目的,不仅是对抗西方帝国主义,也

① Seema Alavi, *Muslim Cosmopolitanism in the Age of Empire* , Harvard University Press, 2015, pp. 8 – 35.

是为了最终追求伊斯兰世界中个体自由与平等的实现。如沙赫·瓦利·阿拉·迪赫拉维(Qutb al - Ahmad Abu al - Fayyad,1703—1762)是介于瓦哈卜(Muhammad ibn´Abd a1 - Wahhab,1703—1792)领导的瓦哈比运动和印度伊斯兰现代主义者赛义德·艾哈迈德·汗(al - Sayyid Ahmad Khan,1817 - 1898)中间的过渡性人物,是一位调和或折中主义者。他认为伊斯兰世界文化的衰落与停滞在于偏离了伊斯兰教教旨,只有接受并忠实执行这些教谕,人类才能获得和平、发展与兴盛。他从人、人性、人际关系、人神关系的角度改良和复兴伊斯兰社会,认为伊斯兰教的宗旨是建立一个公正的社会,而这只有在摆脱阶级冲突,人人都有机会发挥其才能与潜能,并自由积极参与公益和文化事业过程中增强其个性的条件下才可能实现。①

第二,在世界范围内宣传自我主义意识。在西方帝国主义和殖民主义的双重压迫下,伊斯兰世界文明受到外来殖民文化的强烈冲击,处于水深火热中的穆斯林苦难深重,个人权利和自我意识受到极大的压制。对此,伊斯兰世界中的知识分子开始倡导个人意识,呼吁民众觉醒。如在政治改革领域,阿富汗尼认为国家领导人的个人品行和业绩对于伊斯兰世界复兴是至关重要的,他期盼"开明君主",认为中世纪伊斯兰哲学中讨论的"正义国王"可以造就一个理想的国家,②并认为在具有正义价值的领导人的统治下,个体的自由才能得到最大限度的实现。

总之,泛伊斯兰主义在面对西方帝国主义侵略时,积极宣传自由、平等价值,呼吁个体解放,是伊斯兰文明走向世界的重要阶段,也为自由、平等的伊斯兰世界主义价值理念的确立奠定了基础。

(二)哲马鲁丁·阿富汗尼的世界主义思想

哲马鲁丁·阿富汗尼(Jamal Din Afghani,1838—1897)是近代泛伊斯兰主义的重要创始人。他的著述内容相当广泛,涉及多个领域。

在《人的幸福的真正原因》中,阿富汗尼认为人类幸福的道德基础是社

① 王家瑛:《伊斯兰文化哲学史》,宗教文化出版社,2007 年,第 444 ~ 451 页。

② Daniel Brown, *Rethinking Tradition in Modern Islamic Thought*, Cambridge University Press, 1999, pp. 13 - 25.

会正义论;在《驳自然主义者》中,阿富汗尼认为人类通过宗教的贡献,最终目的是不断完善自我以达到远比现实更美满的世界,伊斯兰教具有宽容精神、科学精神和社会责任感;在《哲学的益处》中,阿富汗尼论述了哲学的人类智慧代替了狭隘的动物情感,使人类摆脱了野蛮和愚昧状态,最终步入知识和技术的“德行之城”,哲学的目标是追求人类在理智、心灵等多领域的完满;在《民族团结的哲学与语言统一的真理》中,阿富汗尼认为人类世界广泛的联系比民族和宗教更为重要,其中共同的语言具有世界性的整合作用等。①

在面临西方列强的侵略时,阿富汗尼坚信只有向西方学习并实现彻底的宗教社会改革,才能改变伊斯兰世界,因此积极倡导社会 – 政治改革。泛伊斯兰团结是他的重要政治诉求之一,其目的是通过泛伊斯兰主义的政治和社会理想,实现奥斯曼帝国的安全和统一。在推动和建立泛伊斯兰主义联盟的过程中,阿富汗尼的思想中闪现出了一定的世界主义价值元素,如宣传自由、平等、团结等思想,但具有一定的局限性。原因在于,他的世界主义道德伦理思想主要是在伊斯兰教的宗教框架内,利用宗教作为纽带进行伊斯兰团结的宣传鼓动。

1. 强调正义、自由、平等思想

阿富汗尼强调伊斯兰教的社会经济公正、平等的公共功能。在道德伦理改革中,他认为正义、自由、平等等价值是哲学的重要源泉,但其更强调宗教在正义、自由、平等中的重要意义。1879 年,阿富汗尼在其代表性著述《驳自然主义者》中指出,宗教信仰和道德伦理在人类历史发展中发挥了积极作用,而无神论的唯物主义只能导致民族的衰颓和道德的堕落。他认为只有宗教才是人类文明的基础,宗教给人类社会带来的益处包括集体主义精神,凭借知识作为万物之灵的自豪感,社会从属于美好的共同体伊斯兰教,使个人行为具有虔诚、真诚和正直克己的品格等。基于此,宗教使人能够以理性抵制动物性情欲,从而能以宁静的、和平的心态与其同胞相处;宗教使人能够从本性中清除邪恶和仇恨,从而按照和平、正义和博爱的信条生活。在阿

① 吴云贵:《近当代伊斯兰宗教思想家评传》,中国社会科学出版社,2016 年,第 13 ~ 16 页。

富汗尼看来，伊斯兰教正是这样的宗教，具有四大特点：信仰安拉是宇宙万物、人类行为的主宰；提倡各种族一律平等，人只以智慧和高贵品格胜于他人；崇尚精神与智慧，以此为人类幸福的源泉；倡导穆斯林民族追求知识、谋求幸福、禁止罪恶。

2. 强调泛伊斯兰团结

阿富汗尼的民族观具有一定的自相矛盾性，兼具世界性和民族性双重含义。一方面，他根据传统伊斯兰教政治思想认为，伊斯兰教是超越狭隘的部落和民族意识的普世性宗教，其中社会联合的基本社会组织形态是乌玛的世界共同体；另一方面他认为，以语言为纽带联合较之以宗教为纽带的联合更稳当持久，如在《民族团结的哲学与语言统一的真理》中，他认为现代国家框架下的民族，并非以共同信仰为基础的，广泛的社会联合体可以保障个人的幸福安康。[①]

在此基础上，阿富汗尼首先注重以宗教为纽带强调泛伊斯兰团结。1884年，他联合来自印度和埃及的穆斯林知识分子秘密结社并创办阿拉伯文期刊《坚柄》，该刊物的宗旨是揭露欧洲殖民主义者在伊斯兰国家的各种倒行逆施，鼓舞穆斯林民众树立反帝反殖斗志，加强伊斯兰国家间的团结，从而在国际社会建立泛伊斯兰主义联盟。[②] 坚柄一词源自《古兰经》，原意是真主的拥护者强大无比，犹如手中握住一根"坚不可折"的把柄，意指"团结就是力量"，所以有人将其译为"团结报"。[③] 在《坚柄》第九期中，该刊明确阐明"以《古兰经》为指导思想，各民族的穆斯林共同拥戴一位哈里发，以伊斯兰教法为基础，建立一个超民族、超地域、超国家的统一的伊斯兰联盟"[④]。在阿富汗尼看来，穆斯林没有国籍，只有伊斯兰教的教籍，通过宗教纽带，可以将穆斯林国家联结在一起，使宗教纽带代替民族与种族的纽带，从而创建一个东自印度西至非洲，多民族、多语言的统一伊斯兰联盟国家。在伊斯兰联

---

① 吴云贵：《近当代伊斯兰宗教思想家评传》，中国社会科学出版社，2016年，第18页。

② 王家瑛：《伊斯兰文化哲学史》，宗教文化出版社，2007年，第478页。

③ 吴云贵：《近当代伊斯兰宗教思想家评传》，中国社会科学出版社，2016年，第9页。

④ 蔡伟良：《哲马鲁丁·阿富汗尼的理性主义赛来菲耶思想研究》，《阿拉伯世界研究》，2010年第5期。王家瑛：《伊斯兰文化哲学史》，宗教文化出版社，2007年，第482页。

盟国家中，人有三重属性，一是他所从属的民族性；二是他所从属的宗教信仰；三是他所参与的群体的社会性。在这三重属性中，宗教信仰是最根本的纽带，可以将其他属性联系起来，从而成为创建伊斯兰联盟的纽带和基础。

其次，阿富汗尼强调通过对民众进行启蒙教育，从而启发民众自我意识的觉醒，实现民族振兴。如 1879 年在埃及发表的一场演讲中，他认为世界各大宗教的本质要求是唤醒人们积德行善、劝善惩恶，但伊斯兰教却滥用宗教感情，假借宗教解释的细小差异制造派系纠纷，分裂伊斯兰教。因此，为了培育现代民族政治意识，应通过启蒙教育和宣传，使人们意识到荣誉只存在于祖国之中。同时，他也注意到民族国家框架中的多元宗教和民族文化问题，认为印度民族主义和民族团结不能以排他性的宗教为基础，[①]主张即使对西方的基督教徒和犹太人，也应该采取团结和宽容的态度。[②]

3. 重视兄弟团结和理性主义

阿富汗尼重视团结，但共同的宗教信仰并不能支撑广泛的联合，因此需要对不同的人群进行联合的宣传。1893 年，阿富汗尼来到伊斯坦布尔，想通过苏丹实现泛伊斯兰主义理想，联合各伊斯兰国家成立伊斯兰联盟。他引证《古兰经》，说明穆斯林应如兄弟般团结起来反抗欧洲帝国主义的侵略。而当时的奥斯曼帝国在英、俄的夹击之下，也迫切需要泛伊斯兰政治来巩固自身的中心地位，因此对其主张极力推广。尽管最终事态的变化未能使阿富汗尼的主张得以实现，但泛伊斯兰主义的兄弟团结主张在阿富汗尼的推动下开始在伊斯兰世界兴起。此外，阿富汗尼重视理性主义，并号召所有伊斯兰教派都要运用理性原则解决分歧。他认为穆斯林之间的团结纽带之所以松散，其原因就在于自阿拔斯王朝起就不鼓励学者自由思考。因此，在教法学领域，他反对仿效，而提倡创制。在创制的基础上，阿富汗尼强调伊斯兰教的宗教信仰是一种信仰的理性主义体系。人的幸福是理性和见识的产物，应提倡理性，并把宗教仪式基于理性之上。

由此可见，在世界各国伊斯兰教的团结与统一中，阿富汗尼做出了重要

① 吴云贵：《近当代伊斯兰宗教思想家评传》，中国社会科学出版社，2016 年，第 20 ~ 22 页。

② 吴云贵、周燮藩：《近现代伊斯兰教思潮与运动》，社会科学文献出版社，2000 年，第 107 页。

贡献。他反对君主专制，积极推动建立公正的社会制度；他倡导反帝反殖，鼓励伊斯兰改革，主张建立泛伊斯兰主义联盟。虽然在其泛伊斯兰主义思想中，通过重申宗教在人类历史发展过程中的价值和贡献，阿富汗尼主张以宗教为纽带建立泛伊斯兰国家联盟，共同反对西方霸权国家，具有较强的民族主义情怀和宗教情怀。但从世界主义视角而言，阿富汗尼的泛伊斯兰主义主张的最终目的是加强团结，要求社会进步，带领伊斯兰各国人民反对欧洲殖民主义统治与压迫，从而跨越了民族、种族及国家范围，为全世界穆斯林的团结及伊斯兰文明的复兴而努力。在此过程中，他还强调理性价值和自由意志，凸显个体在世界中的独特价值，具有伊斯兰文明世界主义的基本元素。

二、伊斯兰现代主义思潮中的世界主义思想

19 世纪下半叶，伊斯兰现代主义思潮在一些伊斯兰国家和地区兴起。这种新的伊斯兰现代主义思想具有以经文为核心的本质和凸显在外的政治改革外壳。在伊斯兰现代主义思潮领导下，自由、公正的伊斯兰的世界主义价值理念也在一定程度上得以传播。

(一)开放、自由：伊斯兰现代主义思潮中的世界主义元素

第一，倡导开放态度。伊斯兰现代主义思潮是相对于传统伊斯兰思想而言的。其倡导者旨在通过科学、文化、教育的手段，[①]培育出更多具有新思想的穆斯林知识分子，最终通过推动世界范围内的伊斯兰启蒙主义或现代改良主义运动而复兴伊斯兰教。在近代伊斯兰现代主义思潮运动中，为了使传统伊斯兰教富有时代精神，现代主义的倡导者对伊斯兰文化中的积极因素，如伊斯兰的开放态度、包容态度进行了诸多宣传。如穆罕默德·阿布笃在教育方面反对思想僵化，主张人应有独立和自由的进取精神。为使伊斯兰教适应现代社会发展，他主张引入西方科学技术，使伊斯兰教育与西方的现代文化相适应。[②] 再如伊克巴尔在理解圣训时，提出伊斯兰教先知在制

① 吴云贵：《伊斯兰教义学》，中国社会科学出版社，1995 年，第 126 页。

② 蔡德贵、王佃利：《穆罕默德·阿布笃的宗教改革和现代主义》，《宁夏社会科学》，1996 年第 4 期。

定律法时,重视阿拉伯民族的传统生活习惯和生活方式,因此今人在应用宗教律法时,也必须了解律法的精神实质,尊重民族传统习惯,采取灵活多变的态度,不能不顾时代条件,盲目照搬圣言,而应采取灵活、开放、发展的态度。

第二,实现自由、民主的现代改革。近代伊斯兰现代主义改良者积极用科学和理性的观点重新解释经典。他们认为,历史上的宗教教法思想日趋僵化,教规严重脱离实际,束缚了社会自身的发展。因此近代伊斯兰落后状况的改变,必须克服旧传统,实现广泛的社会改革。这种现代改革需要对伊斯兰文化中的积极元素进行充分肯定。在现代改良派的倡导下,传统公议范围不断扩大,为实行伊斯兰民主制度乃至引进西方议会制度打开了通道。①

总之,近代伊斯兰现代主义思潮,通过改良教育、文化传统、重新解释教义教法等措施,积极引入西方科学技术,挖掘传统伊斯兰文化中自由、包容、民主的价值理念。这些改革措施对伊斯兰世界主义价值元素的挖掘和传播具有积极的作用。

(二)赛义德·艾哈迈德·汗的世界主义思想

赛义德·艾哈迈德·汗(al - Sayyid Ahmad Khan,1817—1898)是印度伊斯兰现代主义思想的创始者,著名的伊斯兰宗教改革者。其著述有《诸王古迹》《念诵爱主,心智清明》《比杰瑙尔变乱本末纪事》《论印度叛乱的原因》《〈古兰经〉注》《赛义德演讲集》《艾哈迈德布道文集》《道德修养》等。

1. 和谐共存的思想

赛义德·艾哈迈德·汗通过自身对1857年印度反英大起义及英国对印度统治的长期性的认识,认为印度穆斯林要生存及发展下去,就必须改变思想与生活方式以适者生存。当务之急是印度信仰伊斯兰教的穆斯林与英国信仰基督教的统治者要消除成见、误解,达到两者的和谐共存。为此,他用亚洲语言注释了《圣经》,并认为伊斯兰教的圣典《古兰经》与基督教的圣典《圣经》源自同一灵感或精神源泉。伊斯兰教与基督教都属于人道主义宗

① 吴云贵:《伊斯兰教义学》,中国社会科学出版社,1985年,第130～132页。

教,反对任何残暴和流血。在《"有经人"的饮食教谕》[1]中,他认为伊斯兰教法并不禁止穆斯林与基督徒或犹太教徒同桌共饮,只要不饮食禁忌食品和饮料,印度穆斯林与基督教徒可以相互往来。同时主张印度穆斯林子弟学习科学。他指出,伊斯兰教义并不反对学习科学,应在伊斯兰教义的指引下学习西方的科学技术,同时通过科普教育的方式,推动印英文化交流,加强两个宗教和两种文化之间的相互理解与宽容。其伊斯兰现代主义的改革方案包括言论自由、对宗教进行批判性研究、改掉受"印度教徒影响的社会恶习"、克服自私的个人主义等,最终使印度穆斯林向伊斯兰现代主义迈进。[2]

此外,在处理如何与异族异教统治者的关系问题上,赛义德·艾哈迈德·汗为倡导穆斯林政治复兴和民族复兴,采取了与统治者合作的策略,甚至呼吁对另一种族的屈从,以维护穆斯林的根本利益。如努尔·刺合曼在《赛义德爵士生平》中提及,"赛义德·艾哈迈德·汗认为真主意欲使我们屈从另一种族,只要他给予我们宗教自由、治理公正、维护和平、保护我们的生命与财产,我们就应当对他致以良好祝愿并效忠她"[3]。但效忠并不意味着对统治者完全顺从。赛义德·艾哈迈德·汗借助立法议会讲坛为法律面前人人平等而大声疾呼。他认为,所有皇冠之下的庶民,无论印度教徒或穆斯林,都应享有政治和宪法权利。但是他也预言,在处理印度教徒与穆斯林之间的权利争议上,由于印度教徒与穆斯林之间团结合作的可能性不大,所以印度教徒与穆斯林最终选择分开,这是1947年印巴分治的最早政治预言。

2. 强调人性

赛义德·艾哈迈德·汗在宗教思想意识领域中对伊斯兰文化与宗教圣典《古兰经》进行新的阐释。他认为现代科学与伊斯兰宗教的基本信条是一致的,真正的宗教,其目的是符合人性、符合自然的。在伊斯兰教中,真主是自然的造物主,人与自然是真主的行为,真主言行最终一定是符合自然的。从认知自然到认知真主的思维历程是伊斯兰教先知的经验历程,世界完美

---

① 王家瑛:《伊斯兰文化哲学史》,宗教文化出版社,2007年,第461~463页。

② 吴云贵、周燮藩:《近现代伊斯兰教思潮与运动》,社会科学文献出版社,2000年,第101~103页。

③ 王家瑛:《伊斯兰文化哲学史》,宗教文化出版社,2007年,第463页。

有序的原因正是得益于真主。赛义德·艾哈迈德·汗对伊斯兰文化遗产进行了现代主义解释,从而得出符合时代的宗教最终要符合人的本性的结论,并认为道德伦理和净化人的灵魂是伊斯兰教法的重要任务,他依据时空的变化而有所变化以符合人的本性,因此教法并非终结性的。①

由此可见,赛义德·艾哈迈德·汗在现代主义改良运动中的包容、宽容态度使伊斯兰文明与世界之间的联系更加紧密,促进了伊斯兰文明中世界主义价值元素的世界性传播。

(三)穆罕默德·阿布笃的世界主义思想

穆罕默德·阿布笃(Muhammad ‘Abduh,1849—1905)是埃及著名哲学家和思想家,被誉为伊斯兰世界现代主义旗手。在阿富汗尼在埃及爱资哈尔大学授课过程中,阿布笃在其精神和政治感召下,逐步建立了自我的民族意识,培育了热爱自由和立宪治国的思想。1884 年,阿布笃与阿富汗尼共同创办了刊物《坚柄》,号召穆斯林人民团结起来反帝反殖,并致力于通过传播知识、普及教育,唤醒传统社会机制中的民众适应现代生活。在爱资哈尔大学担任校务委员会委员时,他充分体现出现代主义的自由主义办学方针,开设了前所未有的世俗课程,如历史、地理、数学、自然等课程。1899 年被任命为埃及大穆弗提时,他发布了三项宗教法令,其中一条授权穆斯林在非穆斯林国家可食用非穆斯林宰杀的肉食,并允许穆斯林在特殊情况下可穿戴异于传统的服饰,并不断将自己的现代主义理想付诸实现。② 在阿布笃的现代主义改革纲领中,隐约闪现出世界主义的观点和元素,主要体现为以下三个方面:

第一,不分国家、民族、宗教友好团结。阿布笃认为社会历史从本质上而言是一部道德行为史,社会发展的前途应该是乐观向上,人的本性并非向恶,而是积极向善,热爱和平的。在真主赋予人理性时,善已经内化于人的本性之中,只是在现实生活中需劝告和提醒人们付诸行动实现人性本善。

---

① 黄心川:《赛义德·阿赫默德·汗的宗教和哲学思想述评》,《南亚研究》,1989 年第 3 期;王家瑛:《伊斯兰文化哲学史》,宗教文化出版社,2007 年,第 466 页,第 471 ~ 473 页。

② 蔡德贵、王佃利:《穆罕默德·阿布笃的宗教改革和现代主义》,《宁夏社会科学》,1996 年第 4 期;也可参见王家瑛:《伊斯兰文化哲学史》,宗教文化出版社,2007 年,第 491 ~ 494 页。

由于人性本善，阿布笃认为斯多葛派的宇宙神教是未来社会理想蓝图，即建立一个世界共同体，人们可以不分国家、民族、宗教、语言、种族的差异，从理性和本原上都是平等的，彼此友好团结，和睦相处。① 在阐明世界共同体的理想蓝图的基础上，他还认为人具有物质、精神乃至心理上的基本需求，为满足上述需求，人需要具有相互同情及爱心，需要进行社会团结。为达到社会团结一致的目标，新式教育包括妇女教育是重要手段。

第二，争取扩大民权。世界主义的基本要义之一在于凸显个体主义价值。阿布笃反对欧洲殖民主义对伊斯兰国家的政治控制，也反对伊斯兰国家自身的君主专制政体。在积极吸收西方文化的基础上，他的现代主义改革主张动员广大民众，并争取民众的基本权利。他认为，真正的先知并不妨碍人按其意愿行事，真主的全知也不阻止人自由的选择，所有的神圣诫命都是基于人要为其所作所为负责这一原则，从而为人的意志自由提供了广阔的活动空间。阿布笃认为，《古兰经》中有四十六节经文明确、清晰地提及意志自由，先知及其伙伴一生的活动表明对人的意志自由的坚定信仰。

第三，以理性为基础的宗教改革，创制符合现代社会要求的"公议"。阿布笃的宗教改革是倡导回归至伊斯兰原初教旨，但这种回归原教旨并非故步自封，而是致力于澄清污蔑伊斯兰教的种种不实之言，使其保持与时俱进，适应时代进步。他认为，伊斯兰教是普遍性宗教，永远适用于一切文化的所有民族。"创制"需要面对新时代生活条件下涌现出的种种问题，定论并非来自古老著作和权威，而应是现代主义精神和顺应公众利益的结果。《古兰经》是与开明的理性相一致的，人们注释《古兰经》需要以绝对证据和确实可信的传统为依据，而不能凭借个人意见或主观臆断。阿布笃更关注《古兰经》的普遍意义价值，并认为这一信仰应永远适用于进化论和进步概念。②

由此可见，阿布笃的宗教改革具有实用主义倾向，并非是为实现伊斯兰

---

① [苏]约·阿·克雷维列夫：《宗教史》（下卷），王先睿译，中国社会科学出版社，1984年，第256～271页。

② 王家瑛：《伊斯兰文化哲学史》，宗教文化出版社，2007年，第497～498，501，503～504页；吴云贵、周燮藩：《近现代伊斯兰教思潮与运动》，社会科学文献出版社，2000年，第109～111页。

国家的政治团结，更非是要进行“圣战”来反对非穆斯林。其宗教改革的重点是进行教育改革和道德改革，从而深入而持久地改善穆斯林的道德水平和社会地位，最终使伊斯兰文明得以蓬勃发展。

（四）伊克巴尔的世界主义思想

穆罕默德·伊克巴尔（Muhammad Iqbal，1877—1938）是南亚次大陆现代著名伊斯兰哲学家、诗人，其代表作为《自我的秘密》《无我的奥秘》《伊斯兰宗教思想的重建》《波斯形而上学的发展》《驼队的铃声》等。

第一，天下人人皆兄弟。伊克巴尔早期认为，印度次大陆虽然是由多个民族及宗教共同体聚合，由于种姓和宗教纠纷而呈现分裂状态，但人民基于对祖国的爱而形成心理上的团结，最终应在实现个体自由的基础上，共同结合为一个西方式国家。但从欧洲游学回国后，伊克巴尔认识到，在西方文明中，无情的竞争使各个民族变成彼此敌对的社会集团，西方国家长期推崇拜物教而抛弃了伦理和精神价值。因此，1908 年回国后，他开始寻求新的世界观。他认为，如果伊斯兰世界试图以西方型的民族主义取代全球性伊斯兰伦理道德价值，将是伊斯兰世界的悲剧。在他看来，作为世界性宗教的伊斯兰教是把全人类作为整体对待的，但现有的宗教教义陈旧僵化，毁坏了宗教的基础，不可能产生个人或共同体自我实现的世界观。同时，领土自治和种族的民族主义分裂了人类，产生了互相敌视的社会集团。因此在其诗歌中，他号召各民族人民团结，摒弃宗教纷争。如在《新湿婆庙》中号召印度教徒和穆斯林消除宗教隔阂，在“爱”的基础上团结对敌。

第二，强调人的个性发展和自我观。伊克巴尔认为“自我”是人的灵魂，即个体中的神性，他的哲学主旨是启发穆斯林认识到自己心中所蕴藏的真主的神性，再按照伊斯兰教义建立理想的社会。这种具有神秘主义色彩的哲学观点含有强调人的个性发展的内容。他倡导进行宗教改革，认为真主赐予人类个体自我以参与生活，个体自我与社会自我和谐共存，发展的自我将他的有限与宇宙无限精神协调一致。从个体自我的角度出发，他反对以地理或种族划分人类,并严厉抨击侵略的民族主义。①

由此可见,伊克巴尔不赞成西方民族主义观念,但仍然主张将宗教信仰作为群体认同的基础。从世界性角度看,伊克巴尔主张的宗教社团主义具有跨国、跨民族的世界主义性质。但在国家内部,伊克巴尔倡导的宗教社团主义往往把宗教社团的利益凌驾于整个国家或民族利益之上,②最终会导致国家内部的分裂。

三、巴布派的世界主义思想

巴布派的兴起与伊朗巴布运动(巴布起义)和伊朗什叶派内部谢赫学派的崛起有密切联系。巴布派提出的"铲除人间不平,建立平等、公正与幸福的正义王国,提倡个人道德和友爱精神,以维护和平,实现人类大同,建立其世界新秩序和正义王国"的观点与世界主义思想具有异曲同工之处。

(一)正义王国:巴布派的世界主义思想元素

巴布派的兴起与伊朗谢赫学派关系密切,而伊朗谢赫学派可追溯至17世纪的伊斯法罕学派和"神智哲学"运动。在18世纪下半叶,谢赫学派的创始人谢赫·阿赫沙仪(Shaykh Ahmad al - Ahsaí,1753—1826)在教义思想中清除了苏菲信仰因素,并认为末代"隐遁"伊玛目并非肉身隐世,而是生活在天体原型世界,虔诚信仰伊玛目的圣者可以代行伊玛目的功能。③

1844年,恰逢什叶派第十二代伊玛目"隐遁"一千年,许多受谢赫学派影响的穆斯林都相信每千年伊斯兰教就会出现一名复兴者。深受谢赫学派影响的宗教改革者赛义德·阿里·穆罕默德(Sayyid' Ali Mu - hammad,1820—1850)借此提出末代"隐遁"伊玛目与信徒之间的中介是相继出现的门(巴布),同时他自称"巴布"。人们通过他这座"知识之门"可以了解伊玛目的旨意,并称自己是先知马赫蒂,负有铲除人间不平,建立正义王国的使命。巴布之说具有深厚的群众基础,许多谢赫学派的成员都成为巴布的支持者,

---

① 王家瑛:《伊斯兰文化哲学史》,宗教文化出版社,2007年,第510~516页;吴云贵、周燮藩:《近现代伊斯兰教思潮与运动》,社会科学文献出版社,2000年,第112~116页。

② 吴云贵:《近当代伊斯兰宗教思想家评传》,中国社会科学出版社,2016年,自序第3页。

③ 吴云贵:《穆斯林民族的觉醒——近代伊斯兰运动》,中国社会科学出版社,1994年,第47~52页。

巴布运动得以兴起。但伊朗统治者对此惶恐不安,不断阻挠巴布学说的传播。1847 年,巴布本人被收押入狱。在狱中,巴布以惊人的毅力完成了《默示录》。这本《默示录》成为巴布派的重要经典,在巴布派传播过程中被奉为高于一切旧经典的新圣经,"正义王国"的社会理想得以广泛传播。

(二)巴布的世界主义思想

赛义德·阿里·穆罕默德作为巴布派的创始人,其提出的理念被巴布派奉为经典。

第一,提出"正义王国"。在《默示录》中,巴布认为人类社会是递进式发展的,最终能发展成理想社会。在理想社会中,正义、平等、和谐是重要特征。巴布提出创建"正义王国",在这个理想的国度中,没有剥削和压迫,人人享受着平等、幸福、美满的生活,人身自由得以保障。这些观点是巴布派最初提出的理想社会愿景,具有自由、平等、正义的世界主义价值色彩。巴布本人认为,实现这一愿景的最初途径是自下而上地说服统治者,然而其接替者在政治压迫下转向武装起义,即 1848 年的巴布起义。在巴布起义期间,巴布的"正义王国"学说得到大力传播,但 1850 年,巴布被伊朗统治者杀害。至此,巴布派发展的第一个阶段终结。但在巴布继承者的领导下,巴布派进入了另一个新阶段——巴哈伊派时期。在此后阶段,正义王国的观点仍然不断被传播。

第二,强调和谐与和平的理念。巴布提出的理想社会,最终之所以能达成正义的理想追求,前提是社会中的人能够和谐相处,即人们的权利与义务之间、付出与索取之间,以及各自的得与失之间等方面彼此均衡,以达到整个社会生活的合理有序。① 而人类和平是实现社会和谐,乃至世界和谐的重要基础。因此,巴布所希望的社会改革方式并非是武装斗争和流血牺牲,而是和平的、非暴力的改革。他所提出的律法就明确废除了伊斯兰教传统中一些极端的、严厉的做法,强调人与人之间要和睦相处,实现社会和谐和稳定。

第三,提出"人类一家、世界大同"。巴布在正义王国理念的基础上,提

① 许宏:《巴布宗教思想研究》,山东大学博士论文,2009 年,第 93 页。

出了人类一家、世界大同的社会理想。巴布曾预言,地球上所有人类都是同一上帝的子民,因此随着时代的进步,他的教义将传遍全世界,从而使人类一家、世界大同的理想实现。他说:“当如此说,上帝是主,万民皆是他的崇拜者。”①

巴布向人们宣称,在上帝的统领下,人类都是兄弟。② 由此可见,巴布是将世界人类看作统一种族,都是上帝的子民。人类之所以有种族形态之区别,只是上帝造物所形成的,并非本质性的区别。

不难发现,巴布的基本理念是反对战争和暴力,倡导世界和平。在此基础上,巴布根据对人类社会发展的认知,最终得出“人类一家、世界大同”的理念,这一理念是被称为“天启之下”的世界主义理想。

总体而言,在近现代伊斯兰文明发展过程中,泛伊斯兰主义思想、现代伊斯兰主义乃至具有世界主义思想的巴布派的发展都非常依赖于帝国网络,而非传统伊斯兰教的哈里发。因此,这种泛伊斯兰主义的改革方式是不彻底的,因为他们既不是以传统哈里发为中心,同时也在很大程度上依赖帝国主义世界。其核心人物伊斯兰知识分子精英,作为自由改革派的一部分,运用19世纪优势的知识、策略、竞争,阐述了一种与时代的改革精神和科学精神相一致的伊斯兰世界广泛联系的主张。这种伊斯兰世界广泛联系的主张,不仅建构起广泛的伊斯兰世界的合作与交流,也建构起包括观念、现实中的商业、交通、通讯和印刷等全球性的联系网络。这种跨国、跨民族的世界性广泛联系具有一定的世界主义价值元素。

一方面,这种世界主义的发展在一定程度上是传统的,因为它源自《古兰经》的戒律和圣贤(先知的传统)的规定,它援引的是伊斯兰的共识原则来调和穆斯林之间的文化差异,这种世界主义具有共同的强烈的宗教性联系。另一方面,这种世界主义的发展也是新的改革,因为近现代伊斯兰的世界主义依赖于英国帝国的网络、交通系统以及通讯和信息传播,正是这种对英国和奥斯曼帝国的依赖使伊斯兰教在思想和政治上都得到了重大改革,而且

① 许宏:《巴布宗教思想研究》,山东大学博士论文,2009年,第52页。

② 许宏:《巴布宗教思想研究》,山东大学博士论文,2009年,第96页。

它建立在一个与全球愿景密切联系的奥斯曼帝国愿景的基础上。因此,有学者将其称为“帝国转移式的世界主义”。总之,近现代伊斯兰世界主义思想阐述了作为一个文化和文明的看法:一种普遍主义的伊斯兰公共行为基于信仰、仪式等达成共识,并形成忠诚和奉献。这种世界主义的独特性也在于,它把伊斯兰世界定义为知识和文明区,超越了政治边界,领土范围和文化特殊性。①

第四节　当代伊斯兰思潮中的世界主义思想

当代伊斯兰思潮的发展脉络中,世界主义思想也时有闪现,本节重点阐释带有世界主义色彩的“中间主义”思潮和当代巴哈伊教(参见表7-3)。

表7-3　当代伊斯兰文明中的世界主义理论简谱

思潮派别	代表人物	关注重点
当代伊斯兰“中间主义”思潮	优苏夫·盖尔达维、法图拉·葛兰、拉马丹·布推、马哈茂德·萨尔塔威、穆罕默德·塔拉比、阿卜杜伊拉·米噶提、阿萨穆·巴希尔	中正、和谐 平等、团结 公正、宽容 多元主义、宗教对话
当代巴哈伊教	米尔扎·侯赛因·阿里、阿布杜·巴哈、沙基·爱芬迪	人类一体、天下一家

一、伊斯兰“中间主义”思潮的世界主义思想

伊斯兰“中间主义”是当代阿拉伯伊斯兰世界中具有广泛影响的思潮,它致力于弘扬伊斯兰教的和平理念和正义价值。当今世界已成为一个地球村,伊斯兰中间主义思潮所秉承的伊斯兰文明中的和平中正、公正和谐的文化传统与提倡正义、实现个人自由的道德世界主义价值理念具有相似之处。

① Seema Alavi, *Muslim Cosmopolitanism in the Age of Empire* , Harvard University Press, 2015, pp. 9-32.

(一)中正、和谐:“中间主义”思潮的世界主义思想元素

“中间主义”源自伊斯兰经典中的“中正”理念,其内涵包括正义、公正、公平、和平、和谐、中和、平衡多种含义。而伊斯兰“中间主义”思潮是指追求伊斯兰中正理念,具有“中正”价值取向的思潮或学派。从世界主义思想基本元素看,正义、和平等价值理念正是世界主义思想的应有之义。

第一,倡导中正理念,维护世界和平。当代伊斯兰“中间主义”思潮强调,伊斯兰教是和平仁爱的宗教,并且旗帜鲜明地反对各种形式的恐怖主义,“为人类社会的每一员提供安全保障是伊斯兰法的基本宗旨之一,而剥夺人们的安宁则是应当受到惩罚的犯罪行为”①。当代伊斯兰“中间主义”认为,恐怖主义是全球公害,而并非某个特定民族、文化乃至国家的独有现象,开展全球合作是反对并消除恐怖主义的重要途径。国际社会特别是国际机构负有重要责任,制止侵略者的行为,以国际法准则为准绳,应对国际社会中的危险因素,巩固世界和平。在维护世界和平时,当代伊斯兰“中间主义”还强调要反对霸权,谋求公正合理的国际秩序。从全球视野和普适情怀出发,当代伊斯兰“中间主义”呼吁全世界所有国家和全人类的有效和平、安全与稳定,“在伊斯兰文明的视野中,人类社会就是一个大家庭,即便在种族、地域、政治、宗教等方面是多元化的,但全人类同根同祖,同为一家”②。

第二,关注全球进程,主张文明对话。在全球化发展趋势日渐深入之时,伊斯兰世界也开始关注全球化问题,2002 年世界伊斯兰联盟在麦加召开了“伊斯兰民族与全球化”的专门会议。会议认为,积极推动并广泛宣传伊斯兰“中间主义”是有效应对全球化挑战,化解危机的重要途径。在全球化进程中,伊斯兰中间主义思潮也具有兼济天下的普世思想和全球理念,并认为在全球进程中要在国际规则之下兼顾全球文化。事实上,美国学者早在《全球文明史》中将伊斯兰文明看作第一个真正具有全球性质的文明,并认

① 丁俊:《伊斯兰文明的反思与重构——当代伊斯兰中间主义思潮研究》,中国社会科学出版社,2016 年,第 79 ~ 80 页。

② 丁俊:《伊斯兰文明的反思与重构——当代伊斯兰中间主义思潮研究》,中国社会科学出版社,2016 年,第 83 页。

为伊斯兰文明将现存的各个文明中心联系为一体。[①] 此外，当代伊斯兰“中间主义”还主张在国际上要文明对话，反对文明冲突。倡导文明对话的思想直接来源于《古兰经》，它强调要与“有经人”之间，如犹太教徒和基督教徒进行友好对话。近年来，当代伊斯兰“中间主义”倡导者也不断发起各种形式、规模的文明对话、宗教对话活动。

总之，当代伊斯兰“中间主义”思潮的倡导者在倡导中正理念、维护世界和平、主张文明对话等各个层面的努力，是阿拉伯伊斯兰世界对“文明冲突论”等霸权话语的有力回应，也体现出他们对于倡导伊斯兰核心价值观中的中正理念，弘扬伊斯兰文化积极因素，主张宗教宽容的时代责任感。

（二）优苏夫·盖尔达维的世界主义思想

在当代阿拉伯世界中，世界穆斯林学者联合会主席、卡塔尔大学教授优苏夫·盖尔达维（Shaykh Yusuf al - Qaradaw，1926— ）是“中间主义”思潮中最具影响力的伊斯兰学者之一。为宣扬中正理念，他开通了个人网站，并在网站中以《古兰经》经文“我这样以你们为中正的民族，以便你们作证世人，而使者作证你们”作为网站基本宗旨。2009 年，在盖尔达维的推动下，世界穆斯林学者联合会创立了《中正的民族》学术刊物，他为该刊撰写了创刊词《中间主义的坐标之一——理性与经典的平衡》。他的代表作有《传统与现代之间的阿拉伯 - 伊斯兰文化》《传统与创新之间的伊斯兰教法》《伊斯兰视域中的宗教自由与多元主义》《论伊斯兰中间主义及文化创新》等。盖尔达维的世界主义思想包括了全球伦理、世界政治、世界和平等多个层面。

第一，信奉人类大家庭理念。盖尔达维认为，追求和平公正、敬主爱人是伊斯兰哲学的重要价值理念，而当代伊斯兰“中间主义”思潮正是秉承这一传统的主流思潮。盖尔达维在《论伊斯兰中间主义及文化创新》中指出，当代伊斯兰“中间主义”思潮信奉多元主义以及各国人民之间相互了解和宽容的必要性，信奉全人类同属一个大家庭，确信不同文化之间相互兼容、相互影响、相互借鉴的必然性，既不妄自菲薄，也不妄自尊大。这种倡导和维护文化多样性的理念与“天下大同”具有相似的境界。盖尔达维在此理念的

① ［美］皮特·斯特恩斯：《全球文明史》，赵轶峰译，中华书局，2006 年，第 253 页。

基础上,积极呼吁人类社会尊重文化多样性,并号召阿拉伯伊斯兰世界积极参与到人类大家庭营造和构建全球伦理的文化自觉行动中。

第二,强调构建全球普世伦理价值。盖尔达维重视道德伦理价值,他认为伊斯兰应"坚持人类社会的普世价值,如公正、协商、自由、尊严和人权"[①]。他指出,在圣训中,穆圣认为"我的使命就是为了完善人类的道德"[②],因此伊斯兰教应坚持道德建设,将道德建设提升到信仰的高度,惩恶扬善,仁爱宽容。盖尔达维明确强调,伊斯兰教是一套完整的法制体系,其中公平正义、宽容仁爱是重要的核心价值。《古兰经》中一直强调要捍卫人的尊严与权利、维护社会的和平与和谐,这也是伊斯兰法的基本宗旨。基于此,要在伊斯兰根本宗旨的框架内,也即公平正义、宽容仁爱的基础上理解具体经文。[③]早在1960年出版的《伊斯兰教中的合法与非法》中,盖尔达维就对伊斯兰教中非法的裁判相当宽容,并以中和的立场扬名于世。他宽容的教法思想也表现在全球普世伦理价值上,认为在当今时代,不同的宗教、文化之间的联系非常密切,因此伊斯兰也应该以中正、宽容的心态对待不同宗教、文化的人们,倡导将伊斯兰教义中的积极价值理念,汇入全球普世伦理价值中。为此,伊斯兰教的宗教表达方式也应有所改变,但基本信仰、道德准则还需要坚持与遵守。

第三,积极倡导文明对话。在对待世界上不同文明和宗教上,盖尔达维体现出宽容的态度,认为要谋求阿拉伯伊斯兰民族的团结统一,就必须尊重不同宗教,开展宗教之间、文明之间的积极对话。只有通过相互对话,才有可能使不同宗教、文化相互了解、认识和理解,最终实现人类社会同舟共济的和谐状态。与此同时,盖尔达维也指出,对待极端主义和暴力恐怖活动必须坚决抵制,因为它背离了伊斯兰教的根本精神。为此,盖尔达维不遗余力地对极端主义和暴力恐怖活动进行深刻批判,并认为公正宽容、团结对话才

① 丁俊:《伊斯兰文明的反思与重构——当代伊斯兰中间主义思潮研究》,中国社会科学出版社,2016年,第93页。

② 丁俊:《伊斯兰文明的反思与重构——当代伊斯兰中间主义思潮研究》,中国社会科学出版社,2016年,第94页。

③ 丁俊:《伊斯兰文明的反思与重构——当代伊斯兰中间主义思潮研究》,中国社会科学出版社,2016年,第158页。

是伊斯兰文化发展的方向。不同文明之间并不是相互冲突的关系，应该倡导不同文明、宗教之间的对话与交流。[①] 盖尔达维还认为，在当代世界格局巨变的背景下，反对极端主义和激进思想还应积极加强教育和舆论宣传，倡导“中间主义”思想，致力于建立社会互信。为此也必须通过文明对话的方式传达阿拉伯伊斯兰世界的中正宽容的价值观，而这种对话必须通过文明的方式，遵循循序渐进的方针，不可诉诸暴力，更不能急于求成。

由此可见，盖尔达维的世界主义思想具有鲜明的时代特征，是在当代世界多重冲突和伊斯兰文明发展的实际需求的背景下生发出来的。在全球化时代，通过挖掘伊斯兰文明的中正思想，进而构建和完善全球伦理价值，提倡不同文明和合共生，是其世界主义思想的重要特征。

二、当代巴哈伊教的世界主义思想

巴哈伊教也称为大同教，是当前重要的新兴世界性宗教，其教徒分布于两百多个国家和地区。巴哈伊教的宗教归属问题无论在理论还是现实中都颇有争议。如有学者认为伊斯兰教权威机构难以接受巴哈伊教，其原因在于这类宗教与伊斯兰教基本教义有较大差异，因此不能归类到伊斯兰教流派中。而在现实政治中，巴哈伊教在一些国家也得不到承认。如 2008 年，伊朗的七位巴哈伊教领袖就由于政治当局的宗教不宽容态度而被逮捕。但从巴哈伊教的发展看，1848 年—1852 年的巴布起义失败后，巴布教早期的信徒米尔扎·侯赛因·阿里（Mirza Hosagn Ali，1817—1892）就根据巴布的“正义之城”“世界大同”的理念创立了巴哈伊教派。从宗教联系看，巴哈伊教不仅继承了伊斯兰教的一神论立场，其“世界大同”的理念也与伊斯兰教的“人人平等、人人皆兄弟”一脉相承。因此，当代巴哈伊教作为新兴的世界性宗教，与伊斯兰教关系密切，是与巴布教同宗同源的宗教。基于此，笔者认为，当代巴哈伊教所倡导的世界主义思想也属于伊斯兰文明世界主义思想的组成部分。

（一）实现世界大同：巴哈伊教的世界主义思想元素

巴哈伊派发展至今已成为一个世界性宗教，全球至少有几百万巴哈伊

---

① 丁俊：《尤苏夫·盖尔达维及其伊斯兰中间主义思想》，《世界宗教研究》，2015 年第 2 期。

教徒,并分布于多个国家和地区。其世界主义思想元素主要包括世界和平、宗教同源、人类一家的理念。

第一,世界和平。巴哈伊教倡导的"世界大同"理念是通过和平、非暴力的形式实现的。巴哈伊教的教义规定,巴哈伊教的教徒不论生活在哪个国家和地区,都不得通过暴力或非法的手段实现巴哈伊教的社会主张,其教派不能参与政治派系,不得参与任何有损社会或颠覆国家的活动,只能通过积极宣传布道和和平的社会活动实现巴哈伊教的主张。① 追求世界和平统一是巴哈伊教立教的基本原则,在1963—1968年期间,巴哈伊教就向世界上的部分国家统治者及罗马教皇发出信函,号召世界上的普世性宗教以"全球一家"为出发点,放弃宗教狂热思想,摒弃宗教排他主义和狭隘的民族主义,担负起友爱与和平的重任。② 1982年,联合国第37届大会将1986年确定为"世界和平年",巴哈伊教的最高行政机构世界正义院在1985年发布了告世界人民书《世界和平的承诺》,该文告陆续被呈送给当时的联合国秘书长以及一百六十多个国家的首脑。

第二,宗教同源。巴哈伊教认为,虽然世界上宗教的名称有很多种,但本质上都属于同一种宗教,即宗教同源。巴哈乌拉③认为,在宗教思想上,宗教是一元的,人类是一体的,至高无上的神只有一个,佛教、基督教、伊斯兰教不同教派的先知都是体现天神旨意的代表,只不过在不同宗教里的名称不同,如真主、天主、佛祖等。巴哈伊教提倡普世宗教,认为伊斯兰教、基督教、犹太教、印度教等宗教在本质上是一样的,都依赖于唯一的造物者。不论其他宗教的教徒信奉何种宗教,他所信奉的神明也是巴哈伊教的神明,其他宗教的教徒加入巴哈伊教,不需要改变原有的宗教信仰。④ 为此,巴哈伊教提出"对基督教徒来说,巴哈伊教就是基督教;对佛教徒来说,巴哈伊教就是佛教;对苏菲来说,它则以苏菲的神秘主义语言说话;对理性主义者来说,它

① 金宜久:《巴哈教的世界主义》,《世界宗教研究》,1997年第2期。

② 庞秀成:《巴哈伊基本教义演进、传播及比较》,东北师范大学博士论文,2009年,第7页。

③ 许宏:《巴布宗教思想研究》,人民出版社,2010年,第104页。

④ Nader Saiedi, *Gate of the Heart: Understanding the Writing of the Bab*, Wilfrid Laurier University Press, 2008, p. 26.

则以逻辑的语言说话"[①]。为号召各宗教领袖放弃偏见,增加宽容,2002年,巴哈伊教的世界正义院还发出了《巴哈伊世界中心世界正义院致全球宗教领袖函》,在该函中巴哈伊教以当代巴哈伊教的基本教义为基础,号召各宗教领袖消除宗教偏见,从精神上解决宗教冲突,并开展"跨宗教合作运动"。[②]

第三,人类一家。当代巴哈伊教通过多种途径宣传自身的"人类一家"的基本理念。如巴哈乌拉所提出的"全地球是一国,全人类是其公民"的主张,就通过巴哈伊教的《天下一家》(中文版)杂志体现出来。该杂志由巴哈伊国际社团新闻社出版,在杂志的封面上每期都刊载着"地球乃一国,人类皆其民"的口号。[③] 为传播"人类一家"的基本教义,1994年,巴哈伊国际社团新闻处发布了《人类的繁荣》文告。巴哈伊教将该文告在1995年的丹麦哥本哈根联合国社会发展世界首脑会议上进行散发,得到了与会者的大力支持。该文告系统阐述了巴哈伊信仰的"人类一家"的理念,并明确提出了实现"人类一家"的具体步骤。[④]

由此可见,巴哈伊教的世界主义思想不仅具有普世性,而且还形成了完整的价值体系。在世界主义理论层面上,巴哈伊教不仅关注人类面临的各种全球性问题,还关注从集体到个体层面上的普世性道德品质。

(二)米尔扎·侯赛因·阿里的世界主义思想

巴哈伊教的最初创始人巴哈乌拉米尔扎·侯赛因·阿里(Mirza Hosagn Ali,1817—1892)在巴布起义后,坚持不用武力推翻统治者,而主张忠于政府,并以博爱消除贫富差距,实现社会平等,最终实现人类一体、世界大同。这些观点代表了巴哈伊教早期的典型世界主义理想。

第一,传承"人类一家、天下大同"的思想。当代巴哈伊派的创始人米尔扎·侯赛因·阿里被称为巴哈乌拉,成为巴布之后新的知识之门。米尔扎·侯赛因·阿里的世界主义观点基本继承了巴布教的基本教义,即实现人类

① 金宜久:《巴哈教的世界主义》,《世界宗教研究》,1997年第2期。

② 庞秀成:《巴哈伊基本教义演进、传播及比较》,东北师范大学博士论文,2009年,第222~224页。

③ 金宜久:《巴哈教的世界主义》,《世界宗教研究》,1997年第2期,第109页。

④ 庞秀成:《巴哈伊基本教义演进、传播及比较》,东北师范大学博士论文,2009年,第213页。

一家、天下大同。巴哈乌拉认为，人类最终会脱离战争、冲突，实现“至大和平”的大同世界的设想。[①] 他的《鸽子的颂歌》《隐言经》《七谷书简》《确信经》和《至圣经》的内容都是其感悟生命哲理和爱的奥秘的重要著述，内涵着深厚的世界主义价值元素，但内容颇为繁杂，较难理解。

第二，人类皆兄弟的主张。巴哈乌拉写下了一百多部著作，将巴哈伊教体系化，使其逐渐从一神论学说转变为一个普适性的宗教。“地球乃一国，万众皆其民”的观点成为巴哈伊教的核心教义。[②] 此外，巴哈乌拉还主张摒弃人类之间的内部偏见，维护世界和平，反对战争。在他被囚禁和被驱逐的几十年生涯中，虽与外界社会接触减少，但仍坚持通过书信和各种作品与外界交流，积极向世界宣传巴哈伊教的世界主义主张。

总之，在巴哈乌拉的努力下，巴哈伊教继承了巴布教的基本教义“人类一家，天下大同”，并成功地将巴哈伊教的世界主义理念广为传播。在传播巴哈伊教的过程中，巴哈乌拉还提出，要维护世界和平，必须要服从所在国政府的基本法律和政策，并维护社会的各种正常秩序，遵守基本道德规范，这样才能使社会平稳快速发展，从而从根本上避免战争和动乱发生。

（三）阿布杜·巴哈的世界主义思想

1892 年，巴哈乌拉去世，其长子阿布杜·巴哈（Abd ol - Baha，1844—1921）被指定为巴哈伊教的新领袖，他被称为“巴哈之仆”，一直在传播巴哈伊教的“宗教同源、世界大同”的世界主义思想。

第一，精准概括“上帝唯一、人类一家和宗教同源”三大教义。阿布杜·巴哈作为继巴哈乌拉之后的巴哈伊教的领袖，具有深厚的宗教理论知识。在系统梳理巴哈伊教经典的基础上，他在 1911 年将巴哈伊教的教义概括为“上帝唯一、人类一家和宗教同源”，更加清晰地阐释出巴哈伊教的世界主义思想。阿布杜·巴哈所著的《若干已答之问》《巴黎谈话》将人类、和平、爱作为重要关注点，阐明了巴哈伊教的宗旨。[③]

---

① 许宏：《巴布宗教思想研究》，人民出版社，2010 年，第 95 ~ 96 页。

② 蔡德贵：《巴哈伊信仰的世界主义》，《中国社会科学院研究生院学报》，2005 年第 6 期；也可参见蔡德贵：《当代新兴巴哈伊教研究》，人民出版社，2001 年，第 32 ~ 40 页。

③ 庞秀成：《巴哈伊基本教义演进、传播及比较》，苏州师范大学博士论文，2009 年，第 171 页。

第二,倡导和平,废除“圣战”教义。阿布杜·巴哈作为巴哈伊教的第三代领袖,为传播巴哈伊教的世界主义理念,晚年拖着病体游历了埃及、欧洲、北美等世界各地,进行各种演讲和交流,使巴哈伊教的世界主义理念得以在世界范围广泛传播。① 在各种演讲中,阿布杜·巴哈强调和平是巴哈伊教的重要源泉,人类不应该生活在冲突、偏见与仇恨之中。1912 年,阿布杜·巴哈所做的“基督和巴哈欧拉对精神力量的重视”的演讲指出,狂热的民族主义情绪对于世界和平是不利的,种族差别、宗教狂热和爱国偏见,都阻碍了全球团结。在哥伦比亚的著名演讲中,他继续强调和平才是所有宗教、所有正义的源泉和基础。②

由此可见,在阿布杜·巴哈时期,巴哈伊教的世界主义理念的基本教义已基本被明确下来,并通过通俗易懂的方式在世界上得到广泛的传播。

(四)沙基·爱芬迪的世界主义思想

1921 年,阿布杜·巴哈去世,他在遗嘱中任命自己长女之子沙基·爱芬迪(Shoghi Effendi,1897—1957)为巴哈伊教的第一任信仰的“圣护者”,爱芬迪按照巴哈伊教的基本教义,将巴哈伊信仰向全球推广,并建立了巴哈伊世界中心。

第一,推动了巴哈伊世界主义理念的全球发展。沙基·爱芬迪作为阿布杜·巴哈之后的巴哈伊教领袖,继承和发展了巴哈乌拉构想的、阿布杜·巴哈初步创立的巴哈伊行政制度,并对巴哈伊教进行了系统总结。在此基础上,他还将巴哈伊教的主要经文典籍翻译成英文,大大促进了巴哈伊世界主义理念的传播。1944 年,沙基·爱芬迪在巴哈伊教成立 100 周年之际出版了《神临记》,将巴哈伊教的百年发展进行了系统梳理,并奠定了巴哈伊教与国际秩序之间的关系。③

第二,通过巴哈伊国际社团传播世界主义理念。在沙基·爱芬迪的推动下,巴哈伊教在二战后成功地在欧洲、北美、大洋洲等发达国家和地区拥

---

① 蔡德贵:《巴哈伊信仰的世界主义》,《中国社会科学院研究生院学报》,2005 年第 6 期,第 73 页。

② 许宏:《纪伯伦与阿布杜巴哈》,《世界宗教文化》,2008 年第 4 期。

③ 庞秀成:《巴哈伊基本教义演进、传播及比较》,苏州师范大学博士论文,2009 年,第 192 页。

有了一批信徒团体。1945 年，在沙基·爱芬迪的带领下，巴哈伊教代表与其他四十多个非政府组织代表出席了《联合国宪章》的签字仪式。1948 年，巴哈伊国际社团获准成为国际非政府组织。通过巴哈伊国际社团的活动，沙基·爱芬迪将全世界的巴哈伊信徒团结起来，共同为世界和平而努力。[①] 1957 年，沙基·爱芬迪去世后，按照巴哈乌拉的《律法书》，选举制的世界正义院在 1963 年成立。自此后，位于以色列海法的巴哈伊的世界正义院成为巴哈伊信仰的最高行政机构，由九名成员组成。这九名成员由来自于各个国家、地区的“灵体会”选举产生。

由此可见，当代巴哈伊教的世界主义理念的奠定与巴哈伊教的早期领袖密切相关。[②] 之后，巴哈伊教通过世界正义院的行政体制继续发展，其世界主义的基本理念得到进一步的巩固与发展。

第五节　伊斯兰文明世界主义思想的理论与现实反思

伊斯兰文明的社会制度、生活方式等都依托于宗教，因此伊斯兰文明可以被称为一种宗教性文明。关注伊斯兰文明，必然会关注伊斯兰教。文化思潮与宗教思潮的实际界分十分困难，宗教思潮是基于某种共同的宗教信仰而凝聚起来的，而文化思潮则是建立于一种普遍的文化与法则的统一力量之上。由于宗教与民族、文化有一定的交叉性和共通之处，伊斯兰文明的世界主义与西方伦理道德世界主义思想、政治世界主义思想、文化世界主义思想也有所关联。[③]

一、理论反思：伊斯兰文明世界主义思想与西方世界主义思想的异同比较

伊斯兰文明世界主义与一般的世界主义相比，具有一定的差异性，但也有着相通之处。从西方世界主义思想的内容划分来看，伊斯兰文明世界主

① 吴正选：《全球治理中的巴哈伊国际社团》，复旦大学博士论文，2012 年，第 54 ~ 57 页。

② 蔡德贵等编：《巴哈伊文献集成》，山东大学出版社，2016 年，第 1 ~ 6 页。

③ 王云芳：《伊斯兰文明的世界主义：概念、谱系与反思》，《国际观察》，2018 年第 1 期。

义类似于文化和宗教社群的世界主义，与政治世界主义有所关联。从西方世界主义思想的程度划分来看，伊斯兰文明世界主义则可视为调和世界主义或温和世界主义。

首先，在文化和宗教社群的世界主义层面上，伊斯兰文明世界主义与文化和宗教社群的世界主义较为相似。伊斯兰教不是单一民族的宗教，而是多民族宗教，它在文化和宗教意义上，超越了单一民族的世界性宗教体系。其次，在政治世界主义层面上，伊斯兰文明的世界主义与政治世界主义层面有一定的交叉点。如宗教的国际联合体等。但伊斯兰文明世界主义不同于宗教主义政党的政治世界主义，它更强调伦理道德方面的正义、公平等价值理念。伊斯兰文明的世界主义除回避极端化思想外，也侧重思想史的发展，从而超越政治或制度层面的民族国家或宗教的国际联合体。最后，在调和世界主义和温和世界主义层面上，伊斯兰文明的世界主义具有较强的调和性和温和性。如巴哈伊教认为人类一致、宗教同源，并认为应调和不同宗教，克服民族主义思维和行动方式，承认差异并平等地对待差异。

总之，伊斯兰文明的世界主义思想所蕴含的和平、正义、公正的价值与其他文明的世界主义思想间具有共通性，有助于伊斯兰文明与其他文明的和平共存、共同发展。

二、现实反思：澄清伊斯兰文明世界主义思想的当代误解

在现实世界中，伊斯兰文明的世界主义倾向往往受到西方文明的质疑和限制。特别是近期，一些人从伊斯兰极端主义出发来否认伊斯兰文明存在世界主义思想，这种思路其实是偏颇的。事实上，绝大多数的伊斯兰教派是温和派，主张宗教、教派宽容，其中具有世界主义倾向的伊斯兰教派学派也不在少数。在《中国伊斯兰百科全书》中列出的 197 个（因教派有多种名称，实际列出 150 余个教派）教派学派条目中，有 110 多个教派都属于温和派，有 20 余个教派的教义中，明确禁止因不同信仰而排斥外教，而且历史上伊斯兰世界也长期与犹太教、基督教和谐共处。① 基于此，需要澄清现实世界对伊斯兰文明世界主义的误解。

---

① 《中国伊斯兰百科全书》编委会：《中国伊斯兰百科全书》，四川辞书出版社，2007 年。

首先,消除对伊斯兰文明世界主义思想的政治误解。一般而言,对伊斯兰文明的世界主义普遍误解就在于,认为伊斯兰文明要重建一个强大的文明帝国,形成宗教的世界性联合,使伊斯兰教走向世界。事实上,伊斯兰文明世界主义的终极理念并非是超越宗教边界的团结和联合,而是比"伊斯兰世界"①所指称的穆斯林共同体的范围更为广阔,关涉整个人类的自由与和平的理念性概念。其次,改善伊斯兰文明与世界平等交流的现实困境。21世纪的伊斯兰世界在处理宗教关系上,从官方到民间最重要的变化就是强调宗教对话与宗教宽容。因此人们需要正视这一变化,证伪文明冲突论,为伊斯兰发展提供更多模式选择。

总之,伊斯兰文明中的世界主义思想是伊斯兰文明与其他文明之间通约性的重要基础,是解决当前宗教极端主义困境的重要思想武器之一,澄清对伊斯兰文明世界主义思想的现实误解,倡导伊斯兰文明中世界主义价值对于伊斯兰文明的未来发展助益良多。

---

① ［日］羽田正:《"伊斯兰世界"概念的形成》,刘丽娇等译,上海古籍出版社,2012 年,第 9 页。

第八章　社会主义的世界主义思想

一直以来，世界主义都主要被视作自由主义或资本主义世界的思想产物，鲜有研究将社会主义和世界主义联系起来，更罔论对社会主义的世界主义思想进行系统研究。事实上正如本章内容所呈现的，在社会主义思想史上，尤其是空想社会主义、社会民主主义以及生态社会主义中，蕴含和延续着诸如和平、公正、正义、平等、普遍主义等丰富的世界主义价值观念。因而，社会主义的世界主义思想理应成为世界主义思想史上浓墨重彩的一笔。

第一节　空想社会主义的世界主义思想

一、圣西门：实业普遍主义与欧洲联合

昂利·圣西门（Henri de Saint－Simon，1760—1825）是19世纪初法国著名的空想社会主义思想家。他生活于现代化初期，正值法国工业革命，他的实业主义和工业主义等现代化思想对当时的法国社会和后世产生了很大影响。

应该说，世界主义的种子一直就存在于圣西门的社会主义思想中。早在圣西门的处女作《一个日内瓦居民给当代人的信》中，他就有在地球上建立囊括世界所有居民的“牛顿会议”的设想。[①] 在早期作品《十九世纪科学著作导论》中，他还构想了一个与天地共存的世界君主国，由天才的拿破仑皇

① ［法］昂利·圣西门：《圣西门选集》（第1卷），王燕生等译，商务印书馆，2004年，第22～25页。

帝掌握一切大权，由他发号施令统治全人类。① 在《新百科全书》中，圣西门亦寻求普遍联合的原则以使分裂的欧洲民族变成一个道德统一体。② 随着法国和欧洲社会现实发生的剧烈变化，圣西门的世界主义思想也开始发生变化，并且渐趋成熟和丰满。

随着圣西门中期社会主义思想的成熟，他的世界主义思想逐渐开始与其实业/工业普遍主义（industrial universalism）紧密结合在一起。圣西门为当时的法国社会贡献了最为重要的实业主义思想，但值得注意的是，他的实业主义思想还具有一种强烈的"普遍性冲动"，不仅构想一国之内的实业体系，还认为这种实业体系会在欧洲和全球扩散。涂尔干认为，在圣西门的脑海中，世界主义和实业主义是紧密联系在一起的，他从未将这两个问题分开过。③

例如，圣西门构想了一种以实业制度为基础的理想社会。这种社会在王权支持下以和平方式实现，整个国家的政治机构分为世俗权力和精神权力，其中"真正的世俗权力集中在实业家手中，而精神权力则集中在学者手中"。整个社会都有计划地运转，生产和分配都是按照个人的才能、作用和贡献做出安排。但圣西门并没有止步于对理想的法国社会的憧憬，而是意图将之扩及整个欧洲和基督教世界。他号召世界各国的博爱者们重拾基督教的精神原则——"人人都应当兄弟相待，互爱互助""一切民族和一切人都应当促进人类的共同幸福"——并以宣传的方式唤起各国君主施行政治改革，在整个基督教世界普遍建立实业制度的美好社会。④

圣西门认为，随着实业主义的国际扩散、实业制度的普遍建立以及全球劳动分工的形成，会创造出一种瓦解地方主义的国际秩序。⑤ 不仅如此，圣

---

① ［法］昂利·圣西门：《圣西门选集》（第3卷），董果良、赵鸣远译，商务印书馆，2004年，第121～122页。

② Bryan Turner, The Two Faces of Sociology: Global or National?, *Theory, Culture & Society*, Vol. 7, No. 2－3, 1990, pp. 345－346.

③ Emile Durkheim, *Socialism and Saint－Simon*(*Routledge Revivals*), Routledge Press, 2009, p. 112.

④ ［法］昂利·圣西门：《圣西门选集》（第1卷），王燕生等译，商务印书馆，2004年，第250～309页。

⑤ Bryan Turner, The Two Faces of Sociology: Global or National?, *Theory, Culture & Society*, Vol. 7, No. 2－3, 1990, p. 345.

西门及其追随者声称，人类历史的终点是普遍联合，是一种“一切地区的、人们相互关系的一切领域中的所有人的协作”[①]，“全人类只有一个共同的目的和一些共同的利益，所以每个人在社会关系方面只应把自己看成是劳动者社会的一员”[②]，“人类的全部力量都将为和平的目标联合起来”。[③] 与此同时，圣西门还注意到这种世界主义图景与科学、文化以及宗教性质变化之间的内在联系。他在《组织者》中指出，地方意识将遭到挑战，一种新实业主义的科学将会诞生[④]；在《新基督教》中他要构建一种世俗化的新基督教以取代各个教派的衰朽力量，使之真正具有博爱和科学精神以维护人类公益、建立持久和平。[⑤]

不难发现，圣西门的世界主义思想贯穿始终的是对欧洲联合的思考，这也是其世界主义思想的基本落脚点。早在1814年撰写的《论欧洲社会的改组》中[⑥]，他就构想了一个欧洲国家的综合体系。之所以称其为体系，是因为这种构想是十分立体的，涉及政治、经济和文化多个方面。圣西门关于欧洲联合的政治构想几乎可以用他在《论欧洲社会的改组》一著中第二章的原始标题来概括，即“论证这种政府形式是最好的——欧洲所有国家都应该由一个国民议会来治理，都应该推动建立一个负责欧洲社会共同利益的总议会——以议会制作为政府形式的法国和英国，能够而且应该建立一个负责处理两国利益的共同议会”[⑦]，由这个总议会裁决欧洲内外一切重要事项。圣西门甚至开始怀旧中世纪，那个时代虽然黑暗，但那种被他描述为教皇领导下建立在全体机构之上的“邦联式”欧洲社会和政治架构却是他所向往

① ［法］巴札尔等：《圣西门学说释义》，王永江等译，商务印书馆，1986年，第89页。

② ［法］昂利·圣西门：《圣西门选集》（第1卷），王燕生等译，商务印书馆，2004年，第168页。

③ ［法］巴札尔等：《圣西门学说释义》，王永江等译，商务印书馆，1986年，第113页。

④ ［法］昂利·圣西门：《圣西门选集》（第1卷），王燕生等译，商务印书馆，2004年，第235～249页。

⑤ ［法］昂利·圣西门：《圣西门选集》（第3卷），董果良、赵鸣远译，商务印书馆，2004年，第190页。

⑥ ［法］夏尔－奥利维耶·卡博内尔：《圣西门的欧洲观》，李倩译，北京大学出版社，2016年，第41～92页。

⑦ ［法］夏尔－奥利维耶·卡博内尔：《圣西门的欧洲观》，李倩译，北京大学出版社，2016年，第43页。

的。他十分推崇英国当时的政治体制，主张将英国政制推广至整个欧洲让所有国家效仿，英法联合组成共同议会作为核心力量，最终推动建立欧洲议会，实现欧洲社会和平改组。除了欧洲联合的政治架构设想，1822 年圣西门还发表了《以促进欧洲社会改组为目的的哲学、科学和诗学研究》，详细论述了改组欧洲社会的道德和政治基础，[①]由此形成完整的欧洲改组计划。

确实如有学者所言："圣西门在实业主义和人类全球化之间关系的看法上被证明是极具先见之明。"[②]但是我们仍要认识到圣西门的世界主义思想也存在着极其明显的不足和局限性。首先，圣西门的世界主义思想并不纯粹，而是夹杂着许多狭隘的民族主义观点，很多时候的确让人难以区分他的观点究竟是"和平的世界主义还是激进的民族主义"。他的学生甚至将他的观点进一步推演，主张法国不仅要领导欧洲，更要建立一个世界性组织以在整个世界施行圣西门式的等级秩序。[③] 其次，圣西门的世界主义思想中还散发着傲慢的种族主义和强烈的欧洲优越感。在他眼中，法兰西民族要优越于其他民族，欧洲文明毫无疑问地优越于其他所有文明，欧洲之外的文明和种族均可有可无，没有任何地位。[④] 这也是为什么在圣西门的许多表述中所谓的世界仅仅指的是欧洲，他所描绘的理想世界秩序也仅指欧洲秩序，因而所谓的世界联合也仅仅只是欧洲联合。最后，圣西门的社会主义思想的乌托邦性质也决定了他的世界主义思想在很大程度上具有空想色彩。

圣西门对他的追随者们影响很大，他的很多世界主义观点在当时法国

---

① ［法］昂利·圣西门：《圣西门选集》（第 2 卷），董果良译，商务印书馆，2008 年，第 9～17 页。

② Bryan Turner, The Two Faces of Sociology: Global or National?, *Theory, Culture & Society*, Vol. 7, No. 2－3, 1990, p. 344.

③ Georg Iggers, *The Cult of Authority: The Political Philosophy of the Saint－Simonians*, Springer Science & Business Media Press, 2012, Chapter V.

④ 例如，圣西门在《一个日内瓦居民给当代人的信》中写道："你看，非洲人多么嗜血成性，而亚洲人又多么萎靡不振。这些有罪的人，绝不能继续他们的初衷，以努力接近我的神明的预见。欧洲人要把自己的力量联合起来，把自己的希腊兄弟从土耳其人的统治下解放出来。"参见［法］昂利·圣西门：《圣西门选集》（第一卷），王燕生等译，商务印书馆，2004 年，第 25 页。又如圣西门在《十九世纪科学著作导论》中写道："不必用太多的精力去研究中国和印度的历史。显而易见，这些民族还处于幼稚时期，而且他们从孔夫子以来所取得的点滴进步，也应当归功于同欧洲人的来往。可以肯定，不谈印度人和中国人的科学著作，照样可以写出一部完整的人类理性进步史。"参见［法］昂利·圣西门：《圣西门选集》（第三卷），董果良、赵鸣远译，商务印书馆，2004 年，第 88 页。

的《环球报》(*Le Globe*)中被圣西门主义者详细加以研究并予以阐述和发展。[①] 后世的许多社会思想家,如孔德、涂尔干以及马克思等也或多或少受其影响和启发。[②] 圣西门的世界主义思想是欧洲世界主义思想史上的重要一页,关于他的世界主义思想的相关研究虽然依稀可见,[③]但仍然不够系统,理应受到重视。

二、德萨米:共产主义的世界主义情怀

泰·德萨米(Théodore Dézamy,1803—1850)是19世纪三四十年代法国著名空想社会主义学家。他不仅积极参与当时的政治和革命运动,还出版了包括《公有法典》在内的许多著作。《公有法典》是德萨米空想社会主义思想的代表作,这一著作中的许多观念和构想都具有十分鲜明的世界主义色彩。

德萨米在《公有法典》开篇就指出,他是从人类机体的科学出发来构建其公有制构想,他所依赖的是关于"人的需要、能力和欲念的知识"[④]。在他看来,幸福、自由、平等、博爱、统一和公有制是合乎人的本性的社会生活原则,它们既是建立公有制的基本原则,也应是任何社会的基础。[⑤] 幸福、自由、平等和博爱是每个个体必要的权利,符合每个个体的利益,这些原则的

---

① 关于圣西门主义者的世界主义思想研究参见 Francisco José Martínez Mesa, Entre la Utopía y la Necesidad: Una Reflexión Sobre el Cosmopolitismo Sansimoniano, *Revista de Estudios Políticos*, Vol. 147, 2010, pp. 71-102. 此外,有学者研究指出圣西门的世界主义思想与圣西门主义者的世界主义思想之间存在某些差别,尤其参见 Georg Iggers, *The Cult of Authority: The Political Philosophy of the Saint-Simonians*, Springer Science & Business Media Press, 2012, Chapter V。

② [美]罗兰·罗伯森:《全球化:社会理论与全球文化》,梁光严译,上海人民出版社,2000年,第22~30页;Bryan Turner, Classical Sociology and Cosmopolitanism: A Critical Defence of the Social, *The British Journal of Sociology*, Vol. 57, No. 1, 2006, pp. 133-151.

③ 关于圣西门的世界主义思想研究参见 Georg Iggers, *The Cult of Authority: The Political Philosophy of The Saint-Simonians*, Springer Science & Business Media Press, 2012; David Inglis, Alternative Histories of Cosmopolitanism, in Gerard Delanty, ed., *Routledge Handbook of Cosmopolitanism Studies*, Routledge Press, 2012, pp. 19-20。关于圣西门的国际主义思想研究参见 Emile Durkheim, *Socialism and Saint-Simon* (*Routledge Revivals*), Routledge Press, 2009, especially introduction and chapter IX; 关于圣西门的普遍主义思想研究参见 Bryan S. Turner, The Two Faces of Sociology: Global or National?, *Theory, Culture & Society*, Vol. 7, No. 2, 1990, pp. 343-358; 关于圣西门的欧洲联合思想研究参见 Derek Heater, *The Idea of European Unity*, Leicester University Press, 1992。

④ [法]泰·德萨米:《公有法典》,黄建华、姜亚洲译,商务印书馆,2005年,第8页。

⑤ [法]泰·德萨米:《公有法典》,黄建华、姜亚洲译,商务印书馆,2005年,第8~11页。

实现是共同性的，建立在他人也得以实现的基础之上。他所谓的统一与君主制截然不同，是用以表示社会的整体和谐，是"一切利益和一切意愿的不可分割的同一性，是一切幸福和祸害的完全充分的共有性"。[①] 公有制在他心目中就是要满足一切人之需要，让所有欲望得到合理的发展，是最优越、最实际和最完全的统一。由此可见，德萨米所构想的公有制在基本原则上就天然地带有世界主义基因。

基于这些原则，德萨米试图通过"根本法""政治法""过渡性的制度"等系列政治构想建立一种公有制社会，不过这种公有制社会绝非停步于共和国边界，而是一种全人类全面的公有制。他深受摩莱里（Morelly）影响，十分欣赏摩莱里对世界原初的大同式描述，认为人与人之间在权利上和事实上都应该平等，人与人之间应亲如手足。这部分地与德萨米的人性观相关，他认可摩莱里关于"人类从来就有联合起来共同劳动以弥补个人能力不足的要求"[②]，认为"我们的需要总是在某种程度上超出我们个人能力的限度的；由此我们出于爱或出于某种考虑，便把自己和别人同等看待，每个人也就宛如忘记自己，从而形成整体的意识，并总是追求公共利益以期达到个人的幸福"[③]。他所构想的公有制的社会有机体绝非仅仅局限于某个社会集团（小市镇、城市、乡村等），还要"由一定数量的公社构成一个省，由一定数量的省构成一个共和国，最后，所有各个不同的共和国合起来构成一个伟大的全人类共同体"[④]。全人类共同体之中的每个公社之间既相互平等又相互统一，共同构成一个"人类的大家庭"。[⑤]

相应地，德萨米主张无论如何都要竭尽全力反对民族主义的某些狭隘短视思想。他认为在公有制条件下，"所有的人，不论什么种族、什么肤色，也不论他们现在和过去属于什么地区，都将亲如兄弟般地生活"[⑥]。他在《公

① [法]泰·德萨米：《公有法典》，黄建华、姜亚洲译，商务印书馆，2005年，第9页。

② 中共中央党校科学社会主义教研室《社会主义思想史》编写组编：《社会主义思想史》（上册），中共中央党校出版社，1984年，第114页。

③ [法]泰·德萨米：《公有法典》，黄建华、姜亚洲译，商务印书馆，2005年，第108页。

④ [法]泰·德萨米：《公有法典》，黄建华、姜亚洲译，商务印书馆，2005年，第30页。

⑤ [法]泰·德萨米：《公有法典》，黄建华、姜亚洲译，商务印书馆，2005年，第225页。

⑥ [法]泰·德萨米：《公有法典》，黄建华、姜亚洲译，商务印书馆，2005年，第252页。

有法典》最后一章中痛斥民族主义，指出各族人民的友好关系不应当存在界限，公有制的博爱绝对不会在边界上中止，统一的共产主义者要用同一种利益和同一种爱将世界上的所有人都联合起来，因而共产主义就是克服民族主义的最佳手段。①

德萨米认为，人类发展的最终目的是共产主义在一切国家的胜利，届时各国之间的一切屏障都将打破，各民族将融合成一个统一的民族，并拥有统一的语言。随着共产主义的全面胜利，所有国家都将发展文化和普遍美化世界作为首要问题，从几十个统一的共和国中征集而来的“生产大军”将在世界范围开荒拓土从事生产，而不再局限于某一个公社。除了经济方面的考虑，德萨米认为统一制度也可以让“生产大军” 中的青年通过旅行满足精神追求和实现做大事的愿望。这种旅行是公有制大厦的黏合剂，它将促进各国人们之间的交往，消除国家间的壁垒屏障，让公有制遍及全世界。并且，生产大军亦会通过各种活动将科学和艺术普及世界，引导野蛮人走向文明，从而真正意义上完成在平等博爱原则上的全人类大联合。② 除此之外，德萨米还论述过很多具有空想色彩的世界主义构想，比如召开全人类代表会议、世界范围兴建铁路运河之类基础设施等。

总体来看，德萨米的世界主义思想充满着浪漫的共产主义情怀，其中许多想法纵使在今天也恐难实现。不过，作为空想社会主义的世界主义思想家，德萨米为我们贡献了重要的智力资源。

第二节　社会民主主义的世界主义思想

一、社会民主党：基本价值观及其在全球时代的实现

社会民主党的世界主义思想十分鲜明又别具特色，并且凝结着对时代发展的广泛思考。欧洲各国社会民主党基本保持着正义、自由、平等、公正、

---

① ［法］泰·德萨米：《公有法典》，黄建华、姜亚洲译，商务印书馆，2005 年，第 275 ~ 277 页。

② ［法］泰·德萨米：《公有法典》，黄建华、姜亚洲译，商务印书馆，2005 年，第 149 ~ 155 页，314 ~ 315 页。

团结、博爱等基本价值观传统,在这一点上它们是一致的。[①] 社会民主党不仅强调这些价值的根本性,还特别强调其普适性。在承接社会主义的国际主义传统基础上,社会民主党认为它们的使命就是将这些价值在整个世界普遍实现,这是实现人类彻底解放的必经之路。[②] 其中,德国社会民主党和瑞典社会民主工人党的世界主义思想最为鲜明也最具代表性,既反映出西方社会民主主义政党对价值观传统的坚持,又能够体现它们对人和世界认知的与时俱进。

(一)德国社会民主党

德国社会民主党(SPD)是德国两大社会政党之一。德国社会民主党在150多年的发展历程中不断调整自己以应对变化的社会现实并得以延续至今,足以体现其强大的政党生命力和与时俱进的政党品格,这尤其表现在政党纲领的变化上。而该党的世界主义思想也被社会民主党人鲜明地刻画在了历次纲领之中。

早期的德国社会民主党认为,社会民主主义政党是要消灭资本主义和统治阶级给任何人带来的任何压迫和剥削,因而要与其他民族或国家联合起来,为了所有人的平等、自由与幸福而斗争。因而德国社会民主党从来就不将社会民主党的斗争性质、活动范围以及政党目标限定在民族国家范围之内,而是放在整个世界。从1875年的《哥达纲领》到1891年的《爱尔福特纲领》,再到1921年《格尔利茨纲领》,1925年《海德堡纲领》,这一点都被充

---

① 正如维利·勃兰特所述,"民主社会主义者是通过各种不同途径而确定基本价值定义的。这些价值产生于工人运动的经验、民族解放运动、相互帮助的文化传统、以及世界上许多地区的共同团结。此外,这些价值还受到多种宗教的和人道主义的传统的促进。尽管存在着文化差别和世界观差异,但建立和平与民主的世界社会这一理想使社会主义者团结起来,这种理想将自由、公正与团结互助结合在一起"。参见[俄]戈尔巴乔夫、[德]勃兰特等:《未来的社会主义》,中央编译局国际发展与合作研究所编译,中央编译出版社,1994年,第25~26页。

② 例如法国社会党强调,其"核心信念和价值观是追求平等和反对一切不公正",认为社会主义思想是"为实现自由、公正、团结和博爱的人类社会而战斗",认为"社会主义行动的目标是人类个体的彻底解放"。参见李姿姿、赵超主编:《世界主要政党规章制度文献:法国》,中央编译出版社,2016年,第133页。此外,我们可以在很多欧洲国家的社会民主党纲领中发现这一点,参见项佐涛、姬文刚主编:《世界主要政党规章制度文献:中东欧》,中央编译出版社,2015年。

分强调。[1]

二战期间流亡执委会通过的《布拉格宣言》则主要是特定历史形势下的产物,而二战后德国社会民主党通过的主要纲领性文件中革命和斗争色彩越来越少,并开始越来越多地强调国际合作以及建立更加美好的世界秩序。德国社会民主党在1959年的《哥德斯堡纲领》中就提出构建“国际共同体”,强调“民主社会主义始终坚持国际合作和团结互助的思想。在国际范围内所有利益关系都紧密连接在一起的时代,任何一个民族都不能单独解决自己的政治、经济、社会和文化问题。德国社会民主党认识到,德国政治中的文化、经济、法律和军事任务必须通过与其他民族的密切合作才能解决”[2]。1989年的《柏林纲领》也承接了国际共同体的思想,意在提倡一种更加公正合理的世界政治经济秩序。[3]

此外,尤其是20世纪七八十年代以来,当代全球化的深入发展给整个世

---

① 《哥达纲领》指出,德国社会主义工人党虽然首先是在民族国家框架内进行活动,但是它意识到工人运动的国际性质并决心履行这个运动使工人所承担的一切业务,以便使一切人的兄弟联合成现实。参见《德国社会主义工人党纲领与组织章程》,载于《德国社会民主党纲领汇编》,张世鹏译,北京大学出版社,2005年,第14页。《爱尔福特纲领》再次强调,“德国社会民主党进行斗争并不是为了争夺新的阶级特权和优先权,而是为了废除阶级统治和阶级本身,为了使所有的人不分性别和出身都具有同样的权利和同样的义务。从这种观点出发,他们在今天的社会里不仅反对对于雇佣工人的剥削和压迫,而且反对任何种类的剥削和压迫。不管这是针对一个阶级、一个政党、一种性别,还是一个种族的”。参见《德国社会民主党纲领》,载于《德国社会民主党纲领汇编》,张世鹏译,北京大学出版社,2005年,第21页。《格尔利茨纲领》中,“德国社会民主党重申爱尔福特纲领中的如下信念:它不是为了新的阶级特权和优先权而奋斗,而是为了消灭阶级统治和阶级本身,为了一切人不分性别和出身的平等权利和平等义务而斗争。它在进行斗争时意识到这是一场决定人类命运的斗争,无论是在民族共同体或国际共同体内,在帝国、各州和市镇中,在工会与合作社里,在车间或家庭里,到处都在进行这种斗争”。参见《德国社会民主党纲领》,载于《德国社会民主党纲领汇编》,张世鹏译,北京大学出版社,2005年,第34页。《海德堡纲领》也提出,“社会民主党不是为了新的阶级特权和优先权、而是为了消灭阶级统治和阶级本身、为了一切人不分性别和出身的平等权利和义务而斗争。从这种观点出发,他们不仅反对剥削和压迫雇佣工人,而且反对任何一种剥削和压迫,并同它们进行斗争,不管它们是针对一个民族、一个阶级、一个政党、一种性别还是一个种族的”。参见《德国社会民主党纲领》,载于《德国社会民主党纲领汇编》,张世鹏译,北京大学出版社,2005年,第41页。

② 《德国社会民主党基本原则纲领》,载于《德国社会民主党纲领汇编》,张世鹏译,北京大学出版社,2005年,第82页。

③ 《德国社会民主党基本原则纲领》,载于《德国社会民主党纲领汇编》,张世鹏译,北京大学出版社,2005年,第105页。

界带来巨大变革，整个世界的相互联系和相互依赖愈发明显，德国社会民主党人也充分意识到这一点，并与时俱进地调整政党纲领以适应变化的世界。1989年的《柏林纲领》就鲜明地体现了德国社会民主党的世界主义情怀。在谈及如何对待异乡人时，社会民主党认为“各种不同民族、文化和宗教信仰的人们共同生活在联邦共和国。欧洲各国已成为具有跨国文化的国家。正像很多外国人生活在德国一样，很多德国人也生活在国外。在德国的很多外国公民仍旧深受文化和社会孤立的痛苦，常常成为歧视的牺牲者，特别是他们的子女，生活在不同文化之间，更觉痛苦”。为此，应当尊重文化多样性，促进不同民族和文化之间的理解、尊重与合作，改善外国人的居留权和避难权。① 进入21世纪，德国社会民主党在2007年颁布的《汉堡纲领》则更加明显地体现出全球化作为时代背景对人类社会各个方面的深刻影响。该纲领指出，世界在趋向统一，全球化使世界日益融合成一个唯一的市场，界限和边界正被资本的全球流动弱化。“哪里没有了边界，哪里实现民族和文化和谐共处的机会就会提升”，但世界亦会因此更加容易受到伤害；全球化使得人们在自己的祖国更加容易遭遇其他文化，这可能因文化冲突而带来暴力，社会民主党认为仍应坚持文明多样性，因为这是成功社会的标志。②

德国社会民主党的世界主义思想还突出体现在其对理想社会之构想上。德国社会民主党认为，所有社会民主党人都应该为理想世界而奋斗，在这样的世界中所有人都生活在共同安全中，每个人的尊严都得到保证，文明间的冲突得到有效缓解，欠发达地区也获得独立发展的公平机会。在这个世界社会中，男女平等，没有特权、歧视和排挤，所有人的职业和劳动都获得尊重，整个社会团结互助，经济、政治和文化权利都得到充分保障，等等。德国社会民主党并非在构想将一个充满冲突与矛盾的世界变成人间天堂，而

---

① 《德国社会民主党基本原则纲领》，载于《德国社会民主党纲领汇编》，张世鹏译，北京大学出版社，2005年，第112页。

② 《德国社会民主党基本纲领（汉堡纲领）》，载于张文红主编：《世界主要政党规章制度文献：德国》，中央编译出版社，2016年，第138～141页。

是不满足于现状,力求制定一个值得追求的目标。①

在政党纲领之外,德国社会民主党人也提出过一些对未来世界的世界主义式的构想。例如里斯本小组在《竞争的极限》一书中提出的"协调合作的全球调控体系"和"全球契约"协定;②社会民主党人关于在全球化时代下根据一个新的全球社会契约建立"辅助性的和联邦性的世界共和国"的构想;③对"全球治理"建筑结构基础的设想④;等等。"也许是欧洲联盟的建立提供了民族国家区域联合的成功经验,欧洲社会民主党人对于世界范围的民族国家联合抱有特殊的兴趣。"⑤

(二)瑞典社会民主工人党

瑞典社会民主工人党(SAP)一般称瑞典社会民主党,该党在瑞典长期执政,主导了现代瑞典的社会发展方向,"强大的社会民主主义话语"是"瑞典模式"的一个重要特征。⑥

《瑞典社会民主工人党纲领》⑦明确指出:"社会民主党旨在建立一个以民主理想和人人同等价值、同等权利为基础的社会,自由平等的人们生活在一个团结的社会里是民主社会主义的目标。"⑧该党在《纲领》中将民主、自由、平等、团结以及劳动的价值列为主要的价值观,认为虽然社会上存在着

---

① 《德国社会民主党基本原则纲领》,载于《德国社会民主党纲领汇编》,张世鹏译,北京大学出版社,2005 年,第 88 ~ 89 页,152 ~ 153 页;《德国社会民主党基本纲领(汉堡纲领)》,载于张文红主编:《世界主要政党规章制度文献:德国》,中央编译出版社,2016 年,第 135 ~ 183 页。

② 里斯本小组:《竞争的极限:经济全球化与人类的未来》,张世鹏译,中央编译出版社,2000 年。

③ [德]特德勒夫・阿尔贝斯、赫尔曼・施温格尔:《欧洲的全球化与社会民主主义》,载于乌尔利希・贝克等:《全球政治与全球治理:政治领域的全球化》,张世鹏等编译,中国国际广播出版社,2004 年,第 216 ~ 238 页。

④ [德]弗兰茨・努舍勒:《全球治理、发展与和平,全球秩序结构的相互依存》,载于乌尔利希・贝克等:《全球政治与全球治理:政治领域的全球化》,张世鹏等编译,中国国际广播出版社,2004 年,第 256 ~ 288 页。

⑤ 张世鹏:《序言》,载于[德]乌尔利希・贝克等:《全球政治与全球治理:政治领域的全球化》,张世鹏等编译,中国国际广播出版社,2004 年,第 7 页。

⑥ [英]斯图亚特・汤普森:《社会民主主义的困境:思想意识、治理与全球化》,贺和风、朱艳圣译,重庆出版社,2008 年,第 24 页。

⑦ 本纲领是瑞典社会民主工人党 2013 年 4 月 6 日在党的代表大会上通过的,标题为"一个寻求变化的纲领",下文简称《纲领》。

⑧ 《瑞典社会民主工人党纲领》,载于林德山主编:《世界主要政党规章制度文献:瑞典》,中央编译出版社,2016 年,第 154 页。

权力差别，但政治有能力创造出更好的未来。基于对人的深刻认识，该党主张每个个体都应该得到自由发展和自由选择之机会，并且人人都应有此种自由，社会民主党应清除阻碍人的解放的所有障碍，并将民主的价值体系贯穿于整个社会和人际关系中。自由如此之广博，以致阶级、性别以及种族之类的外在因素都不能构成影响人们享受美好生活之机会，所以平等是自由的前提，“我们共同创建了世界，世界又改造了我们”，人人都应享有自由，只有人人自由，个人才是自由的。所谓自由是指所有人的自由，所有人都平等地拥有自由才能真正实现个人的自由。因而在瑞典社会民主党看来，自由只有通过平等才能真正实现，而平等则意味着对民族、国家等一切政治、经济和文化界限的超越。

而人的社会属性以及人与人之间的深度相互依赖不仅凸显了平等的前提性，也彰显了团结的重要地位。团结意味着对他人的关照，意味着对他人的事务尽自己最大努力的意向，而与他人团结在一起的决心又是以他人会同样如此为基础。团结的国际维度则意味着捍卫人权，扩大民主的影响并为追求民主的斗争运动提供支持，因而也就意味着全球性的合作。在瑞典社会民主党眼中，民主没有民族边界，“民主的目标是以民主理想为基础的世界共同体”[①]，是要求与其他人共同发展的自由和可能性。

瑞典社会民主党同样充分意识到全球化对现代社会的深刻影响，且认为应对新时代挑战的方式也是世界主义的。该党认为全球化、气候问题和正在增长的不平等凸显出人们之间相互依赖之深，这种依赖是全球性的。这一切都需要我们实现变化，需要世界团结，需要以共同、民主和跨越国界的合作方式方能应对这些挑战。该党主张，应通过相关政策促进全球化的公平性，实现所有人的自由和整个世界的和平，因为对该党而言，“一个没有边界的和平的自由的世界是社会民主党人的长远目标”[②]。

---

① 《瑞典社会民主工人党纲领》，载于林德山主编：《世界主要政党规章制度文献：瑞典》，中央编译出版社，2016 年，第 155 页。

② 《瑞典社会民主工人党纲领》，载于林德山主编：《世界主要政党规章制度文献：瑞典》，中央编译出版社，2016 年，第 155 页。

二、社会党国际：个体的普遍关怀、全球治理与全球民主

社会党国际的世界主义思想最明显地体现在其具有全球关怀的基本价值观中。社会党国际是一个国际性社会民主党组织，这一特殊性使其兼具社会民主党的基本价值观念和更加明显的世界关怀，因而其世界主义思想比较典型地体现出西方世界主义的两个思想基点——个体主义和普遍主义。早在《社会党国际原则宣言》中社会党国际就强调，“人人都有权免受政治胁迫，有权得到追求个人目标和发挥个人的潜力的最大机会。但只有全体人类在争取成为历史的主人并确保任何人、任何阶级、任何种姓、任何宗教和任何种族都不会成为他人（或旁类）的仆从而进行的长期斗争中取得胜利，这才有可能实现”①。可见，社会党国际不仅坚持了社会民主党对个体价值的尊重，还鲜明地将所有人价值的实现作为个体价值实现的前提条件，从而使得个体价值普遍化。在社会党国际的一系列政策和理念主张中，这种世界主义价值得到更加充分而具体的体现。

（一）对个体的普遍性关怀

社会民主党的许多政策和理念都突出关注个体，虽然世界上各个国家的文化和意识形态各不相同，但社会党国际认为人权和个体权利对社会主义价值观念具有根本性意义，因而是共同的基本立场。社会党国际专门出台过《关于少数人群和人权的宣言》②、《21世纪人权日程》③强调人权之普遍性以及通过国际团结以保障人权之必要性。在社会党国际看来，人权已经构成国际法律秩序的部分基础，国际社会就人权达成的各类协议已经很多，但关键在于贯彻执行。社会党国际认为，国际社会必须确保所有国家都批准人权协议的核心内容，尤其是对发展中国家予以帮助，只有如此“才能为世界各地拥有这样一个平等的、最低限度的法律标准铺平道路，才能突出人

---

① 《社会党国际原则宣言和章程》，载于中联部编译小组编：《社会党国际重要文件选编》，当代世界出版社，2005年，第5~6页。

② 《关于少数人群和人权的宣言》，载于中联部编译小组编：《社会党国际重要文件选编》，当代世界出版社，2005年，第68~73页。

③ 《21世纪人权日程》，载于中联部编译小组编：《社会党国际重要文件选编》，当代世界出版社，2005年，第172~187页。

权的普遍性”①。

社会党国际尤其关注与全球化进程密切相关的“人的安全”和移民难民问题，这也是其世界主义人文关怀的典型体现。“人的安全”这一概念是由联合国开发计划署于1994年的人权报告中提出的，它不同于传统安全观仅仅涉及国家关系和维护国家利益，而是认为安全越来越具有个性化的特点，因而需要密切关注针对个人的暴力。社会民主党二十二大通过的《全球社会治理》文件首次将“人的安全”议题纳入纲领性文件之中，此后历次代表大会通过的文件中也都相应地涉及，主张要采取一切可以想到的措施以保障人类所有个体之安全。② 与此相关，如何对待国际移民和难民问题也是全球化时代下世界主义者和国家主义者争论的中心之一。对此，社会党国际保持一贯的政策和理念主张，社会党国际在第二十三、二十四和二十五次代表大会通过的文件中都分别表达了自身的鲜明立场。社会党国际认为，在移民和难民问题上必须对全世界的公民做出正义和公正的回应，这对构建一个公平和更加人道的全球社会来说都极其重要。③ 社会党国际强调要加强全球团结文化和共同责任意识的建设，社会民主党人不仅要对自己国家的公民负责，也要对这个相互依赖的世界中其他地方的公民担负起责任。④ 这需要具体落实到国家和政府的政策之中，从而在经济、政治、社会等各个方面充分保障移民和难民的权利。针对移民问题和由此引发的文化冲突，社

---

① 《全球社会治理》，载于中联部编译小组编：《社会党国际重要文件选编》，当代世界出版社，2005年，第333页。

② 《全球社会治理》，载于中联部编译小组编：《社会党国际重要文件选编》，当代世界出版社，2005年，第335～343页。

③ Socialist Internationalist, “Global Solidarity: The Courage to Make a Difference”, XXIII Congress of the Socialist International, Athens, Greece, 30 June – 2 July, 2008, p. 57, http://www.socialistinternational.org/images/dynamicImages/files/SG%20Report%20XXIII%20SI%20Congress%20Athens%202008aa.pdf.

④ Socialist Internationalist, “Report of the Secretary General”, XXIV Congress of the Socialist International, Cape Town, South Africa, 30 August – 1 September, 2012, http://www.socialistinternational.org/images/dynamicImages/files/Report%20of%20the%20Secretary%20General.pdf; Socialist Internationalist, “Report of the Secretary General: From the XXIV to the XXV Congress”, XXX SI Congress, Cartagena Colombia, 2 – 4 March 2017, http://www.socialistinternational.org/images/dynamicImages/files/English%20Congress%20Report%20March%202017.pdf.

会党国际早在第二十二次代表大会上就提出过“以可持续、人权和民主价值为基础的全球和谐政策”,[①]此后历次代表大会基本延续了这种价值和政策倾向。

(二)全球治理与全球民主

社会党国际自诞生以来就具备全球民主的基因,其对民主社会主义的使命以及人类未来的思考都建立在全球性民主的基础之上。早在第一次代表大会通过的《社会党国际原则声明》中,社会党国际就点明了社会主义民主除了具有政治、经济和社会向度之外,也具有国际向度。社会党国际强调,社会主义本身就是国际性运动,要从经济、政治和思想奴役中拯救所有人。一个民族不可能仅仅依靠自己解决国内全部问题,因而“无限的民族国家主权制度必须废除”[②]。在社会党国际眼中,理想的人类共同体是自由和平的,没有个人之间和民族之间的剥削与奴役,并且“每个人的个性发展成为整个人类富有成果发展的前提条件”[③]。应该说,这些观念都鲜明地体现了社会党国际的传统价值观内在的世界主义内涵。而随着时代发展,尤其是当代全球化的发展,给社会党国际带来了各式新挑战和新任务,使其认为实现世界民主具有了更加坚实的现实基础。在社会党国际看来,民主政党通过参加选举以及政党代表在议会工作来参与政治决策,议会选举并监督政府,这种民主国家内部的代议制度也适用于全球层面。当下世界民主存在欠缺,只有建立良好的民主控制机制和问责机制方能予以弥补。社会党国际意图使“全球政治体系议会化”,并设想建立联合国议会大会,而这种政治设想的基础支撑则是以联合国已通过的人权宣言和公约为基点的真正的全球公民身份。为此,世界上的主要政党需要联合起来做出努力。显然,社

---

① 《全球社会治理》,载于中联部编译小组编:《社会党国际重要文件选编》,当代世界出版社,2005 年,第 354 ~ 355 页。

② 《社会党国际原则声明:民主社会主义的目标和任务》,载于《德国社会民主党纲领汇编》,张世鹏译,北京大学出版社,2005 年,第 65 页。

③ 《社会党国际原则声明:民主社会主义的目标和任务》,载于《德国社会民主党纲领汇编》,张世鹏译,北京大学出版社,2005 年,第 66 页。

会党国际所设想的世界民主模式[①]在本质上正是世界主义的，并且在其看来这并不是空想，而是正在发展的现实趋势。为此，社会党国际还制定了“全球社会治理”的详细行动计划。

三、吉登斯和勃兰特的世界主义思想

（一）吉登斯

安东尼·吉登斯（Anthony Giddens，1938— ）是英国著名的社会学家，在西方社会科学界具有很大的影响力和知名度，其倡导的“超越左与右”以及“第三条道路”在西方世界一度十分流行，并且其思想在20世纪90年代被英国工党接受，成为该党恢复执政地位后的指导理论。

1. 吉登斯世界主义思想的形成与发展

吉登斯著述丰富，涉及内容广泛，他的著述具有浓厚的世界主义色彩，而其世界主义思想的形成同其学术历程的发展密切相关，可分为三个主要阶段：

第一阶段，梳理分析三大古典社会理论传统，承接古典社会理论思想家对民族国家和现代社会起源的思考与反思。20世纪70年代，吉登斯在充分阅读和思考马克思、韦伯和涂尔干的著作基础上出版了以《资本主义与现代社会》为代表的系列著作，系统梳理了欧洲三大古典社会思想传统。[②] 吉登斯认为，这些作者试图寻求对现代社会进行某种单一的化约论阐述，只注意到“某种单一的驾驭社会巨变的动力”[③]且彼此之间相互排斥，这种回答问题的方式是有问题的。

第二阶段，系统思考民族国家与现代性。20世纪末，面对即将到来的新世纪，社会科学做出了回应，而吉登斯认为我们并未进入后现代社会，而是

---

① 在某种程度上，社会党国际所构想的世界民主模式与著名世界主义学者戴维·赫尔德（David Held）的世界主义民主秩序十分相似。参见［英］戴维·赫尔德：《民主与全球秩序》，胡伟等译，上海人民出版社，2003年。

② 吉登斯认为，按照马克思的理论传统，现代世界的主要变革性力量是资本主义；而对涂尔干来说，现代制度的性质则可被归结为工业主义（industrialism）；在韦伯理解的意义上，现代性的基本特征可归结为监督（合理控制信息）。Anthony Giddens, *Capitalism and Modern Social Theory: An Analysis of The Writings of Marx, Durkheim and Max Weber*, Cambridge University Press, 1971; Anthony Giddens, *Politics and Sociology in the Thought of Max Weber*, Macmillan Press, 1972; Anthony Giddens, *Durkheim*, Fontana/Collins Press, 1978.

③ ［英］安东尼·吉登斯：《现代性的后果》，田禾译，译林出版社，2011年，第9页。

进入了一种高度纯粹的现代社会,并且应当用多维制度的方式来研究现代性。他在批判性反思三大古典社会理论传统的基础上提出现代性具有四个基本的制度性维度,即资本主义(在竞争性劳动和产品市场情境下的资本积累)、工业主义(自然的改变:"人化环境"的发展)、军事力量(在战争工业化情境下对暴力工具的控制)以及监督(对信息和社会督导的控制),并且这四者之间相互联系。(见图 8 -1)①不仅如此,他借助于其所构建的时空理论将现代性与全球化紧密联系在一起,指出"现代性正在内在地经历着全球化的过程",相应地全球化也具有四重制度性维度(见图 8 -2)。② 而正是"现代性的全球化"构成了吉登斯世界主义思想的基本出发点和逻辑前提。

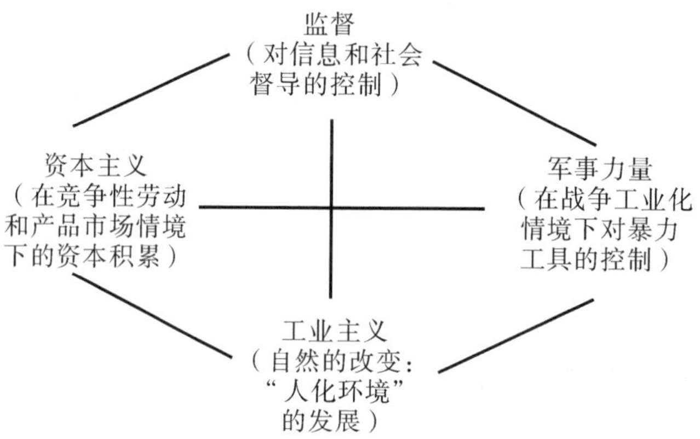

图 8 -1　现代性的制度性维度

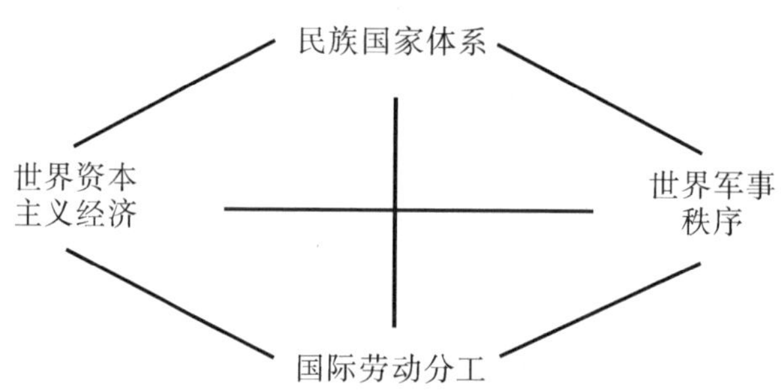

图 8 -2　现代性的全球化维度

---

① [英]安东尼·吉登斯:《现代性的后果》,田禾译,译林出版社,2011 年,第 52 页。

② [英]安东尼·吉登斯:《现代性的后果》,田禾译,译林出版社,2011 年,第 62 页。

第三阶段，立足全球化现实，进行世界主义构想和展望。吉登斯将全球化定义为“世界范围内的社会关系的强化，这种关系以这样一种方式将彼此相距遥远的地域连接起来，即此地所发生的事情可能是由许多英里以外的异地事件而引起，反之亦然”[①]。在他看来，所谓全球化，其本质即是现代性的全球化，而正是现代性的全球化为世界性联系提供了制度性基础。在高度现代性的时代，现代性社会体系的全球化特征造成的影响涉及人类生活的方方面面。根据吉登斯的分析，这种影响使得这个时代的社会愈发明显地表现出世界主义的特征，并且日益导向一种“全球世界主义秩序”的未来。

2. 全球世界主义秩序

吉登斯的“全球世界主义秩序”理论十分宏大，不仅涉及社会生活层面，还包括国家层面以及全球秩序层面，这在《超越左与右：激进政治的未来》[②]、《第三条道路：社会民主主义的复兴》[③]等著作中体现得十分明显。

其一，吉登斯用了一系列概念来分析现代性对西方社会生活领域的影响。首先，由时空重组和抽离化机制导致的现代性的全球化和极端化，使日常社会生活的内容和本质发生转型并提高了个体的反思性。每个人虽然过着地方性的生活并且身体也处于特定的时间和空间情景中，但是地点的转换以及来自远处的影响已经深刻地进入到当地生活中，当下的世界已经被大大改变，“全球化意味着没有人能‘逃避’由现代性所导致的转型”[④]。现代性是一种风险文化，在现代性的全球化进程中，风险也被导入现代人的生活之中。因此吉登斯言道：“在高度现代性的时代，远距离外所发生的事变对近距离事件以及对自我的亲密关系的影响，变得越来越普遍。”[⑤]现代性的全球化塑造着自我认同（self - identity），但自我并非一味为外在影响所决

---

① [英]安东尼·吉登斯：《现代性的后果》，田禾译，译林出版社，2011 年，第 56 ~ 57 页。

② [英]安东尼·吉登斯：《超越左与右：激进政治的未来》，李惠斌、杨雪冬译，社会科学文献出版社，2000 年。

③ [英]安东尼·吉登斯：《第三条道路：社会民主主义的复兴》，郑戈译，北京大学出版社，2000 年。

④ [英]安东尼·吉登斯：《现代性与自我认同：现代晚期的自我与社会》，赵旭东等译，生活·读书·新知三联书店，1998 年，第 24 页。

⑤ [英]安东尼·吉登斯：《现代性与自我认同：现代晚期的自我与社会》，赵旭东等译，生活·读书·新知三联书店，1998 年，第 5 页。

定，而是随着反思性的提高，通过“生活政治”塑造着现代性的制度本身和全球化。因而在这种地方性和全球性的互动之中，亲密关系开始转型。

其次，在全球化的影响下，西方国家的公共制度和日常生活都在远离传统，并且世界上其他一些仍然维持传统的社会也在变得去传统化（detraditionalized），吉登斯认为这就是正在出现的全球社会的核心与关键。但传统的终结并不意味着传统的消失，恰恰相反，传统是以不同于之前的存在方式而繁荣发展，这可能正是传统的未来。这样一种后传统社会“不是一个民族的社会，而是一种全球世界主义秩序；也不是一个没有传统的社会，在许多方面都有坚持和恢复传统的动力和压力”[①]。这就意味着并不是所有人都能够接受传统的消逝，原教旨主义的出现就是例证。吉登斯认为原教旨主义是受全球化影响而产生，它起源于许多“正在被围攻的传统”[②]。他进一步指出，“原教旨主义就是对世界的和平与持续所依赖的对话的拒绝，而且从无歧见和异议”[③]，不仅如此，它可能伴随着暴力。因此，原教旨主义很容易成为世界主义的敌人，这两种世界观之间的冲突正是全球化的一个重要表现。面对此番情景，自称为“世界主义者”的吉登斯明确地表述了自己的立场。他认为，应当欢迎并接受文化复杂性，应当用普世价值引导宽容和对话，要以热情和激情驱动世界主义道德；[④]应当坚持对话民主，推进文化世界主义，反对任何类型的原教旨主义者，不论“他人”是谁，应当形成一种彼此宽容的相处关系。[⑤] 吉登斯相信，最终世界主义观将取得胜利。

其二，在国家层面，吉登斯认为全球时代下的民族国家在经历变革和转型。在《第三条道路：社会民主主义的复兴》中，吉登斯明确指出需要为全球化世界中的民族国家重新找到一个新角色——世界性国家（cosmopolitan nation）。他认为，由于与其他地区的联系愈发紧密，与各式跨国集团的交往越

---

① ［英］安东尼·吉登斯：《超越左与右：激进政治的未来》，李惠斌、杨雪冬译，社会科学文献出版社，2000 年，第 88 页。

② ［英］安东尼·吉登斯：《失控的世界》，周红云译，江西人民出版社，2006 年，第 46 页。

③ ［英］安东尼·吉登斯：《失控的世界》，周红云译，江西人民出版社，2006 年，第 47 页。

④ ［英］安东尼·吉登斯：《失控的世界》，周红云译，江西人民出版社，2006 年，第 48 页。

⑤ ［英］安东尼·吉登斯：《超越左与右：激进政治的未来》，李惠斌、杨雪冬译，社会科学文献出版社，2000 年，第 116 ~ 120 页。

来越多，当今世界民族国家的边界又逐渐演变为模糊的边疆。“如果过去主权一直是要么全有要么全无的东西的话，现在它已经不再是如此。国家边界（尤其以欧盟的例子为甚）与过去相比，正在不断地变得模糊。”①不仅如此，如今“民族认同必须在一种合作的环境下维持自身，在这样一种环境中，它们不再像过去那样具有高度的内聚性，而其他类型的忠诚也可以与之并存。这意味着，就像在社会的其他领域一样，民族认同的建构更具开放性和反思性；其标示出了民族及其价值取向的独特性，但并不如过去那样视民族为当然”②。因此，个体公民在拥有某一民族身份归属的同时并不妨碍其对世界公民身份的承认，公民的多重忠诚感并不一定会同其民族归属相冲突。

这意味着，吉登斯所界定的世界性国家对多元文化主义（multiculturalism）持开放态度。③ 吉登斯对多元文化主义较为肯定，不过他也明确指出他所认可的多元文化主义与自由论者所持的激进多元文化主义存在本质不同。吉登斯强调，“多元文化主义政治的意图完全是值得赞扬的：它的目的是为了反对剥削被压迫群体。但是，如果缺乏广泛的民族共同体的支持，或者缺乏一种超越于任何特定群体的主张或不满之上的社会正义感，这一点是无法实现的”④。而在对待这些特殊群体时，彻底或激进的多元文化主义的主张很有误导性，因为它“不惜一切代价地坚持文化多元主义，以此来拓

---

① ［英］安东尼·吉登斯：《第三条道路：社会民主主义的复兴》，郑戈译，北京大学出版社，2000年，第35页。

② ［英］安东尼·吉登斯：《第三条道路：社会民主主义的复兴》，郑戈译，北京大学出版社，2000年，第139页。

③ 吉登斯在论述“多元文化主义”（multiculturalism）时往往还会涉及“文化多元主义”（cultural pluralism）这一概念，但在吉登斯这里两者含义不同，不应被混淆。在《全球时代的欧洲》一书中他专门强调要区分这两个术语：“‘多元文化主义’不是对存在多元群体的社会的描述。那种情况最好用‘文化多元主义’这个术语。多元文化主义是一种政策或一套政策，指的是各种政策方案。”可见，吉登斯将文化多元主义作为一个描述多元社会现实的概念，多元文化主义对他而言则是应对、处理多元群体社会的全球化现实时的一系列政策主张和方案，［英］安东尼·吉登斯：《全球时代的欧洲》，潘华凌译，上海译文出版社，2015年，第114页。

④ ［英］安东尼·吉登斯：《第三条道路：社会民主主义的复兴》，郑戈译，北京大学出版社，2000年，第138页。值得注意的是，这里第一句话的原文为“The aim of multiculturalist politics is entirely laudable – to counter the exploitation of oppressed group.”中文版将“multiculturalist politics”误译为“文化多元主义政治”，容易引起混淆，严谨起见，本书改为“多元文化主义政治”，Anthony Giddens，*The Third Way*：*The Renewal of Social Democracy*，Polity Press，1998，p. 133.

宽社会团结的范围”，并且试图抛弃民族共同体的存在。由此可见，不同于自由论者所持的激进多元文化主义，在吉登斯所认同的多元文化主义中，民族共同体的地位必须给予充分重视。① 事实上，吉登斯一直认为多元文化主义与民族身份认同、民族主义之间应当且能够得到调和。②

此外，他承认民族主义中那些容易造成纠纷的因素依然会存在，但是如今我们需要在某种程度上融合世界主义和民族主义从而实现一种世界主义的民族观，而这是消弭各个民族国家之间爆发大规模战争之可能性的理由和条件。因此，世界性民族既需要具备约束所有人的某些价值和公民乐于接受的某种认同，也必须承认不确定性和文化之多元性。③

其三，在全球层面，吉登斯倡导世界性民主，鼓励对话民主，主张建立和完善全球治理结构，以规治全球性风险。世界性民主意味着“在全球化的层面上进行运作和世界性的民主”④。吉登斯强调，在全球化的背景下，国内政治、区域政治与全球化层面的问题不可分割和区分开来，国内问题和全球治理已经在实践中紧密地联系在一起。如今，在全球层面的各类团体和机构——包括政府间组织和非政府间组织——大量增长，全球化进程使得权力从各个国家转移到全球领域，全球性治理和全球性的公民社会已经出现。在这一领域，民主同法治一样，亦不能缺席。吉登斯受戴维·赫尔德的世界

① ［英］安东尼·吉登斯:《第三条道路:社会民主主义的复兴》，郑戈译，北京大学出版社，2000年第137～143页。

② 在后来声称写给戈登·布朗（Gordon Brown）的书中，他将激进的多元文化主义称作“幼稚的多元文化主义”（naive multiculturalism），将自己提倡的多元文化主义称作“老练的多元文化主义”（sophisticated multiculturalism）并进行明确定义:“（老练的）多元文化主义是指一系列由政策支持的理想观念。这些理想是:1. 重视多样性（diversity），作为丰富社会所有成员生活的一种手段;2. 查尔斯·泰勒意义上的承认（recognition）——尊重那些生活方式与自己的生活方式不同的人，并获得相似的尊重;3. 不同文化之间的互动，促进相互理解;4. 接受作为民族共同体（national community）——这是一种“命运共同体”（community of fate）——成员的共同的整体身份，这意味着要受影响每个人的法律和集体决定之约束。”Anthony Giddens, *Over to You*, *Mr Brown*: *How Labour Can Win Again*, Polity Press, 2007, pp. 153 – 156.

③ ［英］安东尼·吉登斯:《第三条道路:社会民主主义的复兴》，郑戈译，北京大学出版社，2000年，第134页。关于全球化时代民族国家的讨论，另可参见［英］安东尼·吉登斯:《全球时代的民族国家:吉登斯讲演录》，郭忠华编，江苏人民出版社，2012年。

④ ［英］安东尼·吉登斯:《第三条道路:社会民主主义的复兴》，郑戈译，北京大学出版社，2000年，第143～144页。

主义民主思想启发,强调“世界性民主的扩展是有效地规治世界经济、与全球性的经济不平等做斗争以及控制生态风险的一个条件”[①]。不过,吉登斯认为如果没有对话民主的进步,赫尔德的世界主义民主模式则无法避免像在国家层次上自由民主制度所受到的各种限制。吉登斯曾解释道,“在全球意义上,对话民主化指的是民主体制民主化,但也是其他对话机制的普及”[②],“如果如赫尔德所说出现世界主义民主范围扩大的话,那么对话民主在更加全球的意义上可能开始与民间社团等同。没有这样的全球化民间组织,世界主义的沟通机制就必然是相当有限的和分散的”[③]。可见,吉登斯所指全球对话民主化不仅旨在使那些既有的政府间体制的民主化,还包括各种民间性的社会运动和自主团体的普及。这些体制就生态等全球性问题进行对话,产生积极信任的机制,促进世界主义民主的扩展,为建立更加强大的全球治理结构创造条件。[④]

总体来说,吉登斯对世界的未来表示乐观且充满世界主义情怀。他认为,人为的不确定性、无法预测性以及各种风险都只是全球化秩序的一面,另一面则是在全球相互依赖的环境中产生的人类共享价值和普遍价值,它们通过对差别的世界主义式的承认建立起来。人类可以共同创造一个没有外人的世界,“在这个世界中当我们面对共同的风险时,所有的人有共同的利益”[⑤]。为此,吉登斯提出生活政治、福利国家变革、全球对话民主等一系列变革措施。为实现这些任务,他认为我们必须抛弃天命论和虚无主义,追求人类共同的利益和价值,发挥每个人、团体、文化以及国家的积极作用,推动人类社会走向更好的世界共同体。因此也不难发现,吉登斯的世界主义

① [英]安东尼·吉登斯:《第三条道路:社会民主主义的复兴》,郑戈译,北京大学出版社,2000年,第154页。

② [英]安东尼·吉登斯:《超越左与右:激进政治的未来》,李惠斌、杨雪冬译,社会科学文献出版社,2000年,第127页。

③ [英]安东尼·吉登斯:《超越左与右:激进政治的未来》,李惠斌、杨雪冬译,社会科学文献出版社,2000年,第136页。

④ 不得不承认,吉登斯十分重视全球化的民间组织的作用,他甚至在很大程度上将之等同于世界主义本身。

⑤ [英]安东尼·吉登斯:《超越左与右:激进政治的未来》,李惠斌、杨雪冬译,社会科学文献出版社,2000年,第266页。

思想典型地反映出他所谓的“乌托邦现实主义”态度。

(二)勃兰特

维利·勃兰特(Willy Brandt,1913—1992),德国政治家,德国社会民主党原主席,1969年至1974年任联邦德国总理,1971年获得诺贝尔和平奖,1976年当选社会党国际主席。他于1977年筹组了国际发展问题独立委员会(也称勃兰特委员会),该委员会陆续出版了有关南北问题的系列报告。1990年,勃兰特在担任德国国际发展委员会主席时提出“全球治理”理论。他的世界主义思想主要来源于对现实世界存在的问题的思考,主要包括他对人类整体发展和命运的思考以及社会民主主义未来的关注。

至少在20世纪70年代中期,勃兰特等人就开始意识到国际社会的经济和社会不平衡已经引起了全球性的严重问题。[①] 1980年,勃兰特委员会发布了第一个报告《争取世界的生存——发展中国家和发达国家经济关系研究》(*North - South: A Programme for Survival*),着重探讨了问题丛生的南北问题,意在警醒世人必须采取行动以应对人类共同面临的重大挑战。报告认为,世界经济形势在不断恶化,无论南北方国家都面临着收缩性危机,人类未来极不稳定且充满变数,只有通过南北对话、加强国际合作才可能度过危机。1982年,该委员会又发布了《争取世界经济复苏:勃兰特委员会备忘录》(*Common Crisis: North - South Cooperation for World Recovery*),分析了当时面临的经济形势并提出了应对和解决危机的系列建议。随后,作为社会党国际领导人,勃兰特还为《全球性挑战——从危机到合作:打破南北僵局》(*Global Challenge: Report of the Socialist International Committee on Economic Policy*)这一报告撰写序言。在这一系列报告中,勃兰特的世界主义情怀体现得淋漓尽致。

勃兰特敏锐地感受到,世界的相互依赖正在不断加深,世界各国被全球化进程越来越紧密地绑在一起。然而大多数国家和人民对“人类正在成为

① Willy Brandt, Chairman's Report for the North - South Commission, 18 August 1978, p.5, https://www.willy-brandt-biografie.de/wp-content/uploads/2017/04/1978_Brandt_Report_Nord_Süd_5147.pdf.

一个统一的社会"[①]的感受和意识并不深刻。作为世界著名的政治家,勃兰特认为有必要且有责任让普通人更加清楚地看到"他们的工作和日常生活是怎样同世界另一端的别的社会的工作和日常生活息息相关的"[②]。而日益泛滥的各类全球性问题则是再好不过的说明。他在《勃兰特报告》中的一段话被广泛引用:"无论我们愿意还是不愿意,反正我们正在面对越来越多的问题,这些问题总体上涉及整个人类,所以,解决问题的办法在越来越大的程度上必须国际化。各种危险和挑战——战争、动乱、自我摧毁——都在全球化,这就要求一种世界内部政治,它要超越宗教的视野,而且远远超越民族国家的边界。"[③]

那么当如何应对全球化及其伴随而来的各种严重后果呢?勃兰特首先从伦理和道德高度给出了回答。他认为,首先需要恢复和明确的是对个体的人的价值的尊重,这是基本出发点。他指出,当下世界"需要一种对人、对人的尊严和对基本人权的信念;那种对正义、自由、和平、相互尊重的准则,对爱和宽宏厚道,对理性而非力量的信念"[④]。只有基于对人的价值、人权的尊重,我们才会对他者产生同情心和责任心,才会有所行动。人与人之间如此,国家与国家之间亦如此。勃兰特主张:"各国间的团结应建立在相互承认对方的价值准则之上。然而,以技术为基础的世界文明可能需要一种共同的社会与工作精神。没有对人类同胞的命运的责任感和对工作与生产的人道动机,生活条件就很难得到提高。"[⑤]"任何世界秩序或者国家秩序或区域秩序的基础,如同联合国世界人权宣言所确定的那样,必须是尊重个人及其基本权利。否则就不会有真正的经济和社会发展,最重要的是不会有正

---

① [德]维利·勃兰特:《要求变革的呼吁:和平、正义、就业》,载于《争取世界的生存:发展中国家和发达国家经济关系研究》,中国对外翻译出版公司译,中国对外翻译出版公司,1980年,第7页。

② [德]维利·勃兰特:《要求变革的呼吁:和平、正义、就业》,载于《争取世界的生存:发展中国家和发达国家经济关系研究》,中国对外翻译出版公司译,中国对外翻译出版公司,1980年,第5页。

③ Willy Brandt, *North – South: A Program for Survival: Report of The Independent Commission on International Development Issues*, The MIT Press, 1980, p. 19.

④ [德]维利·勃兰特:《要求变革的呼吁:和平、正义、就业》,载于《争取世界的生存:发展中国家和发达国家经济关系研究》,中国对外翻译出版公司译,中国对外翻译出版公司,1980年,第7页。

⑤ [德]维利·勃兰特:《要求变革的呼吁:和平、正义、就业》,载于《争取世界的生存:发展中国家和发达国家经济关系研究》,中国对外翻译出版公司译,中国对外翻译出版公司,1980年,第21页。

义、自由与和平。”[①]但这不会轻易实现，而教育可以为此发挥作用。勃兰特主张，全世界的学校尤其应当培养年青一代更加关心人的价值准则，让教育发挥伟大作用，对国际事务的更丰富知识能够开阔眼界并提高对别的国家的命运以及共同感兴趣的问题的关心。[②]

明确了关于人的基本道德要求之后，勃兰特强调国际社会应当有所作为以应对当下人类面临的困境。世界各国亟须调整南北关系，实现全球正义和平等。勃兰特指出，我们必须正视南北国家之间经济发展上的不平等以及由此引发的各方面的问题，“必须纠正国际间和国内的不公正和不平等行为和现象”，“只有得到世界的保证，一国才能取得真正的发展。这就是当前世界越来越相互依赖的不可避免的现实”[③]。在此基础上，世界各国尤其是发达国家，需要发展一种全球责任观。例如，欧洲国家可以从其建设区域性共同体的实践中吸取经验，培养和发展全球责任的思想。[④] 全球责任意味着国际社会“必须负起责任来改善那些深受不容异己和残暴行为之害的人类同胞的处境”[⑤]，关心国际社会的不幸成员。例如，那些“同制造难民外流的政权毗邻的国家承受的沉重负担，应该由境况较好的其他国家本着相互支援的精神加以分担”[⑥]。改善全球不平等状况，树立全球责任意识，克服国家和民族短暂的私利，超越意识形态对抗，共同开展合作，从而形成一种超

---

① [德]维利·勃兰特:《导言》，载于《争取世界经济复苏:勃兰特委员会备忘录》，沈佩篁等译，中国对外翻译出版公司，1983年，第8页。

② [德]维利·勃兰特:《要求变革的呼吁:和平、正义、就业》，载于《争取世界的生存:发展中国家和发达国家经济关系研究》，中国对外翻译出版公司译，中国对外翻译出版公司，1980年，第6页。

③ [德]维利·勃兰特:《导言》，载于《争取世界经济复苏:勃兰特委员会备忘录》，沈佩篁等译，中国对外翻译出版公司，1983年，第8页。

④ [德]维利·勃兰特:《要求变革的呼吁:和平、正义、就业》，载于《争取世界的生存:发展中国家和发达国家经济关系研究》，中国对外翻译出版公司译，中国对外翻译出版公司，1980年，第7~8页。

⑤ [德]维利·勃兰特:《要求变革的呼吁:和平、正义、就业》，载于《争取世界的生存:发展中国家和发达国家经济关系研究》，中国对外翻译出版公司译，中国对外翻译出版公司，1980年，第14页。

⑥ [德]维利·勃兰特:《要求变革的呼吁:和平、正义、就业》，载于《争取世界的生存:发展中国家和发达国家经济关系研究》，中国对外翻译出版公司译，中国对外翻译出版公司，1980年，第14页。

越国界限制的全球性大团结，为实现人类的共同利益而行动。①

而从社会民主主义的视角，勃兰特也希望适应现实地发扬社会主义的国际主义传统，使人类在和平和发展政策、经济、环境、发展、技术等方面相互理解并达成国际合作。② 他强调，社会民主主义者的奋斗目标就是“在这个世界中每个人都有机会享受有一定保障的生存以及有尊严的生活”③。

在尊重个体价值基础上，正义、民主、责任以及团结在全球范围普遍得以实现，进而构建一种更加平等、正义，具有规则基础和契约精神的全球社会，这便是勃兰特眼中的理想世界。④ 不得不承认，这种思想和认识在意识形态高度对峙的冷战时期是极为难能可贵的，纵然放在今时今日也绝不过时。

第三节 生态社会主义的世界主义思想

生态社会主义⑤中也包含具有鲜明特色的世界主义思想。正如印度著名生态社会主义学者萨兰·萨卡所指出的，人类中心主义不应该只是考虑个人或国家的利益，而应该从人类的整体利益出发，而“整体论和人类中心主义思想的逻辑结果就是国际主义”⑥。国内一位学者也注意到，“对生态社会主义而言，要解决生态危机，就必须首先破解资本主义的经济基础和生产

① [德]维利·勃兰特：《要求变革的呼吁：和平、正义、就业》，载于《争取世界的生存：发展中国家和发达国家经济关系研究》，中国对外翻译出版公司译，中国对外翻译出版公司，1980年，第4、11页；[牙买加]迈克尔·曼利、[德]维利·勃兰特：《导言》，载于《全球性挑战——从危机到合作：打破南北僵局》，刘芸影、马志良译，东方出版社，1987年，第11页。

② [德]维利·勃兰特：《民主社会主义的未来》，载于[俄]戈尔巴乔夫、[德]勃兰特等：《未来的社会主义》，中央编译局国际发展与合作研究所编译，中央编译出版社，1994年，第31～32页。

③ [德]维利·勃兰特：《民主社会主义的未来》，载于[俄]戈尔巴乔夫、[德]勃兰特等：《未来的社会主义》，中央编译局国际发展与合作研究所编译，中央编译出版社，1994年，第32～33页。

④ [德]维利·勃兰特：《要求变革的呼吁：和平、正义、就业》，载于《争取世界的生存：发展中国家和发达国家经济关系研究》，中国对外翻译出版公司译，中国对外翻译出版公司，1980年，第10、80页。

⑤ 生态社会主义（Ecosocialism）与生态马克思主义联系密切，本书在广义上使用生态社会主义的概念，也即将生态马克思主义包括在内。

⑥ [印度]萨兰·萨卡：《生态社会主义还是生态资本主义》，张淑兰译，山东大学出版社，2008年，第18页。

关系。既然资本主义的经济关系已经在资本的逻辑中遍及全球，所以，生态社会主义自然必须将其矛头指向资本主义所到达的任何地方。在这个意义上，它所针对的对象不是居于一时一地的事物，而是一种已经渗透到全球范围的生产生活方式。因此，生态社会主义就同经典的社会主义学说一样，是一种为所有受到资本奴役的人（在这里还包括自然）谋求解放的理论，因而必定是世界主义或全球主义的"①。

一、莫里斯：宽容、好客与绿色世界主义

威廉·莫里斯（William Morris，1834—1896）在西方学界被视作生态社会主义的先驱，是最早的生态社会主义者。② 莫里斯于1883年加入民主联盟（the Democratic Federation），公开宣称自己是社会主义者。1884年民主联盟发生分裂，他在恩格斯的支持下参与组织了社会主义者同盟，并担任该同盟的机关报《公共福利》（*The Commonwealth*）主编。此间，他撰写了大量的社会主义诗歌和散文，并著有名著《乌有乡消息》。他对自然有着深刻的感情，在19世纪七八十年代积极投入自然环境和古建筑保护活动，并参加了许多相关协会。

莫里斯认可和追求一种特殊的个体主义精神，或者说是一种个体与整体之间的有机统一。在莫里斯看来，自由和平等都是不可或缺的，不能牺牲其中一者来换取另一者。他指出，"生活的多样化是和条件平等一样的真正的共产主义目标，只有这两者的结合才能带来真正的自由"③。因而，崇尚社会主义的莫里斯所表达的是"不陷入方法论个体主义却具有创造性的个体

① 李义天：《"地区共同体"：生态政治学的典型处方及其问题》，载于郇庆治主编：《重建现代文明的根基——生态社会主义研究》，北京大学出版社，2010年，第132页。

② ［加］本·阿格尔：《西方马克思主义概论》，慎之等译，中国人民大学出版社，1991年，第475页；Derek Wall, *Babylon and Beyond: The Economics of Anti – Capitalist, Anti – Globalist and Radical Green Movements*, Pluto Press, 2005, p. 155; David Pepper, *Modern Environment: An Introduction*, Routledge Press, 1996, p. 215.

③ William Morris, Looking Backward, *Commonweal*, Vol 5, No. 180, 22 June 1889, pp. 194 – 195, https://www.marxists.org/archive/morris/works/1889/commonweal/06 – bellamy.htm.

性”或者说“具有公共或社会之善的个体性”。[1] 这就意味着在莫里斯的观念中，在保证社会整体性、平等等价值的同时，也要对个人自由和宽容给以充分考量。“社会主义者比其他任何人都相信所有人都天然是平等的”[2]，但差异和区别仍然极其重要。这种独特的个体主义对理解莫里斯的世界主义思想起到基础性作用。

在《我们如何生活以及我们可以怎样生活》(*How We Live and How We Might Live*)一文中，莫里斯构想了一种理想的人际关系乌托邦：“我们的生活会完全没有国家竞争，虽然应当承认最好是那些认为他们自然而然形成一个(国家)共同体的人进行自我管理，但社会主义文明中的国家不会感到它有任何不同于其他国家的利益，因为它们的经济状况基本相似；这样一个国家的任何一个公民都可以在外国工作和生活，生活不受侵扰，并且能够很自然地融入当地；这样，所有文明国家将共同构成一个伟大的共同体，就所需生产、分配的种类和数量达成一致；在这样一个可以实现最佳生产的环境中工作；用尽一切手段避免浪费。”[3]莫里斯的世界主义思想十分丰富，而上述这段话及其所构建的社会主义乌托邦则颇为典型地体现了其世界主义思想的三个主要侧面。

其一，如何认识国家。作为社会主义者，莫里斯也很大程度上继承了马克思主义的国际主义传统，因而民族或国家并没有成为他的世界主义思想形成和发展的障碍，这一点我们可以从莫里斯的作品中找到许多例证。在1885年起草的《社会主义联盟宣言》(*The Manifesto of The Socialist League*)中莫里斯谈道：“社会主义联盟旨在实现完全的革命社会主义，并且很清楚的是，如果没有所有文明国家工人的帮助，任何一个国家都不会实现完全的革

① Regenia Gagnier, Morris's Ethics, Cosmopolitanism, and Globalisation, *The Journal of William Morris Studies*, Vol. 16, No. 2/3, 2005, p. 10; Regenia Gagnier, Good Europeans and Neo - liberal Cosmopolitans: Ethics and Politics in Late Victorian and Contemporary Cosmopolitanism, *Victorian Literature & Culture*, Vol. 38, No. 2, 2010, p. 600.

② William Morris, What Socialists Want, https://www.marxists.org/archive/morris/works/1887/want.htm.

③ William Morris, How We Live and How We Might Live, in G. D. Colle, ed., *William Morris: Stories in Prose, Stories in Verse, Shorter Poems, Lectures and Essays*, Random House Press, 1946, p. 569.

命社会主义。对我们来说，地理界限、政治历史、种族和信条都不会塑造竞争对手或敌人；对我们来说，没有国家，只有各种各样的工人和朋友……”①可见，在莫里斯眼中社会主义才是真正的文明，并且在社会主义文明下，国家间并不存在激烈的国家竞争和利益冲突，因而国家或者民族界限不再重要，重要的是所有文明国家工人间的无产阶级革命友谊。当然，莫里斯并没有完全抛弃民族国家，事实上他充分认可人们对民族国家共同体的天然认同感以及基于此进行自治的合理性，他的批判对象是资本主义时代欧洲国家间的民族主义竞争及其带来的战争和生态危害。他认为，19 世纪欧洲存在的各种民族主义实际上是各国为争夺市场所产生的商业竞争的一种反映，但这种资本主义商业竞争总是伴随着各种国家间竞争，往往会带来大量浪费和灾难。② 因而他推崇社会主义革命，因为社会主义才是真正美好的社会。事实上，在《我是怎么成为一名社会主义者的》一文中我们可以发现，莫里斯对社会主义的理解就是一种世界主义的人间天堂。③

其二，如何对待陌生人和他者。在这个由多个（国家）共同体构成的大共同体中，人们很自然地将外国人视作未知事物，但莫里斯认为，我们可以改变对待这种差异的集体态度。在他看来，好的社会应是一种十分宽容（tolerant）的社会。不过尤其需要说明的是，他所言之宽容其指涉对象不仅包括国家或者（一般意义上）共同体内部的人，还包括那些来自异国他乡的陌生人（stranger）。对此，莫里斯有较多论述，如在《地上乐园》（*The Earthly Paradise*）谈论消除愤怒、宽恕敌人；在《捍卫桂尼维尔》（*The Defence of Guenevere*）

① William Morris and E. Belfort Bax, The Manifesto of The Socialist League, https://www.marxists.org/archive/morris/works/1885/manifst2.htm.

② William Morris, How We Live and How We Might Live, in G. D. Colle, ed., *William Morris: Stories in Prose, Stories in Verse, Shorter Poems, Lectures and Essays*, Random House Press, 1946, p. 568.

③ 莫里斯曾言：“我所说的社会主义是这样一种社会情境：其中既没有富人也没有穷人，既没有主人也没有仆人，既没有闲散之人也没有过度劳累之人，既没有脑力缺损的脑力劳动者也没有患心脏病的手工业者，总之，所有人将在平等的条件下生活，并且会毫不浪费地管理他们的各项事务，不仅如此，他们还充分意识到对一个人的伤害将意味着对所有人的伤害——至少意识到‘公共福利’（commonwealth）这个词的含义。”William Morris, How I Became a Socialist, in G. D. Colle, ed., *William Morris: Stories in Prose, Stories in Verse, Shorter Poems, Lectures and Essays*, Random House Press, 1946, p. 655.

谈论对不忠的宽容问题。不仅如此,在这样一个世界里人们自然而然地感觉与他人同属一个能够实现自治的共同体,与此同时依然对来自他国的不速之客保持开放且让其能够自然而然地融入这个地方。[①] 这其实涉及莫里斯世界主义思想的一个重要概念——“好客”(hospitality),即与外来者(outsider)或者陌生人(stranger)相处的伦理规范。他的《乌有乡消息》《梦见约翰·鲍尔》等均是世界主义文学色彩浓厚的作品,其中很多都涉及“好客”问题。[②] 他始终放不下过去的时代,尤其是中世纪的生活图景,因而他的“好客”思想也刻下了中世纪传统的烙印——无条件的好客(unconditional hospitality)。[③]

其三,自然生态以及人类的生存状态。在当下社会,科技进步的一个重要目的就在于让人类生活更加便利从而减少人类劳动。而在莫里斯构想的社会主义社会中,劳动作为我们生活乐趣的一部分,是建设社会主义理想共同体的基石。[④] 并且,这种劳动也显然区别于资本主义条件下的劳动。在资本主义商品贸易体系之下,资本家无休止地追求利润,人如奴隶般地劳动,环境被肆意破坏,所有人都在不快乐地劳动,进而导致人与自然关系的扭曲。自然被当作“一种东西”“奴隶”和自身以外之物,在这种不正常的人与自然关系下,环境不可能得到爱护,破坏自然不可避免。[⑤] 而在共产主义的天堂中,则是另一番情景。生产和劳动服务于人的需要,人们拥有高尚而适宜的工作,适当的环境以及充足的闲暇时间,人与自然关系和谐,因而人真

---

① 正是基于“自然而然的感觉”(natural feeling)这一颇为棘手的概念,有学者将莫里斯称作“情感教育家”(the educator of emotions)。参见 Regenia Gagnier, Morris's Ethics, Cosmopolitanism, and Globalisation , *The Journal of William Morris Studies*, Vol. 16, No. 2/3, 2005, p. 19.

② [英]威廉·莫里斯:《乌有乡消息》,黄嘉德译,商务印书馆,1981 年。

③ 中世纪的“好客”行为据说包括为穷人提供救济,在大厅里提供热情款待,乃至在麻风病房里接纳麻风病人等。对莫里斯“无条件好客”思想的研究可参见 Marcus Waithe, *William Morris's Utopia of Strangers: Victorian Medievalism and the Ideal of Hospitality*, D. S. Brewer Press, 2006.

④ William Morris, Useful Work versus Useless Toil, in G. D. Colle, ed., *William Morris: Stories in Prose, Stories in Verse, Shorter Poems, Lectures and Essays*, Random House Press, 1946, pp. 603 – 623.

⑤ [英]威廉·莫里斯:《乌有乡消息》,黄嘉德译,商务印书馆,1981 年,第 118 ~ 121 页,223 页;William Morris, Art and Socialism, in G. D. Colle, ed., *William Morris: Stories in Prose, Stories in Verse, Shorter Poems, Lectures and Essays*, Random House Press, 1946, pp. 624 – 645.

正能够从劳动中获得快乐。[①] 在这样的社会中,人们意识到自己与其他人都在同样的条件下劳动,他们就会"自然地"感觉到与他人紧密联系在一起。团结(solidarity)由此产生,一个人也会逐渐融入这一他国之土。作为生态社会主义的先驱,莫里斯的世界主义思想天然地带有生态意蕴,无怪乎有学者将之称为"绿色世界主义"(green cosmopolitanism)。[②]

总体来说,莫里斯的世界主义思想异常丰富,形式多样且独具特色,不同寻常地结合了个体主义、社会主义和生态意蕴等多重思想内涵,是生态社会主义中最具代表性的世界主义思想家。

二、科沃尔:劳动者的自由联合与全球生态正义

科沃尔(Joel Kovel,1936—2018)是美国著名的生态社会主义学者和社会活动家。他构建了相对完整的生态社会主义理论体系,在改造以往生态社会主义思想的基础上全面阐述了生态社会主义的过程与目标。科沃尔的生态社会主义思想中具有较强的世界主义色彩,主要体现在两个方面:劳动者的自由联合与全球生态正义思想。

其一,劳动者的自由联合。科沃尔认为,21 世纪的人类社会正面临着前所未有的生态灾难,而资本正是自然生态最大的敌人,因此以资本作为基本要素的资本主义制度必须要为生态危机负责。科沃尔对资本和资本主义进行了全面批判,并提出了生态社会主义的替代性方案。他认为生态社会主义是一种"自由联合的劳动者自觉地以生态为中心的方式和目的而进行生产的社会"[③],"共同体"的出现是生态社会主义的必要条件,而正义在生态社会主义社会中也被赋予新的形式。

所谓自由联合的劳动针对的是马克思所提出的异化劳动概念。马克思所言之异化劳动是指,在资本主义雇佣关系下,工人在劳动中成为生产过程的奴隶而失去自我,他们不知为何生产和生产什么,但他们又不得不为了生

---

① 陈永森、蔡华杰:《人的解放与自然的解放:生态社会主义研究》,学习出版社,2015 年,第 37~39 页。

② Eddy Kent, William Morris's Green Cosmopolitanism, *The Journal of William Morris Studies*, Vol. 19, No. 3 2011, pp. 64-78.

③ Joel Kovel, *The Enemy of Nature: The End of Capitalism or The End of The World*, Zed Books Press, 2007, p. 243.

存而继续从事这种单一、机械的劳动。科沃尔十分重视马克思的异化劳动思想，认为异化劳动是在摧残人性并且将导致自然的异化和最终的生态危机。他强调，人在自然中应当自由地生存，人类社会应当如马克思在《共产党宣言》中所描述的那样，“每个人的自由发展是一切人的自由发展的条件”[①]。他强调，生产者的自由联合的观念是马克思的社会主义观念的基石（keystone），马克思的这句话应当成为生态社会主义的基本原则。[②]

科沃尔认为，这种“自由人联合体”中既包括广泛的民主，保持着公共领域和集体所有，又允许个人自由和个性的自由发展，人在真正意义上得以解放。在自由联合的条件下，人类的善良本性得以发展，变得更强调给予。人会约束自己的怒气和仇恨，对自己和他人都会变得更加宽容，每个人都会获得更多的尊重。男女平等，和谐共存，人权也会得到更加完整的实现。

那么生态社会主义社会应当如何实现呢？科沃尔设想的实现过程也颇具世界主义色彩。首先，需要一种共享生产资料、互相帮助，能够代表普遍利益和世界利益的真正意义上的共同体。[③] 其次，需要筹建生态社会主义政党，这种政党需要注意的问题之一是必须超越狭隘的种族主义和地方主义，只有如此才能具有全球视野，才能担当重任。最后，需要在全球范围发起整体的行动。因为生态危机的影响是全球性的，要消除生态危机的根源，就需要将全球范围反对资本的进步力量联系起来，“实现全球生态社会主义的时刻已经到来”[④]。在生态社会主义政党的领导下，联合全球范围的地方性力量发起生态社会主义革命，最终取代资本主义而代之以按照人类利益行事的生态社会主义。

其二，全球生态正义思想。生态社会主义革命的一个重要目的在于实现全球生态正义，而科沃尔则一直在寻求一种生态社会主义式的正义。他

---

① 《马克思恩格斯文集》（第二卷），人民出版社，2009 年，第 53 页。

② Joel Kovel, *The Enemy of Nature: The End of Capitalism or The End of The World*, Zed Books Press, 2007, p. 219.

③ Joel Kovel, Ecosocialism, Global Justice and Climate Change, *Capitalism Nature Socialism*, Vol. 19, No. 2, 2008, p. 6.

④ Joel Kovel, *The Enemy of Nature: The End of Capitalism or The End of The World*, Zed Books Press, 2007, p. 258.

指出:“公正呈现出直接的生态特征:‘公正的公正’(justly just),就是有助于将那种与追求生态中心主义的目标的、自由联合起来的劳动相一致的人性拢聚到一起的公正。在一个处在气候变化和资本导致其他种类浩劫的炮口之下的世界里,公正必须获得一种生态社会主义的形式。”①因而,他的正义思想迥然不同于自由主义的正义思想并且具有鲜明的生态特色。

他指出:“生态社会主义所内涵的正义有两面。首先,从与人类的关系方面考虑,它适用于每一个或每一种生物。直接依据人类价值及其社会形式谈论狼对羊的不公平,或者谈论其他任何猎捕关系,都是毫无意义的。这里需要受到批判的,是人(大写的人)对自然的不公平。正义的第二个生态面关系到那些因一类人掌握在另一类人之手而遭受的伤害。”②可见,他的生态正义思想具有两重指向:一者是人与自然之间的正义,一者则是资本带来的人与人之间的不正义。前者在实质上是在主张生态中心主义,后者在实质上则是在反资本主义。

科沃尔认为,资本主义统治阶级携带着资本正在入侵人们的居住空间,资本在不断扩张并疯狂赚取利润的同时却在不断破坏生态,带来生态危机,破坏普通人的生活完整性。卡特里娜飓风、博帕尔毒气泄漏事件、尼日尔河三角洲及厄瓜多尔森林石油开采等,都是资本对当地人和自然造成严重后果的例证。但是面对这种不正义,需要全球范围的力量团结起来展开斗争,坚持反资本主义和生态中心主义相结合,实现生态社会主义的正义 。

第四节　社会主义的世界主义的独特视角与贡献

世界主义思想本身就是开放和发展的,而非仅仅偏居自由主义一隅。因而同马克思主义的世界主义一样,社会主义的世界主义是世界主义思想大厦不可或缺的一部分,亦有助于后者的多元性发展。

---

① Joel Kovel, Ecosocialism, Global Justice and Climate Change, *Capitalism Nature Socialism*, Vol. 19, No. 2, p. 8.

② Joel Kovel, Ecosocialism, Global Justice and Climate Change, *Capitalism Nature Socialism*, Vol. 19, No. 2, p. 8.

一、社会主义的世界主义的理论基点

社会主义的世界主义存在两个重要理论基点，这两个基点是我们谈论和研究社会主义的世界主义思想的基本前提：首先，对和平、正义、平等、宽容、自由、团结、幸福等一系列基本、普遍价值的追求。对这些价值的追求是所有个体的本性，空想社会主义、社会民主主义和生态社会主义始终将这些价值作为自身的追求目标和实践原则。且不论可行与否以及实现方式为何，社会主义思想家的各式理论或政策主张其最终目的就是尽最大可能让所有人得以实现这些价值目标。

其次，社会主义与生俱来的国际主义传统。空想社会主义、社会民主主义和生态社会主义思想家们都很少将对美好社会的思考限定在民族或者国家边界以内，空想社会主义者多是以自己民族为出发点畅想乌托邦社会并意图将之扩展至全世界，而社会民主主义者和生态社会主义者本身就是试图变革世界和改善人类境况的重要力量（无论在理论上还是实践上）。这就使得社会主义具备了普遍主义特质。

正是这两个基点决定了社会主义与世界主义之间存在不可忽视的思想联系，社会主义中也包含着许多值得被发掘的世界主义思想资源。

二、社会主义的世界主义思想的特征

总体来看，社会主义的世界主义思想有如下两点特征：首先，社会主义的世界主义思想不仅具有特色鲜明的思想和理论内涵，亦具有明显的实践指向。从空想社会主义到社会民主主义再到生态社会主义，其所阐发的世界主义思想绝非仅仅是乌托邦式的臆想或主观构建，而是来源于现实并且意在指引实践。第一国际、第二国际和第三国际的发展即可被视作践行社会主义的世界主义思想的一项重要例证。①

其次，对未来理想世界秩序的构想是社会主义的世界主义思想一直不变的主题之一。无论是空想社会主义倡导的世界普遍联合和全人类共同体，社会民主主义建立“一个没有边界的和平的自由的世界”的宏伟目标，还

---

① Alejandro Colas, Putting Cosmopolitanism into Practice: The Case of Socialist Internationalism, *Millennium*, Vol. 23, No. 3, 1994, pp. 513 – 534.

是生态社会主义憧憬的全球生态共同体，这都属于理想世界秩序构想的范畴。这些构想或多或少都带有一些乌托邦情愫，但随着时代的发展，许多构想却变得越来越真实。

三、与自由主义的世界主义之间的差异

通过分析可以发现，社会主义的世界主义与主流的自由主义的世界主义之间的确存在一定差异。以托马斯·博格（Thomas Pogge）的世界主义三原则——个体主义、普世性和普遍性[①]——为参照，我们不难察觉到社会主义的集体主义思维与自由主义的个体主义思维之间若隐若现的张力。自由主义的世界主义主张将世界上每个原子式的个人视作道德关怀的终极单元，道德关怀的单位是个体，而非社会政治关系中的国家、民族、族群、家庭等。而社会主义的世界主义亦关注个体，但这种个体并非原子式的，而是带有一定的阶级属性。[②]

社会主义的世界主义思想对当下中国来说是十分珍贵的思想资源。如今，全球化进程的发展进入新时期，中国在世界上的角色亦发生了新变化，无论是推进全球治理及其体系变革还是构建人类命运共同体，社会主义的世界主义思想都具有独一无二的理论和实践价值。

---

① Thomas Pogge, Cosmopolitanism and Sovereignty, *Ethics*, Vol. 103, No. 1, 1992, pp. 48 – 49.

② 因为社会主义本身就是反对资产阶级压迫、解放无产阶级的政治学说，故而社会主义的世界主义思想也具有一定的阶级性。不过，空想社会主义、社会民主主义和生态社会主义三种世界主义思想所呈现的阶级性程度各不相同，空想社会主义和生态社会主义的世界主义思想的阶级性程度相对更强，革命和变革意味更浓，社会民主主义的世界主义思想的阶级性程度更弱且更为接近自由主义的世界主义思想。

第九章　马克思主义的世界主义思想

世界主义思想在19世纪出现了一次重要的发展与革新，这一发展与革新源自马克思主义的兴起。马克思在对传统世界主义思想进行扬弃和深刻批判的基础上，对其进行了影响深远的升华和改造。在马克思的经典著作中，对既有世界主义思想的批判沿着两条思路展开：一方面，从理论上揭露了反映资本主义生产和交往方式的经济世界主义的伪善性，以及受到资本主义生产方式制约的自由主义世界主义的软弱性；另一方面，批判了在唯心主义世界历史理论基础上的、以世界主义之名行民族沙文主义政策之实的外交实践。批判并没有让马克思回到社群的边界之内，而是进而提出深刻的马克思主义的世界主义思想，马克思的世界主义思想沿着两条相互联系的线索展开：其一，历史唯物主义的世界历史理论和社会形态理论以及在此基础上对无产阶级普遍性质的分析；其二，观照到人类实践，表现在通过革命的国际主义以实现人类解放的思想之中。本章旨在从马克思经典著作着手，梳理"世界主义"概念在马克思文本中的多元面向，厘清马克思对传统世界主义思想的批判和革新，从而为探索马克思主义的世界主义思想及其当代价值奠定初步的基础。

一方面，在马克思主义的思想体系中，以世界历史理论为代表的历史唯物主义、对资本主义世界体系的批判、对无产阶级革命的国际主义论述中，在普遍彻底的人类解放理想中，都体现出特色鲜明的世界主义色彩。然而另一方面，在传统论述中，特别是在社会主义阵营内部的论述中，世界主义往往作为马克思主义的对立面呈现出负面色彩。为厘清马克思主义和世界主义之间的这种多面向的关系，需要深入马克思恩格斯的著作文本中，探寻

“世界主义”及相关概念在这些文本中的形态和在特定语境下的意义,以厘清马克思主义的世界主义思想的轮廓。

第一节 扬弃:马克思与世界主义思想的传统

在世界主义思想史专著中,自称为“世界公民”的马克思的思想较少得到如第欧根尼和康德那样的重视,但在思想史的发展脉络中,这一扬弃思想的“幽灵”始终漂浮在世界主义思想史的文字之间,漂浮在所有重要文献的注释中。如罗伯特·芬恩(Robert Fine)认为,马克思将资本主义视作一个世界体系,并在此基础上提出人类解放思想;①斯坦福哲学百科的“世界主义”词条中提到,马克思和恩格斯对资本主义自由贸易基础上的世界主义进行了批判,并提出了无差别的社会理想和无产阶级世界革命的设想,反映了世界主义思想。② 与此相似,有国内学者在论述世界主义思想时,将马克思视作古希腊以来,尤其是康德以来的世界主义思潮的一个重要代表。③

值得注意的是,马克思的世界主义思想不仅在西方世界主义思想研究中没有得到应有的重视,即使在社会主义阵营内部,马克思主义中的世界主义思想也在很长一段时间内受到抑制。这种抑制至少受到两方面原因的影响:

其一,来自社会主义阵营实践的影响。1948—1953 年间,苏联针对东欧国家领导人展开了一系列政治审判,其中,以斯兰斯基为代表的一批捷克共产党领导人被冠以“世界主义”的罪名遭到起诉,并受到清洗,由此造成世界主义概念在社会主义阵营的污名化。实际上,对斯兰斯基的审判,与苏联国内的反犹主义兴起有密切关系,随着以色列倒向西方阵营,苏联国内兴起反犹主义浪潮,犹太复国主义成为批判对象。斯兰斯基等人被指为犹太复国

---

① Robert Fine, *Cosmopolitanism*, Routledge Press, 2007.

② Pauline Kleingeld and Eric Brown. Cosmopolitanism, *Stanford Encyclopedia of Philosophy*, 2006, p. 28.

③ 郗戈:《马克思与世界主义:历史考察与当代启示》,《国外社会科学》,2012 年第 1 期。

主义者，而后者在当时成为世界主义的等同物。[①] 受这一背景影响，意识形态作家开始从马恩著作中寻找对世界主义的批判文字，以服务当时的政治需要，[②]从而造成世界主义这一概念在意识形态领域整体呈现出负面倾向，进而影响到社会主义阵营对该思想的价值判断。

其二，来自马克思著作本身的影响。在马克思恩格斯的著作中，世界主义这一概念在不同时期、不同语境下呈现出不同的意涵，表现出多元面向。有时呈现为马克思主义对立面的社会实践和意识形态的指代，从而被马恩批判，如自由贸易的世界主义，唯心主义的世界历史观念，特殊民族的自负观念等。有时也被用来描述马克思主义思想的重要内容，从而加以颂扬，如无产阶级的革命性和先进性、人类解放的社会组织状态等。在马克思恩格斯的文本中，世界主义作为一种既有观念，与马克思主义思想的对立面相结合从而被批判，从直观上造成马克思主义和世界主义相对立的印象，进而对马克思的世界主义思想的理解造成困惑。

上述原因造成马克思的世界主义思想在很长时间内没有得到应有的重视，但20世纪70年代之后，这种情况开始发生改变，如伯尔特·奥尔曼(Bertell Ollman)强调马克思主义的共产主义社会思想中具有普世性、世界人(world-human)和超民族国家的维度，是一种世界主义(cosmopolitics)的研究。[③] 米歇尔·罗伊(Michael Lowy)则认为在1845—1848年的著作中，马克思和恩格斯表现出了一种世界主义的研究取向，并且指向一个普遍的、民族间的对立和冲突消失，政治、经济和社会的差别消弭的世界城市共同体。[④]近年来，国内学者也开始尝试从马克思的世界历史理论和人类解放思想出发，论述马克思思想中的世界主义内涵。[⑤]

如果说20世纪六七十年代以来，特别是冷战结束后的全球化的兴起推

---

① Micheal Lowy, *Fatherland or Mother Earth*, Pluto Press, 1998, p.9.

② Georges Cogniot, *Réalité de la Nation*, Éditions Sociales, 1950.

③ Bertell Ollman, Marx's Vision of Communism: A Reconstruction, *Critique*, Vol. 8, No. 1, 1977, pp. 1-41.

④ Micheal Lowy, *Fatherland or Mother Earth*, Pluto Press, 1998, p.9.

⑤ 马俊峰:《马克思世界历史理论的方法论意义》,《中国社会科学》,2013年第6期;郗戈:《马克思与世界主义:历史考察与当代启示》,《国外社会科学》,2012年第1期。

动了世界主义的当代复兴，那么全球化的深入发展则呼唤着马克思主义世界主义思想的复兴。资本主义工业化和现代性在世界范围内取得胜利的同时，也将其内在的固有矛盾、对生态环境和人的异化带到世界范围，由此引发的全球风险和社会紧张，不仅凸显传统自由主义世界主义的苍白，更是激起了各地的保守主义和极端民粹主义浪潮。探索马克思主义的世界主义思想，既是对世界主义思想在理论上的充实和丰富，同时也对推动全球化和全球秩序平稳有序发展有着重要的现实意义。

第二节　马克思对世界主义的批判

一、资本主义经济世界主义批判

经济世界主义，亦被称为市场世界主义，指在自由贸易的基础上，人们之间不受限制的经济关系，将会降低国家干预和强制性的管理，从而推动和平的世界秩序。① 经济世界主义不像道德或政治的世界主义那样有悠久的传统，主要是伴随资本主义生产方式和市场在全球范围内的扩张，以及自由贸易在世界范围内的展开，成为一种重要的思想主张。

随着世界殖民体系的完整和自由贸易体系的出现，人类历史开始打破旧有的民族、地域限制，人类社会组织之间的关系也开始出现了相互影响和相互依赖，进而由“历史”进化为“世界历史”，《共产党宣言》对此进行了明确的论述：

“资产阶级，由于开拓了世界市场，使一切国家的生产和消费都成为世界性的了……过去那种地方的和民族的自给自足和闭关自守状态，被各民族的各方面的互相往来和各方面的互相依赖所代替了。”②

这种世界历史的出现，一方面服膺于资本扩张的本能，另一方面也源于资本主义生产关系中的竞争，这种竞争让世界各地的民族既是被动，随后也是主动地融入一种共同的生活方式之中。世界历史的出现，一方面将农业

① Helmut Anheier etl., eds, *Encyclopedia of Global Studies*, Sage Publications, 2012, p. 306.

② 《马克思恩格斯文集》（第二卷），人民出版社，2009 年，第 35 页。

的民族从属于资产的民族，在世界范围内实现了资本主义对封建主义的胜利，另一方面也将资本主义的内在矛盾和潜在的阶级斗争带到了世界层面。在马克思和恩格斯的著作中，对资本主义的经济世界主义批判，构成了对"世界主义"批判的最重要组成部分。其中批判的目标集中在资本主义的自由贸易上，如恩格斯在《在伦敦举行的各族人民庆祝大会》一文中提及："真正的无产阶级政党现在正在各地提倡各民族的兄弟友爱，用以对抗旧的赤裸裸的民族利己主义和自由贸易的伪善的自私自利的世界主义。"①同样，在《德意志意识形态》中，马克思恩格斯两人在论述历史唯物主义时，再次提及："在近代，自由竞争和世界贸易产生了伪善的资产阶级的世界主义和人的概念。"②

上述两处"世界主义"，与资本主义的自由竞争、世界贸易等生产方式联系在一起。在《德意志意识形态中》，自由贸易的世界主义被视作资本主义生产方式的产物，与生产方式相一致，这种世界主义被视作反映剥削阶级利益的意识形态工具。在《在伦敦举行的各族人民庆祝大会》中，资本主义的自由贸易的世界主义，被放在和民族利己主义同样的位置上，共同构成了各民族间的兄弟友爱的障碍，资本主义的经济世界主义，由于依附于资本主义生产方式并为其辩护，不可避免地成为伪善的。马克思指他们"随时准备为国际贸易而牺牲整个国际法"③。

马克思恩格斯对资本主义的世界主义的批判，并不意味着要回到社群的边界之内，在同样的文本中，恩格斯认为能够真正地促进各民族兄弟友爱的"世界主义"，蕴于无产阶级和共产主义之中：

"当所有这类多情善感的幻想完全不中用的时候，各国的无产者就开始不声不响地在共产主义民主的旗帜下真正地结成兄弟。也只有无产者才能够真正做到这点……只有无产者才能够消灭各民族的隔离状态，只有觉醒的无产阶级才能够建立各民族的兄弟友爱。"④

---

① 《马克思恩格斯全集》(第2卷)，人民出版社，1957年，第662页。

② 《马克思恩格斯全集》(第3卷)，人民出版社，1960年，第169～170页。

③ 《马克思恩格斯全集》(第15卷)，人民出版社，1963年，第435页。

④ 《马克思恩格斯全集》(第2卷)，人民出版社，1957年，第665～666页。

在1847—1848年和1857—1858年两次经济危机之后,马克思对资本主义经济世界主义的批判,开始迈出贸易领域。资本主义生产方式的现实发展,让马克思更加关注作为金融的资本在世界范围内的扩张,及其引发的金融危机的全球化。对金融危机的关注和分析,以及对于单个国家在全球金融危机面前的无力和失效的认知,使马克思经济全球化思想完备。如马克思在《欧洲金融危机产生的原因》一文中讽刺资本的投机性:“恐怕没有比这样一件事更可笑的了:我们听到 Credit Mobilier 的伟大创始人伊萨克·贝列拉先生冠冕堂皇地担保说,法国资本具有天生的特殊的世界主义性质,而法国人却不幸地抱怨他们的资本逃往德国。”①

实际上,马克思恩格斯对资本主义世界主义的批判,不仅是对于资产阶级本质的批判,更是建立在一系列科学的分析之上,这种分析涵盖了资产阶级生产方式的方方面面,从生产、货币到商品,以及资本主义生产关系中的资本家和商品所有者,所有这些环节的“世界主义化”,构成了资本主义世界主义批判的基础。

在《资本论》第三卷中,马克思写道:“商业和商业资本的发展,到处都使生产朝着交换价值的方向发展,使生产的规模扩大,使它多样化并具有世界主义的性质,使货币发展成为世界货币。”②商业和商业资本使生产具有世界主义性质,世界主义的生产赋予货币世界主义性质,在《政治经济学批判草稿》第一分册第二章《货币》中,马克思使用世界主义的概念描述货币:“货币在执行铸币职能时获得的特殊民族形式,在它作为货币而存在时丧失了。货币本身是世界主义的。”③当生产和货币成为世界主义的,自然可以理解商品同样成为世界主义的,自资本主义市场形成之后,各地的商品成为“世界性的黄金”④。

相较于对自由贸易和投机资本的讽刺批判,马克思恩格斯在使用“世界

---

① 《马克思恩格斯全集》(第12卷),人民出版社,1962年,第65页。

② 《马克思恩格斯全集》(第25卷),人民出版社,1974年,第371页。在2009年出版的《马克思恩格斯文集》中此处使用“世界化”替代“世界主义”,英文版为 cosmopolitan,参见 *Karl Marx and Frederick Engels Collected Works*, Vol. 37, Lawrence & Wishart Press, 1998, p. 330.

③ 《马克思恩格斯全集》(第31卷),人民出版社,1998年,第321页。

④ 《马克思恩格斯文集》(第十卷),人民出版社,2009年,第435页。

主义”描述生产、货币和商品的时候，则显得更加温和，但他们对生产、货币和商品的世界主义性质的描述，构成了对整个资本主义生产方式和生产关系的世界主义批判的基础，包括用货币的世界主义性质比拟资本家的世界主义性质，并推演出“商品所有者”的世界主义性质。

“我们的资本家发现他的资本在国外比在本国增殖得快，——而我们的资本家也和货币本身一样，是世界主义者。”①

“随着货币发展为世界货币，商品所有者也就发展为世界主义者。人们彼此间的世界主义的关系最初不过是他们作为商品所有者的关系。商品就其本身来说是超越一切宗教、政治、民族和语言的限制的。”“随着同国家铸币对立的世界货币的发展，商品所有者的世界主义就发展为对实践理性的信仰，而与阻碍人类物质变换的传统的宗教、民族等等成见相对立。”②

资本主义生产方式中的生产、货币、商品，以及生产关系中的资本家和商品所有者，都具有世界主义的性质，然而这种世界主义性质是一种伪善的、自私自利的世界主义，其目标服从于垄断了民族国家利益的资产阶级利益，恩格斯在《英国状况 十八世纪》中提道：“亚当·斯密使世界主义服从国家的目的并把国家经济提升为国家的本质和目的。”③

对资本主义世界主义的批判，占据了马克思恩格斯对“世界主义”批判的重要组成部分，但这种批判针对的是资产阶级的世界主义，旨在揭露其虚伪的面纱，暴露其剥削和特殊利益的本质。

二、资本主义的自由主义世界主义批判

资本主义生产方式作为一种社会存在，不可避免地对建立在其基础上的社会意识带来影响，资本主义的经济世界主义，是资本主义全球化的抽象，而从这种经济基础导致的上层建筑的意识观念，表现为资产阶级自由主义的世界主义。在马克思的著作中，对这种“世界主义”的批判包括对资产阶级自由主义、博爱主义、人道主义的世界主义的批判。

---

① 《马克思恩格斯全集》（第50卷），人民出版社，1985年，第23页。

② 《马克思恩格斯全集》（第31卷），人民出版社，1998年，第547页。

③ 《马克思恩格斯文集》（第一卷），人民出版社，2009年，第105页。

在《共产党宣言》中，马克思将“经济学家、博爱主义者、人道主义者、劳动阶级状况改善派、慈善事业组织者、动物保护协会会员、戒酒协会发起人以及形形色色的小改良家”[①]等人视作保守的或资产阶级的社会主义分子。这些群体与世界主义的结合，成为马克思对世界主义批判的重要组成部分。在对左翼资产阶级政论家阿尔诺德·卢格的评论中，恩格斯说道：

“他的博爱的世界主义的计划，在贪吝的生意人精神面前碰得粉碎了，于是他不得不（他自己也没有意识到这一点，也不愿意这样做）以思想上多少歪曲的形式来代表这些生意人的利益。思想家在想，而商人在操纵。这就是世界历史的悲剧性的嘲弄！”[②]

在恩格斯看来，资产阶级自由主义基础上的“世界主义”和平构想，与它的社会基础相一致，只是一种形式上的虚伪的世界主义。

对博爱主义的世界主义者的批判，集中地反映在恩格斯《恩斯特·莫里茨·阿伦特》中，同其在《在伦敦举行的各族人民庆祝大会》上对自由贸易的世界主义的批判一致，将伪善的“世界主义”同极端的民族主义——“德意志狂”，并列在一起进行批判：“德意志狂的这个对立面就是南德意志等级会议的世界主义的自由主义”[③]，“他剥掉了德意志狂的徒有虚名的华丽外衣，同时，也无情地揭开了只有软弱无力的虔诚愿望的世界主义的遮羞布”[④]。恩格斯对自由主义或博爱主义的“世界主义”的批判，如同马克思在《共产党宣言》中对资产阶级的社会主义的批判一致，即维护资产阶级的统治，要求无产阶级放弃斗争。此外，马克思恩格斯对资产阶级自由主义的世界主义的批判文本中，除理论外，有时会和特定国家的内外政策相结合，恩格斯用世界主义形容并讽刺德国的外交政策。[⑤]

对资产阶级自由主义、博爱主义的世界主义的批判，在1847—1853年马恩之间的信件往来中多次出现，世界主义者被指为那些鼓吹博爱主义、唯美

① 《马克思恩格斯文集》（第二卷），人民出版社，2009年，第60页。
② 《马克思恩格斯全集》（第5卷），人民出版社，1958年，第428页。
③ 《马克思恩格斯全集》（第2卷），人民出版社，2005年，第271页。
④ 《马克思恩格斯全集》（第2卷），人民出版社，2005年，第271~272页。
⑤ 《马克思恩格斯全集》（第4卷），人民出版社，1958年，第531页。

主义和商业和平论者。值得注意的是,马克思恩格斯对资本主义自由主义的世界主义批判,其替代性的路径并非指向某种社群主义,社群主义和那种世界主义一道受到批判,《德意志意识形态》中提到,当现存社会制度和私有制被共产主义革命所推翻后,"单个人才能摆脱种种民族局限和地域局限而同整个世界的生产(也同精神的生产)发生实际联系,才能获得利用全球的这种全面的生产(人们的创造)的能力。"①

三、特殊主义的世界主义批判

特殊主义和普遍主义是关于世界主义和社群主义讨论中的一对重要概念,概而论之,特殊主义和普遍主义分别对照社群主义和世界主义。但在这种大而化之的分界线之间,两者存在模糊和交叉的领域。其中,某些特殊主义的普遍主义,或者名之为以某种社群的特殊规范原则普适化的世界主义,在人类社会的历史实践中屡有出现。这种所谓的世界主义只是满足了"普遍性"这一要求,但在"共同性基础上的平等性"以及"个体主义"上均有所退缩,从而造成一种结果,即对自身特定群体的特殊性的尊崇和强调,并希望推而广之将其他群体涵盖在内,而抛弃了对他者平等地位的尊重,或者只有在他者完全接受了特定群体的规范和价值后才有可能获得平等地位,大部分情况下,个体主义也会屈服于这种世界主义化的社群主义之下。这样的特殊主义的普遍主义,在宗教扩张、霸权主义和殖民主义中都可窥见其貌。对这一类以特殊主义行至世界的"世界主义",成为马克思和恩格斯批判的对象。

在《路易·勃朗在第戎宴会上的演讲》中,恩格斯首先引用了路易·勃朗对法国式的世界主义的激情表达:"法国人如果不想同时做一个世界主义者,那就会否定他本国的作用,因为法国永远不会让任何一种思想占上风,除非这种思想有利于全世界。"②随后恩格斯讽刺道:"'法国人必然是世界主义者'。是的,在法国的影响,法国的道德、风尚、思想和政治制度占统治地位的世界里,就是这样。在每个民族都习染了法国民族性的特征的世界里,

---

① 《马克思恩格斯文集》(第一卷),人民出版社,2009 年,第 541 ~ 542 页。

② 《马克思恩格斯全集》(第 42 卷),人民出版社,1979 年,第 392 页。

就是这样……这样的论断等于强求所有别的人都成为法国人。”①

为了对法国式的世界主义进行批判，恩格斯在行文中采用了对比的写法，用德国人的世界主义精神对其进行对比：“如果我们采用路易·勃朗先生的衡量标准，那么德国人就是真正的世界主义者，然而，他们根本就没有这样的奢望。”②对于路易·勃朗宣称的法国式的世界主义，恩格斯的明确态度是：“我们根本否认强加在革命前的法国身上的世界主义的性质，路易十一和黎塞留的时代就是明证。”③

恩格斯提及德国的世界主义，其目的是和法国世界主义进行比较的另一种特殊主义的普遍主义，为了对路易·勃朗的观点进行批判，德国的世界主义在此处表现出更多的正面性，但当脱离这种对比语境时，德国的世界主义同样被作为一种特殊的普遍主义遭到批判：“这篇文章使我们再一次认清，德国人的虚假的普遍主义和世界主义是以多么狭隘的民族世界观为基础的。”④

四、唯心主义世界历史观批判

马克思恩格斯对“世界主义”的第四种批判，是对唯心主义的世界历史观的批判，主要体现在恩格斯《法兰克福关于波兰问题的辩论》和《德国的对外政策和布拉格最近发生的事件》等文中。用世界主义描述唯心主义的世界历史观，并对其进行批判，从思想背景来看，源于马克思恩格斯的唯物主义历史观对黑格尔式的唯心主义世界历史观的批判与超越；从实践背景来看，文本中的批判与普鲁士政府镇压波兰波兹南民族解放起义直接相关，用唯心主义的世界主义命名法兰克福国民议会中的资产阶级议员，批评该议会对攫取波兹南土地的瓜分政策的批准：“‘这种同情’的基础‘与其说是对波兰性格的真正赞美，不如说是某种世界主义的唯心主义’。”⑤

此处的世界主义，指以威廉·约丹为代表的资产阶级议员宣称的黑格

① 《马克思恩格斯全集》（第42卷），人民出版社，1979年，第425~426页。

② 《马克思恩格斯全集》（第42卷），人民出版社，1979年，第394页。

③ 《马克思恩格斯全集》（第42卷），人民出版社，1979年，第393页。

④ 《马克思恩格斯全集》（第3卷），人民出版社，1960年，第554页。

⑤ 《马克思恩格斯全集》（第5卷），人民出版社，1958年，第406页。

尔式的唯心主义世界历史观,正是以这种世界历史观作为借口,前者粉饰德国对波兰的强权政策,以及对波兰民族解放运动的镇压。

约丹宣称,“我认为我们应该提高到世界历史观点的水平,应该从这一观点来研究波兹南问题这个波兰大悲剧的插曲。”当德国对波兰的强权政策辩护者尝试从黑格尔的唯心主义的世界历史观中寻求借口时,唯心主义的世界历史观成为民族压迫的理论依据,并且具有演变为黩武主义的危险。

在《德国的对外政策和布拉格最近发生的事件》一文中,恩格斯改用马基雅维利主义政策指称德国的民族压迫政策。黑格尔强调“实际存在的历史”是对“哲学的世界历史”的反映和体现,“世界历史人物”是世界精神的代理人,历史的实践活动仅是世界精神实现的工具和手段,这种世界历史观念的唯心性,也为资产阶级将马基雅维利式的黩武主义政策包装为世界主义政策创造了空间。

综上,马克思恩格斯文本中的“世界主义”批判主要包括:资本主义经济世界主义批判;资本主义自由主义世界主义批判;特殊主义世界主义批判和唯心主义世界历史观批判。上述四种批判相互关联,反映了马克思主义的内在理论逻辑理路,并且将其与社会实践相结合。资本主义经济世界主义批判建筑于18世纪资本主义世界贸易体系发展成熟的基础上,构成了资本主义的自由主义世界主义批判的社会存在基础。自由主义的世界主义既是经济世界主义在社会意识领域的反映,同样反作用于社会实践,为资本主义的剥削本质进行辩护。这种辩护通常和特定国家的决策相结合,以唯心主义的世界历史观念为理由,表现为某些国家的特殊主义的世界主义。

第三节　马克思对世界主义思想的革新

马克思著作中对世界主义的批判,是将资产阶级世界主义的外壳同其政治实质区别开来,旨在揭露形式上的博爱普世和民族间的兄弟友爱所掩盖着的霸权和剥削的酸涩内核。但马克思的批判并不是要抛弃世界主义,而是不满足于世界主义的资本主义内核,主张通过无产阶级的斗争和革命,用“各国工人阶级在反对各国统治阶级及其政府的共同斗争中的国际兄弟联合”[①]去充实这一外壳。具体而言，马克思主义的世界主义思想，围绕两个线索展开，第一条线索反映在理论中，是历史唯物主义的世界历史理论与社会形态理论以及在此基础上的对无产阶级的普遍性质的分析；第二条线索观照到实践层面，表现在通过无产阶级的国际主义革命以实现共产主义社会的人类解放。

一、历史唯物主义的世界历史理论与社会形态理论

随着世界市场的建立，资本主义生产方式蔓延到全球范围，世界各国的历史进入世界历史，从此民族间的区隔开始被打破。资产阶级在这一过程中扮演了重要角色。资产阶级虽然在推动打破民族区隔的过程中扮演了重要角色，但并不意味着其可以声称是世界主义的，恰恰是这种声称的世界主义为马克思所批判。资产阶级囿于民族的藩篱之中，寻求阶级利益，同时又虚伪地宣称世界主义。马克思在《德意志意识形态》中，用唯物史观基础上的世界历史理论对资产阶级表现出来的这种矛盾给出了解释，即并不是资产阶级本身，而是大工业生产这一生产力的发展推动了世界历史的实现，“大工业到处造成了社会各阶级间相同的关系，从而消灭了各民族的特殊性”[②]。

推动世界历史实现的并不是某个追求阶级统治的剥削阶级，而是生产力的发展。“它首次开创了世界历史，因为他使每个文明国家以及这些国家中的每一个人的需要的满足都依赖于整个世界，因为它消灭了各国以往自然形成的闭关自守状态……它把自然形成的性质一概消灭掉……”[③]资产阶级是在这一生产力基础上活动的阶级，借资本主义世界主义思想以在世界范围内开展剥削和阶级统治，一旦这种活动受挫，资产阶级立即撕下虚伪的面纱，成为“德意志狂”式的民族沙文主义者。

如果说世界历史理论反映了马克思思想中的“实然世界主义”的部分，那在马克思的历史哲学的脉络中，也贯穿着一种普遍主义的世界主义视角，这种视角集中表现在社会形态理论中。强调市民社会对政治国家的基础作

① 《马克思恩格斯文集》（第三卷），人民出版社，2009 年，第 439 页。
② 《马克思恩格斯文集》（第一卷），人民出版社，2009 年，第 567 页。
③ 《马克思恩格斯文集》（第一卷），人民出版社，2009 年，第 566 页。

用,是马克思历史唯物主义的重要逻辑线索,这种逻辑线索被历史地考察和描述。早年马克思对人类社会发展一般历史形式的论述主要以西欧的历史文献为基础,不可避免地忽略了世界其他地方的历史经验,但这种局限性只是一种特定情况的产物,一旦马克思掌握了更多的经验和资料,便去寻求扩展社会形态理论,以涵盖更广泛的人类社会历史实践。在《〈政治经济学批判〉序言》中,马克思将社会形态总结为亚细亚的、古希腊罗马的、封建的和现代资产阶级的。在此处论说中,马克思将"东方社会"的历史实践囊括进社会形态理论中,力求构筑一条包括空间多样性和时间延续性两条线索的人类社会发展一般规律学说。在《政治经济学批判(1857—1858 年手稿)》中,马克思将这种一般规律抽象为人类社会的三大形式:

"人的依赖关系(起初完全是自然发生的),是最初的社会形式,在这种形式下,人的生产能力只是在狭小的范围内和孤立的地点上发展着。以物的依赖性为基础的人的独立性,是第二大形式,在这种形式下,才形成普遍的社会物质变换、全面的关系、多方面的需要以及全面的能力的体系。建立在个人全面发展和他们共同的、社会的生产能力成为从属于他们的社会财富这一基础上的自由个性,是第三个阶段。"①

在上述论述中,马克思将东西方社会在前资本主义时期的社会形态归纳为"人的依附"的家长制形态,这种抽象概括得以让历史唯物主义超越"欧洲中心主义"的制约,具有了普遍意义。

马克思在《给〈祖国纪事〉杂志编辑部的信》中提到,反对把关于西欧资本主义起源的历史概述彻底变成一般发展道路的历史哲学理论,②并且在《给维·伊·查苏利奇的复信》中明确地把这一运动的"历史必然性"限制在西欧各国的范围内,③但这种言说的背景,是旨在反对那些将其理论教条化的做法,

"他一定要把我关于西欧资本主义起源的历史概述彻底变成一般发展

---

① 《马克思恩格斯文集》(第八卷),人民出版社,2009 年,第 52 页。

② 《马克思恩格斯文集》(第三卷),人民出版社,2009 年,第 466 页。

③ 《马克思恩格斯文集》(第三卷),人民出版社,2009 年,第 570 页。

道路的历史哲学理论,一切民族,不管它们所处的历史环境如何,都注定要走这条道路,——以便最后都达到在保证社会劳动生产力极高度发展的同时又保证每个生产者个人最全面的发展的这样一种经济形态。但是我要请他原谅。(他这样做,会给我过多的荣誉,同时也会给我过多的侮辱。)"①

强调革命实践必须与具体的社会现实相结合,而不能以抽象理论框定具体实践,并且对俄国实现超越式发展的可能的肯定。但这种谨慎不能被解读为马克思对社会形态理论普遍性的退让,更不能将其降格为一种"地方理论"。实际上,作为一种科学抽象的社会形态理论,与不同社会的具体实践表现为普遍性与特殊性的辩证统一,过程与目标的辩证统一。既不能以普遍性的理论去教条现实的具体实践,同样也不能以实践的特殊性否认理论的普遍性。

马克思的社会形态理论,回答的是在历史条件的限定下,在一定生产方式的基础上,人类社会如何确立共同体的形式及其运行规则的问题。从《德意志意识形态》、《共产党宣言》到《政治经济学批判(1857—1858 年手稿)》,马克思的社会形态理论不断完善,从西欧的区域经验扩展到人类社会发展的普遍规律。在这种具有普遍意义的历史分析中指出,市民社会与政治国家之间的辩证关系,不仅界定了如民族国家、王朝、部落等人类共同体的实践形式和社会内核,并且解释了此前诸种世界主义实践受到限制的原因。当人类社会完成了政治解放的飞跃后,实现人类解放成为一项待完成的工作,而这一次飞跃由于排除了对人的依赖和对物的依赖,从而为真正的世界主义的实现指明了路径。

二、无产阶级的普遍性质

资产阶级生产了它自身的掘墓人。工业化生产的进一步发展,以及资本主义生产方式在世界范围内的扩散,塑造了一个新的、跨越民族国家边界的阶级,即无产阶级。"当每一民族的资产阶级还保持着它的特殊的民族利益的时候,大工业却创造了这样一个阶级,这个阶级在所有的民族中都具有同样的利益,在它那里民族独特性已经消灭,这是一个真正同整个旧世界脱

① 《马克思恩格斯文集》(第三卷),人民出版社,2009 年,第 466 页。

离而同时又与之对立的阶级。”①

《共产党宣言》对无产阶级的普遍性质进行了经典的论述：

> 随着资产阶级的发展，随着贸易自由的实现和世界市场的建立，随着工业生产以及与之相适应的生活条件的趋于一致，各国人民之间的民族分隔和对立日益消失。
>
> 无产阶级的统治将使它们更快地消失。联合的行动，至少是各文明国家的联合的行动，是无产阶级获得解放的首要条件之一。
>
> 人对人的剥削一消灭，民族对民族的剥削就会随之消灭。
>
> 民族内部的阶级对立一消失，民族之间的敌对关系就会随之消失。②

民族分隔和对立日益消失，使得无产阶级具有了跨越民族边界的共同利益，并且在此利益上呈现了超越民族边界的普遍性质，在《评弗里德里希·李斯特的著〈政治经济学的国民体系〉》中，马克思描述了无产阶级超越民族边界的普遍性和共同性：“工人的民族性不是法国的、不是英国的、不是德国的民族性，而是劳动、自由的奴隶制、自我售卖。他的政府不是法国的、不是英国的、不是德国的政府，而是资本。他的领空不是法国的、不是德国的、不是英国的领空，而是工厂的天空。他的领土不是法国的、不是英国的、不是德国的领土，而是地下若干英尺。”③恩格斯在1845年提道：“只有无产者才能够消灭各民族的隔离状态，只有觉醒的无产阶级才能够建立各民族的兄弟友爱。”④并且将8月10号举行的聚会称为“共产主义和世界主义的”⑤。

马克思的世界历史理论，从历史唯物主义的角度论述了生产力和生产关系的发展，消除了民族之间的区隔和对立，而无产阶级作为大工业生产的

① 《马克思恩格斯文集》（第一卷），人民出版社，2009年，第567页。
② 《马克思恩格斯文集》（第二卷），人民出版社，2009年，第50页。
③ 《马克思恩格斯全集》（第42卷），人民出版社，1979年，第256页。
④ 《马克思恩格斯全集》（第2卷），人民出版社，1957年，第666页。
⑤ 《马克思恩格斯全集》（第2卷），人民出版社，1957年，第667页。

结果,作为资本主义的掘墓人,成为真正具有普遍性质的,超越民族界限的阶级。这种无产阶级的兄弟友爱,并不意味着无产阶级对于国家和民族的放弃或背离,也不意味着对民族文化的彻底丢弃。马克思在论述无产阶级的这种世界主义性质时,并不是从文化世界主义的角度出发,而是一种政治经济学的世界主义,是要改变资产阶级民族国家这一共同体的虚伪性质,与生产力相一致,形成消除民族差别和对抗的共同体形式,并借此实现共产主义。

马克思在历史唯物主义中论述的世界主义思想,不仅是对黑格尔式的唯心世界历史的批判与超越,更是对此之前的世界主义思想传统的超越。在此之前的世界主义思想,斯多葛派诉诸宇宙法则以论述人类社会的普遍性和普世性,中世纪神学家的世界主义思想则将这种基础诉诸神性,康德诉诸先验的自然理性。马克思则将关注点落脚到人类社会的生产实践,通过对人类物质生产活动的历史分析,提出生产力的发展,以及建立其基础之上的生产关系赋予了人类超越社群边界的历史背景,是无产阶级这一新的生产状态下的阶级,具备了世界主义的特征。一言以蔽之,将世界主义思想传统中从天国到人间的哲学,转变为人间到天国的哲学。

三、革命的国际主义

马克思对世界主义思想革新的第二条线索,是通过革命的国际主义实现人类解放的思想。其中,国际主义反映了一种工具理性,是实现人类解放的必由之路和规定性的路径。

"哲学家们只是用不同的方式解释世界,而问题在于改变世界。"①马克思在批判了资本主义世界主义的伪善性,论述了无产阶级的真正的超越了民族利益的普遍性之后,开始着力分析如何实现一种超越特定社群边界的人类共同体。即通过无产阶级革命的国际主义,达到实现人类解放的共产主义社会。

全世界的无产者因为有了共同的利益,成为一种世界性的阶级,这种世界性蔓延在无产阶级与它的生产者,即资产阶级之间。而后者宣扬的世界

① 《马克思恩格斯文集》(第一卷),人民出版社,2009年,第506页。

主义的伪善性，深刻地表现在一旦其获取剩余价值的行动受阻，便会举起沙文主义的大棒，奉行民族压迫政策。而民族独特性已经消灭的无产阶级，在担负资产阶级掘墓人使命的时候，就必须通过革命的国际主义。“既然各国工人的生活水平是相同的，既然他们的利益是相同的，他们的敌人也是相同的，那么他们就应当共同战斗，就应当以各国工人的兄弟联盟来对抗各国资产者的兄弟联盟”①，革命的国际主义不仅是一种无产阶级摆脱受剥削的命运、从异化之中求得解放的选择方式，更是一条必由之路，“忽视在各国工人间应当存在的兄弟团结，忽视那应该鼓励他们在解放斗争中坚定地并肩作战的兄弟团结，就会使他们受到惩罚，——使他们分散的努力遭到共同的失败”②。

在人类社会以往的历史实践中，每当生产关系不再适应生产力的发展时，革命就会作为历史的推动力而爆发，而世界历史的出现，让无产阶级的革命具有世界性质：

“只有随着生产力的这种普遍发展，人们的普遍交往才能建立起来；普遍交往，一方面，可以产生一切民族中同时都存在着‘没有财产的’群众这一现象（普遍竞争），使每一民族都依赖于其他民族的变革；最后，地域性的个人为世界历史性的、经验上普遍的个人所代替。不这样，(1)共产主义就只能作为某种地域性的东西而存在；(2)交往的力量本身就不可能发展成为一种普遍的因而是不堪忍受的力量：它们会依然处于地方的、笼罩着迷信气氛的‘状态’；(3)交往的任何扩大都会消灭地域性的共产主义。共产主义只有作为占统治地位的各民族‘一下子’同时发生的行动，在经验上才是可能的，而这是以生产力的普遍发展和与此相联系的世界交往为前提的。”③

世界革命是一个阶级推翻另一个阶级的历史活动，具有鲜明的阶级特征，这种阶级特征是阶级间矛盾激化的产物，当革命成功之后，人类解放成为现实的时候，马克思的实践的世界主义思想就具有了更彻底的普遍性和

① 《马克思恩格斯文集》（第一卷），人民出版社，2009 年，第 697 页。

② 《马克思恩格斯文集》（第三卷），人民出版社，2009 年，第 14 页。

③ 《马克思恩格斯文集》（第一卷），人民出版社，2009 年，第 538 ~ 539 页。

普世性，个体的价值也在其中得以实现。

马克思的国际主义思想内含的世界主义并不是对其他社群身份认同的排斥。当以国际主义之名行特殊主义之实的压迫民族，要求受压迫民族接受一种压迫政策时，真正的国际主义就要求受压迫民族反对这种虚伪的国际主义：

“如果属于统治民族的国际会员号召被征服的和继续受压迫的民族忘掉自己的民族性和处境，‘抛开民族分歧’等等，这就不是国际主义，而只不过宣扬向压迫屈服，是企图在国际主义的掩盖下替征服者的统治辩护，并使这种统治永世长存。”①

同样，对于已经获得胜利的无产阶级来说，国际主义也建立在不同民族平等相处的基础上：“胜利了的无产阶级不能强迫他国人民接受任何替他们造福的办法，否则就会断送自己的胜利。”②理解马克思的国际主义与民族主义之间的辩证关系，离不开对这一工具理性所要实现的价值理性，即人类解放思想的规定，也只有在人类解放的语境下，马克思的世界主义论说才得到了根本性的解释。

四、人类解放思想

在世界主义研究中，从对人类共同体的普遍性和普世性的分析出发，存在实然的世界主义和应然的世界主义两种思考，如第欧根尼回答自己来自世界城邦时，即认为此处和彼处的人居于一个共同体之中，是一种实然的世界主义。而在诸多思想家对普遍共同体的设计和思考中，反映的是一种应然的世界主义，即人类社会应当逐步趋向一个共同体的建构，如康德设想的“人类物种完美的公民结合状态”③。马克思的人类解放思想，反映了实然世界主义和应然世界主义的统一。世界历史从实践上创造了物质基础，昭示了共产主义社会出现的必然性，这种必然性并非是一种乌托邦式的空想，而是建立在历史唯物主义基础上的必然。

① 《马克思恩格斯全集》(第18卷)，人民出版社，1964年，第87页。
② 《马克思恩格斯文集》(第十卷)，人民出版社，2009年，第481页。
③ [德]康德：《历史理性批判文集》，何兆武译，商务印书馆，1990年，第19页。

在马克思关于社会形态的"三大阶段"论说中,第一种形态指资本主义社会出现之前的,建立在各种自然经济基础上的社会形态,在这种形态下,人的社会存在形式由人身依赖关系界定,如家庭、部落、君臣关系等。第二种形态建立在资本主义基础之上,相较于第一种形态,资本主义社会中的人从人身依附关系中解放出来,但对物的依赖取代了人身依附,无论资产阶级还是工人,都成为资本实现自身目的的工具,成为一种"异化"的存在。只有第三种社会形态,即在共产主义的人类解放状态中,人才能摆脱在之前不可避免的人身依附或物的异化的枷锁,成为全面发展的自由的个人。

传统的世界主义认为,人不应该因其先天的无法选择的偶然条件,如种族、国籍等,而在现实生活中遭受不公正的待遇,"人们不应因为偶然事件的反复无常而遭受惩罚,他们的命运不应由民族身份和公民身份这样的因素来决定"①,这种先天的偶然,不能成为基于这些偶然因素的不平等对待的依据。然而这种世界主义的前提在世界主义的批评者那里受到驳斥,批评者认为如果这些先天的偶然因素不仅仅意味着人们之间的差异,有的时候还代表着现实需求上的差别,那么这种情况下人的先天的偶然因素就意味着可以基于此获得差别待遇。② 如果这种批判成立,那世界主义的根基将会受到动摇,但传统的世界主义者无法从传统理论中对这一批判进行反驳,诉诸各种先验条件的世界主义无法回答人的出生偶然因素对于后天待遇的很大程度上不可避免的影响,因此也就无法反驳基于人的先天条件从而进行差别对待的批评者的立场。

马克思的人类解放思想对这一问题给出了历史唯物主义的解答,当人类社会发展仍处于第一种形式和第二种形式之中时,人的先天的偶然因素,如降生在哪个阶级、哪个共同体中,将不可避免地使其在后天处于一种依附关系之中,或是对人的依附,或是对物的依附,但这种先天的偶然和后天的必然,并不是如一些世界主义批评者所声称的那样,是不可避免从而应当加

---

① Simon Caney, Cosmopolitan Justice and Equalizing Opportunities, in Thomas Pogge ed., *Global Justice*, Blackwell Press, 2001, p. 125.

② [英]戴维·米勒:《民族责任与全球正义》,杨通进、李广博译,重庆出版社,2014年,第31页。

以接受的原则,当然也不是在传统世界主义思想家那里被忽视掉的因素。解决这种矛盾之道,在于人类社会形态的转变,只有当生产力高度发展,革命的阶级消灭了剥削和异化的社会根源的共产主义社会中,才能成为一种现实的原则。人不因其先天的偶然因素而获后天的差别对待的情况,只有在人类解放中才能得到实现,在这种情况下,人们现实生活的区别,将根据人的自由发展和需要来界定,从而真正排除先天偶然因素的制约。

第四节　全球时代的马克思主义的世界主义思想

一、全球化进程与全球化理论中的左翼思想

马克思思想中的世界主义内容,在实践上深刻影响了国际共产主义运动史。第一国际、第二国际以及第三国际在跨越国界的范围内动员工人阶级,组织无产阶级革命运动。世界范围内的革命运动以及跨国阵营,成为20世纪革命斗争的重要特征。然而民族主义意识形态的兴起,让这种跨越国界的革命斗争呈现出一种“国家间”的色彩,而非世界主义的整体性景观。斗争中的资本主义一方,进入帝国主义阶段,从而将资本主义的扩张转换为一种帝国主义和殖民主义外交实践。世界层面的剥削,表现为帝国主义国家对殖民地的跨国剥削;斗争中的无产阶级一方,在民族解放运动与无产阶级革命相结合的背景下,其革命也夹杂了国家主义和民族主义的意识形态。世界革命整体呈现出来的“国家间”色彩在冷战时期,通过社会主义国家联合阵营与资本主义国家联合阵营的对峙达到一种经典状态。此外,在以依附理论为代表的拉美左翼思想中,世界体系中的阶级划分,也按照国家或区域边界展开,形成“中心”和“边缘”的对峙。跨越国界的革命论述和实践,实际上受到国家主义的影响,从而成为一种国际的而非世界主义的。

20世纪90年代之后的全球化进程,为左翼思想摆脱国家主义的影响,重扬马克思思想中的世界主义内容提供了新的时代背景和现实基础。当以新自由主义为指导的当代资本主义活动在世界范围内塑造了相互依赖状态,当威斯特伐利亚体系的支柱受到腐蚀并赋予非国家行为体以更重要的地位和更丰富的功能的时候,当代世界主义思想开始复兴。如果说自由主

义者在全球时代重新拾取了经典自由主义世界主义的思想，那左翼思想家则在全球时代让马克思的世界主义思想获得了新的发展，并与现实实践相结合，构成全球化理论和各种全球运动的重要组成部分。

广义而言，在新自由主义全球理论之外出现的各种“另类全球运动”（alternative global movement），或者各种打着“反全球化”旗号的跨国倡议运动，或多或少都带有左翼批判理论的色彩，从西雅图世贸谈判的抗议者到拉美的萨帕塔运动，从环保主义者到女性主义者，从“占领华尔街”运动到世界社会论坛，上述活动的支持者，以及为上述活动鼓动的理论家，都或多或少从马克思思想中汲取营养，如将新自由主义全球化视作资本主义统治在世界范围内的扩展和胜利，并造成对自然环境、人本身以及特定群体的剥削，让部分人的发展建立在另一部分人或自然环境的牺牲之上。这些反全球化运动者将矛头指向霸权国家，或者全球经济治理机制，如世界银行、国际货币基金组织、八国集团首脑会议等，但并没有将解决问题的方向转向社群主义或是保守主义，而是用更为激进的跨国运动，倡导自下而上的参与式民主，用更平民或带有民粹色彩的规范目标和政治倡议，取代或改变现有的全球治理机制，“这种对资本的关注和对其运作模式的批判重新审视了马克思主义对资本的分析”①，而这些另类全球化运动或激进的全球理论，也多被冠以晚期马克思主义、后马克思主义或后现代马克思主义之名。

如果说马克思的世界主义主要表现为历史唯物主义视角下的无产阶级的普遍性质、革命的国际主义以及人类普遍解放思想中的话，在当今的左翼全球理论中，将上述思想与全球化现实结合，重新阐释并加以创新性改造的学者代表，是意大利左翼学者安东尼奥·奈格里（Antonio Negri）和他的学生、美国学者迈克尔·哈特（Michael Hardt）。奈格里和哈特在一系列著作中，系统地论述了一种激进的全球理论，是马克思主义的世界主义思想的当代代表。

二、帝国：资本主义统治在全球时代的新形态

在马克思的年代，资本主义生产方式在全世界的扩散和征服，将一种普

① Gary Browning, *Global Theory from Kant to Marx*, Palgrave Macmillan Press, 2011, p. 156.

遍性的生产关系、社会观念和生活方式推广至世界范围，人类历史从此进入世界历史。生产力在这一阶段的发展，构成了资本主义经济世界主义和自由主义世界主义的重要社会基础，同样也是马克思对世界主义思想进行历史唯物主义扬弃的起点。资本的扩张本性与现代民族国家的兴起相结合，让资本主义的统治呈现出帝国主义形态，资本扩张借助资本主义国家这一形式实现其全球增殖的目的。二战结束之后，随着殖民地民族解放运动的兴起，以及两大阵营的出现，帝国主义的扩张开始受到遏止并非法化。作为一种资本主义扩张形式的帝国主义虽然逐渐退出历史舞台，但资本的扩张本能并未消除，冷战结束后，这种扩张本能的新形式，被奈格里和哈特定义为帝国(empire)。

帝国与此前建立在国家间关系基础上的帝国主义不同，反映的是一种更为普遍化的，非国家主义的世界性的统治形式，即所谓的“外界不再存在”①。在帝国世界中，这种“无外”体现在三方面，其一是主权意义的转变，即传统上公民秩序同自然秩序之间的辩证主权的转变，现代化进程将自然内化于文明界定的公民秩序之内；其二是公众与私人之间的辩证关系的转变，相对于私人空间，作为外界的公共空间逐渐消散，并被抽离，从而造成政治的缺失；其三是军事上的外界的消失，随着小型不确定性风险在国界之间的蔓延，军事上的外界逐渐消散。②

这一“无外”的帝国，与帝国主义的区别在于：其一，全球帝国的网状系统包括了民族国家、跨国公司、国际机构、非政府组织等多元行为体，民族国家虽然重要，但不再是终极性的支配力量；其二，由于外界的消失，帝国的等级和从属关系不再按照国家边界进行划分，而是纵横交错在国界之上；其三，帝国的主要特点不再是帝国主义之间的战争和冲突，帝国的冲突和矛盾内在于帝国的结构之中。③ 在这样一个全球帝国中，并不存在一套明晰的政

① ［美］麦克尔·哈特、［意］安东尼奥·奈格里：《帝国：全球化的政治秩序》，杨建国、范一亭译，江苏人民出版社，2003 年，第 188 页。

② ［美］麦克尔·哈特、［意］安东尼奥·奈格里：《帝国：全球化的政治秩序》，杨建国、范一亭译，江苏人民出版社，2003 年，第 188 ~ 191 页。

③ 张一兵主编：《当代国外马克思主义哲学思潮·下卷》，江苏人民出版社，2012 年，第444 页。

治架构，但在网络状的分布结构中，依然可以区分出三层权力，位于权力顶层的是拥有全球权力的霸权国家，以及重要的国际机构，如世贸组织、世界银行等；第二层是以跨国公司为代表的世界市场力量，以及能够控制自己人口的民族国家；第三层则是各种跨国非政府组织、宗教机构以及传媒等。这种包含着三层权力结构，但又呈现网络状的主权形式即帝国主权。帝国主权通过包容、区分和操控三个阶段，实现对全球的控制，即用包容开放的普遍主义融合各种主体，在融合的基础上对其进行区分，扼杀其中具有冲突性的差异（主要是政治上的差异），从而实现操控。

帝国作为奈格里和哈特描述资本主义全球化时代发展形态的概念，由于超越了传统的国家主权，从而具有强烈的普遍性色彩，并且通过无外消除了此处和彼处的差异，带有普世性的色彩。但这种普遍性和普世性的主权形式，其内核依然是马克思揭示的资本主义的剥削，正如资本主义生产方式在世界范围内的扩散伴随的是一个与其相对立的、具有普遍性质的无产阶级一样，帝国也面对着它的普遍主义的对立面，即诸众（multitude），而正如无产阶级肩负着实现人类解放的任务，诸众也是帝国时代实现解放的主体所在。

三、诸众：革命主体的全球时代新形态

工业化资本主义时代，革命的主体是在工厂中进行物质生产劳动的无产阶级，这一承受剥削最重的阶级不仅具有普遍性质，还承担着在世界范围内进行革命、打破剥削的锁链并实现人类解放的任务。在帝国时代，奈格里和哈特将这一革命主体从无产阶级转换为更为泛化的诸众。这种革命主体的转变，源于生产形式的转变。

与工业化资本主义时代的物质劳动不同，奈格里和哈特认为在帝国时代，非物质劳动在劳动形式中重新开始占据霸权位置。“今天，生产的各种形式都具有信息化、非物质化的趋势。无论是从系统的生产力的角度还是从反抗帝国权力、寻找替代力量的角度出发，我们都无法想象不把非物质劳动置于帝国的中心。”[①]在《诸众》一书中，奈格里和哈特将非物质劳动区分为

---

① ［美］迈克尔·哈特、［意］安东尼奥·奈格里：《大众的历险》，陈飞扬译，《国外理论动态》，2004年第8期。

两种类型:智力的或语言的劳动,以及情感劳动。非物质劳动相对于物质劳动的重要性上升,并在借鉴福柯的生命权力(biopower)概念的基础上提出"生命政治劳动",即不仅创造物质财富而且创造关系和社会生活自身的劳动,①这种劳动并不拘泥于特定的时间和地点,劳动更加社会化和抽象化,融入帝国统治下的人的日常生活之中。在工业化时代,集中在工厂中的劳动转换为一种生命政治劳动,特别是劳动从物质劳动向非物质劳动转变,这就对传统的无产阶级概念提出了转变的要求。由于非物质劳动者在生命政治劳动中被剥削的是整个活劳动,这就意味着在特定工作地点以外的人的生活都处于这种剥削关系之中,受剥削阶级的范围在扩展,越过了工厂而充盈在无外的帝国中的各个角落,由此,用更为广泛的诸众取代无产阶级,成为奈格里和哈特论述中革命主体转变的必然结果。

由于生产形式的转变,在马克思那里受剥削的具有普遍性质的无产阶级,在奈格里和哈特这里成为受剥削的具有普遍性质的诸众,诸众又与无外的帝国形成二元对立,帝国主权的普遍性和普世性在与其对立的诸众中同样存在。虽然前者抽掉了社会生活的公共空间,诸众不再像工人阶级那样拥有共同的工作空间和同步的工作时间,但失去这种集体特征的诸众并没有消散成为孤立的个体,而是成为一种独一体(singularity)。这种独一体建立在非物质生产基础之上,相对于物质生产,非物质生产要求生产者之间的主动、积极地交流与合作,从而让诸众本身成为开放的、不排外的集体。这样,奈格里和哈特一方面否定了自由主义的个体主义的主体假设,另一方面用一种更大的更为开放的类主体的概念转换了马克思的阶级概念,重塑了全球化时代的革命主体。作为革命主体,就意味着在拥有普遍性和普世性之外,还肩负着打破剥削、实现解放的革命任务。

四、全球时代的革命与解放

在社会主义阵营理论上的宏大革命衰退之后,左翼的革命理论通常带有强烈的国家主义和社群主义色彩,如拉美的依附理论强调国家间的不平等,如一些国家兴起的新左翼思潮等。奈格里和哈特思想的可贵之处在于,

① 张一兵主编:《当代国外马克思主义哲学思潮·下卷》,江苏人民出版社,2012年,第451页。

帝国时代的革命是一种全球性的规划,而非退回到国家主义的藩篱之内,甚至必须放弃地方性的或民族国家式的战略方法,才能在全球化世界中进行革命并实现解放,也正是在这个意义上,奈格里和哈特的理论是马克思世界主义思想的全球化继承者。

在《帝国》一书中,两位作者提出了诸众政治程序的三个要求:其一是"全球公民权"(global citizenship),即在帝国之内,资本主义的发展依靠流动的劳动力,而现实政治中,流动的人口在成为资本剥削的对象的同时,却并没有获得相应的公民权利,因而赋予流动的人口以公民权,实现全球公民权就成为诸众对资本主义反抗的重要内容。其二是争取社会工资(social wage),当生命政治生产渗透诸众生活的方方面面时,那种工业化时代要求的家庭工资就开始显得过时,整个诸众在整个生活中都在进行着生产,这就要求诸众去争取新的共同物质利益,即包括所有人在内的物质收入保证。其三是"再占有的权利"(the right to reappropriation),即在生命政治生产中,诸众的身体和头脑都成为生产工具,因而对生产资料所有制的重新分配,就可以从诸众寻回对自身身体和意识的控制中得到体现,一旦诸众能够控制这种生命政治生产,也就具有了与帝国对抗的力量。

以上述政治要求为指导,两位作者描绘的革命路径也就不再是简单的暴力革命,而是转为一种与生命政治生产相适应的"逃逸"(flight),即一种帝国时代的拒绝方式。这种拒绝方式是对帝国时代资本主义社会积极参与者身份的拒绝,是对资本主义逻辑的最大限度的抵制。[①] 在这种不合作的过程中,一种建设性的力量将会显现,这种建设性的力量将会指向一个与帝国控制不同的新的时代,一种解放的状态。

这种状态的理想形式,就反映在两位作者的著作标题之上——《大同世界》(*Commonwealth*)。大同世界可以看作是作者对马克思共产主义社会的当代转换,两位作者强调,相对资本主义强调的私有,社会主义强调的公有,共产主义社会应当强调的是共有,"尽管还存在将资源与财富私有化的驱动力,但吊诡的是,当代的资本主义生产与积累形式使得共同性成为可能,甚

① 张一兵主编:《当代国外马克思主义哲学思潮·下卷》,江苏人民出版社,2012年,第476页。

至还需要推动共同性进行扩张”①。革命主体通过相互之间主动地有意识的合作,以及对帝国的逃逸式的不合作,将让革命主体从诸众转向共有者(the commoner),并且让“财产共和国”基础上的帝国,向共同体(commonwealth)转变,这种共同体既是诸众对物质资源的共同占有,同时也是对非物质资源的共同占有,并进而对资本主义制度进行否定和改造。

第五节　马克思主义的世界主义及其当代意义

马克思的世界主义思想是对之前世界主义思想传统的一次重要革新,这种革新建立在对传统世界主义思想的深刻批判基础之上,包括对资本主义经济世界主义和资产阶级自由世界主义的虚伪性的批判,以及对唯心主义世界历史观及其掩盖下的霸权主义政策的批判。在批判的基础上,马克思沿着两条线索确立了马克思主义的世界主义思想,包括以世界历史理论和社会形态理论为代表的历史唯物主义,以及在此基础上对无产阶级普遍性质的分析,以及通过革命的国际主义实现人类解放的思想之中。马克思对世界主义思想的扬弃体现在如下三个方面:

其一,由个体主义转向类主体。原子式的个体主义是抽离了历史背景的想象,如果不能置于一个普遍意义的类主体的解放中,个体主义只能沦为不可避免的依附关系的组成部分,而成为虚伪的个体主义,实际上被其他依附关系所挤压。而类主体若想成为世界主义的现实基础,则需要使这一类主体本身消灭剥削的内核,在每一个人的自由是所有人自由的前提的情况下,成为世界主义的落脚点。

其二,主张消除对物的依附关系的普遍平等性。马克思的世界主义包含了一般意义上的普遍平等性,但又超越了这种普遍性。因为对生产关系的关注,要求这种各处的平等建立在各处消除对物的依附关系的基础之上,唯有如此才可避免特殊主义的普遍主义或是资本主义的普遍主义。是在每

① ［美］迈克尔·哈特、［意］安东尼奥·奈格里:《大同世界》,王行坤译,中国人民大学出版社,2015年,第3页。

个人能够决定自己生活的前提下，在对类主体的公共事务中承担权利和义务的普遍主义。

第三，整体性是世界主义的题中应有之义。马克思思想的整体性要求打破社群边界的限制，以实现人类解放的目标。但这种整体性不是排他性的要求，而是对限制整体性的条件的消除，这种状态下的社群认同仍会有其空间，但不构成对世界主义的抵触，人们可以在世界主义的观照下寻求文化上的认同，而不对政治、伦理或经济上的世界主义带来挑战。总之，马克思的世界主义思想因为破除了人身依附和对物的依附，从而打破了社群主义与世界主义之间的张力，实现真正的整体性。

马克思的思想在马克思之后依然激励着政治人物和思想家沿着这种普遍主义道路展开对世界主义思想的丰富和发展，比如列宁对帝国主义的判断以及共产国际的思想和实践、罗伯特·考克斯在继承葛兰西理论基础上对世界秩序变迁的解释和展望、安德雷·林克莱特在继承法兰克福批判理论基础上对世界主义的设计，以及哈特和奈格里等左翼学者对资本主义当代全球化形式的批判等。马克思主义的世界主义思想及其引发的思考，无论在理论上还是现实上，都仍具有重要的意义。

其一，马克思的世界主义思想对各种虚伪的世界主义观念进行了深刻批判。世界主义内含的普遍主义特征，在历史上不乏被用来当作谋求特殊利益的宣传工具的先例，并借由“世界主义”的名义，追求阶级利益或推行霸权主义强权政治，马克思对种种虚伪的世界主义的批判，深入这种特殊主义的内核并予以揭露，为探索形式和内容相统一的世界主义思想打下了坚实的基础。

其二，马克思主义对世界主义思想进行了革新和升华。通过历史唯物主义对传统世界主义思想进行了改造，用生产力和生产关系之间的辩证关系，取代传统世界主义思想者的种种先验概念，为世界主义思想提供了现实基础。用发展着的人类社会的历史运动规律，充实传统世界主义思想者的断言式的前提，指明人摆脱先天赋予的各种枷锁和异化，只能在共产主义的社会形态中才能得以实现。此外，这种革新和升华也昭示了世界主义的历史合理性和必然性，这种合理性和必然性蕴于唯物史观的合理性和必然性之中,无产阶级的普遍性质和担负的历史使命的世界主义维度,使得打破民族边界的、以实现普遍共同利益的人类解放成为一种历史必然。

其三,马克思主义思想充实丰富了世界主义理论,从而能够对保守主义和极端民粹主义思潮给予有力回击。当今世界主义研究依然主要遵循西方世界主义思想的传统路径,而与新自由主义经济全球化相一致的自由主义世界主义理论,无法回应这一历史进程内含的资本主义固有矛盾,更是在世界范围内民粹主义和保守主义浪潮的兴起面前显得苍白无力。马克思的世界主义思想直指世界范围内生产关系与生产力之间的内在矛盾,解决这一矛盾,一方面,要坚持解放和发展生产力,回应保守主义和民粹主义的倒退要求;另一方面要强调生产关系的变革和调整,在推动全球发展的同时,注重公平与分配,从而实现全球化的稳定和可持续发展。

其四,充实人类命运共同体思想的理论基础,为中国当代外交实践提供理论指导。新时期中国外交战略的指导思想凝练在人类命运共同体的理念之中,深入挖掘马克思主义的世界主义思想,一方面有助于为新时期中国外交可能遇到的“老问题”提供思想指导,如在与霸权国家的交往中始终坚持平等原则,并通过如提供跨国公共产品等积极的外交举措发展同友好国家的合作关系;另一方面,有助于为应对“新问题”提供理论之源,如通过跨越国界的合作应对全人类面临的全球风险和共同挑战,并推动人类共同体的繁荣和稳定发展,从而使人类命运共同体理念成为能够应对新旧问题的指导理论。

结语 世界主义的当代价值与启示

在跨越了国家边界的全球性问题日趋严峻,且难以得到根本遏制和解决的时代,人类迫切需要一种打破国家主权边界局限的哲学思维来为人们应对跨越国界的世界难题提供思想指导,其中世界主义思想便是适应这一思想任务的重大理论之一。世界主义作为人类文明发展史上的重要思想遗产,在今天的人类思想发展中仍然不断得到新的拓展。尽管世界主义思想主要发源于西方文明,但是其中的一系列价值理念在非西方文明中也具有非常丰富的内容。

纵观世界主义思想在西方与非西方文明中的不同价值内涵,无论是其关于权利、平等、正义等价值主张,还是各种理想政治共同体的设想,其实质上都是对人类社会以民族国家为中心的政治生活所产生的各种弊端和局限的克服和超越。在21世纪的今天,人类社会的政治经济生活实践早已超越了国家领土边界的束缚,人类社会面临的各种全球性问题与危机的挑战需要世界各国突破传统的国家思维局限,从人类共同命运的高度出发,探索突破人类历史上传统的文明隔阂与对立、权力政治博弈与冲突,走向世界文明间和谐共处和普遍权利共享,进而共同打造人类共同价值,积极建设新型国际关系,朝着人类命运共同体和世界大同理想迈进。在这一新的努力征程中,世界不同文明的世界主义思想将为此带来重要的思想启迪和价值指导。

一、从文明间冲突到人类共同价值的营造

通过对世界不同文明关于世界主义价值和理想共同体思想主张的考察与比较,可以发现世界不同文明之间在世界主义的核心价值主张上具有共同的内涵,但是在具体的价值主张和侧重点上又具有独自的特性。例如,在

哲学基础上，西方文明注重个体理性，非西方文明则分别在宗教哲学、主观感知和自我体验等方面有各自不同的文明底蕴和哲学渊源。在世界主义的价值主张上，西方世界主义思想充分强调个体价值的终极目的性，非西方文明则更多从维系宗教情感或者社会关系和谐的角度来认知个体价值，个体价值更具有条件性，社会和谐关系的价值更具目的性。在关于未来理想社会模式和理想共同体的设计上，西方文明的世界国家模式更具有政治性内涵，非西方文明的社会性内涵特征则更为明显。这些文明间的差异和区别如果不从求同存异和相互包容的立场予以理解和尊重，人类文明间就很难走向共同价值认同。

在现实世界政治生活中，不同文明间的相互包容、理解和对话常常被权力政治的博弈所阻隔，人们常常看到的不是世界文明间的对话和包容，而是价值主张上的隔阂与对立，特别是西方主要大国以霸权优势推行自身的价值观，甚至以军事手段强制他者接受自身的政治制度，制造文明对立和对抗，甚至引发文明冲突。因此，世界不同文明应本着“求同”和包容精神，对世界主义所倡导的自由、平等、公平、正义、和平、和谐等价值寻求共同理解，以包容和分享的精神对待世界各文明的丰富特性和独特内涵。共同致力于人类共同价值的共识、理解和塑造。

2015 年 9 月，中国在联合国大会上提出了“人类共同价值”的理念，呼吁世界各国以“和平、发展、公平、正义、民主、自由”为核心价值，以开放包容的精神共同打造人类共同价值。[①] 这六项核心价值其实也是世界各文明的世界主义思想所包含的主要价值，体现着世界各国人民的共同价值追求，世界各国只有以平等尊重、协商对话和包容互鉴的立场对待其他文明的价值主张，才能够避免文明间隔阂、对立和冲突，世界不同文明间的价值共识才有可能形成。同时，世界各国也只有不断地借鉴和吸收一切人类文明所创造的优秀成果和价值，才能够真正融入世界潮流，共同营造人类共同价值。

二、从文明间的包容和尊重到和谐文明秩序与新型国际关系的构建

世界文明间的包容和尊重是建立和谐世界文明秩序的前提，世界主义

① 习近平：《携手构建合作共赢新伙伴，同心打造人类命运共同体——在第七十届联合国大会一般性辩论时的讲话》，《人民日报》，2015 年 9 月 29 日。

在不同文明中虽然都是极具理想色彩的思想，但是通过比较我们可以看到，无论在关注的价值侧重点还是理想社会共同体的设计上，文明之间的差异还是非常明确的。因此，和谐的文明秩序离不开文明间的包容和尊重。

世界主义思想在西方文明中极为强调个体价值的终极目的性，强调个体权利本位，但是在非西方文明中个体价值则与社会集体价值的关系更为平衡，甚至在中华文明的世界主义思想中更加强调社会关系和谐的价值目的性，实际上突出了社会集体价值的重要性。与此相对应，个体价值则受到社会关系和谐这一目的性的制约。因此，当谈论世界主义价值的普世性和普遍性时，就必须考虑不同文明的世界主义思想对同一种世界主义价值的不同理解和关注的重点。例如，西方文明的世界主义思想强调的理性和权利更侧重个体理性和个体权利，中华文明的世界主义思想中涉及的理性和权利更重视关系理性和社会整体福利的增进。世界各种文明只有相互包容和尊重，才能够彼此和谐相处，也才能产生和谐的文明间秩序。

世界不同文明在对待世界主义核心价值的理解上应该相互尊重，这在中国领导人倡导的新型国际关系中也有相应的清晰表述。在党的十九大报告对新型国际关系的界定中将相互尊重确立为新型国际关系的核心原则。新型国际关系所强调的相互尊重，既包含了中国外交传统所强调的和平共处五项原则，也包含了国家不分大小、强弱、贫富一律平等的要求。而世界主义的思想价值也为新型国际关系的相互尊重增添了新的世界主义内涵，即世界文明中不同的制度、宗教、文化间应一视同仁，平等相待。新型国际关系的构建不是仅停留在尊重彼此核心利益关切，而是要达到构建人类命运共同体的终极目标，这就要求世界不同文明间在制度、宗教信仰、文化和价值观等文明层面相互尊重和包容。

三、从国家间权力政治到世界主义权利政治

尽管世界各种文明的世界主义思想在价值主张和未来理想社会模式的设计上都充满了理想色彩，但是在现实的世界政治生活中，权力政治和权力博弈似乎主导了国家间政治生活，国际政治舞台上没有为公平正义的权利政治留下太多的存在空间。面对这种世界权力政治的博弈困境，世界主义价值主张为人类提供了新的思维和价值指向。

其实,不分国界和种族身份的公平与正义、权利与平等、自由与和平等价值在世界各种文明的世界主义思想中都有明确的主张。[①] 托马斯·博格认为,当今世界的不平等现象和贫困程度日益加剧是造成国家间不平等乃至冲突的根源,因而世界和平必须以实现全球分配正义为前提,富裕国家在消除全球不平等和贫困方面应当做出更大贡献。[②] 世界主义民主理念强调要实现真正的公正与和平就必须在全球范围内实现民主,使得每一个民族和国家都有平等的参与决策的权利。世界主义法治的理念则主张国家之间的权利义务、世界和平状态以及世界公民的权利必须有强有力的世界法予以保障。世界主义思想中的各种超国家共同体理想以及国际联盟和联合国的实践,更是向人们证明了人类克服国家间合作障碍,走向更高层次的合作,朝着建立更为理想的超国家共同体的努力,将是人类社会有效应对和解决 21 世纪各种全球性挑战的根本途径。

当然不同文明中的世界主义思想关于权利平等和公平正义的价值主张都具有某种程度的理想主义甚至是乌托邦色彩,但是正是这种世界主义理想才将人类的政治行为从权力政治的丛林状态导向了以世界和平和权利保护为宗旨的《联合国宣言》和《国际人权宪章》倡导的世界权利保护机制,也才有了国际社会为消除贫困和饥饿而采取集体行动的千年发展目标和 2030 年可持续发展议程。中国作为负责任的世界大国,近年来提出的建设新型国际关系和"正确义利观"原则,也正是为国际社会摆脱权力政治思维和实现更加公平的共同发展与繁荣而做出的自身努力。这都说明,世界主义关于权利价值的理想并不是空想,只要人类朝着理想的目标努力,传统的权力政治博弈就会逐渐退缩,世界主义权利的理想主张就能够在世界各文明的努力中逐渐变为现实。

四、从道德哲学理想到现实制度实践

世界主义思想在不同的文明中主要是作为一种道德哲学层面的价值而

---

① [加拿大]查尔斯·琼斯:《全球正义:捍卫世界主义》,李丽丽译,重庆出版社,2014 年,第 15 页。

② Thomas Pogge, Priorities of Global Justice, *Metaphilosophy*, Vol. 32, 2001, pp. 14 – 15.

存在的。在西方文明的世界主义思想中，世界主义主要是以个体为终极关怀的主体、强调平等的价值以及普世性的权利标准，大多数思想家的观点也是聚焦于跨越领土国家边界和族群身份的平等个体之间的权利与义务，社会秩序中的公平与正义价值等。在伊恩·麦克莱恩(Iain Mclean)和阿里斯塔·麦克米兰(Alistair McMilan)主编的《牛津政治学简明辞典》一书中，世界主义被概括为“一种哲学观点”，认为“人类拥有的平等的道德和政治责任，这种责任建立在基本人性的基础之上”，“所有人类都应被视作道德价值的主要行为体”。① 斯多葛派代表人物克里西普就曾指出，世界城邦所依据的不是人定法而是符合美德的理性原则。② 罗马帝国时期塞涅卡等人提出的“两国论”，也是强调人类应该从伦理上忠诚于罗马帝国之外“更大的国度”，在这个“更大的国度”里，人与人之间的关系充满了友谊、爱、宽恕与和谐。③ 这种美德式的“更大的国度”在中世纪被神学哲学家奥古斯丁的“上帝之城”所吸收，托马斯·阿奎那对现实政治生活局限性的贬低和对“上帝赋予的共同体”道德价值理想的论证，也是对于世界主义的价值原则和社会秩序的道德理想表达。④ 走出中世纪之后，近代思想家康德虽然以民主价值代替道德伦理原则，但是具有民主信念和道德理想的公民仍被置于康德世界主义思想的核心。⑤ 在当代的世界主义思想家中，美国著名世界主义思想

① Mclean, Iain and Alistair McMilan, eds., *The Concise Oxford Dictionary of Politics*. Oxford University Press, 2009, pp. 123 - 124.

② [英]马尔科姆·斯科菲尔德：《廊下派的城邦观》，徐建、刘敏译，华夏出版社，2016 年，第 135 ~ 142 页。

③ [古罗马]塞涅卡：《道德和政治论文集》，袁瑜琤译，北京大学出版社，2010 年出，第 220 ~ 236 页；[英]米里亚姆·格芬：《塞涅卡与普林尼》，载于[英]克里斯多弗·罗、马尔科姆·斯科菲尔德主编：《剑桥希腊罗马政治思想史》，晏绍祥译，商务印书馆，2016 年，第 525 ~ 526 页。

④ 奥古斯丁的上帝之城主要是映衬国家统治的弊端以及世俗生活的罪恶和堕落，意在营造一个精神和信仰上的共同体，在其中个体之间在精神上是平等的，摆脱了世俗和政治的束缚。参见[古罗马]奥古斯丁：《上帝之城》，王晓朝译，人民出版社，2006 年，第 631 ~ 655、922 ~ 931 页。托马斯·阿奎那在其神学理论中论证说，每个人出于对上帝的爱，其行为的个人目的与人类的共同目的终究是走向一致的，人们正是因此种共同目的而形成了一个共同的共同体。参见[意]托马斯·阿奎那：《阿奎那政治著作选》，马清槐译，商务印书馆，1963 年，第 106 页；以及[美]沃格林：《政治观念史稿 卷二：中世纪(至阿奎那)》，叶颖译，华东师范大学出版社，2009 年，第 240 页。

⑤ [德]康德：《永久和平论》，《历史理性批判文集》，何兆武译，商务印书馆，1990 年，第 107 ~ 114 页。

家托马斯·博格(Thomas Pogge)将世界主义的内涵概括为三个方面:一是权利和价值关怀的终极单元为个体;二是个体之间普遍性的平等;三是个体权利的普世性。① 这种被广泛接受的世界主义价值内涵的界定可以说非常突出地显示了世界主义的道德价值内涵。

在非西方文明的世界主义思想中,印度文明的世界主义思想强调人与人之间价值的平等性与普遍性。印度近现代启蒙思想家罗姆莫罕·罗易特别强调个人平等价值普遍性的观点。② 在伊斯兰文明的世界主义思想中,思想家们也特别强调关于真主的神启与理性、教义信仰与物质利益、个人与集体、权利与义务之间的"中正平和""不偏不倚""正义王国"的价值内涵。在中华文明的世界主义思想中,"天下为公""讲信修睦""仁者爱人""和为贵"等价值理念体现了典型的东方文明的关系伦理价值。

可以说,无论西方文明还是非西方文明的世界主义思想,都特别强调了其中的道德伦理层面的价值内涵,这些伦理价值内涵在近代以来的人类实践中,经过一代又一代人的努力,推动着国际社会日益将理想的道德伦理价值付诸人类的制度规范的创建。例如,在世界和平领域,集体安全机制演化出更加具体的联合国维和机制,并在今天进一步拓展出冲突后和平建设行动计划;在全球人权保护领域,国际人权规范日益完善,国际社会就基本人权保护已经建立起了十七个核心人权制度规范,有些人权规范还越来越具有刚性约束,如国际刑事法院的创立就被赋予了对违反该法院规范的责任者进行国际刑事责任追究的权力;在可持续发展领域,"人类只有一个地球"和"太空船"的理念已经化为更为具体的众多生态保护和国际环境立法,治理全球气候变化的立法和减排与低碳经济发展机制也被国际社会快速地创制和付诸行动。这都说明,世界不同文明关于世界主义的价值理想并非只是道德伦理的乌托邦,在一代又一代世界人民的努力下,世界主义的道德理想正日益照进人类社会的现实生活之中,并以制度规范的力量促进人类社会沿着世界主义道德理想指引的进步方向前进。

---

① Thomas Pogge, "Cosmopolitanism and Sovereignty", *Ethics*, 1992, Vol. 103, No. 1, pp. 48 – 49.

② 朱明忠:《罗姆莫罕·罗易——新吠檀多主义的先驱》,《南亚研究》,2010 年第 3 期。

五、从主权国家到世界公民

世界不同文明的世界主义思想尽管在哲学基础、理想人类社会秩序和超国家共同体的设想方面各具不同内容和价值内涵，但是在强调超越民族、种群和国家局限，实现某些共同的普遍价值方面还是具有很多相似和相通之处。这些人类不同文明的共同价值追求为我们重新思考21世纪民族国家的角色定位以及民族国家的主权责任提供了新的启示。

在21世纪全球性挑战日益威胁到人类种群的生存环境，以及世界各国公民权利日益成为国际社会共同关注的价值追求的时代，民族国家的主权内涵越来越由一种权利走向责任，对内提供基本权利保障，对外向国际社会和整个人类的可持续发展和世界和平负责。这已日益成为民族国家主权权利获得合法性认可的基本条件。主权由一种权利走向责任，这就要求每个国家都要成为“积极价值的主权”(positive sovereignty)。[①] 作为积极价值的主权，主权国家不仅负有在国内提供基本权利保障的责任，而且在国际上还应该有一种全球治理时代“主权构建”(sovereignty building)[②]的责任，即将主权构建为一种“积极价值的主权”，即具有世界责任的主权(“世界主义主权”，cosmopolitan sovereignty)，一种具有世界公民责任感和身份认同的新“世界公民”，即“主权公民”(sovereignty citizenship)。这种“主权公民”的意义内涵应该与所谓的“企业公民”相对应，即在世界事务和全球性危机与挑战性问题的治理中，应该在追求国家自身利益的同时超越自身国家利益局限，从兼顾人类的共同利益出发，[③]积极承担和履行一种世界公民的责任，维护世界和平、尊重其他国家的主权权利和公民权利，积极承担人类可持续发展的责任。

21 世纪全球治理时代的“世界主义主权”或“主权公民”，必须从主权价

---

① Robert Jackson, Negative Sovereignty in Sub - Saharan Africa, *Review of International Studies*, Vol. 12, No. 4 1986, pp. 247 - 64; Robert Jackson, *Quasi - States: Sovereignty, International Relations and the Third World*, Cambridge University Press, 1990.

② Touko Piiparinen, Sovereignty - building: Three Images of Positive Sovereignty Projected through Responsibility to Protect, *Global Change, Peace and Security*, Vol. 24, No. 3 ,2012, p. 405.

③ 本书在此提出的主权责任与蔡拓教授倡导的“全球主义观照下的国家主义”中的国家利益观相近，参见蔡拓：《全球主义与国家主义》，《中国社会科学》，2000 年第 3 期。

值理念、主权责任和主权能力等方面得到革新和完善,必须以全球主义和世界主义价值理念将自身塑造为“世界主义国家”(cosmopolitan state),实现对狭隘的民族性、领土性和狭义主权性的超越。①

首先,21 世纪世界主义国家必须自觉认同全球主义和世界主义价值和理念,超越传统的主权观和利益观。21 世纪的全球时代,人类不分种族和边界面临共同的危机与风险,人类命运共同体和全人类共同利益由此而生,局限于传统的主权领土边界之自我利益的民族国家与此不相适应。民族国家必须以全球主义和世界主义的价值观和利益观实现自我革新,自觉约束狭隘的民族利益和主权利益诉求,使之与全人类共同利益相契合,自觉认同主权的相对性,自觉认同世界主义价值规范,才能够担当起应对和解决全球性危机与挑战的责任。

其次,21 世纪世界主义国家必须自觉地将主权责任与全球治理的世界责任、主权权力与公民个体权利、主权利益与全人类每个个体的利益结合起来,超越传统的主权观和利益观,主动地将世界责任纳入主权责任之中,国家利益的实现才能够不以损害人类共同利益为代价,人类的和平与和谐相处才有可能。同时,主权国家也必须将主权权力与公民个体权利以及全人类每个个体的利益结合,才能获取自身的国际国内合法性。21 世纪的“世界主义主权”既是一种权利更是一种责任,一种遵守和履行全球基本人权规范,保护公民个体权利的基本责任;同理,21 世纪“世界主义主权”还是一种义务,一种尊重和包容全人类每个个体价值和利益诉求的义务。

最后,21 世纪的世界主义国家必须自觉地将主权能力的发展与运用自觉地与其他国家和民族、跨国公司和全球公民社会的合作结合起来,以合作、共享、共赢的理念超越传统的主权观局限。在 21 世纪的全球治理时代,一方面,全球治理的任务和全球政治经济依赖超越了各个主权国家自身的治理能力;另一方面,政治权威和资源进一步流散,世界舞台上各种行为体

① 本书关于“主权公民”“世界主义主权”和“世界主义国家”的相关论述内容,曾在《重新发现全球时代》一文中有所阐述,在此不再一一注出。参见刘贞晔:《重新发现全球时代》,《国际政治研究》,2015 年第 5 期。

都拥有自身的资源和价值优势以与主权国家竞争政治权威空间。主权国家必须通过合作才能弥补自身在主权自主性、自助性和自足性等方面所面临的局限和束缚。因此,共享安全、共享发展、合作共赢、包容互鉴就成为世界主义国家的主权能力得以提升和完善的根本路径。

同理,与"世界主义国家"和"主权公民"相对应,人类社会中作为每个国家公民的每一个人,也应该积极呼应世界主义思想在不同文明中共同追求的价值,即克服国家和种群身份的局限,实现从国家公民到世界公民的责任转变。

在21世纪的全球化与全球性危机应对时代,民族国家的公民,无论是在理论内涵上还是在政治实践上,都必须呼应世界主义思想价值的诉求,实现自身的政治转型和价值转型,将自身重构为21世纪全球治理时代的"新公民":世界主义公民(cosmopolitan citizen)。

这种"新公民"的身份,在人类世界主义思想发展史上存在着各种理想形态的规范和价值设计:全球联邦主义者推崇国际体制的世界政府功能而试图设计一种全球框架下的公民身份替代;西方早期世界主义者贬抑对民族国家公民的关注而强调对全世界每一个"公民"福祉的关切;各种激进主义理论家则以"解构"等为工具探寻各种没有方案的"解放"。所有这些探索和设计都不无可贵之处,但是民族国家在当下的合法性存在昭示了民族国家公民身份和诉求的合理性。21世纪全球时代的"世界公民"不会是对民族国家公民身份的否定和背离,而实则应该是要求全球每一个国家的公民以世界主义的价值理念,以全球意识和全球主义价值重塑自身的公民身份,以世界责任和具体行动履行自己的责任担当,以全球公民社会网络组织和行动起来,以实现一种世界性效应:世界范围内的全体公民参与和推动全球性问题与危机的治理达至善治的效应。21世纪的超国家共同体需要这种"新公民"及其世界范围内的公民行动来担负起全球性问题与危机得到根本解决的重任。

六、从超国家共同体设想到人类命运共同体的构建和世界大同理想的实现

考察世界不同文明的世界主义思想对理想社会秩序和超国家共同体的

设计，可以说这是人类各种文明的世界主义思想中最为重要的政治理想，也是历代世界主义思想家努力付诸实践的政治抱负和愿望。在西方文明的世界主义理想中，从古代和中世纪时期柏拉图的理想国、斯多葛派的“世界邦国”和奥古斯丁的“上帝之城”，到西方近代文明萌生以来但丁的“世界帝国”和康德的自由民主国家联盟，超国家共同体的思想博大精深。非西方文明中的世界主义思想中也充满了丰富的超国家共同体理想，如伊斯兰文明的“正义王国”，中华文明中的“大同世界”“天下主义”“太平盛世”等，都是对人类理想秩序和理想共同体的憧憬。在世界政治的历史发展中，20 世纪之后国际联盟和联合国的诞生与伟大实践，也充分说明了人类克服国家政体和民族共同体局限，实现永久和平和理想的追求一直没有止步。

今天中国提出的人类命运共同体的理念，在价值理念上就包含了不同文明世界主义思想关于超国家共同体的理想追求。人类命运共同体理念倡导以相互尊重、公平正义和合作共赢为核心的新型国际关系，坚持正确义利观，主张在国际事务中坚持正义、秉持公道、道义为先，积极承担国际责任与义务。在推进人类命运共同体构建的实践中，积极挖掘人类不同文明的各种优秀文明价值，特别是积极吸收各种文明的世界主义思想关于超国家共同体理想的有益成果，以打造人类命运共同体为政治指引，努力克服自身国家局限，有效应对新世纪人类所面临的全球性危机与挑战，世界大同的价值理念就会在人类的进步中不断地由理想变为现实。

参考文献

一、中文文献

(一)中文著作

1.《邓小平文选》(第三卷),人民出版社,1993 年。

2. 艾四林、王贵贤、马超:《民主、正义与全球化:哈贝马斯政治哲学研究》,北京大学出版社,2010 年。

3. 蔡德贵:《当代伊斯兰阿拉伯哲学研究》,人民出版社,2001 年。

4. 蔡德贵等编:《巴哈伊文献集成》,山东大学出版社,2016 年。

5. 蔡拓:《契约论研究》,南开大学出版社,1987 年。

6. 蔡拓:《全球化与政治的转型》,北京大学出版社,2007 年。

7. 蔡拓等:《全球学导论》,北京大学出版社,2015 年。

8. 陈伯君:《阮籍集校注》,中华书局,2012 年。

9. 陈来:《古代思想文化的世界》,生活·读书·新知三联书店,2009 年。

10. 陈永森、蔡华杰:《人的解放与自然的解放:生态社会主义研究》,学习出版社,2015 年。

11. 程志敏:《阿尔法拉比与柏拉图》,华东师范大学出版社,2008 年。

12. 池凤桐:《基督信仰的起源》,华东师范大学出版社,2006 年。

13. 丛日云:《在上帝与恺撒之间——基督教二元政治观与近代自由主义》,生活·读书·新知三联书店,2003 年。

14. 崔仲平:《老子道德经译注》,黑龙江人民出版社,2003 年。

15. 戴明杨:《嵇康集校注》,人民文学出版社,1963 年。

16. 邓晓芒、赵林:《西方哲学史》,高等教育出版社, 2014 年。

17. 范仲淹:《范仲淹全集(上)》,四川大学出版社,2002 年。

18. 冯琼:《哈贝马斯的公民理论研究》,中国社会科学出版社,2014 年。

19. 冯友兰:《中国哲学史新编》,人民出版社,2001 年。

20. 傅斯年:《傅斯年全集》,湖南教育出版社,2003 年。

21. 葛荃:《中国政治思想通史(明清卷)》,中国人民大学出版社,2014 年。

22. 顾肃主编:《西方政治法律思想史》,中国人民大学出版社,2005 年。

23. 顾炎武:《日知录集释》,花山文艺出版社,1990 年。

24. 韩震等:《西方哲学史》,北京师范大学出版社,2012 年。

25. 洪涛:《逻各斯与空间:古代希腊政治哲学研究》,上海人民出版社,1998 年。

26. 侯外庐:《中国思想史纲》,中国青年出版社,1980 年。

27. 胡适:《胡适日记全编》,安徽教育出版社,2001 年。

28. 黄心川:《印度哲学史》,商务印书馆,1989 年。

29. 黄心川:《印度哲学通史》,大象出版社,2014 年。

30. 黄宗羲:《黄宗羲全集》,浙江古籍出版社,2005 年。

31. 贾兴权:《陈独秀传》,山东人民出版社,1998 年。

32. 金宜久:《伊斯兰教史——新版宗教史丛书》,江苏人民出版社,2006 年。

33. 金宜久:《中国伊斯兰探秘——刘智研究》,中国人民大学出版社,2010 年。

34. 康有为:《大同书》,辽宁人民出版社,1994 年。

35. 康有为:《康有为全集》,中国人民大学出版社,2007 年。

36. 李大钊:《李大钊全集》,人民出版社,2006 年。

37. 李学勤编:《春秋左传正义 · 春秋左传注疏》,北京大学出版社,1999 年。

38. 李泽厚:《中国近代思想史论》,人民出版社,1979 年。

39. 李贽:《李贽文集》,社会科学文献出版社,2000 年。

40. 李姿姿、赵超主编:《世界主要政党规章制度文献 · 法国》,中央编译出版社,2016 年。

41. 梁启超:《欧游心影录》,云南教育出版社,2001 年。

42. 梁启超:《先秦政治思想史》,东方出版社,1996 年。

43. 梁启超:《饮冰室文集点校》,云南教育出版社,2001 年。

44. 梁漱溟:《东西文化及其哲学》,商务印书馆,1999 年。

45. 梁漱溟:《梁漱溟全集》,山东人民出版社,2005 年。

46. 林德山主编:《世界主要政党规章制度文献:瑞典》,中央编译出版社,2016 年。

47. 刘小枫、陈少明主编:《格劳秀斯与国际正义》(第 1 版),华夏出版社,2011 年。

48. 刘义:《全球化公共宗教及世俗主义——基督教与伊斯兰教的比较研究》,上海人民出版社,2013 年。

49. 刘玉安等:《西方政治思想通史》,山东大学出版社,2004 年。

50. 刘泽华:《中国传统政治思想反思》,生活·读书·新知三联书店,1987 年。

51. 刘泽华:《中国的王权主义:传统社会与思想特点考察》,上海人民出版社,2000 年。

52. 刘泽华:《中国政治思想史》,人民出版社,2008 年。

53. 刘泽华编:《公私观念与中国社会》,中国人民大学出版社,2003 年。

54. 刘泽华:《中国政治思想通史》,中国人民大学出版社,2014 年。

55. 吕不韦:《吕氏春秋全译》,贵州人民出版社,2009 年。

56. 马珂:《后民族主义的认同建构及其启示》,上海人民出版社,2010 年。

57. 马明良:《伊斯兰文明的历史轨迹与现实走向》,中国社会科学出版社,2012 年。

58. 马明贤:《伊斯兰法:传统与衍新》,商务印书馆,2011 年。

59. 马通:《伊斯兰思想史纲》,宁夏人民出版社,2003 年。

60. 马占明:《伊斯兰文化研究论集》,宁夏人民出版社, 2015 年。

61. 秦惠彬:《伊斯兰文化与现代社会》,沈阳出版社,2001 年。

62. 秦惠彬:《伊斯兰文明》,福建教育出版社,2008 年。

63. 瞿秋白:《瞿秋白文集》,人民文学出版社,1987 年。

64. 瞿秋白:《现代文明的问题与社会主义》,人民出版社,1985 年。

65. 塞涅卡:《道德与政治论文集》,北京大学出版社,2010 年。

66. 沙宗平:《伊斯兰哲学》,中国社会科学出版社,1995 年。

67. 尚学锋、夏德靠:《国语》,中华书局,2007 年。

68. 孙晶:《印度吠檀多哲学史》,中国社会科学出版社,2013 年。

69. 孙晓春:《中国政治思想通史》,中国人民大学出版社,2014 年。

70. 孙中山:《孙中山文萃》,广东人民出版社,1996 年。

71. 孙中山:《孙中山文集》,中华书局,1982 年。

72. 汤用彤:《印度哲学史略》,中华书局,1988 年。

73. 宛耀宾:《中国伊斯兰百科全书》,四川辞书出版社,2007 年。

74. 汪子嵩主编:《希腊哲学史》,人民出版社,1997 年。

75. 王邦佐等编:《政治学辞典》,上海辞书出版社,2009 年。

76. 王崇武、黎世清:《太平天国史料译丛》,神州国光社,1954 年。

77. 王夫之:《船山全书》,岳麓书社,1988 年。

78. 王怀德:《伊斯兰教教派》,中国社会科学出版社,1994 年。

79. 王家瑛:《伊斯兰文化哲学史》,宗教文化出版社,2007 年。

80. 王家瑛:《伊斯兰宗教哲学史》,民族出版社,2003 年。

81. 王江涛:《哈贝马斯公共领域思想研究》,中国社会科学出版社,2015 年。

82. 王乐理主编:《西方政治思想史(古希腊、罗马)》,天津人民出版社,2005 年。

83. 王守仁:《王阳明全集》,上海古籍出版社,1992 年。

84. 王岩主编:《西方政治哲学史》,世界知识出版社,2010 年。

85. 魏征:《隋书》,中华书局,1973 年。

86. 吴飞:《心灵秩序与世界历史——奥古斯丁对西方文明的终结》,生活·读书·新知三联书店,2013 年。

87. 吴毓江:《墨子校注》,中华书局,1993 年。

88. 吴云贵、周燮藩:《近现代伊斯兰教思潮与运动》,社会科学文献出版社,2000 年。

89. 吴云贵:《伊斯兰教义学》,中国社会科学出版社,1995 年。

90. 项左涛、姬文刚主编:《世界主要政党规章制度文献(中东欧)》,中央编译出版社,2015 年。

91. 徐大同主编:《西方政治思想史》,天津教育出版社,2010 年。

92. 徐大同总主编、丛日云主编:《西方政治思想史》,天津人民出版社,2006 年。

93. 徐复观:《中国思想史论集续篇》,上海书店出版社,2004 年。

94. 徐向东:《全球正义》,浙江大学出版社,2011 年。

95. 许纪霖、刘擎编:《新天下主义》,上海人民出版社,2015 年。

96. 许纪霖:《家国天下》,上海人民出版社,2017 年。

97. 郇庆治主编:《重建现代文明的根基——生态社会主义研究》,北京大学出版社,2010 年。

98. 阎静:《全球化时代的世界主义规范诉求——林克莱特国际关系批判理论研究》,南京大学出版社,2012 年。

99. 杨天宇:《礼记译注》,上海古籍出版社,2004 年。

100. 努尔曼·马贤、伊卜拉欣·马效智:《伊斯兰伦理学》,宗教文化出版社,2005 年。

101. 余英时:《中国思想传统及其现代变迁》,广西师范大学出版社,2014 年。

102. 俞可平主编:《全球化:全球治理》,社会科学出版社,2003 年。

103. 张秉民:《简明伊斯兰哲学史》,宁夏人民出版社,2007 年。

104. 张秉民:《近代伊斯兰思潮》,宁夏人民出版社,1998 年。

105. 张超主编:《追寻古希腊哲学》,厦门大学出版社,2009 年。

106. 张辰龙:《西方政治思想史》,知识产权出版社,2016 年。

107. 张岱年主编:《仁学:谭嗣同集》,辽宁人民出版社,1994 年。

108. 张分田、张鸿、商爱玲:《中国政治思想通史》,中国人民大学出版社,2014 年。

109. 张分田:《公私观念与中国社会》,中国人民大学出版社,2003 年。

110. 张建业编:《李贽文集》,社会科学文献出版社,2000 年。

111. 张师伟:《民本的极限:黄宗羲政治思想新论》,中国人民大学出版社,2004 年。

112. 张颂仁、陈光兴、高士明主编:《从西天到中土:印中社会思想对话》,上海人民出版社,2014 年。

113. 张颂仁、陈光兴、高世明主编:《全球化与纠结:霍米·巴巴读本》,上海人民出版社,2013 年。

114. 张旺:《国际政治的道德基础》,南京大学出版社,2010 年。

115. 张文红主编:《世界主要政党规章制度文献:德国》,中央编译出版社,2016 年。

116. 张文学等:《五经四书全译》,中州出版社,1991 年。

117. 张晓梅:《使徒保罗和他的世界》,社会科学文献出版社,2012 年。

118. 张一兵:《当代国外马克思主义哲学思潮》,江苏人民出版社,2012 年。

119. 张枬、王忍之编:《辛亥革命前十年间时论选集》,生活·读书·新知三联书店,1960 年。

120. 赵敦华:《基督教哲学 1500 年》,人民出版社,2005 年。

121. 赵敦华:《西方哲学简史》,北京大学出版社,2001 年。

122. 赵中建选编:《全球教育发展的研究热点:90 年代来自联合国教科文组织的报告》,教育科学出版社,1992 年。

123. 周伟驰:《奥古斯丁的基督教思想》,中国社会科学出版社,2005 年。

124. 朱明忠:《大家精要:奥罗宾多》,云南教育出版社,2009 年。

125. 朱明忠:《印度吠檀多哲学史》,中国社会科学出版社,2013 年。

126.《西方政治思想史》编写组编写:《西方政治思想史》,高等教育出版社,2011 年。

127.《中国百科大辞典》,中国大百科全书出版社,1999 年。

128. 中共中央党校科学社会主义教研室《社会主义思想史》编写组编:《社会主义思想史(上册)》,中共中央党校出版社,1984 年。

129. 中联部编译小组编:《社会党国际重要文件选编》,当代世界出版社,2005 年。

(二)中文译著

1.《马克思恩格斯全集》(第一版),人民出版社,1956—1986 年。

2.《马克思恩格斯选集》(第一—四卷),人民出版社,1995 年。

3.《马克思恩格斯文集》(第一—十卷),人民出版社,2009 年。

4.《奥义书》,黄宝生译,商务印书馆,2012 年。

5.《不列颠百科全书》(国际中文版),中国大百科全书出版社,2007 年。

6.《德国社会民主党纲领汇编》,张世鹏译,北京大学出版社,2005 年。

7.《五十奥义书》,徐梵澄译,中国社会科学出版,1984 年。

8.[英]A. J. 汤因比、[日]池田大作:《展望二十一世纪》,荀春生等译,国际文化出版公司,1985 年。

9.[挪威]G. 希尔贝克,N. 伊耶:《西方哲学史——从古希腊到二十世纪》,童世骏等译,上海译文出版社,2004 年。

10.[英]J. H. 伯恩斯主编:《剑桥中世纪政治思想史》,郭振东等译,生活·读书·新知三联书店,2009 年。

11.[加拿大]阿格尔:《西方马克思主义概论》,慎之等译,中国人民大学出版社,1991 年。

12.[意]阿利盖利·但丁:《论世界帝国》,朱虹译,商务印书馆,1985 年。

13.[印]阿马蒂亚·森:《以自由看待发展》,任赜、于真译,中国人民大学出版社,2012 年。

14.[法]埃米尔·涂尔干:《道德教育》,陈光金译,上海人民出版社,2006 年。

15.[法]埃米尔·涂尔干:《职业伦理与公民道德》,渠东、付德根译,上海人民出版社,2001 年。

16.[英]安东尼·吉登斯:《超越左与右:激进政治的未来》,李惠斌、杨雪冬译,社会科学文献出版社,2000 年。

17.[英]安东尼·吉登斯:《第三条道路:社会民主主义的复兴》,郑戈译,北京大学出版社,2000 年。

18.[英]安东尼·吉登斯:《全球时代的民族国家:吉登斯讲演录》,郭忠华译,江苏人民出版社,2012 年。

19.[英]安东尼·吉登斯:《失控的世界》,周红云译,江西人民出版社,2006 年。

20.[英]安东尼·吉登斯:《现代性的后果》,田禾译,译林出版社,2011 年。

21.[英]安东尼·吉登斯:《现代性与自我认同:现代晚期的自我与社会》,赵旭东、方文译,生活·读书·新知三联书店,1998 年。

22.[阿拉伯]安萨里:《圣学复苏精义》,张维真译,商务印书馆,2001 年。

23.[法]昂利·圣西门:《圣西门选集》(第 1 卷),王燕生等译,商务印书馆,2004 年。

24.[法]昂利·圣西门:《圣西门选集》(第 3 卷),董果良译,商务印书馆,2008 年。

25.[古罗马]奥古斯丁:《上帝之城》,王晓朝译,人民出版社,2006 年。

26.[印度]巴萨特·库马尔·拉尔:《印度现代哲学》,朱明忠译,商务印书馆,1991 年。

27.[法]巴札尔等:《圣西门学说释义》,王永江等译,商务印书馆,1986 年。

28.[意]薄伽丘:《十日谈》,王永年译,人民文学出版社,2003 年。

29.[德]鲍吾刚:《中国人的幸福观》,严蓓雯等译,江苏人民出版社,2009 年。

30.[古希腊]柏拉图:《理想国》,王杨译注,华夏出版社,2012 年。

31.[英]伯特兰·罗素:《西方哲学史》,马原德译,商务印书馆,2006 年。

32.[美]博登海默:《法理学:法律哲学与法律方法》,邓正来译,中国政法大学出版社,2004 年。

33.[美]博登海默:《法理学——法哲学及其方法》,邓正来译,华夏出版社,1987 年。

34. [美]布莱恩・蒂尔尼、西德尼・佩因特:《西欧中世纪史》,袁传伟译,北京大学出版社,2011 年。

35. [美]查尔斯・贝兹:《政治理论与国际关系》,丛占修译,上海译文出版社,2012 年。

36. [英]查尔斯・利斯特:《"伊斯兰国"简论》,姜奕晖译,中信出版社,2016 年。

37. [加拿大]查尔斯・琼斯:《全球正义:捍卫世界主义》,李丽丽译,重庆出版社,2014 年。

38. [日]池田大作、[意]奥锐里欧・贝恰:《二十一世纪的警钟》,卞立强译,中国国际广播出版社,1988 年。

39. [德]大卫・施特劳斯:《耶稣传》第一卷,吴永泉译,商务印书馆,2013 年。

40. [英]戴维・赫尔德、安东尼・麦克格鲁:《治理全球化:权力,权威与全球治理》,曹荣湘、龙虎等译,社会科学文献出版社,2004 年。

41. [英]戴维・赫尔德、安东尼・麦克格鲁:《全球化与反全球化》,陈志刚译,社会科学文献出版社,2004 年。

42. [美]戴维・赫尔德:《民主的模式》,燕继荣等译,中央编译出版社,2004 年。

43. [美]戴维・赫尔德:《全球盟约:华盛顿共识与社会民主》,周军华译,社会科学文献出版社,2005 年。

44. [英]戴维・米勒:《民族责任与全球正义》,杨通进、李广博译,重庆出版社,2014 年。

45. [英]戴维・赫尔德、安东尼・麦克格鲁主编:《全球化理论:研究路径与理论论争》,王生财译,社会科学文献出版社,2009 年。

46. [美]戴维・赫尔德:《民主与全球秩序:从现代国家到世界主义治理》,胡伟等译,上海人民出版社,2003 年。

47. [意]但丁:《但丁精选集》,吕同六编译,北京燕山出版社,2004 年。

48. [意]但丁:《论世界帝国》,朱虹译,商务印书馆,1985 年。

49.［古希腊］第欧根尼·拉尔修:《名哲言行录》,徐开来、溥林译,吉林人民出版社,2010 年。

50.［喀喇汗王朝］法拉比:《论完美城邦》,董修元译,华东师范大学出版社,2016 年。

51.［法］菲利普·内莫:《教会法与神圣帝国的兴衰》,张竝译,华东师范大学出版社,2011 年。

52.［法］伏尔泰:《论宽容》,蔡鸿滨译,花城出版社,2007 年。

53.［法］伏尔泰:《哲学词典》,续建国编译,北京出版社,2008 年。

54.［法］伏尔泰:《哲学通信》,高达观等译,上海人民出版社,2014 年。

55.［德］弗里德里希·梅尼克:《世界主义与民族国家》,孟钟捷译,上海三联书店,2007 年。

56.［俄］戈尔巴乔夫、勃兰特等:《未来的社会主义》,中央编译局国际发展与合作研究所编译,中央编译出版社,1994 年。

57.［德］哈贝马斯:《包容他者》,曹卫东译,上海人民出版社,2006 年。

58.［德］海因里希·罗门:《自然法的观念史和哲学》,姚中秋译,上海三联书店,2007 年。

59.［英］赫德利·布尔、［新西兰］贝内迪克特·金斯伯里、［英］亚当·罗伯茨等:《格劳秀斯与国际关系》,石斌等译,中国社会科学出版社,2014 年。

60.［英］赫德利·布尔:《无政府社会——世界政治秩序研究(第二版)》,张小明译,世界知识出版社,2003 年。

61.［德］黑格尔:《哲学史讲演录》,贺麟等译,商务印书馆,1960 年。

62.［美］亨利·基辛格:《世界秩序》,胡利平等译,中信出版社,2015 年。

63.［比］亨利·皮朗:《中世纪欧洲经济社会史》,乐文译,上海人民出版社,2001 年。

64.［美］胡斯都·L. 冈查雷斯:《基督教思想史》,陈泽民等译,译林出版社,2010 年。

65.［新西兰］吉莉安·布洛克:《全球正义:世界主义的视角》,王珀、丁祎译,重庆出版社,2014 年。

66.[美]纪文勋:《现代中国的思想冲突》,程农、许剑波译,山西人民出版社,1989 年。

67.[德]康德:《道德形而上学原理》,苗力田译,上海世纪出版集团,2005 年。

68.[德]康德:《法的形而上学原理——权利的科学》,沈叔平译,商务印书馆,1991 年。

69.[德]康德:《康德书信百封》,李秋零编译,上海人民出版社,1992 年。

70.[德]康德:《康德历史哲学论文集》,李明辉译,联经出版事业公司,2002 年。

71.[德]康德:《康德著作全集》(第 6 卷),李秋零主编,中国人民大学出版社,2007 年。

72.[德]康德:《历史理性批判文集》,何兆武译,商务印书馆,1990 年。

73.[德]康德:《实践理性批判》,韩水法译,商务印书馆,1960 年。

74.[德]康德:《永久和平论》,何兆武译,上海人民出版社,2005 年。

75.[美]科克 - 肖 · 谭:《没有国界的正义》,杨通进译,重庆出版社,2014 年。

76.[德]科殷:《法哲学》,林荣远译,华夏出版社,2002 年。

77.[英]克里斯多弗 · 罗、马尔科姆菲德编:《剑桥希腊罗马政治思想史》,晏绍祥译,商务印书馆,2016 年。

78.[捷克]夸美纽斯:《大教学论》,傅任敢译,教育科学出版社,2014 年。

79.[美]奎迈 · 安东尼 · 阿皮亚:《认同伦理学》,张容南译,译林出版社,2013 年。

80.[美]奎迈 · 安东尼 · 阿皮亚:《世界主义:陌生人世界里的道德规范》,苗华建译,中央编译出版社,2012 年。

81.[英]拉萨 · 奥本海:《奥本海国际法》,王铁崖、陈体强译,商务印书馆,1981 年。

82. [美]里斯本小组:《竞争的极限:经济全球化与人类的未来》,张世鹏译,中央编译出版社,2000 年。

83. [美]列奥·斯特劳斯:《自然权利与历史》,彭刚译,生活·读书·新知三联书店,2003 年。

84. [美]列奥·斯特劳斯:《霍布斯的政治哲学》,申彤译,译林出版社,2001 年。

85. [美]列文森:《儒教中国及其现代命运》,郑大华译,中国社会科学出版社,2000 年。

86. [法]卢梭:《爱弥儿》,李平沤译,商务印书馆,1978 年。

87. [法]卢梭:《卢梭全集》(全 9 卷),李平沤译,商务印书馆,2012 年。

88. [法]卢梭:《论人类不平等的起源与基础》,李常山译,商务印书馆,1997 年。

89. [法]卢梭:《论政治经济学》,王运成译,商务印书馆,1962 年。

90. [法]卢梭:《社会契约论》,何兆武译,商务印书馆,1997 年。

91. [美]罗兰·罗伯森:《全球化:社会理论与全球文化》,梁光严译,上海人民出版社,2000 年。

92. [英]马尔科姆·斯菲德:《廊下派的城邦观》,徐建、刘敏译,华夏出版社,2016 年。

93. [古罗马]马可·奥勒留:《沉思录》,何怀宏译,商务印书馆,1989 年。

94. [美]马克斯·韦伯:《印度的宗教:印度教与佛教》,康乐、简惠美译,广西师范大学出版社,2010 年。

95. [美]马吉德·法赫里:《伊斯兰哲学史》,陈中耀译,上海外语教育出版社,1992 年。

96. [美]玛莎·努斯鲍姆:《功利教育批判:为什么民主需要人文教育》,肖聿译,新华出版社,2017 年。

97. [美]玛莎·努斯鲍姆:《诗性正义:文学想象与公共生活》,丁晓东译,北京大学出版社,2010 年。

98. [美]玛莎·努斯鲍姆:《逃避人性:恶心、羞耻与法律》,方佳俊译,商周出版社,2007 年。

99.[美]玛莎·努斯鲍姆:《寻求有尊严的生活:正义的能力理论》,田雷译,中国人民大学出版社,2016 年。

100.[美]玛莎·努斯鲍姆:《正义的前沿》,朱慧玲、谢惠媛、陈文娟等译,中国人民大学出版社,2016 年。

101.[牙买加]迈克尔·曼利、维利·勃兰特:《全球性挑战——从危机到合作:打破南北僵局》,刘芸影、马志良译,东方出版社,1987 年。

102.[美]麦克尔·哈特、[意]安东尼奥·奈格里:《帝国——全球化的政治秩序》,杨建国、范一亭译,江苏人民出版社,2003 年。

103.[美]迈克尔·哈特、[意]安东尼奥·奈格里:《大同世界》,王行坤译,中国人民大学出版社,2016 年。

104.[英]梅因:《古代法》,郭亮译,法律出版社,2016 年。

105.[法]蒙田:《蒙田随笔》,沈学甫译,吉林大学出版社,2016 年。

106.[意]尼科洛·马基雅维利:《君主论》,潘汉典译,商务印书馆,1985 年。

107.[苏]涅尔谢相茨:《古希腊政治学说》,蔡拓译,商务印书馆,1991 年。

108.[美]皮特·斯特恩斯:《全球文明史》,赵轶峰译,中华书局,2006 年。

109.[古印度]毗耶娑:《薄伽梵歌》,黄宝生译,商务印书馆,2010 年。

110.[法]让-皮埃尔·韦尔南:《希腊思想的起源》,秦海鹰译,北京大学出版社,2012 年。

111.[美]萨拜因:《政治学说史》,盛葵阳等译,商务印书馆,1986 年。

112.[印]萨兰·萨卡:《生态社会主义还是生态资本主义》,张淑兰译,山东大学出版社,2008 年。

113.[古罗马]塞涅卡:《道德和政治论文集》,袁瑜琤译,北京大学出版社,2010 年。

114.[巴基斯坦]赛义德·菲亚兹·马茂德:《伊斯兰教简史》,吴云贵等译,中国社会科学出版社,1981 年。

115. [美]沙伦·M.凯、保罗·汤姆森:《奥古斯丁》,周伟驰译,中华书局,2014年。

116. [印度]商羯罗:《示教千则》,孙晶译,商务印书馆,2012年。

117. [法]昂利·圣西门《圣西门选集》,王燕生等译,商务印书馆,2004年。

118. [奥]斯蒂芬·茨威格:《鹿特丹的伊拉斯谟》,舒昌善译,生活·读书·新知三联书店,2016年。

119. [英]斯图亚特·汤普森:《社会民主主义的困境:思想意识、治理与全球化》,贺和风、朱艳圣译,重庆出版社,2008年。

120. [法]泰·德萨米:《公有法典》,姜亚洲 、黄建华译,商务印书馆,2005年。

121. [印度]泰戈尔:《吉檀迦利》,冰心译,外语教学与研究出版社,2010年。

122. [印度]泰戈尔:《民族主义》,谭仁侠译,商务印书馆,1986年。

123. [印度]泰戈尔:《人生的亲证》,宫静译,商务印书馆,1992年。

124. [美]梯利:《西方哲学史》,葛力译,商务印书馆,1975年。

125. [挪威]托布约尔·克努成:《国际关系理论史导论》,余万里、何宗强译,天津人民出版社,2004年。

126. [意]托马斯·阿奎那:《阿奎那政治著作选》,马清槐译,商务印书馆,2013年。

127. [美]托马斯·博格:《康德、罗尔斯与全球正义》,刘莘、徐向东译,上海译文出版社,2010年。

128. [美]托马斯·博格:《全球正义与文明对话》,刘进译,江苏人民出版社,2004年。

129. [英]威廉·莫里斯:《乌有乡消息》,黄嘉德译,商务印书馆,1981年。

130. [英]韦恩·莫里森:《法理学:从古希腊到后现代》,李桂林等译,武汉大学出版社,2003年。

131. [德]维利·勃兰特:《争取世界的生存:发展中国家和发达国家经

济关系研究》,中国对外翻译出版公司译,中国对外翻译出版公司,1980年。

132.[德]维利·勃兰特:《争取世界经济复苏:勃兰特委员会备忘录》,沈佩篁等译,中国对外翻译出版公司,1983年。

133.[英]沃尔特·厄尔曼:《中世纪政治思想史》,夏洞奇译,译林出版社,2011年。

134.[德]乌尔里希·贝克:《全球化时代的权力与反权力》,蒋仁祥、胡颐译,广西师范大学出版社,2004年。

135.[德]乌尔里希·贝克:《什么是全球化?》,常和芳译,华东师范大学出版社,2008年。

136.[德]乌尔里希·贝克:《世界主义的观点:战争即和平》,杨祖群译,华东师范大学出版社,2008年。

137.[德]乌尔里希·贝克等:《个体化》,李荣山、范譞、张惠强译,北京大学出版社,2011年。

138.[德]乌尔利希·贝克等:《全球政治与全球治理:政治领域的全球化》,张世鹏等编译,中国国际广播出版社,2004年。

139.[德]乌尔里希·贝克、埃德加·格兰德:《世界主义的欧洲:第二次现代性的社会与政治》,章国锋译,华东师范大学出版社,2008年。

140.[德]乌尔利希·贝克等:《全球政治与全球治理:政治领域的全球化》,张世鹏等编译,中国国际广播出版社,2004年。

141.[比]伍尔夫:《中古哲学与文明》,庆泽彭译,华东师范大学出版社,2005年。

142.[古罗马]西塞罗:《论共和国,论法律》,王焕生译,中国政法大学出版社,1997年。

143.[挪威]希尔贝克、伊耶:《西方哲学史》,童世骏等译,上海译文出版社,2004年。

144.[美]西提:《阿拉伯通史》(第10版),马坚译,新世界出版社,2015年。

145.[法]夏尔-奥利维耶·卡博内尔:《圣西门的欧洲观》,李倩译,北京大学出版社,2016年。

146. [美]小科尼利厄斯·墨菲:《世界治理——一种观念史的研究》,王起亮等译,世界知识出版社,2007年。

147. [古希腊]亚里士多德:《政治学》,吴寿彭译,商务印书馆,1965年。

148. [法]耶夫·西蒙:《自然法传统——一位哲学家的反思》,杨天江译,商务印书馆,2016年。

149. [阿拉伯]伊本·西那:《论灵魂》,王太庆译,商务印书馆,2015年。

150. [荷兰]伊拉斯谟:《论基督君主的教育》,李康译,上海人民出版社,2003年。

151. [德]尤尔根·哈贝马斯:《包容他者》,曹卫东译,上海人民出版社,2002年。

152. [德]尤尔根·哈贝马斯:《后民族结构》,曹卫东译,上海人民出版社,2002年。

153. [德]尤尔根·哈贝马斯:《现代性的地平线::哈贝马斯访谈录》,李安东、段怀清译,上海人民出版社,1997年。

154. [德]尤尔根·哈贝马斯:《在事实与规范之间:关于法律和民主治国的商谈理论》,童世骏译,上海三联出版社,2014年。

155. [德]尤尔根·哈贝马斯:《交往行动理论》,洪佩郁、蔺青译,重庆出版社,1994年。

156. [荷兰]格劳秀斯:《战争与和平法》(第二卷),马呈元、谭睿译,中国政法大学出版社,2016年。

157. [美]约翰·L.埃斯波西托、达丽亚·莫格海德:《谁代表伊斯兰讲话》,晏琼英等,中国社会科学出版社,2010年。

158. [英]约翰·菲尼斯:《自然法理论》,吴彦编译,商务印书馆,2016年。

159. [美]约翰·罗尔斯:《万民法》,张晓晖、李仁良等译,吉林人民出版社,2001年。

160. [美]约翰·罗尔斯:《正义论》,何怀宏等译,中国社会科学出版社,2001年。

161. [美]约翰·麦克里兰:《西方政治思想史(上册)》,彭淮栋译,人民出版社,2010 年。

162.［美］张灏:《危机中的中国知识分子:寻求秩序与意义》,高力克等译,山西人民出版社,1988 年。

163.［美］朱迪斯 · M. 本内特、C. 霍利斯特:《欧洲中世纪史》(第十版),杨宁、李韵译,上海社会科学院出版社,2007 年。

(三)中文报刊文章

1. 白永瑞:《从核心现场重思“新的普遍”:评论“新天下主义”》,《开放时代》,2016 年第 1 期。

2. 蔡德贵:《巴哈伊信仰的世界主义》,《中国社会科学院研究生院学报》,2005 年第 6 期。

3. 蔡德贵:《阿拉伯哲学家法拉比》,《新疆大学学报》,1987 年第 3 期。

4. 蔡德贵、王佃利:《穆罕默德 · 阿布笃的宗教改革和现代主义》,《宁夏社会科学》,1996 年第 4 期。

5. 蔡方鹿:《中华和合文化研究及其时代意义》,《社会科学研究》,1997 年第 6 期。

6. 蔡拓:《全球主义与国家主义》,《中国社会科学》,2000 年第 3 期。

7. 蔡拓:《世界主义的理路与谱系》,《南开学报》,2017 年第 6 期

8. 蔡拓:《世界主义的新视角:从个体主义走向全球主义》,《世界经济与政治》,2017 年第 9 期。

9. 蔡伟良:《法拉比、安萨里的社会政治观和伦理思想》,《阿拉伯世界》,1990 年第 4 期。

10. 蔡伟良:《哲马鲁丁 · 阿富汗尼的理性主义赛来菲耶思想研究》,《阿拉伯世界研究》,2010 年第 5 期。

11. 常永强:《托马斯 · 博格全球正义理论的论证思路及其内在悖论》,《国外理论动态》,2014 年第 2 期。

12. 陈独秀:《随感录:学生界应该排斥日货》,《新青年》,1920 年第 7 卷第 2 号。

13. 陈来:《孟子的德性论》,《哲学研究》,2010 年第 5 期。

14. 陈秀娟:《多维视野中的当代西方世界主义研究》,山东大学博士学

位论文,2008 年。

15. 程寿庆:《毕达哥拉斯学派“和谐”思想及其现实意义》,《华中师范大学研究生学报》,2009 年第 1 期。

16. 刁隆信:《新柏拉图主义的辩证法思想及其历史地位》,《西南师范大学学报》(人文社会科学版),2000 年第 6 期。

17. 丁俊:《盖尔达维的中间主义思想研究》,《阿拉伯世界研究》,2009 年第 3 期。

18. 方环非、徐婧超:《塞涅卡宗教倾向的伦理学及其意义》,《西南石油大学学报》(社会科学版),2014 年第 1 期。

19. 高清海:《人的类生命、类本性与“类哲学”》,《东北史地》,1997 年第 2 期。

20. 高全喜等:《文明、宪法与新世界主义》,《苏州大学学报》(法学版),2015 年第 2 期。

21. 郜庭台:《论犬儒学派》,《河北大学学报》(哲学社会科学版),1986 年第 2 期。

22. 宫静:《泰戈尔哲学思想的渊源及其特点》,《南亚研究》,1989 年第 3 期。

23. 巩国莹:《阿皮亚的世界主义思想研究》,《商丘师范学院学报》,2013 年第 2 期。

24. 哈特、奈格里:《大众的历险》,陈飞扬译,《国外理论动态》,2004 年第 8 期。

25. 韩相震、元永浩:《一种来自中国的世界主义的模式——作为“宇宙生命主体”的高清海先生的“类存在”概念》,《吉林大学社会科学学报》,2015 年第 1 期。

26. 侯典芹主编:《论柏拉图〈理想国〉的和谐社会思想》,《内蒙古民族大学学报》(社会科学版),2005 年第 5 期。

27. 胡斌:《历史唯物主义对历史哲学的继承与超越》,复旦大学博士学位论文,2015 年。

28. 黄丽红、雷娟:《斯多葛学派“世界城邦”思想及意义》,《法制博览》,

2013 年第 9 期。

29. 黄心川:《甘地哲学和社会思想述评》,《南亚研究》,1985 年第 1 期。

30. 黄玉顺:《"以身为本"与"大同主义"》,《探索与争鸣》,2016 年第 1 期。

31. 金宜久:《巴哈教的世界主义》,《世界宗教研究》,1997 年第 2 期。

32. 柯岚:《奥古斯丁与神学自然法的奠基》,《西北大学学报》,2014 年第 1 期。

33. 柯岚安、徐进:《天下观的现实意义》,《跨文化对话》,2011 年 1 期。

34. 厉永平:《浅论早期基督教世界主义》,《松辽学刊》,1993 年第 1 期。

35. 李国维:《国家? 民族? 还是国族? ——罗尔斯的民族理念及其超越》,《政治思想史》,2010 年第 2 期。

36. 李开盛:《世界主义和社群主义——国际关系规范理论两种思想传统及其争鸣》,《现代国际关系》,2006 年第 12 期。

37. 李途、谭树林:《戴维 · 赫尔德的全球社会民主理论:价值取向与路径选择》,《当代世界与社会主义》,2014 年第 2 期。

38. 李育民:《论孙中山的国际秩序观》,《史林》,2017 年第 3 期。

39. 李振中:《法拉比哲学思想简介》,《回族研究》,2002 年第 1 期。

40. 梁时景:《智者学派的哲学思想及其历史地位》,《通化师范学院学报》,2014 年第 7 期。

41. 梁治平:《"天下"的观念:从古代到现代》,《清华法学》,2016 年第 5 期。

42. 林国华:《西洋正义战争学说简述——从奥古斯丁到维多利亚》,《学术月刊》,2015 年第 2 期。

43. 刘明:《世界主义与全球分配正义》,《学术探索》,2013 年第 5 期。

44. 刘擎:《重建全球想象:从"天下"理想走向新世界主义》,《学术月刊》,2015 年第 8 期。

45. 刘相安:《伊本 · 路世德的哲学思想》,《哲学研究》,1982 年第 6 期。

46. 刘云霞:《在儒家思想的烛照中转身——评〈新天下主义〉》,《出版广角》,2015 年第 8 期。

47. 刘贞晔:《全球治理与国家治理的互动:思想渊源与现实反思》,《中国社会科学》,2016 年第 6 期。

48. 刘贞晔:《重新发现全球时代》,《国际政治研究》,2015 年第 5 期。

49. 陆杰荣:《类哲学:哲学维度的思考方式》,《学术月刊》,1997 年第 3 期。

50. 马德普:《普遍主义的贫困——自由主义的政治哲学研究》,天津师范大学博士学位论文,2002 年。

51. 马俊峰:《马克思世界历史理论的方法论意义》,《中国社会科学》,2013 年第 6 期。

52. 马俊峰:《法拉比和他的政治哲学思想》,《西北民族学院学报》,2002 年第 3 期。

53. 马通:《马海滨·巴布的理想》,《世界宗教文化》,2004 年第 1 期。

54. 闵抗生:《论第欧根尼》,《南京晓庄学院学报》,2007 年第 4 期。

55. 潘世昌:《安萨里——在赞美与批评之间》,《世界宗教研究》,2013 年第 4 期。

56. 彭涛、尹占文:《毛泽东的国际主义思想研究》,《毛泽东思想研究》,2014 年第 1 期。

57. 彭霄:《全球化、民族国家与世界公民社会——哈贝马斯国际政治思想述评》,《欧洲研究》,2004 年第 1 期。

58. 齐延平:《论西塞罗理性主义自然法思想》,《法学论坛》,2005 年第 1 期。

59. 曲红梅:《古代世界公民主义与现代世界公民主义》,《哲学研究》,2014 年第 1 期。

60. 任晓:《论中国的世界主义——对外关系思想和制度研究之二》,《世界经济与政治》,2014 年第 8 期。

61. 沈国琴:《奥特弗利德·赫费的世界公民理论探析》,《西北工业大学学报》,2008 年第 4 期。

62. 沈利兰:《“希腊三贤”与智者学派的关系研究》,《文史博览》,2013 年第 5 期。

63. 孙晶:《商羯罗对佛教的诘难——以〈示教千则〉为中心》,《哲学动态》,2013 年第 6 期。

64. 孙恺临:《阿皮亚的个性与人体思想研究》,《教学与研究》,2017 年第 1 期。

65. 孙守飞:《现时代中的区隔、错置与误读》,《中国图书评论》,2014 年第 1 期。

66. 谭建华:《论西塞罗的自然法思想》,《求索》,2005 年第 2 期。

67. 谭真谛:《芝诺笔下的"世界城邦"》,《重庆第二师范学院报》,2013 年第 4 期。

68. 汪太贤:《古罗马法学家在法治思想上的贡献》,《法学》,2001 年第 8 期。

69. 王金良:《理想遭遇现实——评戴维·赫尔德〈世界主义:观念与现实〉》,《国外理论动态》,2013 年第 7 期。

70. 王晶宇:《从自由主义民主到世界主义民主:评戴维·赫尔德〈民主与全球秩序:从现代国家到世界主义治理〉》,《河北法学》,2007 年第 6 期。

71. 王乐理:《罗马法学家的政治思想概要》,《浙江学刊》,2004 年第 4 期。

72. 王宁:《世界主义的文学和文化维度》,《人民政协网》,2013 年 8 月 9 日。

73. 王宁:《世界主义及其于当代中国的意义》,《山东师范大学学报》(人文社会科学版),2012 年第 6 期。

74. 王腾:《论奥古斯丁基督教道德哲学的"爱"》,《社科纵横》,2013 第 5 期。

75. 王宇洁:《论伊斯兰教正义观》,《西北第二民族学院学报》,2007 年第 3 期。

76. 王云芳:《伊斯兰文明的世界主义:概念、谱系与反思》,《国际观察》,2018 年第 1 期。

77. 吴立斌:《简论毛泽东的"世界革命"战略》,《福建党史月刊》,2010 年第 12 期。

78. 吴志成:《全球学研究的中国应答》,《国际政治研究》,2015 年第 4 期。

79. 伍晓明:《“爱(与)(他)人”——重读孔子的“仁者爱人”》,《中国文化研究》,2003 年第 4 期。

80. 郗戈:《马克思与世界主义:历史考察与当代启示》,《国外社会科学》,2012 年第 1 期。

81. 夏洞奇:《现代西方史家对奥古斯丁的政治思想解读》,《史学史研究》,2004 年第 1 期。

82. 夏士清:《梁漱溟生命化儒学对其乡村建设思想的影响》,《深圳大学学报》,1992 年第 2 期。

83. 许宏:《纪伯伦与阿布杜巴哈》,《世界宗教文化》,2008 年第 4 期。

84. 许纪霖:《新天下主义:对民族主义与传统天下主义的双重超越》,《探索与争鸣》,2016 年第 5 期。

85. 杨通进:《罗尔斯代际正义理论与其一般正义论的矛盾与冲突》,《哲学动态》,2006 年第 8 期。

86. 姚介厚:《斯多亚学派的自然法与世界主义思想》,《社会科学战线》,2010 年第 5 期。

87. 易宁:《波利比乌斯的普世史观念》,《史学史研究》,2007 年第 4 期。

88. [德]尤尔根·哈贝马斯、章国锋:《哈贝马斯访谈录》,《外国文学评论》,2000 年第 1 期。

89. 余德华:《论赫拉克利特哲学中的“逻各斯”》,《浙江学刊》,2001 年第 1 期。

90. 余潇枫、张泰琦:《“和合主义”:建构“国家间认同”的价值范式——以“一带一路”沿线国家为例》,《西北师范大学学报》,2015 年第 6 期。

91. 俞可平:《如何推进全球学研究》,《国际政治研究》,2015 年第 4 期。

92. 张秉民、陈晓虎:《近代突尼斯改革家哈伊尔丁的改革思想》,《西亚非洲》,1998 年第 2 期。

93. 张锐智:《试论罗马法学家的法思想》,《法律文化研究》,2007 年第 1 期。

94. 张曙光:《“类哲学”与“人类命运共同体”》,《吉林大学社会科学学报》,2015 年第 1 期。

95. 张旺:《超越国界的分配正义》,《世界经济与政治》,2007 年第 11 期。

96. 张旺:《国际关系伦理中的普遍主义与特殊主义——基于世界主义与社群主义理论的比较分析》,《国际论坛》,2009 年第 4 期。

97. 张旺:《世界主义的价值诉求——国际关系规范理论的视角》,《教学与研究》,2006 年第 12 期。

98. 张耀南:《中华文明的世界主义对于构建全球伦理可有之贡献》,《北京行政学院学报》,2003 年第 3 期。

99. 张永义:《当代世界主义思想形态析论》,《教学与研究》,2014 年第 11 期。

100. 张永义:《国际政治视域中的世界主义伦理观研究》,中南大学博士学位论文,2010 年。

101. 张郁慧:《国际主义在中国外交中的变化及原因》,《哈尔滨工业大学学报(社会科学版)》,2006 年第 1 期。

102. 赵汀阳:《“天下体系”:帝国与世界制度》,《世界经济与政治》,2003 年第 5 期。

103. 赵汀阳:《天下体系的一个简要表述》,《世界经济与政治》,2008 年第 10 期。

104. 周有光:《全球化和大同理想》,《群言》,2007 年第 7 期。

105. 周少青:《宗教共存与相互尊重是防范宗教极端主义的关键》,《中国民族报》,2015 年 3 月 24 日。

106. 朱明忠:《罗姆莫罕·罗易——新吠檀多主义的先驱》,《南亚研究》,2010 年第 3 期。

二、外文文献

(一)外文著作

1. A. A. Long and D. N. Sedley, *The Hellenistic Philosophers*, Cambridge University Press, 1987.

2. A. K. Sen, *The Idea of Justice*, Belknap Press, 2009.

3. Alasdair MacIntyre, After Virtue: A Study in Moral Theory, University of Notre Dame Press, 1981.

4. Amartya Sen, *The Idea of Justice*, Belknap Press, 2009.

5. Andrew Edgar and Peter Sedgwick, *Cultural Theory: The Key Concepts*, Routledge Press, 2002.

6. Andrew Linklater, *The Transformation of Political Community: Ethical Foundations of the Post – Westphalia Era*, Polity Press,1998.

7. Andrew Whetcroft, *Infidels: A History of the Conflict between Christendom and Islam*, Random House, 2004.

8. Angela Taraborrelli, *Contemporary Cosmopolitanism*, trans. Ian Mcgilvray, Bloomsbury, 2015.

9. Anthony Giddens, *Politics and Sociology in the Thought of Max Weber*, Macmillan Press, 1972.

10. Anthony Giddens, *Capitalism and Modern Social Theory: An Analysis of The Writings of Marx, Durkheim and Max Weber*, Cambridge University Press, 1971.

11. April Carter, *The Political Theory of Global Citizenship*, Routledge, 2001.

12. Arrian, *Life of Alexander the Great*, trans. A. de Selincourt. Penguin, 1958.

13. Arthur John Arberry, *Sufism: An Account of The Mystics of Islam* , Courier Corporalion, 2013.

14. Aurobindo Ghose, *The Human Cycle*, Sri Aurobindo Ashram. 1949.

15. Aurobindo Ghose, *The Ideal of Human Unity*, Sri Aurobindo Ashram. 1950.

16. B. C. Roberston, et al., *The Father of Modern India*, Oxford University Press,1995.

17. Bernard Cohn, *Colonialism and its Forms of Knowledge*, Princeton Uni-

versity Press, 1998.

18. Bruce Roberston, Raja Rammohan Ray – The Father of Modern India, Oxford University Press, 1995.

19. Bruno Latour, *Reassembling the Social: An Introduction to Actor – Network – Theory*, Oxford University Press, 2005

20. Carol A. Breckenridge, Sheldon I. Pollock, Homi K. Bhabha and Dipesh Chakrabarty eds., *Cosmopolitanism*, Duke University Press, 2002.

21. Carolinne White, *Christian Friendship in The Fourth Century*. Cambridge University Press, 1992.

22. Charles Beitz, *Political Theory and International Relations*, Princeton University Press, 1999.

23. Charles Taylor, *A Secular Age*. Belknap Press, 2007.

24. Cheah, P and B. Robbins, *Cosmopolitics: Thinking and Feeling Beyond the Nation*, Minnesota University Press, 1998.

25. Chris Brown, *Sovereignty, Rights and Justice: International Political Theory Today*, Polity, 2002.

26. Christian Barry and Thomas Pogge, *Global Institutions and Responsibilities: Achieving Global Justice*, Blackwell Publishers, 2005.

27. Chushichi Tsuzuki, Naobumi Hijikata, and Akira Kurimoto eds., *The Emergence of Global Citizenship: Utopian Ideas, Co – operative Movements and the Third Sector*, Robert Owen Association of Japan, 2005.

28. Cornelius Murphy Jr, *Theories of World Governance: A Study in the History of Ideas*, Catholic University of America Press, 1999.

29. Costas Douzinas, *Human Rights and Empire: The Political Philosophy of Cosmopolitanism*, Routledge, 2007.

30. Daniel Chernilo, *A Social Theory of the Nation – State: The Political Forms of Modernity beyond Methodological Nationalism*, Routledge, 2007.

31. Daniel Brown, *Rethinking Tradition in Modern Islamic Thouhgt*, Cambridge University Press, 1999.

32. Daniele Archibugi and Martin Kohler, *Re – imaging Political Community: Studies in Cosmopolitan Democracy*, Polity Press, 1998.

33. Daniele Archibugi and David Held, eds., *Cosmopolitan Democracy: An Agenda for a New World Order*, Polity Press, 1995.

34. David Held, *A Globalizing World?: Culture, Economics*, Politics. Routledge, 2000.

35. David Held, *Cosmopolitanism: Ideals and Realities*, Polity Press, 2010.

36. David Held, *Democracy and the Global Order: From the Modern States to Cosmopolitanism Governance*, Polity Press, 1995.

37. David Held and Mathias Koenig – Archibugi, eds., *Taming Globalization: Frontiers of Governance*, Polity Press, 2003.

38. David Miller, *Citizenship and National Identity*, Polity Press, 2000.

39. David Miller. *National Responsibility and Global Justice*. Oxford University Press, 2012.

40. David Pepper, *Modern Environment: An Introduction*, Routledge Press, 1996.

41. Derek Wall, *Babylon And Beyond: The Economics of Anti – Capitalist, Anti – Globalist And Radical Green Movements*, Pluto Press, 2005.

42. Derek Heater, *World Citizenship and Government: Cosmopolitan Ideas in the History of Western Political Thought*, Macmillan Press, 1996.

43. Diogo P. Aufllio, Gabriele De Angelis and Regina Queiroz eds., *Sovereign Justice Global Justice in A World of Nations*, Walter de Gruyter GmbH & Co. KG, 2011.

44. Dipesh Chakrabarty, *Provincializing Europe: Postcolonial Thought And Historical Difference*, Princeton University Press, 2000.

45. David Held, *Cosmopolitanism: Ideals and Realities*, Polity Press, 2010.

46. Emile Durkheim, *Socialism and Saint – Simon (Routledge Revivals)*. Routledge, 2009.

47. Fougeret de Montbron, *Le Cosmopolite ou Le Citoyen du Monde*, Ducros,

1970.

48. Friedmann, *Legal Theory*, Columbia University Press, 1965.

49. Friedrich Meinecke, *Cosmopolitanism And The National State*, trans. Robert B Kimber, Princeton University Press, 1970.

50. G. D. Colle, *William Morris*: *Stories in Prose*, *Stories in Verse*, *Shorter Poems*, Lectures And Essays, Random House, 1946.

51. Gabriel Lahood, *A Comparative Analysis of The Concept of Agency in Aristotle and Avicenna*, University Microfilms International Press, 1986.

52. Gary Browning, *Global Theory from Kant to Marx*, Palgrave Macmillan Press, 2011.

53. Georg Iggers, *The Cult of Authority*: *The Political Philosophy of The Saint – Simonians*, Springer Science & Business Media, 2012.

54. Gerard Delanty, *Community*, Routledge, 2010.

55. Gerard Delanty, *Routledge Handbook of Cosmopolitanism Studies*, Routledge, 2012.

56. Gerard Delanty. *Handbook of Contemporary European Social Theory*. Routledge, 2006.

57. Germana Ernst, *Tommaso Campanella*: *The Book and the Body of Nature*, Springer.

58. Gillian Brock, *Taxation and Global Justice*: *Closing the Gap between Theory and Practice*, Blackwell Publishers, 2008.

59. Hannah Arendt, *The Origins of Totalitarianism*, Harcourt Brace Jovanovitch, 1973.

60. Hans Baron, *From Petrarch to Leonardo Bruni*: *Studies in Humanistic and Political Literature*, University of Chicago Press, 1968.

61. Heater, *The Idea of European Unity*, Leicester University Press, 1992.

62. Helmut K. Anheier and Mark Juergensmeyer, *Encyclopedia of Global Justice*, SAGE Publications, 2012.

63. Herbert A. Deane, *The Political and Social Ideas of St. Augustine*, Co-

lumbia University Press,1963.

64. Hick, John, *God and the Universe of Faiths*, Macmillan,1977.

65. Hick, John. *God Has Many Names*, Palgrave Macmillan,1982.

66. Homi Bhabha, *The Location of Culture*, Routledge ,1994.

67. Howard Caygill, *A Kant Dictionary*, Blackwell, 1995.

68. Iain Mclean And Alistair McMilan, *The Concise Oxford Dictionary of Politics*, Oxford University Press,2009.

69. Immanuel Kant, *Perpetual Peace*, The Bobbs – Merrill Educational Publishing, 1957.

70. J. Rex, *Approaches to Sociology*. Routledge Press, 1974.

71. J. Tomlinson, *Globalization and Culture*. Polity Press, 1999.

72. James Bohman and Matthias Lutz – Bachmann, *Perpetual Peace: Essays on Kant's Cosmopolitan Ideal*, The MIT Press, 1997.

73. Joel Kovel, *The Enemy of Nature: The End of Capitalism or The End of The World?* Zed Books, 2007.

74. Lee Trepanier et al., eds., *Cosmopolitanism in the Age of Globalization*, University Press of Kentucky, 2011.

75. John Kelly and Ronan Keane, *A Short History of Western Legal Theory*, Clarendon Press, 1992.

76. John M. Headley, *Tommaso Campanella and the Transformation of the World*. Princeton University Press, 1997.

77. John Rawls, *Political Liberalism*, Columbia University Press, 1996.

78. John Rawls, *The Law of Peoples*, Harvard University Press, 1999.

79. John Tomlinson, *Globalization and Culture*, Polity Press, 1999.

80. Kant Immanuel and Hans Siegbert Reiss, *Kant: political writings*. Cambridge University Press, 1970.

81. Kok – Chor Tan, Tolerance, Diversity and Global Justice, Penn State Press, 2000.

82. Kristof Van Assche and Petruta Teampau, *Local Cosmopolitanism: Imag-*

ining and (Re –) Making Privileged Places, Springer International Publishing, 2015.

83. Kwame Anthony Appiah, *Experiments in Ethics*, Harvard University Press, 2008.

84. Lee Trepanier et al., eds., *Cosmopolitanism in the Age of Globalization*, University Press of Kentucky, 2011.

85. Lewis White Beck, *Immanuel Kant. Perpetual Peace*, The Bobbs – Merrill Educational Publishing, 1957.

86. Lloyd L. Weinreb, *Natural Law and Justice*, Harvard University Press, 1987.

87. MacIntyre, After Virtue: *A Study in Moral Theory*, University of Notre Dame Press, 1981.

88. Majid Khadduri, *The Islamic Conception of Justice*, Johns Hopkins University Press, 1984.

89. Marcus Waithe, *William Morris's Utopia of Strangers: Victorian Medievalism and the Ideal of Hospitality*, D. S. Brewer, 2006.

90. Mark Bevir, *Encyclopedia of Political Theory*, SAGE Publications, 2010.

91. Martha C. Nussbaum, *Anger and Forgiveness: Resentment, Generosity and Justice*. Oxford University Press, 2016.

92. Martha C. Nussbaum, *Cultivating Humanity: A Critical Defense of Reform in Liberal Education*, Harvard University Press, 2000.

93. Martha C. Nussbaum, *Frontiers of Justice: Disability, Nationality, Species Membership*. Harvard University Press, 2000.

94. Martha C. Nussbaum, *Women and Human Development: The Capabilities*. Cambridge University Press, 2000.

95. Mclean, Iain and Alistair McMilan eds., *The Concise Oxford Dictionary of Politics*. Oxford University Press, 2009.

96. Michael Hardt and Antonio Negri, *Multitude: War and Democracy in the*

Age of Empire, Penguin Books, 2005.

97. Micheal Lowy, *Fatherland or Mother Earth*, Pluto Press, 1998.

98. Michael Walzer, *Thick and Thin: Moral Arguments at Home and Abroad*, University of Notre Dame Press, 1994.

99. Miller, David, *Citizenship and National Identity*, Polity Press, 2000.

100. Naider Siaedi, *Gate of the Heart: Understanding the Writing of the Bab*, Wilfrid Laurier University Press, 2008.

101. Peter Singer, *One World: the Ethics of Globalization*, Yale University Press, 2004.

102. Pheng Cheah and Bruce Robbins, eds., *Cosmopolitics: Thinking And Feeling Beyond The Nation*, Minnesota University Press, 1998.

103. Reinhard Merkei and Roland Wittmann, *Zumewigen Frieden: Grundlage, Aktualitat und AussichteneinerIdee von Jmmanuel Kant*, Frankfurt am Main, 1996.

104. Robert E. Goodin, Philip Pettit and Thomas Pogge eds., *A Companion to Contemporary Political Philosophy (2nd Edition)*, Blackwell Publishing, 2007.

105. Robert Fine, *Cosmopolitanism*, Routledge, 2007.

106. Robert H. Jackson and Quasi – States, *Sovereignty*, *International Relations and the Third World*. Cambridge University Press, 1990.

107. Samuel Scheffler, *Boundaries and Allegiance: Problems of Justice and Responsibility in Liberal Though*, Oxford University Press, 2001.

108. Samuel Scheffler, *Justification and Legitimacy: Essays on Rights and Obligations*, Cambridge University Press, 2001.

109. Seema Alavi, *Muslim Cosmopolitanism in the Age of Empire*, Harvard University Press, 2015.

110. Scrivener M H. *The cosmopolitan ideal in the age of revolution and reaction*, 1776 – 1832. Pickering &Chatto, 2007.

111. Seema Alavi, *Muslim Cosmopolitanism in an Age of Empire*. Harvard U-

niversity Press, 2015.

112. Sheldon Pollock, *The Language of Gods in The World of Men*, Permanent Black, 2002.

113. Simon Caney, *Justice Beyond Borders: A Global Political Theory*, Oxford University Press,2005.

114. Sonika Gupta, Sudarsan Padmanabhan, *Politics and Cosmopolitanism in a Global Age*, Routledge,2014.

115. Srinivas Aravamudan, *Guru English: South Asian Religion in a Cosmopolitan Language*, Penguin Books, 2007.

116. Stan van Hooft, *Cosmopolitanism: A Philosophy for Global Ethics*, Routledge Press,2009.

117. Thomas Pantham and Kenneth L. Deustch, *Political Thought in Modern India*, New Delhi, 1986.

118. Thomas Pogge, *Global Justice*, *Blackwell*, 2001.

119. Thomas Pogge, *Realizing Rawls*, Ithaca, Cornell University Press, 1989.

120. Thomas Pogge, *World Poverty and Human Rights: Cosmopolitan Responsibilities and Reforms*. Polity Press, 2002.

121. Thomas W. Pogge, *Cosmopolitanism and Sovereignty*. Ethics, 1992.

122. Ulrich Beck and Ciaran Cronin, *Cosmopolitan Vision*, Polity Press, 2006.

123. Van Oort, *Jerusalem and Babylon, A Study into Augustine's City of God and the Sources of His Doctrine of the Two Cities*. E. J. Brill, 1991.

124. Vogt. Katja Maria, *Law, Reason and the cosmic city: political philosophy in the early Stoa*, Oxford University Press,2008.

125. Volker Gerhardt: *Immanuel KantsEntwurf "ZumewigenFrieden": Eine-Theorie der Politik*. Wissenschaftliche Buchgesellschaft, 1995.

126. Warren Schmaus, *Rethinking Durkhein and His Tradition*, Cambridge University Press, 2004.

127. Willy Brandt, *North – South: A Program for Survival: Report of The Independent Commission on International Development Issues*, The MIT Press, 1980

128. Zetterholm, M., *The Formation of Christianity in Antioch: A Social – Scientific Approach to the Separation between Judaism and Christianity*, Routledge, 2003.

(二)外文报刊文章

1. A. N. Upadhye, "Jainism", in A. L. Basham ed., *A Cultural History of India*, Oxford University Press, 1999.

2. Aldo Setaiolo, Seneca and the Divine, Stoic Tradition and Personal Developments. *International Journal of the Classical Tradition*, Vol. 13, No. 3, 2007.

3. Alejandro Colas, *Putting Cosmopolitanism into Practice: The Case of Socialist Internationalism*, *Millennium*, Vol. 23, No. 3, 1994.

4. Amy Gutmann, Democratic Citizenship, in Joshua Cohen ed., *For Love of Country. Debating the Limiting of Patriotism*, Beacon Press, 1996.

5. Andrew Linklater, Cosmopolitan Political Communities in International Relations, *International Relations*, Vol. 16, No. 1, 2002.

6. Anton – Hermann Chroust, The Ideal Polity of the Early Stoics: Zeno´s "Republic", *The Review of Politics*, Vol. 27, No. 2, 1965.

7. Aref Abu – Rabia, A Native Palestinian Anthropologist in Palestinian – Israeli Cosmopolitanism, in Pnina Werbner ed., *Anthropology and the New Cosmopolitanism: Rooted, Feminist and Vernacular Perspectives*, Berg, 2008.

8. B. Holt, Poststructuralist Lifestyle Analysis: Conceptualizing The Social Patterning of Consumption, *Journal of Consumer Research*, Vol. 23, No. 4, 1997.

9. Bertell Ollman, "Marx's Vision of Communism: A Reconstruction", *Critique*, Vol. 8, No. 1, 1977.

10. Brian A. Hatcher, Remembering Rammohan: An Essay on the (Re –) emergence of Modern Hinduism, *History of Religions*, Vol. 46, No. 1, 2006.

11. Brian Milstein, Kantian Cosmopolitanism beyond "Perpetual Peace": Commercium, Critique, and the Cosmopolitan Problematic, *European Journal of Philosophy*, Vol. 21, No. 1, 2010.

12. Brian S. Roper, Reform – ism on A Global Scale? A Critical Examination of David Held's Advocacy of Cosmopolitan Social Democracy, *Capital & Class*, Vol. 35, No. 2, 2011.

13. Bryan Turner, The Two Faces of Sociology: Global or National? Theory, *Culture & Society*, Vol. 7, No. 2 – 3, 1990.

14. Bryan Turner, Classical Sociology and Cosmopolitanism: A Critical Defence of The Social, *The British Journal of Sociology*, Vol. 57, No. 1, 2006.

15. Catherine Lu, The One and Many Faces of Cosmopolitanism, *The Journal of Political Philosophy*", Vol. 8, No. 2, 2000.

16. Charles Beitz, Justice and International Relations, *Philosophy & Public Affairs*, Vol. 4, No. 4, 1995.

17. Charles Beitz, Rawls's Law of Peoples, *Ethics*, Vol. 110, No. 4, 2000.

18. Chike Jeffers, Appiah's Cosmopolitanism, *The Southern Journal of Philosophy*, *Vol.* 51, Issue. 4, 2013.

19. Christien Van den Anker, The Role of Globalization in Arguments for Cosmopolitanism, *Acta Politica*, Vol. 35, No. 1, 2000.

20. Daniel Hiebert, Cosmopolitanism at the Local Level: The Development of Transnational Neighborhoods, in Steven Vertovec and Robin Cohen eds., *Conceiving Cosmopolitanism*: *Theory*, *Context and Practice*, Oxford University Press, 2002.

21. David Held, Democracy and the New International Order, in Daniele Archibugi and David Held eds., *Cosmopolitan Democracy*: *An Agenda for a New World Order*, Polity Press, 1995.

22. David Held, From Executive to Cosmopolitan Multilateralism, in David Held and Mathias Koenig – Archibugi eds., *Taming Globalization*: *Frontiers of Governance*, Polity Press, 2003.

23. David Held, Principles of Cosmopolitan Order, In Garrett Wallace Brown and David Held eds., *The Cosmopolitanism Reader*, Polity Press, 2010.

24. David Hollinger, Not Universalists, Not Pluralists: The New Cosmopolitans Find Their Own Way, *Constellation*, Vol. 8, No. 2, 2001.

25. David Inglis, Alternative Histories of Cosmopolitanism, In Gerard Delanty ed., *Routledge Handbook of Cosmopolitanism Studies*. Routledge, 2012.

26. Derek Heater, World Citizenship and Government: Cosmopolitan ideas in the History of Western Political Thought, *Philosophy East and West*, Vo. 149, No. 2, 1999.

27. Dipesh Chakrabarty, Where Is the Now?, *Critical Inquiry*, Vol. 30, No. 2, 2004.

28. Dipesh Chakrabarty, Postcoloniality And The Artifice of History: Who Speaks for Indian Pasts?, *Representations*, Vol. 37, 1992.

29. Donald Bishop, "Thinkers of The India Renaissance, *Philosophy East And West*, Vol. 36, No. 4, 1986.

30. Douglas Holt, "Poststructuralist Lifestyle Analysis: Conceptualizing The Social Patterning of Consumption", *Journal of Consumer Research*, Vol. 23, March, 1997.

31. Eddy Kent, William Morris's Green Cosmopolitanism, *The Journal of William Morris Studies*, Vol. 19, No. 3, 2011.

32. Eve Walsh Stoddard and Grant H. Cornwell, Peripheral Visions: Towards a Geoethics of Citizenship, *Liberal Education*. Vol. 89, No. 3, 2003.

33. G. Ger, Localizing in The Global Village: Local Firms Competing in Global Markets. *California Management Review*, Vol. 41, No. 4, 1999.

34. Gani, J. K. The Erasure of Race: Cosmopolitanism and the Illusion of Kantian Hospitality, *Millennium*, Vol. 45, No. 3, 2017.

35. Gillian Brock, Recent Work on Rawl's Law of People: Critics versus Defenders, *American Philosophical Quarterly*, Vol. 47, No. 1, 2010.

36. Hersch Lauterpacht, The Grotian Tradition in International law, *British*

Year Book of International Law, Vol. 23, 1946.

37. Homi Bhabha, Speaking of Postcoloniality, in the Continuous Present: A Conversation, in David Theo Goldberg and Ato Quayson eds., *Relocating Postcolonialism*, Blackwell, 2002.

38. Homi Bhabha, Unpacking My Library Again, *The Journal of The Midwest Modern Language Association*, Vol. 28, No. 1, 1995.

39. Homi Bhabha, Unsatisfied: Notes on Vernacular Cosmopolitanism, in Gregory Castle, ed., *Postcolonial Discourses: An Anthology*. Blackwell, 2001.

40. Jan Werner Müller. On the Origins of Constitutional Patriotism, *Contemporary Political Theory*, Vol. 5, No. 3, 2006.

41. JanWerner Müller, and Kim Lane Scheppele, Constitutional Patriotism: An Introduction. *International Journal of Constitutional Law*, Vol. 6, No. 1, 2008.

42. Jeffrey Dill, Cosmopolitanism: A Bibliographic Essay, *Hedgehog Review*, Vol. 11, No. 3, 2009.

43. Joel Kovel, Ecosocialism, Global Justice, and Climate Change. *Capitalism Nature Socialism* Vol. 19, No. 2, 2008.

44. Kingsbury Benedict and StraumanBenjaminn, The State of Nature and Commercial Sociabilityin Early Modern International Legal Thought, S. Besson and J. Tasioulas eds., *The Philosophy of International Law*, Oxford, 2010.

45. Kristof van Assche and Petruta Teampau, Local Cosmopolitanism and Governance, in Kristof Van Assche and Petru a Teampu eds., *Local Cosmopolitanism: Imagining and (Re -) Making Privileged Places*, Springer.

46. L. Joseph Hebert Jr, Tocqueville, Cicero, Augustine, and the Limits of the Polis, Lee Trepanier and Khalil M. Habib eds., *Cosmopolitanism in the Age of Globalization*, The University Press of Kentucky, 2012.

47. Leonidas Konstantakos, "On Stoic Cosmopolitanism: A Response to Nussbaum's Patriotism and Cosmopolitanism", *PROMETEUS*, Vol. 8, No. 17, 2015.

48. Long, The Concept of the Cosmopolitan in Greek & Roman Thought. *On Cosmopolitanism*, Vol. 137, No. 3, 2008.

49. Louis Pojman, Kant's Perpetual Peace and Cosmopolitanism, *Journal of Social Philosophy*, Vol. 36, No. 1, 2005.

50. Lucy Allais, Kant's Racism, *Philosophical Papers*, Vol. 45, No. 1 – 2, 2016.

51. Luke Martell, Beck's Cosmopolitan Politics, *Contemporary Politics*, Vol. 14, No. 2, 2008.

52. Margaret Moore, Natural Resources, Territorial Right And Global Distributive Justice, *Political Theory*, Vol. 40, No. 1, 2012.

53. Martha C. Nussbam, Kant and Stoic Cosmopolitanism. Law and Ethics, University of Chicago, *The Journal of Political Philosophy*, Vol. 5, No. 1, 1997.

54. Martha Nussbaum, Kant and Cosmopolitanism; Patriotism and Cosmopolitanism, in Garrett Wallace Brown and David Held eds., *The Cosmopolitanism Reader*, Polity Press, 2010.

55. Massimo La Torre, Global Citizenship? Political Rights under Imperial Conditions, *Ratio Juris*, Vol. 18, No. 2, 2005.

56. Michael Leahy, Ulrich Beck's Cosmopolitanisation Thesis: A Philosophical Critique, *Australian Journal of Political Science*, Vol. 48, No. 2, 2013.

57. P. Riefler and A. Diamantopoulos, Consumer Cosmopolitanism: Review and Replication of The CYMYC Scale, *Journal of Business Research*, Vol. 62, Issue. 4, 2009.

58. Pauline Kleingeld, Six Varieties of Cosmopolitanism in Late Eighteenth-Century Germany, *Journal of the History of Ideas*, Vol. 60, No. 3, 1999.

59. Peter J. Burnell, The Status of Politics in St. Augustine's City of God, *History of Political Thought*, Vol. 13, No. 1, 1992.

60. Petra Riefler and Adamantios Diamantopoulos, Consumer Cosmopolitanism: Review and Replication of The CYMYC Scale, *Journal of Business Research*, Vol. 62, Issue. 4, 2009.

61. Regenia Gagnier, Good Europeans And Neo – liberal Cosmopolitans: Ethics And Politics in late Victorian And Contemporary Cosmopolitanism, *Victorian Literature & Culture*, Vol. 38, No. 2, 2010.

62. Regenia Gagnier, Morris's Ethics, Cosmopolitanism, and Globalisation, *The Journal of William Morris Studies*, Vol. 16, No. 2 – 3, 2005.

63. Richard Werbner, Responding to Rooted Cosmopolitanism: Patriots, Ethnics and the Public Good in Botswana, in Pnina Werbner ed., *Anthropology and the New Cosmopolitanism: Rooted, Feminist and Vernacular Perspectives*, Berg, 2008.

64. Robert Fine, Cosmopolitanism: A Social Science Research Agenda, in Gerard Delanty ed., *Handbook of Contemporary European Social Theory*, 2006, Routledge.

65. Robert H. Jackson, Negative Sovereignty in Sub – Saharan Africa, *Review of International Studies*, Vol. 12, No. 4, 1986.

66. Robert Sibley, Globalization And The Meaning of Canadian Life, *Canadian Review of Books*, Vol. 28, No. 8 – 9, 2000.

67. S. Turner, The two faces of sociology: Global or national?, *Theory, Culture & Society*, Vol. 7, No. 2 – 3, 1990.

68. Samuel Scheffler, Conceptions of Cosmopolitanism, in Samuel Scheffler ed., *Boundaries and Allegiances: Problem of Justice and Responsibility in Liberal Thought*, Oxford University Press, 2001.

69. Sheldon I · Pollock, Homi K · Bhabha, Carol Breckenridge, Arjun Appadurai, and Dipesh Chakrabarty, Cosmopolitanisms, *Public Culture*, Vol. 12, No. 3, 2000.

70. Stan. Skrzeszewski, From Multiculturalism to Cosmopolitanism: World Fusion and Libraries, *Feliciter*, Vol. 50, Issue. 1, 2004.

71. Stephen Nathanson, In Defense of "Moderate Patriotism", *Ethics*, Vol. 99. Issue. 3, 1989.

72. Sudhir Chandra, Relevance of Raja Rammohan Roy: Some Moral Impli-

cations, *Economic and Political Weekly*, Vol. 9, No. 21, 1974.

73. Susan Ossman, Beck's Cosmopolitan Vision or Plays on the Nation, *Ethnos*, Vol. 71, No. 4, 2006.

74. Thomas Pogge, Allowing the Poor to Share The Earth, *Journal of Moral Philosophy*, Vol. 8, Issue 3, 2011.

75. Thomas Pogge, Cosmopolitanism and Sovereignty, *Ethics*, Vol. 103, No. 1, 1992.

76. Thomas Pogge, Cosmopolitanism: A Defence, *International Social and Political Philosophy*, Vol. 5, No. 3, 2002.

77. Thomas Pogge, Cosmopolitanism, in Robert E. Goodin, Philip Pettit & Thomas Pogge eds., *A Companion to Comtemporary Political Philosophy*, Blackwell Publishing, 2007.

78. Thomas Pogge, Priorities of Global Justice, *Metaphilosophy*, Vol. 32, No. 1 -2, 2001.

79. Thomas Pogge, The International Significance of Human Rights, *The Journal of Ethics*, Vol. 4, No. 1 -2, 2000.

80. Thomas Richard Davies, Educational Internationalism, Universal Human Rights, And International Organisation: International Relations in The Thought and Practice of Robert Owen, *Review of International Studies*, Vol. 40, No. 4, 2014.

81. Tim Hayward, Global Justice and the Distribution of Natural Resources, *Political Studies*, Vol. 54, Issue 2, 2006.

82. Tina Steiner, Translating between India and Tanzania: Sophia Mustafa's Partical Cosmopolitanism, *Research in African Literature*, Vol. 42, Issue. 3, 2011.

83. Todd Hedrick, Race, Difference And Anthropology in Kant's Cosmopolitanism, *Journal of The History of Philosophy*, Vol. 46, No. 2, 2008.

84. Touko Piiparinen, Sovereignty -building: Three Images of Positive Sovereignty Projected through Responsibility to Protect, Global Change, *Peace and*

Security, Vol. 24, No. 3, 2012.

85. Ulrich Beck and Natan Sznaider, Unpacking Cosmopolitanism for The Social Sciences: A Research Agenda, *British Journal of Sociology*, Vol. 1, No. 57, 2006.

86. Ulrich Beck, The Cosmopolitan Manifesto, in Garrett Wallace Brown and David Held eds., *The Cosmopolitanism Reader*, Polity Press, 2010.

87. Ulrich Beck, The Cosmopolitan Perspective: Sociology of The Second Age of Modernity, *British Journal of Sociology*, Vol. 51, No. 1, 2000.

88. Ulrich Beck, The Cosmopolitan Society and its Enemies, Theory, *Culture and Society*, Vol. 19, No. 1, 2002.

89. Ulrich Beck, Understanding The Real Europe, *Dissent*, Vol. 50, No. 3, 2003.

90. Ulrich Beck, We Do Not Live in an Age of Cosmopolitanism but in an Age of Cosmopolitisation: The "Global Other" is in our Midst. *Irish Journal of Sociology*, Vol. 19, No. 1, 2001.

91. Wilfried Hinsch, Global Distributive Justice, *Metaphilosophy*, Vol. 32, No. 1 - 2, 2001.

三、其他文献

1. [美]霍米·巴巴:《一个全球性尺度》,2002 年 6 月在清华大学的演讲词。

2. 赵汀阳:《以天下重新定义政治概念:问题、条件和方法》,载北京大学中国与世界研究中心《研究报告》,总第 107 号。

3. *The 50 Most Influential Living Philosophers*. See The Best Schools https://thebestschools. org/features/most - influential - living - philosophers/登录时间:2017 年 7 月 7 日。

4. Dipesh Chakrabarty's Conference statement, World Art: Art History and Global Practice, *Northwestern University*, 23 - 24 May 2008.

5. Eric Brown, Pauline Kleingeld, "cosmopolitanism", Stanford Encyclopedia of Philosophy, http://plato. stanford. edu/entries/cosmopolitanism/.

6. Socialist Internationalist, “Global Solidarity: The Courage to Make a Difference”, XXIII Congress of the Socialist International, Athens, Greece, 30 June – 2 July, 2008. http://www. socialistinternational. org/images/dynamicImages/files/SG% 20Report% 20XXIII% 20SI% 20Congress% 20Athens% 202008aa. pdf, 登录时间:2018 年 5 月 9 日。

7. Socialist Internationalist, “Report of the Secretary General: From the XXIV to the XXV Congress”, XXX SI Congress, Cartagena Colombia, 2 – 4 March 2017, http://www. socialistinternational. org/images/dynamicImages/files/English%20Congress%20Report%20March%202017. pdf, 登录时间:2018 年 5 月 9 日。

8. Socialist Internationalist, “Report of the Secretary General”, XXIV Congress of the Socialist International, Cape Town, South Africa, 30 August – 1 September, 2012. http://www. socialistinternational. org/images/dynamicImages/files/Report%20of%20the%20Secretary%20General. pdf, 登录时间:2018 年 5 月 9 日。

9. William Morris, “Looking Backward”, Commonweal, Vol 5, No. 180, 22 June 1889. https://www. marxists. org/archive/morris/works/1889/commonweal/06 – bellamy. htm, 登录时间:2018 年 5 月 10 日。

10. Willy Brandt, “‘Chairman's Report’ for the North – South Commission”, 18 August 1978. https://www. willy – brandt – biografie. de/wp – content/uploads/2017/04/1978_Brandt_Report_Nord_Süd_5147. pdf, 登录时间:2018 年 5 月 20 日。